FANGDICHAN KAIFA QIYE KUAIJI YU

第二版

房地产开发企业会计与纳税实务

ACC&TAX

李曙亮　王晓敏　安胜莉　吕辉　郭青聪　编著

大连出版社
DALIAN PUBLISHING HOUSE

内 容 简 介

本书采用以房地产开发企业设立、获取土地、项目立项报批、开发建设、转让及销售等具体的业务流程为线索,以会计流程为补充的结构体系,对房地产开发各阶段涉及的税务与会计事项进行了分析,重点介绍了房地产开发企业的业务、会计和税务处理。

ⓒ 李曙亮 等 2010

图书在版编目(CIP)数据

房地产开发企业会计与纳税实务 / 李曙亮等编著. —2版. —大连:大连出版社,2016.6(2020.12 重印)
ISBN 978-7-5505-1068-5

Ⅰ.①房… Ⅱ.①李… Ⅲ.①房地产企业–税收会计 Ⅳ.①F293.33

中国版本图书馆 CIP 数据核字(2016)第 131304 号

出 版 人:刘明辉
策划编辑:李玉芝
责任编辑:刘丽君
责任校对:李玉芝
封面设计:林 洋
版式设计:毕华书
责任印制:徐丽红

出版发行者:大连出版社
 地址:大连市高新园区亿阳路6号三丰大厦A座18层
 邮编:116023
 电话:(0411)83627375/83621075
 传真:(0411)83610391
 电子信箱:191158967@qq.com
印 刷 者:大连市东晟印刷有限公司
经 销 者:各地新华书店

幅面尺寸:170mm×240mm
印　 张:23.25
字　 数:470千字
出版时间:2010年1月第1版
　　　　 2016年6月第2版
印刷时间:2020年12月第28次印刷
印　 数:119574~123573 册
书　 号:ISBN 978-7-5505-1068-5
定　 价:59.00元

如有印装质量问题,请与印厂联系调换。电话:0411–87835817
购书热线电话:(0411)83627375/83621075
版权所有·侵权必究

再版前言

《房地产开发企业会计与纳税实务》自2010年1月出版以来,承蒙读者朋友的支持和厚爱,至今已连续印刷20次,印数达77 000册。

由于作者水平有限,2010年4月,在本书出版不到三个月之际,热心读者就建议修改本书。考虑到读者强烈的修改呼声,我们自2010年4月就着手进行修订,其间,我们利用中国会计视野网站向网友广泛征求修改意见,这些年来我们一直在修改书稿,虽数易其稿,但仍不满意。今年"两会"期间,国家领导人最终确定了房地产等行业"营改增"的实施日期,如本书第二版再不与读者见面,担心无法向读者交代,故只能抱残守缺,勉强与读者见面。

本次再版仍采用以房地产业务流程为经,以房地产业务、会计实务、纳税实务为纬的结构,在具体内容上进行了较大的完善和补充。具体如下:

第一,考虑到房地产开发企业大多都采用会计软件的这一现状,在第二章增加了第三节"会计软件的初始化设置",并以金蝶软件K/3系统为例,细化具体操作。为实现资源共享,提高记账查账效率,细化了每个会计科目明细设置和项目辅助核算。

第二,依据财政部发布的《企业产品成本核算制度(试行)》、财政部会计司编写的《〈企业产品成本核算制度(试行)〉讲解》,重写第四章第二节"房地产开发企业成本核算"。为了便于读者理解,增加了完整的成本核算实例。为提高房地产开发企业会计信息质量,本书在第四章增加了第三节"工程计量与支付会计实务",细化了开发成本(资产)和应付账款(负债)的确认、计量。

第三,全书根据"营改增"最新政策重写纳税实务、会计实务,涉及增值税的部分遍布每个章节;增值税政策更新至2016年5月1日,部分法规及地方性规定更新至2016年5月20日。

第四,在第五章增加了第四节"企业所得税预缴纳税实务",在第八章对原12张企业所得税纳税申报表更新为41张企业所得税纳税申报表作了介绍。除增值税、企业所得税外,书中相关财税法规更新至2016年5月1日。

第五,为贴近实务,我们结合房地产具体业务,针对实务中遇到的实际问题,增加了会计实务解析和纳税实务解析。针对读者和网友提出的第一版中案例简单的意见,我们对书中案例进行了重新编写,这些案例都来自房地产开发企业真实案例。

感谢大连出版社毕华书、刘丽君、侯娟娟等老师及出版社为本书出版付出的辛劳。感谢中国会计视野网及尹成彦、吕晓雷、杨武等老师对本书出版及推广所作的努力,感谢房地产会计网、房地产财务网的好评和推广,感谢对第一版给予重大支持的唐爱军老师,感谢云中飞老师、珠海中拓正泰会计师事务所的再版建议,感谢曹辉、杨雨润、游军等老师专门撰文对本书提出修改意见,感谢潘广伟、王太星以及中国会计视野网、房地产会计网、房地产财务网的众网友对本书修订提出的宝贵意见,希望你们能一如既往地支持本书。

由于作者水平有限,加上"营改增"政策出台时间短,有些问题各地规定及答复尚未统一,不足之处难以避免,敬请大家批评指正。

编　者
2016年5月20日

前　言

笔者长期从事房地产开发企业的财务及相关工作,由于这个缘故,经常有朋友问一些房地产开发企业的会计与税务问题,其中有从事审计、中介审计的注册会计师,有想到房地产开发企业从事财务工作的应聘者,也有即将走向社会到房地产开发企业应聘会计职位的大学生。时间久了,笔者就产生了对房地产开发企业的会计与税务进行系统梳理的想法。2006年"鱼加熊"网友在中国会计视野社区发起了编写房地产开发企业小册子的帖子,得到了视野社区的重视,也更加坚定了我的信心,但由于2006年至今工作调动频繁,这一想法一直未能付诸行动。

近年来,我国财税法规发生了重大的变革,2006年财政部先后颁布了《企业会计准则》及其应用指南,并于2007年1月1日起在上市公司范围内实施,鼓励其他企业执行。2007年3月16日第十届全国人民代表大会第五次会议通过了《中华人民共和国企业所得税法》,2007年12月6日国务院以国务院令的形式颁布了《中华人民共和国企业所得税法实施条例》,并自2008年1月1日起施行;2009年3月6日国家税务总局针对房地产开发企业颁布了《房地产开发经营业务企业所得税处理办法》(国税发〔2009〕31号),并自2008年1月1日起施行;2008年11月10日国务院发布了《中华人民共和国营业税暂行条例》和《中华人民共和国营业税暂行条例实施细则》,并自2009年1月1日起施行。

《中华人民共和国公司法》《中华人民共和国土地管理法》《中华人民共和国城市房地产管理法》《中华人民共和国城乡规划法》《中华人民共和国建筑法》《中华人民共和国城镇国有土地使用权出让和转让暂行条例》《商品房销售管理办法》《城市商品房预售管理办法》等法律法规的建设也随着国内房地产行业的发展而逐步完善,目前已形成了从公司设立、土地出让、规划设计、开发建设到转让及销售等包括房地产业各个环节的法律、法规体系。这些法律法规也已进行了不断的修改和完善,如《中华人民共和国城市房地产管理法》第三次修改的征求意见稿正在征求意见之中。

笔者觉得到了结合这些最新的法律法规及政策对房地产开发企业的会计与税务进行系统梳理的时候了。我们编著的《房地产开发企业会计与纳税实务》一书,主要以这些最新的法律法规为依据。本书有以下特点：

1. 实用性。本书大胆地摈弃了传统的以会计要素为线索的行业会计模式，没有对资产、负债等会计六要素——介绍，而是采用了以房地产开发企业设立、获取土地、项目立项报批、开发建设、转让及销售等具体的业务流程为线索，以会计流程为补充的结构体系，对房地产开发各阶段涉及的税务与会计事项进行了分析，使读者能够有的放矢，将所学知识直接应用到实务工作中。

2. 突出房地产行业及业务特点。企业的具体业务是会计与税务处理的基础。本书对房地产开发经营的各阶段的业务流程和具体业务知识进行了详细的介绍，并突出房地产行业的业务特点。为突出房地产开发企业的特点，本书重点介绍了具有房地产开发企业特点的业务、会计和税务处理，而投资业务、外币业务、或有事项等各行业通用的一般和特殊业务会计及涉税处理，以及房地产开发企业的财务管理、税收筹划等并没有囊括在内。

3. 本书是理论与实践相结合的产物，着重突出可操作性。本书大部分编者来自房地产开发企业，有丰富的实际操作经验。书中结合房地产开发企业的实务，以东方房地产开发公司为例，列举了大量的会计和涉税业务案例，并对会计处理的确认、计量进行了详细的分析，如针对具体业务发生后"何时进行确认""依据什么确认"进行了详细的介绍。本书的编者王晓敏来自高校，具有丰富的理论和教学经验，对本书进行了理论上的完善和补充，使本书提升到一定的理论高度。

值得注意的是，《企业会计准则（2006）》是以原则导向为基础的，本书在会计处理上依据会计准则中的原则，结合业务情况进行具体分析，而不同的房地产开发企业因所处的环境不同等，不同的会计人员可能会有不同的会计职业判断，本书的观点仅代表编者依据会计准则作出的会计职业判断。

本书适合房地产开发企业财务与会计人员、内部审计人员、会计师事务所人员等社会中介人员、拟从事房地产开发企业财务工作的学生及社会应聘人员阅读。本书针对有一定会计基础的人员编写，没有会计基础的人员在阅读本书前可先学习一些会计基础知识。

编　者

2010 年 1 月

目 录

第一章 总 论 ·· 1

    第一节 房地产开发企业业务概述 ·· 1
    第二节 房地产开发企业会计概述 ·· 3
    第三节 房地产开发企业纳税概述 ·· 9

第二章 企业设立阶段 ··· 13

    第一节 企业设立阶段业务概述 ··· 13
    第二节 企业设立阶段纳税实务 ··· 16
    第三节 会计软件的初始化设置 ··· 20
    第四节 企业设立阶段会计实务 ··· 45

第三章 取得土地阶段 ··· 49

    第一节 取得土地阶段业务概述 ··· 49
    第二节 取得土地阶段纳税实务 ··· 56
    第三节 取得土地阶段会计实务 ··· 68

第四章 开发建设阶段 ··· 74

    第一节 开发建设阶段业务概述 ··· 74
    第二节 房地产开发企业成本核算 ·· 78
    第三节 工程计量与支付会计实务 ·· 109
    第四节 其他相关业务会计实务 ··· 117
    第五节 开发建设阶段纳税实务 ··· 137

第五章 转让及销售阶段 ·· 149

    第一节 转让及销售阶段业务概述 ·· 149

第二节　营业税改增值税纳税实务 …………………………………… 157
　　第三节　土地增值税清算纳税实务 …………………………………… 170
　　第四节　企业所得税预缴纳税实务 …………………………………… 192
　　第五节　转让及销售阶段会计实务 …………………………………… 196

第六章　投资性房地产 ………………………………………………………… 211
　　第一节　投资性房地产业务概述 ……………………………………… 211
　　第二节　投资性房地产纳税实务 ……………………………………… 213
　　第三节　投资性房地产会计实务 ……………………………………… 218

第七章　利润形成及分配 ……………………………………………………… 235
　　第一节　利润形成及分配业务概述 …………………………………… 235
　　第二节　利润形成及分配会计实务 …………………………………… 238

第八章　企业所得税 …………………………………………………………… 247
　　第一节　企业所得税汇算清缴 ………………………………………… 247
　　第二节　企业所得税汇算举例 ………………………………………… 278
　　第三节　所得税会计处理实务 ………………………………………… 305

第九章　财务报告 ……………………………………………………………… 318
　　第一节　财务报告概述 ………………………………………………… 318
　　第二节　资产负债表 …………………………………………………… 322
　　第三节　利润表 ………………………………………………………… 328
　　第四节　现金流量表 …………………………………………………… 332
　　第五节　所有者(或股东)权益变动表 ………………………………… 341
　　第六节　财务报表附注 ………………………………………………… 345

附录:房地产相关法律法规 …………………………………………………… 356

参考文献 ………………………………………………………………………… 364

第一章 总 论

房地产业是我国国民经济的重要支柱产业之一,在现代社会经济生活中有着举足轻重的作用。其发展对拉动消费、扩大内需、拉动相关产业发展和促进国民经济增长等有着巨大作用。

第一节 房地产开发企业业务概述

房地产开发企业会计与纳税处理围绕房地产开发经营业务进行,因此,我们首先需要明确房地产开发企业的业务范围以及房地产开发企业的开发经营流程。

一、房地产开发企业业务范围

房地产是土地和房屋及其权属的总称,是人类赖以生存的基础。根据《国民经济行业分类》(GB/T 4754-2017)规定,房地产业包括房地产开发经营、物业管理、房地产中介服务、房地产租赁经营及其他房地产业。

根据《中华人民共和国城市房地产管理法》(以下简称《城市房地产管理法》)第三十条规定,房地产开发企业是以营利为目的,从事房地产开发和经营的企业。本书所说的房地产开发指的是房地产开发经营,不包括物业管理、房地产中介服务及其他房地产业。根据《国民经济行业分类》(GB/T 4754-2017)及其注释,房地产开发经营指房地产开发企业进行的房屋、基础设施建设等开发,以及转让房地产开发项目或者销售房屋等活动。包括下列开发经营活动:

(一)土地开发服务

指土地使用权转让服务及其他土地开发服务。

(二)房地产开发服务

保障性住房开发服务:公租房开发服务、共有产权住房开发服务、经济适用住房开发服务及其他保障性住房开发服务。

商品住房开发服务:普通商品房开发服务、公寓开发服务、别墅开发服务及其他商品住房开发服务。

办公楼开发服务:商业用写字楼开发服务及其他办公楼开发服务。

商业用房开发服务:综合商业楼开发服务、零售业用房开发服务、宾馆用房开发服务、文化体育娱乐用房开发服务及其他商业用房开发服务。

房地产开发服务还包括其他房地产开发服务。

(三)房地产商经营服务

保障性住房销售服务:经济适用住房销售服务及其他保障性住房销售服务。

商品住房销售服务:普通住宅销售服务、公寓住宅销售服务、别墅住宅销售服务及其他商品住房销售服务。

房地产开发经营不包括:(1)房地产开发商经营的房屋租赁服务,列入7040(房地产租赁经营);(2)房屋及其他建筑物的工程施工活动,列入E(建筑业)的相关行业类别中;(3)房地产商自营的独立核算(或单独核算)的施工单位,列入E(建筑业)的相关行业类别中;(4)家庭旅社、学校宿舍、露营地的服务,列入6190(其他住宿业)。

二、房地产开发企业的开发经营流程

房地产开发企业的开发经营业务主要包括以下流程(见图1-1):

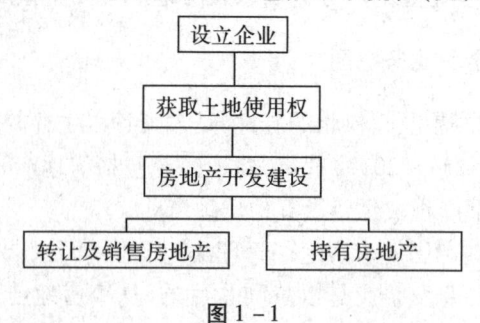

图1-1

(一)设立企业阶段

房地产开发企业是进行房地产开发经营的法律主体,设立房地产开发企业是房地产开发经营的起点。

(二)获取土地使用权阶段

土地使用权是房地产开发不可或缺的资源,在房地产开发过程中,获取开发用土地使用权是房地产开发的基础。

(三)房地产开发建设阶段

开发建设阶段包括报批报建、施工建设、竣工验收等环节,还包括开发完成后的初始产权登记。报批报建是取得项目建设用地的国有土地使用权和取得项目开工建设的一系列许可证的过程。施工建设是房地产开发企业委托施工单位进行项目施工的过程,是房地产开发的重要阶段。竣工验收是房地产开发产品完工后,根据《中华人民共和国建筑法》《城市房地产管理法》等相关法律法规规定,进行竣工验收的过程。

(四)转让及销售房地产阶段

转让及销售房地产阶段是房地产开发企业出售商品房等开发产品,回收资金实现盈利的阶段,包括前期的营销策划、开盘预售、销售、签订销售合同、交付、登记办证等环节。其中,房地产交付是完成销售的标志,只有进行交付才算最终完成销售;登记办证主要是按照相关规定,办理产权登记,并办理产权证书。办理房地产交付手续标志着转让与销售的实现,进行产权登记并办理产权证书,从法律上标志着房地产开发程序的终结。

(五)持有房地产阶段

在市场经济条件下,房地产开发企业开发房地产的目的,有的是转让或销售,而有的则是持有房地产用于赚取租金或增值收益。

第二节 房地产开发企业会计概述

现代企业会计有两大分支:一是财务会计,二是管理会计。本书所说的会计仅指财务会计。

一、企业会计本质思考

会计的本质是对企业经济业务(准则称"交易或事项")的反映,通过反映认识经济业务的客观规律,推动企业去能动地改善经营管理。会计提供的会计信息应当及时、准确地反映财务状况、经营成果及现金流量信息。通俗地说,第一,反映企业在某一时点有多少净资产、多少资产、多少负债等财务状况信息;第二,反映企业在一定期间收入多少、成本费用多少、利润多少等盈利信息;第三,反映企业在一定期间收了多少钱、付了多少钱、账上还有多少钱、收的是什么钱、付的是什么钱等现金流量信息。

但在房地产开发企业会计实务中,很多企业不能保证会计信息真实可靠、内容完整。究其原因:第一,税法的强制性和税收的强征管性,以及会计监督的缺失或不足,导致实务中在进行会计处理时可能更多地考虑税法规定,而对会计相关法规的要求重视不够;第二,近年来,我国进行了一系列的会计改革,导致实务中在进行会计处理时,可能对相关会计准则或会计制度适用范围不清晰;第三,现行《企业会计准则》以原则导向为基础,并没有针对房地产开发企业作出具体的会计规定,在实务中进行会计处理时,需要结合房地产开发企业的具体特点,依据会计准则中的原则,进行具体的会计职业判断。因不同的房地产开发企业所处的具体环境不同,以及不同的会计人员专业水平、学识、阅历的差异,可能会产生不同的会计职业判断。本书的观点仅代表作者依据《企业会计准则》作出的具体会计职业判断。

二、我国房地产开发企业会计发展历程

新中国成立至今,我国经历了计划经济体制和市场经济体制两个重要发展阶段,房地产开发企业会计事业也取得了重大发展。

(一)计划经济体制下的会计制度

新中国成立以后,我国实行高度统一的计划经济体制,会计核算上实行部门规范的形式,由当时的国务院各部门分别制定了工业、农业、商品流通业、交通运输业等行业国营企业会计制度。

在计划经济体制下,房地产开发企业曾执行过三项会计制度,即1983年年底以前执行《基本建设简易会计制度》,1984年1月1日至1988年年底执行《国营建设单位会计制度——会计科目和会计报表》,1989年1月1日起执行《国营城市建设综合开发企业会计制度——会计科目和会计报表》。

(二)市场经济体制下的会计改革

在市场经济体制下,与房地产开发企业有关的会计制度和准则有《房地产开发企业会计制度》《股份有限公司会计制度——会计科目和会计报表》《企业会计制度》《企业会计准则》《小企业会计准则》等。

1. 房地产开发企业会计制度

为适应社会主义市场经济发展的需要,从1992年开始我国进行了重大会计改革,先后出台了"两则""两制"。"两则"即《企业会计准则》和《企业财务通则》,"两制"即工业企业、商品流通企业等分行业会计制度和分行业财务制度。1993年1月7日,财政部发布的《房地产开发企业会计制度》(财会〔1993〕第2号)便是其中的一项,自1993年7月1日起执行,财政部1988年10月20日印发的《国营城市建设综合开发企业会计制度——会计科目和会计报表》同时废止。

在这一阶段,财政部发布并修订了16项具体会计准则和1项基本准则,房地产开发企业中的股份公司同时施行会计制度和会计准则,其中基本准则和7项具体准则在所有企业施行。

2015年2月16日,财政部发布《关于公布若干废止和失效的会计准则制度类规范性文件目录的通知》(财会〔2015〕3号),将《财政部关于印发〈房地产开发企业会计制度〉的通知》(财会〔1993〕2号)废止。

2. 股份有限公司会计制度

1998年1月27日,为了规范股份有限公司的会计核算工作,维护投资者和债权人的合法权益,根据《中华人民共和国公司法》(以下简称《公司法》)和《企业会计准则》的要求,财政部制定了《股份有限公司会计制度——会计科目和会计报表》。《股份有限公司会计制度——会计科目和会计报表》的附件三《房地产开发业务会计处理规定》中针对房地产开发企业的特点作出了房地产开发业务会计处理的特别规定。

3. 企业会计制度

我国企业分行业、分经济成分的会计制度,忽视了企业会计制度的统一性。企业分行业、分经济成分的会计制度在会计方法、会计科目乃至会计报表格式和编制要求方面都存在差异,造成了经济性质相同或类似的会计事项或交易由于行业和经济成分不同出现会计处理的方法和结果产生较大差异的状况,从而导致会计信息口径不一致,缺乏可比性,不利于不同行业、不同经济成分企业之间进行会计信息的对比分析。

为了规范企业的会计核算工作,提高会计信息质量,2000年12月29日,财政部根据《中华人民共和国会计法》和《企业财务会计报告条例》发布了《企业会计制度》,自2001年1月1日起暂在股份有限公司范围内执行。执行《企业会计制度》后,《股份有限公司会计制度——会计科目和会计报表》同时废止。

4. 企业会计准则

为了规范企业会计确认、计量和报告行为,保证会计信息质量,2006年2月15日,财政部根据《中华人民共和国会计法》《企业会计准则——基本准则》等国家有关法律、行政法规,发布了《企业会计准则第1号——存货》(财会〔2006〕3号)等38项具体准则,自2007年1月1日起在上市公司范围内施行,鼓励其他企业执行,执行该38项具体准则的企业不再执行原有准则、《企业会计制度》和《金融企业会计制度》。

2014年,财政部相继对《企业会计准则——基本准则》(中华人民共和国财政部令〔2014〕第76号)、《企业会计准则第2号——长期股权投资》(财会〔2014〕14号)、《企业会计准则第9号——职工薪酬》(财会〔2014〕8号)、《企业会计准则第30号——财务报表列报》(财会〔2014〕7号)、《企业会计准则第33号——合并财务报表》(财会〔2014〕10号)和《企业会计准则第37号——金融工具列报》(财会〔2014〕23号)进行了修订,并发布了《企业会计准则第39号——公允价值计量》(财会〔2014〕6号)、《企业会计准则第40号——合营安排》(财会〔2014〕11号)和《企业会计准则第41号——在其他主体中权益的披露》(财会〔2014〕16号)等3项具体准则。2017年,财政部相继对《企业会计准则第22号——金融工具确认和计量》(财会〔2017〕7号)、《企业会计准则第23号——金融资产转移》(财会〔2017〕8号)、《企业会计准则第24号——套期会计》(财会〔2017〕9号)、《企业会计准则第

37号——金融工具列报》(财会〔2017〕14号)、《企业会计准则第16号——政府补助》(财会〔2017〕15号)、《企业会计准则第14号——收入》(财会〔2017〕22号)进行了修订,并发布了《企业会计准则第42号——持有待售的非流动资产、处置组和终止经营》(财会〔2017〕13号)。2018年,财政部修订印发了《企业会计准则第21号——租赁》(财会〔2018〕35号)。2019年,财政部修订印发了《企业会计准则第7号——非货币性资产交换》(财会〔2019〕8号)、《企业会计准则第12号——债务重组》(财会〔2019〕9号)。

5. 小企业会计准则

为了规范小企业会计确认、计量和报告行为,促进小企业可持续发展,发挥小企业在国民经济和社会发展中的重要作用,2011年10月18日,财政部根据《中华人民共和国会计法》及其他有关法律法规,发布了《小企业会计准则》(财会〔2011〕17号),自2013年1月1日起在小企业范围内施行,鼓励小企业提前执行。财政部于2004年4月27日发布的《小企业会计制度》(财会〔2004〕2号)同时废止。

《小企业会计准则》适用于在中华人民共和国境内依法设立的、符合《中小企业划型标准规定》所规定的小型企业标准的企业。根据《关于印发中小企业划型标准规定的通知》(工信部联企业〔2011〕300号)第四条(十三)款规定,房地产开发经营,营业收入100万元及以上1 000万元以下,且资产总额2 000万元及以上5 000万元以下的为小型企业;营业收入100万元以下或资产总额2 000万元以下的为微型企业。

由此可见,我国房地产开发企业除上市公司执行的是《企业会计准则》,小型企业自2013年1月1日起执行《小企业会计准则》外,房地产开发企业中的非上市公司执行的可能是《企业会计制度》,也可能是《企业会计准则》。本书会计处理部分,依据的是《企业会计准则》及其应用指南、解释。

三、房地产开发企业会计核算的特点

房地产开发企业不同于一般工商企业,其开发产品的特点决定了开发经营的特点,房地产开发产品和开发经营的特点决定了其会计核算的特点。

(一)房地产开发产品的特点

房地产开发企业的开发产品与一般工商企业的产品相比,具有位置固定性、产品多样性、开发周期长、投资总额大及单位价值高等特点。

1. 位置固定性

房地产又称不动产,房地产开发产品本身不能移动,一经移动,其物质状态将会发生经济、功能的全部或部分损失。房地产开发产品的不可移动性决定了其位

置固定性。

2. 产品多样性

房地产开发产品按照使用目的不同分为住宅、办公楼、商业用房、酒店等多种不同类型，由于房地产的不同购买者的经济能力、文化程度、职业、年龄、生活习惯、审美观点等不同，不同类型的房地产又有不同的设计，房地产产品设计还受当地人文环境和居民生活习惯等因素影响，这些都决定了房地产开发产品具有多样性的特点。

3. 开发周期长

房地产开发产品从项目前期调研开始，经过选址立项、征地拆迁、安置补偿、勘探设计、报建招标、施工建设、建筑安装、配套工程及绿化环卫工程建设等各个开发阶段，到竣工验收直至销售交付，开发周期少则一年，多则数年。

4. 投资总额大

房地产开发需要巨大的投资额，少则上百万，多则上千万、几个亿，甚至几十个亿。

5. 单位价值高

在所有商品中，房地产开发产品属于价值较高的一类。随着现代城市建设和经济的发展，房地产开发产品功能越来越完善，建筑标准和豪华程度越来越高，使得房地产价值越来越高昂。

(二) 房地产开发经营的特点

房地产开发企业开发产品的特点决定了其开发经营的特点：

1. 分期分批开发

房地产开发项目投资额巨大，为减少资金占用，降低开发风险，房地产开发企业一般采用分期分批开发的方式。

2. 房屋预售制度

由于房地产开发周期长，投资额巨大，为减轻房地产开发企业的资金压力，国家允许房地产开发企业采用商品房预售制度。

3. 按揭贷款制度

国家为了进行住房制度改革，鼓励单位和个人购房，允许单位和个人按揭买房，房地产开发企业采用按揭贷款制度进行销售。

4. 交房办证分离

我国采用不动产登记制度，房地产开发产品交付以后还要到不动产登记部门办理产权登记，并办理不动产产权证书。

5. 类金融属性

由于房地产开发项目投资额巨大，属于资金密集型项目，开发周期长，具有类金融属性。

(三)房地产开发企业会计核算的特点

房地产开发产品、开发经营的特点,使得房地产开发企业的会计核算具有以下特点:

1. 预收账款核算的特殊性

房地产开发企业大多实行商品房预售制度,由于开发产品尚未完工,即使开发产品已预售完毕,其预售款项也只能计入预收账款,一般房地产开发企业在符合收入确认条件前无法确认为收入,所以预收账款余额比较大。鉴于房地产开发企业预收账款的特殊性,会计上要求房地产开发企业在预收账款项目附注中,除列示账龄余额外,还应列示期末余额、预计竣工时间和预售比例。

2. 收入核算的特殊性

房地产开发企业收入核算存在收入确认的特殊性和各期收入的波动性等特点。

(1)收入确认的特殊性。由于房地产开发企业销售往往采用预售制度,预售属于远期交易,造成收款期与房屋交付期不一致,再加上销售房地产不但需要交付实物,还需要转移产权,所以房地产收入确认比较特殊,实务界和理论界对此存在较大的争议。

(2)各期收入的波动性。房地产开发企业的开发周期较长,在项目建设期间,其预售款无法确认为收入,只能计入预收账款,房屋交付后,则有大量预售款确认为收入,所以各期收入存在很大的波动性。

3. 房地产开发企业的收入与其资金投入不匹配

一般而言,在房地产投资建设的初期往往资金投入大而收入较少,但在建设后期资金投入较少而收入大量增加。

4. 成本核算的特殊性

房地产开发企业的成本核算期与开发产品开发周期一致,与会计报告期不一致。另外,房地产开发企业的成本核算还存在不同项目核算差异大、滚动开发核算难度大等特点。

5. 存货核算的特殊性

因房地产开发企业的经营周期长,故与一般工商企业的存货相比,房地产开发企业的存货有两个明显的特点:第一,其他企业拥有的土地使用权一般作为无形资产核算,而房地产开发企业的土地使用权是作为存货核算的;第二,房地产开发企业存货的借款费用可以进行资本化。

第三节　房地产开发企业纳税概述

房地产开发企业纳税业务的主要任务是明确应纳税种、应税行为、税率、纳税义务发生时间,及时进行纳税申报和税款缴纳等。

一、应纳税种及税率

目前,我国房地产开发企业涉及的应纳税种(费,下同)较多,主要有增值税、城市维护建设税、教育费附加、地方教育附加、房产税、城镇土地使用税、耕地占用税、契税、印花税、土地增值税和企业所得税等。房地产开发企业开发经营各阶段应纳税种及税率如表1-1所示:

表1-1　房地产开发企业开发经营各阶段应纳税种及税率表

环节		涉及主要税费
企业设立阶段	印花税	1. 权利、许可证照。包括房屋产权证、工商营业执照、土地使用证,按件贴花5元。 2. 营业账簿。记载资金的账簿,按实收资本和资本公积的合计金额0.5‰贴花(减半征收);其他账簿按件贴花5元(免征)。 3. 产权转移书据。包括土地使用权出让合同、土地使用权转让合同,按所记载金额0.5‰贴花。
	契税	1. 接受以房屋等不动产出资。按照国有土地使用权出让、土地使用权出售、房屋买卖成交价格的3%至5%适用税率缴纳契税。 2. 以自有房产作股投入本人独资经营的企业,免征契税。
获取土地阶段	印花税	1. 权利、许可证照。包括房屋产权证、工商营业执照、土地使用证,按件贴花5元。 2. 产权转移书据。包括土地使用权出让合同、土地使用权转让合同,按所记载金额0.5‰贴花。
	契税	取得土地使用权。按照国有土地使用权出让、土地使用权出售、房屋买卖成交价格的3%至5%适用税率缴纳契税。
	耕地占用税	取得土地使用权。符合耕地条件的土地,按照实际占用耕地面积和适用税额一次性缴纳耕地占用税;不符合耕地条件的不缴纳。

· 9 ·

续表

环节		涉及主要税费
开发建设阶段	城镇土地使用税	从取得红线图次月起,按实际占用的土地面积和定额税率计算缴纳。
	印花税	签订的各类合同,按规定税率(0.05‰~1‰)计算贴花。
转让及销售阶段	增值税	销售不动产、转让土地使用权。一般纳税人适用一般计税方法的,税率为9%;房地产老项目选择适用简易计税方法的,征收率为5%。
	城市维护建设税	按增值税税额7%(或5%、1%)缴纳。不动产所在地为市区的,税率为7%;不动产所在地为县城、镇的,税率为5%;不动产所在地不在市区、县城、镇的,税率为1%。
	教育费附加	按增值税税额3%缴纳。
	地方教育附加	按增值税税额2%缴纳。
	土地增值税	1. 在项目全部竣工结算前转让房地产取得的收入,可以预征土地增值税; 2. 待该项目全部竣工、办理结算后再进行清算,多退少补。
	印花税	房地产转让或销售合同,按商品房销售合同所记载金额0.5‰缴纳;广告合同,按所记载金额0.5‰贴花。
	城镇土地使用税	按实际占用的土地面积和定额税率计算缴纳,房产、土地的实物或权利状态发生变化的当月末,终止缴纳。
	企业所得税	1. 销售未完工开发产品取得的收入,按预计计税毛利率分季(或月)计算出预计毛利额,计入当期应纳税所得额。开发产品完工后,及时结算其计税成本并计算此前销售收入的实际毛利额,同时将其实际毛利额与其对应的预计毛利额之间的差额,计入当年度企业本项目与其他项目合并计算的应纳税所得额。 2. 销售完工开发产品,按照应纳税所得额25%的税率缴纳企业所得税。

续表

环节		涉及主要税费
房产持有阶段	增值税	不动产租赁服务。一般纳税人适用一般计税方法的,税率为9%;出租2016年4月30日前取得的不动产选择适用简易计税方法的,征收率为5%。
	城市维护建设税	按增值税税额7%(或5%、1%)缴纳。
	教育费附加	按增值税税额3%缴纳。
	地方教育附加	按增值税税额2%缴纳。
	城镇土地使用税	按实际占用土地面积和定额税率计算缴纳。
	房产税	自用房产,按房产计税余值1.2%缴纳;房产出租的,按租金收入12%缴纳。
	印花税	财产租赁合同,按合同记载金额的1‰贴花。

注:增值税税率在2016年5月1日至2018年4月30日为11%,2018年5月1日至2019年3月31日为10%,2019年4月1日至今为9%。除非特别说明,本书按9%的税率进行计算。

二、纳税申报

纳税申报是房地产开发企业作为纳税义务人履行纳税义务时,就计算缴纳税款的有关事项向税务机关提交的书面纳税申报表。纳税申报表也是税务机关核实应纳税款、开具完税凭证的主要依据。

(一)纳税申报的方式

房地产开发企业作为纳税义务人可以直接到税务机关办理纳税申报或者报送代扣代缴、代收代缴税款报告表,经税务机关批准,也可以按照规定采取邮寄、数据电文或者其他方式办理上述申报、报送事项。目前很多地区已经实行网上申报。房地产开发企业采取网上申报方式办理纳税申报的,应当按照税务机关规定的期限和要求保存有关资料,并定期书面报送主管税务机关。

(二)纳税申报的类别

纳税申报分为按期纳税申报和按次纳税申报两种。按期纳税申报是以一定期间确定一个纳税期限,有月(季)度纳税申报和年度纳税申报两类。按次纳税申报是每完成一次应税行为,便缴纳一次税款,如耕地占用税、契税。

1.月(季)度纳税申报

月(季)度纳税申报是指月(季)度终了后,房地产开发企业按照税法的规定,对上月(季)发生的各种纳税义务的应纳税款进行计算,计算后填列纳税申报表,并在规定的期限内进行纳税申报。

一般需要申报如下税费:增值税、城市维护建设税、教育费附加、地方教育附加、城镇土地使用税、房产税、印花税、土地增值税、企业所得税、个人所得税。

2. 年度纳税申报

年度纳税申报主要涉及企业所得税年度汇算清缴。

(三)纳税申报的程序

房地产开发企业办理纳税申报时,应当如实填写纳税申报表,并根据不同的情况报送纳税申报表、财务会计报表以及税务机关根据实际需要要求纳税人报送的其他纳税资料。

纳税人在纳税期内没有应纳税款的,也应当按照规定办理纳税申报。纳税人享受减税、免税待遇的,在减税、免税期间应当按照规定办理纳税申报。

三、税款缴纳

税款缴纳是房地产开发企业依据税法规定的期限,将应纳税款向国库解缴的活动,是完成纳税义务的体现。税务机关征收税款时,必须向纳税人开具完税凭证。

房地产开发企业需要延期缴纳税款的,应当在缴纳税款期限届满前提出申请,并报送相关材料。税务机关应当自收到申请延期缴纳税款报告之日起20日内作出批准或者不予批准的答复;不予批准的,从缴纳税款期限届满之日起加收滞纳金。延期缴纳税款期限最长不得超过3个月。

第二章　企业设立阶段

　　由于我国房地产法规对从事房地产开发经营有主体资格的要求,所以设立房地产开发企业是从事房地产开发经营的前提。在房地产开发企业设立阶段,需要符合《公司法》等相关法律法规的规定;在纳税处理上,企业设立阶段不仅需要办理税务登记手续,还涉及印花税、契税等涉税事项;在会计处理上,主要涉及会计科目、建账等账套初始化设置,以及接受投资者出资的核算及开办费用的核算。

第一节　企业设立阶段业务概述

　　在我国,设立房地产开发企业需要满足《公司法》《城市房地产管理法》《城市房地产开发经营管理条例》等相关法律法规规定的条件,设立房地产开发企业时投资者可以采用货币资金、土地使用权、股权等不同的出资方式。根据《城市房地产开发经营管理条例》的规定,房地产开发企业成立后进行房地产开发,需要申请办理相应的房地产开发经营资质。本节主要介绍房地产开发企业的设立条件、出资方式和开发经营资质等内容。

一、房地产开发企业的设立条件

　　房地产开发企业的主要组织形式是房地产开发公司,本书仅以房地产开发公司为例进行介绍。设立房地产开发公司不仅要符合《公司法》的规定,还要符合《城市房地产管理法》、《城市房地产开发经营管理条例》及省、自治区、直辖市人民政府规定的具体条件。

　　(一)《公司法》规定的设立条件

　　房地产开发公司的主要形式有有限责任公司和股份有限公司,根据《公司法》的规定,这两种公司形式具体的设立条件略有不同。

　　1.设立有限责任公司,应当具备下列条件:(1)股东符合法定人数;(2)有符合公司章程规定的全体股东认缴的出资额;(3)股东共同制定公司章程;(4)有公司名称,建立符合有限责任公司要求的组织机构;(5)有公司住所。

　　2.设立股份有限公司,应当具备下列条件:(1)发起人符合法定人数;(2)有符合公司章程规定的全体发起人认购的股本总额或者募集的实收股本总额;(3)股份发行、筹办事项符合法律规定;(4)发起人制定公司章程,采用募集方式设立的经创立大会通过;(5)有公司名称,建立符合股份有限公司要求的组织机构;(6)有公司住所。

（二）《城市房地产管理法》规定的设立条件

根据《城市房地产管理法》的规定,设立房地产开发企业应当具备下列条件:(1)有自己的名称和组织机构;(2)有固定的经营场所;(3)有符合国务院规定的注册资本;(4)有足够的专业技术人员;(5)法律、行政法规规定的其他条件。

（三）《城市房地产开发经营管理条例》规定的设立条件

根据《城市房地产开发经营管理条例》的规定,设立房地产开发企业,除应当符合有关法律、行政法规规定的企业设立条件外,还应当具备下列条件:(1)有100万元以上的注册资本;(2)有4名以上持有资格证书的房地产专业、建筑工程专业的专职技术人员,2名以上持有资格证书的专职会计人员。省、自治区、直辖市人民政府可以根据本地的实际情况,对设立房地产开发企业的注册资本和专业技术人员的条件作出高于前款的规定。

根据《公司法》《城市房地产管理法》《城市房地产开发经营管理条例》等的规定,设立房地产开发企业,应当向工商行政管理部门申请设立登记。工商行政管理部门对符合相关法律法规规定条件的,应当予以登记,发给营业执照;对不符合相关法律法规规定条件的,不予登记。房地产开发企业在领取营业执照后的1个月内,应当到登记机关所在地的县级以上地方人民政府房地产开发主管部门备案。

二、房地产开发企业的出资方式

根据《公司法》的规定,投资者可以用货币出资,也可以用实物、知识产权、土地使用权等可以用货币估价并可以依法转让的非货币财产作价出资;但是,法律、行政法规规定不得作为出资的财产除外。根据《公司注册资本登记管理规定》(2014年2月20日国家工商行政管理总局令第64号)的规定,股东或者发起人不得以劳务、信用、自然人姓名、商誉、特许经营权或者设定担保的财产等作价出资。

（一）以货币出资

根据《公司法》的规定,股东以货币出资的,应当将货币出资足额存入公司在银行开设的账户。

（二）以非货币财产出资

根据《公司法》的规定,以非货币财产出资的,应当依法办理其财产权的转移手续;对作为出资的非货币财产应当评估作价,核实财产,不得高估或者低估作价。法律、行政法规对评估作价有规定的,从其规定。

1. 股权出资

根据《公司注册资本登记管理规定》的规定,股东或者发起人可以以其持有的在中国境内设立的公司(以下称"股权所在公司")股权出资。以股权出资的,该股权应当权属清楚、权能完整、依法可以转让。具有下列情形的股权不得用作出资:(1)已被设立质权;(2)股权所在公司章程约定不得转让;(3)法律、行政法规或者国务院决定规定,股权所在公司股东转让股权应当报经批准而未经批准;(4)法律、行政法规或者国务院决定规定不得转让的其他情形。

2. 债权转为股权

根据《公司注册资本登记管理规定》的规定,债权人可以将其依法享有的对在中国境内设立的公司的债权,转为公司股权。转为公司股权的债权应当符合下列情形之一:(1)债权人已经履行债权所对应的合同义务,且不违反法律、行政法规、国务院决定或者公司章程的禁止性规定;(2)经人民法院生效裁判或者仲裁机构裁决确认;(3)公司破产重整或者和解期间,列入经人民法院批准的重整计划或者裁定认可的和解协议。用以转为公司股权的债权有两个以上债权人的,债权人对债权应当已经作出分割。债权转为公司股权的,公司应当增加注册资本。

三、房地产开发企业的开发经营资质

根据《城市房地产开发经营管理条例》的规定,房地产开发主管部门应当根据房地产开发企业的资产、专业技术人员和开发经营业绩等,对备案的房地产开发企业核定资质等级。房地产开发企业应当按照核定的资质等级,承担相应的房地产开发项目。

(一)房地产开发企业的资质等级

根据2000年3月29日建设部颁布的《房地产开发企业资质管理规定》(建设部令第77号)的规定,房地产开发企业应当按照资质管理规定申请核定企业资质等级,未取得房地产开发资质等级证书的企业,不得开发及销售房地产。2015年5月4日,《住房和城乡建设部关于修改〈房地产开发企业资质管理规定〉等部门规章的决定》(住房和城乡建设部令第24号),取消了《房地产开发企业资质管理规定》中对各资质等级企业注册资本金额的要求。

房地产开发企业的资质分为一、二、三、四等四个资质等级,资质等级实行分级审批。其中,一级资质由省、自治区、直辖市人民政府建设行政主管部门初审,报国务院建设行政主管部门审批;二级资质及二级资质以下企业的审批办法由省、自治区、直辖市人民政府建设行政主管部门制定。经资质审查合格的房地产开发企业,由资质审批部门发给相应等级的资质证书。

新设立的房地产开发企业向房地产开发主管部门备案后,房地产开发主管部

门应于 30 日内向符合条件的房地产开发企业核发暂定资质证书,自发证当日起有效期 1 年,房地产开发主管部门可视企业实际经营情况将有效期延长,但延长期限不得超过 2 年。房地产开发企业应在暂定资质证书有效期满前 1 个月内向房地产开发主管部门申请核定资质等级。

(二)不同资质等级的经营范围

根据《房地产开发企业资质管理规定》的规定,各资质等级的房地产开发企业仅可在核准的经营范围内从事房地产开发及销售业务,不得从事核准范围以外的业务。一级资质的房地产开发企业承担房地产项目的建设规模不受限制,可在全国范围承揽房地产开发项目;二级资质及二级资质以下的房地产开发企业可承担建筑面积 25 万平方米以下的开发建设项目,承担业务的具体范围由省、自治区、直辖市人民政府建设行政主管部门确定。

(三)房地产开发企业的资质年检

根据《房地产开发企业资质管理规定》的规定,房地产开发企业的资质实行年检制度。一级资质房地产开发企业的资质年检由国务院建设行政主管部门或其委托的机构负责;二级资质及二级资质以下的房地产开发企业的资质年检由省、自治区、直辖市人民政府建设行政主管部门制定办法。

第二节 企业设立阶段纳税实务

房地产开发企业在设立阶段需要办理税务登记,除了涉及印花税外,一般不涉及其他税种,但是,如果房地产开发企业接受出资者以土地使用权或者房产等不动产出资,将会涉及契税等税种。企业设立阶段还涉及增值税一般纳税人与小规模纳税人登记。

一、税务登记

税务登记是整个税收征收管理的首要环节,是税务机关对纳税人的基本情况及生产经营项目进行登记管理的一项基本制度,也是纳税人已经纳入税务机关监督管理的一项证明。根据法律、法规规定具有应税收入、应税财产或应税行为的各类纳税人(其他个人除外),都应依照《中华人民共和国税收征收管理法》《中华人民共和国税收征收管理法实施细则》《税务登记管理办法》的规定办理税务登记。

"三证合一"登记制度是指将企业登记时依次申请、分别由工商行政管理部门核发工商营业执照、质量技术监督部门核发组织机构代码证、税务部门核发税务登记证,改为一次申请、由工商行政管理部门核发一个营业执照的登记制度。根据国家税务总局《关于落实"三证合一"登记制度改革的通知》(税总函〔2015〕482号),新设立企业、农民专业合作社(以下统称"企业")领取由工商行政管理部门核发加载法人和其他组织统一社会信用代码(以下称"统一代码")的营业执照后,无须再次进行税务登记,不再领取税务登记证。企业办理涉税事宜时,在完成补充信息采集后,凭加载统一代码的营业执照可代替税务登记证使用。对于工商登记已采集信息,税务机关不再重复采集;其他必要涉税基础信息,可在企业办理有关涉税事宜时,及时采集,陆续补齐。发生变化的,由企业直接向税务机关申报变更,税务机关及时更新税务系统中的企业信息。

此外,根据《国务院办公厅关于加快推进"五证合一、一照一码"登记制度改革的通知》(国办发〔2016〕53号)的规定,自2016年10月1日起正式实施"五证合一、一照一码"。在"三证合一"工作机制基础上,登记部门直接核发加载统一社会信用代码的营业执照,相关信息在全国企业信用信息公示系统公示,并归集至全国信用信息共享平台,企业不再另行办理社会保险登记证和统计登记证。

二、设立阶段纳税处理

房地产开发企业在设立阶段会取得营业执照等权利许可证照,还需要按照会计制度的规定建立会计账簿,根据《中华人民共和国印花税暂行条例》(以下简称《印花税暂行条例》)及相关规定,应当缴纳印花税。如果房地产开发企业接受出资者以土地使用权或者房产等不动产出资,还会涉及契税。

(一)印花税纳税实务解析

1. 营业账簿

营业账簿指房地产开发企业记载开发经营活动的财务会计核算账簿。营业账簿按其反映内容的不同,可分为记载资金的账簿和其他账簿。

记载资金的账簿是指反映生产经营单位资本金数额增减变化的账簿。记载资金的账簿应按"营业账簿"税目中的记载资金的账簿,按照实收资本和资本公积的合计金额的0.5‰在账簿启用时贴花。自2018年5月1日起,对按0.5‰税率贴花的资金账簿减半征收印花税,对按件贴花5元的其他账簿免征印花税。

其他账簿是指除上述账簿以外的有关其他生产经营活动内容的账簿,包括日记账簿和各明细分类账簿。其他账簿适用定额税率,在启用时按件贴花,每件5元。

为减轻企业负担,鼓励投资创业,《财政部 税务总局关于对营业账簿减免印花税的通知》(财税〔2018〕50号)规定,自2018年5月1日起,对按万分之五税率贴花的资金账簿减半征收印花税,对按件贴花五元的其他账簿免征印花税。

2. 权利、许可证照

根据国家税务局地方税管理司《关于对权利许可证照如何贴花问题的复函》

(国税地函〔1991〕2号)的规定,权利许可证照的征税范围仅指政府部门发给的房屋产权证、工商营业执照、商标注册证、专利证、土地使用证,其他各种权利许可证照均不贴花。工商营业执照在领受时贴花,适用定额税率,按件贴花,税额为5元。房地产开发企业在设立阶段如果涉及房屋和土地使用权出资的,房屋产权证、土地使用证也应按件贴花,每件5元。

3. 土地使用权合同

在设立阶段,房地产开发企业如果接受出资人的土地使用权出资,还应按照《财政部 国家税务总局关于印花税若干政策的通知》(财税〔2006〕162号)的规定,对土地使用权出让合同、土地使用权转让合同按产权转移书据计算缴纳印花税,按合同记载金额的0.5‰贴花。

4. 股权投资合同

根据《中华人民共和国印花税暂行条例施行细则》第十条的规定,印花税只对《印花税税目税率表》中列举的凭证和经财政部确定征税的其他凭证征税。也就是说,印花税的征收范围采用列举的方式,没有列举的凭证,不需要贴花。《印花税暂行条例》第二条和《印花税税目税率表》中列举的应纳税凭证均没有股权投资合同,由此可知,股权投资合同不是印花税的征税对象,不需要缴纳印花税。

5. 债转股合同

《印花税暂行条例》第二条和《印花税税目税率表》中列举的应纳税凭证均没有债转股合同,由于债转股合同或协议不在上述列举范围之内,因此无论债权人和债务人是否就债转股业务签订了合同或协议,均不需要缴纳印花税;但债转股增加了实收资本或资本公积,需要缴纳印花税。

6. 房屋租赁合同

房地产开发企业需要有固定的经营场所,如果作为经营场所的房屋是租赁取得的,需要根据财产租赁合同税目,按租赁金额的1‰贴花;税额不足1元的,按1元贴花。

(二)契税纳税实务解析

在房地产开发企业设立阶段,如果接受出资人以房屋等不动产出资,根据《中华人民共和国契税暂行条例》(1997年7月7日国务院令第224号)及《中华人民共和国契税暂行条例细则》(1997年10月28日财法字〔1997〕52号)的规定,接受出资的房地产开发企业应当按照国有土地使用权出让、土地使用权出售、房屋买卖成交价格的3%至5%适用税率缴纳契税。

【例2-1】甲、乙、丙三家公司共同出资设立东方房地产开发公司,注册资本为10 000万元,甲、乙、丙持股比例分别为20%、30%和50%。甲公司以货币资金2 000万元出资,持股比例为20%;乙公司以其持有的A公司的股权作价出资,乙公司对A公司的长期股权投资账面价值为2 600万元,甲、乙、丙在投资合同中约定,作为出资的该项股权作价 3 000 万元,该作价是按照 A 公司股票的市价经考虑相关调整因素后确定的;丙公司以土地使用权出资,土地使用权评估确认的价值为 5 000 万元,持股比例为 50%。租赁办公用房屋协议显示,每年房屋租金 10 万元,租期 2 年。20×0 年 3 月 18 日领到工商部门颁发的企业法人营业执照。公司该年度设置总账 1 本、其他营业账簿 12 本。

20×4 年 7 月 5 日,东方房地产开发公司应支付甲公司借款 6 000 万元,由于东方房地产开发公司财务困难,无法偿付。经双方协商同意,签订债务重组协议,采取将东方房地产开发公司所欠债务转为东方房地产开发公司股本的方式进行债务重组。假定东方房地产开发公司普通股的面值为 1 元,东方房地产开发公司以 600 万股抵偿该项债务,股票每股市价为 9 元。东方房地产开发公司计入股本的金额为 600 万元,股票的公允价值减去股票的面值总额 4 800 万元(600×9-600×1)后的差额,应计入资本公积。

(1)营业执照应按件贴花,每件 5 元。

应纳印花税税额 = 1×5 = 5(元)

(2)记载资金的账簿(即总账)按照实收资本和资本公积合计金额的 0.5‰ 的一半在账簿启用时贴花。其他账簿免征印花税。

记载资金的账簿应纳印花税税额 = 100 000 000×0.5‰×50% = 25 000(元)

(3)以土地使用权出资的,按合同记载金额的 0.5‰ 贴花。

应纳印花税税额 = 50 000 000×0.5‰ = 25 000(元)

(4)股权投资合同不是印花税的征税对象,不需要缴纳印花税。

(5)财产租赁合同按租赁金额的 1‰ 贴花。

应纳印花税税额 = 100 000×1‰×2 = 200(元)

(6)债转股合同不是印花税的征税对象,不需要缴纳印花税。债转股增加注册资金 600 万元、资本公积 4 800 万元,按"营业账簿"税目中的记载资金的账簿贴花。

应纳印花税税额 = (6 000 000 + 48 000 000)×0.5‰×50% = 13 500(元)

(7)当地人民政府规定契税税率为 4%,东方房地产开发公司在接受投资时应缴纳契税为 50 000 000×4% = 2 000 000(元)。

三、纳税人登记纳税实务解析

根据财政部和国家税务总局《关于全面推开营业税改征增值税试点的通知》(财税〔2016〕36 号),纳税人年应征增值税销售额超过 500 万元(含)的为一般纳税人,未超过规定标准的纳税人为小规模纳税人。新设立的房地产开发企业应该登记成小规模纳税人还是一般纳税人呢?

由于房地产开发企业的特殊性,在开发前期,新设立的房地产开发企业的年应征增值税销售额一般达不到规定的500万元(含)标准,如果登记成小规模纳税人,在开发前期,发生的规划设计、施工、采购、营销策划等投入,只能取得增值税普通发票,即使取得了增值税专用发票,也会因小规模纳税人的身份而不能用于抵扣。等到实现销售后,销售额达到了规定的一般纳税人标准,登记为一般纳税人,前期投入取得的增值税普通发票或增值税专用发票,仍不能用于抵扣销售环节的销项税额,会造成房地产开发企业的税收负担。

(1)新设立的房地产开发企业能否在公司成立之初,就申请登记为一般纳税人呢?

根据《增值税一般纳税人登记管理办法》(国家税务总局令第43号)规定,年应税销售额未超过规定标准的纳税人,会计核算健全,能够提供准确税务资料的,可以向主管税务机关办理一般纳税人登记。

纳税人会计核算是否健全,是否能够提供准确税务资料是划分一般纳税人与小规模纳税人的重要指标。实践中,纳税人只要建立健全了会计核算制度,能够提供准确的税务资料,即使其年应税销售额未超过规定标准,也可以向主管税务机关办理一般纳税人登记,适用一般计税方法计算应纳税额。

(2)如何把握"会计核算健全并能够提供准确税务资料"?

根据《增值税一般纳税人登记管理办法》(国家税务总局令第43号)的规定,会计核算健全,是指能够按照国家统一的会计制度规定设置账簿,根据合法、有效凭证进行核算。

(3)如果符合一般纳税人条件,税务机关会不会予以登记?

很多新设立的房地产开发企业认为符合一般纳税人条件,准备申请登记为一般纳税人资格,又担心税务机关不会予以认定。按照国务院简政放权的精神,国家税务总局发布了《国家税务总局关于调整增值税一般纳税人管理有关事项的公告》(国家税务总局公告2015年第18号),将增值税一般纳税人的资格管理方式由认定制调整为登记制。根据《增值税一般纳税人登记管理办法》(国家税务总局令第43号)规定,符合规定标准的房地产开发企业,应该向税务机关进行一般纳税人登记,而不是一般纳税人资格认定。

第三节 会计软件的初始化设置

房地产开发企业会计面临的第一项工作就是建账。建账就是设计会计核算体系,建账不仅仅是会计核算,也体现了管理思维,所以,建账最能体现会计人员的水平。会计电算化中的建账工作体现在账套初始化设置中。本节以金蝶K/3系统为例介绍账套初始化设置的流程及操作实务。

一、账套初始化的主要流程

安装财务软件后,账套初始化的主要流程如下:

1. 基础资料设置

设置公司名称、记账本位币及账套启用期间等账套参数,设置用户及用户权限,设置总账系统参数,进行科目、币别、凭证字、计量单位、结算方式、核算项目、辅助资料等各项基础资料的维护管理。

2. 分类编号管理

房地产开发企业涉及单位很多,如果不进行系统设计,进行分类编号管理,将不利于实现资源共享,会给会计凭证录入和账务查询、使用带来不便。

3. 会计科目设置

从模板中引入会计科目,对会计科目进行新增、修改、删除的操作。

4. 明细科目和核算项目设置

会计科目设置后,需要对会计科目设置二级明细或三级明细科目,还需要设置核算项目,进行辅助核算。

5. 科目初始化录入

新办企业无初始余额及累计发生额,不需录入初始数据。老企业新建账套涉及初始余额录入。

6. 试算平衡检查,结束初始化

二、基础资料设置

基础资料设置包括设置账套参数、设置总账系统参数、基础资料维护等。

1. 设置账套参数

设置账套参数包括设置公司名称、记账本位币及账套启用期间。

第一步:选择[账套管理],首先弹出"账套管理登录"对话框。第一次使用,不必更改用户名 Admin,密码为空,单击[确定],进入"账套管理"界面,选择你要建立账套的组织机构,选择[数据库]→[新建账套],弹出"新建账套"窗口,填写账套号和账套名称。如图 2-1 所示:

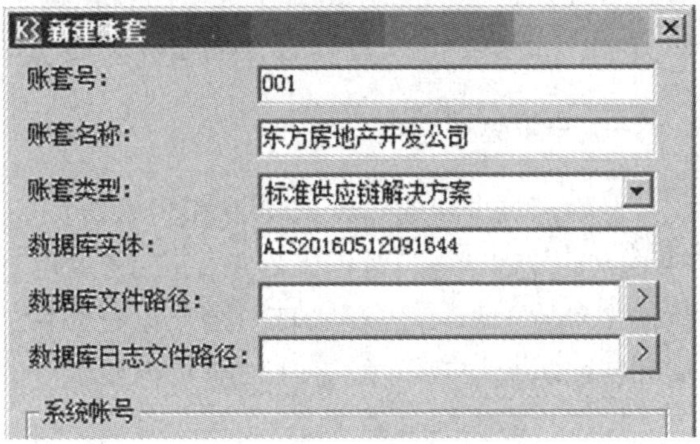

第二步:对该账套进行系统资料设置:公司名称、总账、会计

图 2-1

年度,完成后启用。

2. 设置总账系统参数

选择[系统设置]→[系统设置]→[总账]→[系统参数],打开"系统参数"窗口,单击"系统参数"中"总账"标签页,对"基本信息""凭证""预算""往来传递"四个信息页中的总账系统参数进行设置。如图 2-2 所示:

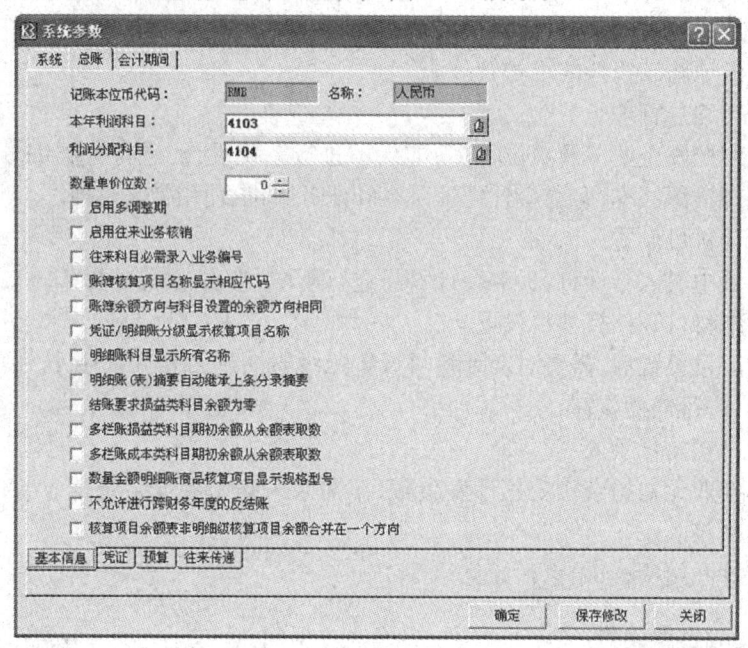

图 2-2

3. 基础资料维护

对科目、币别、凭证字、计量单位、结算方式、核算项目、辅助资料等各项基础资料进行维护管理。金蝶 K/3 系统中已经预设了多种核算项目类型,如客户、部门、职员、供应商等。用户也可以根据实际需要,自己定义所需要的核算项目类型。

三、分类编号管理

房地产开发企业涉及的单位和个人很多,有成千上万的客户,有设计单位、材料供应商、施工单位、营销策划单位、广告单位,还有政府部门、银行等金融机构、其他往来单位、个人等。在账套初始化设置阶段,如果不进行系统设计,会给将来查询和使用账套带来不便。所以,应对相关单位进行分类编号管理。

1. 客户分类编号管理

房地产开发企业的客户主要有购房者、购买土地者、租赁持有物业者等。以开发住宅为主的房地产开发企业客户主要为购房者;以持有物业为主的房地产开发企业客户主要为租赁者;同时开发住宅和持有物业者,为了区分,可按销售、租赁等将客户分类。

单一开发住宅的,可能开发有高层住宅、多层住宅、洋房等不同的物业形态,为了便于区分,可按物业形态将客户分类。同一开发项目,可能分期开发,分为一、二、三期,为了便于区分,也可按期将客户分类。

需要说明的是,客户编号必须唯一,也就是一个客户只能有一个编号。但对不同情况的房地产项目进行分类编号的规则不一定唯一。如果房地产开发企业对整个小区的所有楼房进行统一编号,就可以直接按"楼号+单元号+房号"进行编号;如果房地产开发企业对每一期楼房分别进行编号,如一期有1#楼,二期也有1#楼,或者房地产开发企业按物业形态对楼房分别进行编号,如高层住宅有1#楼,多层住宅也有1#楼,那就一定要分开编号,详细标注。将设计好的客户分类编号方案确定下来,就可以进行客户分类编号了。

2. 供应商分类编号管理

房地产开发企业的供应商主要有土地供应单位、设计单位、施工单位、材料供应单位、营销合作单位等,银行等金融机构是资金供应单位。

在对供应商分类编号时,可以将土地供应单位编号为01、设计单位编号为02、施工单位编号为03、材料供应单位编号为04、营销合作单位编号为05、银行等金融机构编号为06、其他编号为07。

3. 其他分类编号管理

除客户和供应商外,房地产开发企业还存在股东及其他往来单位,另外还有员工等。如果认为有必要对股东或员工进行分类编号管理,也可以对股东或员工进行分类编号管理。

四、会计科目设置

在进行账套初始化时,可以从模板中引入标准科目,并选择设置房地产开发企业的具体会计科目,对引入的标准科目进行修改。

1. 从模板中引入标准科目

为了提高用户录入科目的效率,金蝶 K/3 系统提供了引入标准科目的功能。在引入会计科目时,首先需要选择会计制度(或准则,下同)。具体操作如下:

(1)在主控台上,选择[系统设置]→[基础资料]→[公共资料]→[科目]。

(2)选择[文件]→[从模板中引入科目],打开"科目模板"界面。

(3)选择引入科目的所属行业类型,然后单击[引入],打开"引入科目"界面,选择要引入的科目。如果要引入所有科目,则单击[全选]即可。本书以《企业会

计准则》为例进行讨论,请选择"新会计准则科目"。如图 2-3 所示:

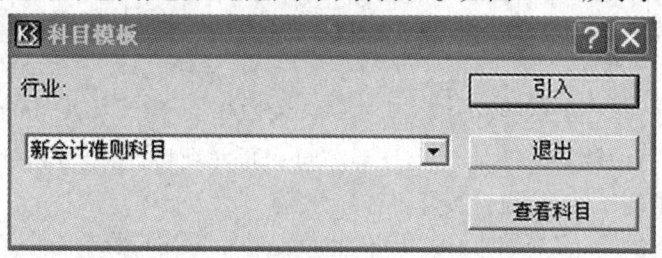

图 2-3

(4) 单击[引入],即可将选择的科目引入到系统中来。

2. 房地产开发企业会计科目设置

从系统中引入会计科目后,需要对引入会计科目进行增减、修改,在增减、修改前,要明确房地产开发企业应设置的会计科目。根据房地产开发企业经营的特点和会计核算的要求,房地产开发企业应设置的会计科目如表 2-1 所示:

表 2-1　　　　　　房地产开发企业会计科目表

序号	编号	会计科目名称	序号	编号	会计科目名称
		一、资产类			二、负债类
1	1001	库存现金	43	2001	短期借款
2	1002	银行存款	44	2101	交易性金融负债
3	1012	其他货币资金	45	2201	应付票据
4	1101	交易性金融资产	46	2202	应付账款
5	1121	应收票据	47	2203	预收账款
6	1122	应收账款	48	2211	应付职工薪酬
7	1123	预付账款	49	2221	应交税费
8	1131	应收股利	50	2231	应付利息
9	1132	应收利息	51	2232	应付股利
10	1221	其他应收款	52	2241	其他应付款
11	1231	坏账准备	53	2501	长期借款
12	1401	材料采购	54	2502	应付债券
13	1402	在途物资	55	2701	长期应付款
14	1403	原材料	56	2702	未确认融资费用

续表

序号	编号	会计科目名称	序号	编号	会计科目名称
15	1404	材料成本差异	57	2801	预计负债
16	1405	开发产品	58	2901	递延所得税负债
17	1406	分期收款开发产品			三、所有者权益类
18	1409	土地使用权	59	4001	实收资本
19	1410	周转房	60	4002	资本公积
20	1471	存货跌价准备	61	4101	盈余公积
21	1501	持有至到期投资	62	4103	本年利润
22	1502	持有至到期投资减值准备	63	4104	利润分配
23	1503	可供出售金融资产			四、成本类
24	1511	长期股权投资	64	5001	开发成本
25	1512	长期股权投资减值准备	65	5101	开发间接费用
26	1521	投资性房地产			五、损益类
27	1522	投资性房地产累计折旧(摊销)	66	6001	主营业务收入
28	1523	投资性房地产减值准备	67	6051	其他业务收入
29	1531	长期应收款	68	6101	公允价值变动损益
30	1601	固定资产	69	6111	投资收益
31	1602	累计折旧	70	6301	营业外收入
32	1603	固定资产减值准备	71	6401	主营业务成本
33	1604	在建工程	72	6402	其他业务成本
34	1605	工程物资	73	6403	税金及附加
35	1606	固定资产清理	74	6601	销售费用
36	1701	无形资产	75	6602	管理费用
37	1702	累计摊销	76	6603	财务费用
38	1703	无形资产减值准备	77	6701	资产减值损失
39	1711	商誉	78	6711	营业外支出
40	1801	长期待摊费用	79	6801	所得税费用
41	1811	递延所得税资产	80	6901	以前年度损益调整
42	1901	待处理财产损溢			

表2-1中列示的房地产开发企业常用的会计科目,其中大部分都是各个行业通用的会计科目,使用这些会计科目能够保证在会计科目设置上的统一性,只有"土地使用权""开发成本""开发间接费用""开发产品"等个别会计科目属于房地

产开发企业专用的会计科目。

3. 对引入的会计科目进行新增、修改、删除

根据房地产开发企业设置的会计科目,可以对引入的会计科目进行新增、修改、删除。比如引入的新会计准则科目中没有"开发成本"科目,可以选中"5001 生产成本"科目,然后在菜单上选择[编辑]-[科目属性],或右击选择[科目属性],或双击"5001 生产成本"科目,弹出"会计科目-修改"界面,将科目名称修改为"开发成本",单击[保存]。如图2-4所示:

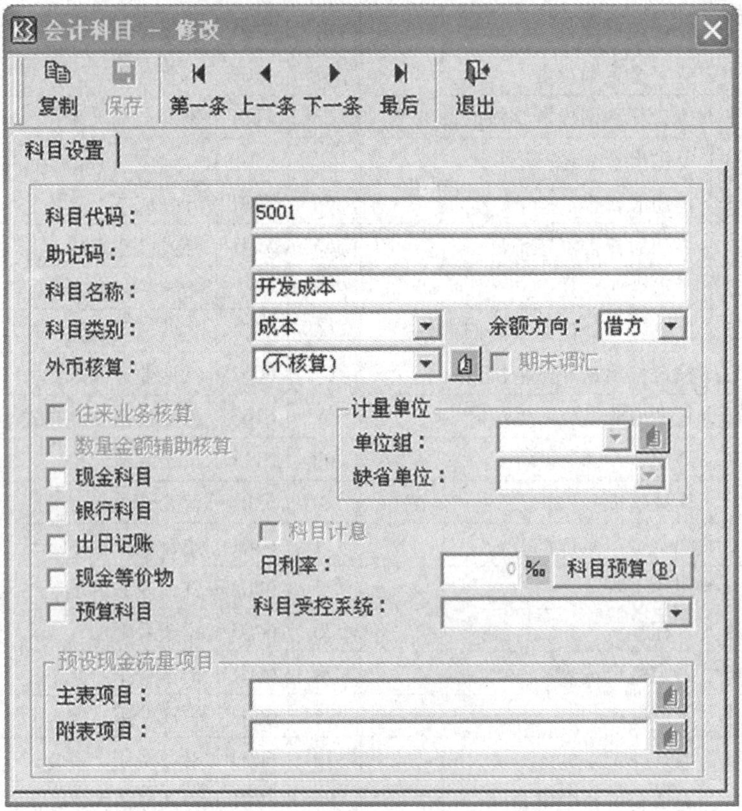

图2-4

五、明细科目和核算项目设置

会计科目设置后,根据具体科目核算要求,需要对会计科目设置二级明细或三级明细科目,有些会计科目还需要设置核算项目进行辅助核算。本部分主要介绍房地产开发企业会计科目核算的内容以及各科目需要进行的明细科目设置和核算项目设置。

1. 库存现金(1001)

"库存现金"科目核算房地产开发企业的库存现金。企业有内部周转使用备用金的,可以单独设置"备用金"科目。房地产开发企业增加库存现金,借记"库存现金"科目,贷记"银行存款"等科目;减少库存现金,借记有关科目,贷记"库存现金"科目。本科目期末借方余额,反映企业持有的库存现金。

房地产开发企业应当设置"库存现金日记账",根据收付款凭证,按照业务的发生顺序逐笔登记。每日终了,应当计算当日的现金收入合计额、现金支出合计额和结余额,并将结余额与实际库存额核对,做到账款相符。有外币现金的企业,应按币种设置二级明细账核算。

2. 银行存款(1002)

"银行存款"科目核算房地产开发企业存入银行或其他金融机构的各种款项。银行汇票存款、银行本票存款、信用卡存款、信用证保证金存款、存出投资款、外埠存款等在"其他货币资金"科目核算。房地产开发企业增加银行存款,借记"银行存款"科目,贷记"库存现金""预收账款"等科目;减少银行存款做相反的会计分录。本科目期末借方余额,反映企业存在银行或其他金融机构的各种款项。

房地产开发企业应设置"银行存款日记账"。"银行存款日记账"根据收付款凭证,按照业务的发生顺序逐笔登记。每日终了,应结出余额。"银行存款"科目可按银行账户设置核算项目。

【例2-2】东方房地产开发公司"银行存款"科目按银行账户设置核算项目,增加银行账号"建行东支(1688)","建行东支"即建设银行东路支行,"1688"为银行账号的后四位。东方房地产开发公司应进行如下操作:

(1)在主控台上,选择[系统设置]→[基础资料]→[公共资料]→[银行账号]。

(2)选择[新增],进入"银行账号-新增"界面。

(3)输入代码"01",名称为"建行东支(1688)",单击[保存]。如图2-5所示:

图2-5

(4)一个科目允许增加多个核算项目,注意应在会计科目的末级明细设置核算项目。双击[银行账号]科目,进入"会计科目-修改"界面,选择[核算项目]→[增加核算项目类别],弹出"核算项目类别"界面,选择[银行账号],单击[确定]。如图2-6、图2-7所示:

图2-6

图2-7

3. 其他货币资金(1012)

"其他货币资金"科目核算房地产开发企业银行本票存款、信用卡存款、信用证保证金存款、存出投资款、外埠存款等。房地产开发企业增加其他货币资金,借记本科目,贷记"银行存款"科目;减少其他货币资金,借记有关科目,贷记本科目。本科目期末借方余额,反映企业持有的其他货币资金。

房地产开发企业应开设"其他货币资金"三栏式明细账,按其他货币资金的性质,如按照按揭保证金、承兑保证金等设置二级明细账。为了便于对按揭保证金进行管理,按揭保证金可按照银行账号、客户分别设置核算项目(详见2.银行存款、22.预收账款);承兑保证金可按银行账号设置核算项目(详见2.银行存款)。

对会计科目设置明细科目时,需先新增二级明细科目,再新增三级明细科目。选择[编辑]→[新增科目],进入"会计科目-新增"界面。在如图2-8界面内输入科目信息。

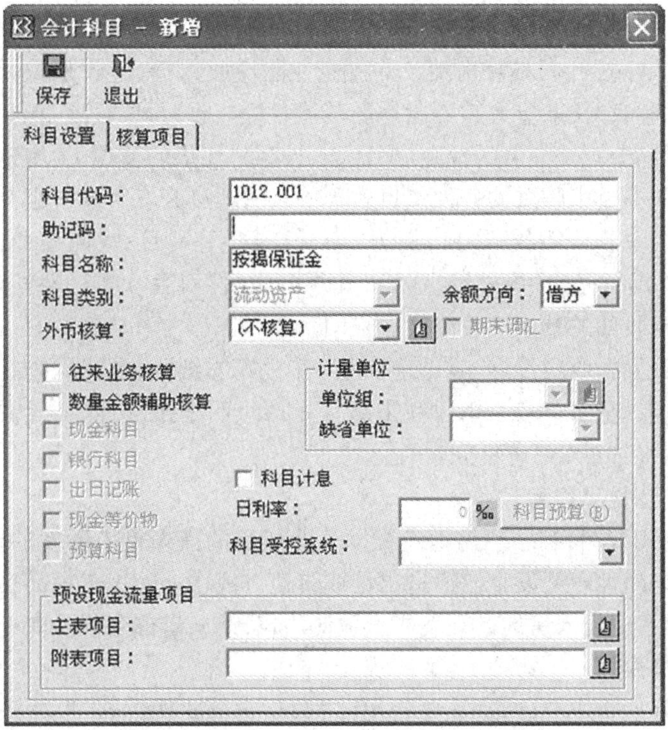

图2-8

4. 应收账款(1122)

"应收账款"科目核算房地产开发企业因转让与销售开发产品、出租房屋等经营活动应收取的款项。企业发生应收款项时,按应收金额,借记"应收账款"科目,按确认的营业收入,贷记"主营业务收入""其他业务收入"等科目;收到应收账款时,借记"银行存款"等科目,贷记"应收账款"科目。本科目期末如为借方余额,反映企业尚未收回的应收账款;期末如为贷方余额,反映企业预收的账款。

房地产开发企业应设置"应收账款"三栏式明细账,可以按照房款、地款、租金等款项性质设置二级明细账,按照客户设置核算项目(详见22.预收账款)。

5. 预付账款(1123)

"预付账款"科目核算房地产开发企业按照合同规定预付给供应商的工程款和备料款,以及按照购货合同规定预付给供应商的购货款。房地产开发企业因购买货物、接受建筑服务而预付的款项,借记"预付账款"科目,贷记"银行存款"科目。"预付账款"科目期末借方余额,反映企业预付的款项。

房地产开发企业应设置"预付账款"三栏式明细账,可以按照供应商设置核算项目(详见21.应付账款)。

6. 其他应收款(1221)

"其他应收款"科目核算房地产开发企业除应收票据、应收账款、预付账款、应收股利、应收利息、长期应收款等以外的其他各种应收、暂付款项,包括应收的往来单位或个人借支,对外支付的押金、保证金,为客户代垫的款项,为施工单位代垫的水电费以及应向员工收取的各种垫付款项等。房地产开发企业发生其他各种应收款项时,借记"其他应收款"科目,贷记"银行存款"等科目;收回各种款项时,借记"库存现金""银行存款"等科目,贷记"其他应收款"科目。本科目期末借方余额,反映企业尚未收回的其他应收款项。

房地产开发企业应设置"其他应收款"三栏式明细账,可按应收款性质如个人借支、押金、保证金、代垫款、单位往来款等设二级明细账,按员工或供应商等分别设置核算项目(详见21.应付账款)。

7. 土地使用权(1409)

"土地使用权"科目核算房地产开发企业取得的尚未投入开发的土地使用权。科目借方登记房地产开发企业通过出让或转让方式增加的用于商品房开发的土地使用权;贷方登记投入房地产开发的土地使用权;期末借方余额反映企业尚未投入开发的土地使用权。

房地产开发企业应设置"土地使用权"数量金额式明细账,可按照国家出让宗地编号设置二级明细账,按照土地出让金、土地交易费用、契税、耕地占用税和征迁补偿费等费用项目设置专栏。

8. 开发成本(5001)

"开发成本"科目核算房地产开发企业在土地、房屋、配套设施和代建工程的开发过程中所发生的各项费用。

房地产开发企业应设置"开发成本"多栏式明细账。"开发成本"科目应按照土地取得成本、前期工程费、建安工程费、基础设施费、配套设施费、开发间接费、借款费用等7个成本项目设置二级明细账进行核算,也可以在成本项目下按照具体的支出类别如土地出让金、契税等设置三级明细账。

"开发成本"科目应按照成本核算对象①设置核算项目。金蝶K/3系统提供的核算项目中的成本对象如果满足不了需求,房地产开发企业应自定义增加核算项目类别"成本核算对象"。

【例2-3】东方房地产开发公司取得A地块土地使用权。根据项目总体规划方案,A地块分两期开发,有住宅、商业、商住一体、会所等产品类型,其中会所为A地块项目共同使用,完工后无偿归业主使用。一期有16栋商品房,1#~3#楼为商业,4#~11#楼为多层,其中4#楼为商住一体,12#~16#楼为高层。东方房地产开发公司以A地块、A地块一期、A地块二期、会所、每栋楼为成本核算对象。"开发成本"科目按照成本核算对象设置核算项目。东方房地产开发公司应进行如下操作:

第一步:新增核算项目类别"成本核算对象"

(1)在主控台上,选择［系统设置］→［基础资料］→［公共资料］→［核算项目管理］。

(2)选择［编辑］→［新增核算项目类别］,进入"核算项目类别-新增"界面。

(3)输入核算项目类别的代码"010"和名称"成本核算对象"。

(4)单击［确定］。核算项目类别"成本核算对象"就新增成功了。如图2-9所示:

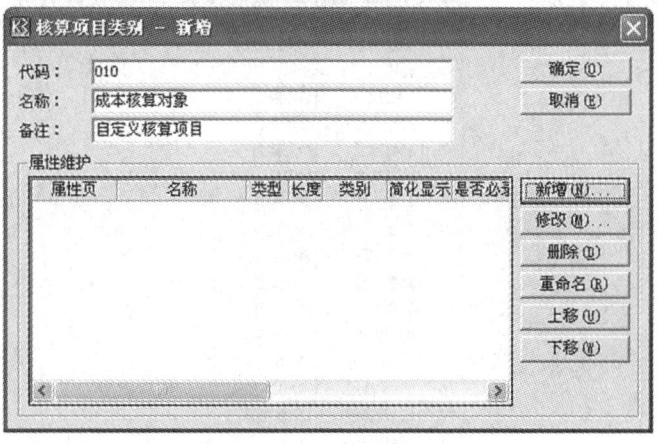

图2-9

---

① 详见本书第四章第二节"房地产开发企业成本核算"相关内容。

第二步:新增"成本核算对象"核算项目

新增"成本核算对象"核算项目,具体的操作步骤是:

(1)在主控台上,选择[系统设置]→[基础资料]→[公共资料]→[成本核算对象],就可以进入成本核算对象维护界面。

(2)选择[编辑]→[新增成本核算对象],进入"成本核算对象-新增"界面。

(3)输入代码"01"和名称"A地块",单击[保存],返回成本核算对象设置界面。如图2-10所示:

图2-10

(4)增加成本核算对象A地块一期、A地块二期、会所、1#~16#楼每栋楼的操作步骤同A地块。如图2-11所示:

图2-11

第三步:对"开发成本"科目增加"成本核算对象"核算项目

(1)双击"开发成本"二级明细科目"土地取得成本",进入"会计科目-修改"界面,选择[核算项目]→[增加核算项目类别],弹出"核算项目类别"界面,选择[成本核算对象],单击[确定]。如图2-12、图2-13所示:

图2-12

图2-13

（2）增加前期工程费、建安工程费、基础设施费、配套设施费、开发间接费、借款费用的"成本核算对象"核算项目同土地取得成本。如图2－14所示：

科目代码	科目名称	科目类别	余额方向	外币核算	全名	期末调汇	出日记账	科目记息	项目辅助核算
5001.001	土地取得成本	成本	借	不核算	开发成本_土地取得成本	否	否	否	成本核算对象
5001.002	前期工程费	成本	借	不核算	开发成本_前期工程费	否	否	否	成本核算对象
5001.003	基础设施费	成本	借	不核算	开发成本_基础设施费	否	否	否	成本核算对象
5001.004	建安工程费	成本	借	不核算	开发成本_建安工程费	否	否	否	成本核算对象
5001.005	配套设施费	成本	借	不核算	开发成本_配套设施费	否	否	否	成本核算对象
5001.006	开发间接费	成本	借	不核算	开发成本_开发间接费	否	否	否	成本核算对象
5001.007	借款费用	成本	借	不核算	开发成本_借款费用	否	否	否	成本核算对象

图 2－14

9. 开发间接费用（5101）

"开发间接费用"科目核算房地产开发企业内部独立核算单位在开发现场组织管理开发产品而发生的各项间接费用，包括工资、福利费、折旧费、修理费、办公费、水电费、劳动保护费、周转房摊销等。

房地产开发企业应设置"开发间接费用"多栏式明细账，账内按工资、福利费、折旧费、修理费、办公费、水电费、劳动保护费、周转房摊销等设置专栏。

10. 开发产品（1405）

"开发产品"科目核算已完工开发产品的实际成本，包括土地、房屋、配套设施等。房地产开发企业开发的产品，应于开发产品竣工验收合格时，按实际成本，借记"开发产品"科目，贷记"开发成本"科目。月末，企业应结转对外转让、销售和结算开发产品的实际成本，借记"主营业务成本"科目，贷记"开发产品"科目。本科目期末借方余额，反映企业未转让、销售或结算开发产品的实际成本。

房地产开发企业应设置"开发产品"数量金额式明细账，按产品类型，如土地、房屋、配套设施等设置二级明细账，按产品设置核算项目，如 A 地块一期 12#楼高层。

11. 存货跌价准备（1471）

"存货跌价准备"科目核算房地产开发企业存货发生减值时计提的存货跌价准备。资产负债表日，存货发生减值的，按存货可变现净值低于成本的差额，借记"资产减值损失"科目，贷记"存货跌价准备"科目。已计提跌价准备的存货价值以后又得以恢复，应在原已计提的存货跌价准备金额内，按恢复增加的金额，借记"存货跌价准备"科目，贷记"资产减值损失"科目。发出存货结转计提的存货跌价准备的，借记"存货跌价准备"科目，贷记"主营业务成本"等科目。"存货跌价准备"科目期末贷方余额，反映企业已计提但尚未转销的存货跌价准备。

房地产开发企业应设置"存货跌价准备"三栏式明细账，按照已完工开发产品、在建开发产品、待开发产品设置二级明细账。

12. 长期股权投资(1511)

"长期股权投资"科目核算房地产开发企业持有的采用成本法和权益法核算的长期股权投资。

房地产开发企业应设置"长期股权投资"三栏式明细账。长期股权投资可按照被投资单位进行明细核算。长期股权投资采用权益法核算的,应当分别"成本""损益调整""其他权益变动"进行明细核算。

13. 投资性房地产(1521)

"投资性房地产"科目核算投资性房地产的价值,包括采用成本模式计量的投资性房地产和采用公允价值模式计量的投资性房地产。

房地产开发企业应设置"投资性房地产"三栏式明细账。投资性房地产可按投资性房地产类别和项目进行明细核算,采用公允价值模式计量的投资性房地产应设置"成本"和"公允价值变动"明细科目。

14. 固定资产(1601)

"固定资产"科目核算房地产开发企业持有的固定资产原价。"固定资产"科目借方登记企业增加的固定资产的原价,贷方登记因各种原因而减少的固定资产的原价;期末借方余额反映的是持有固定资产的原价。

房地产开发企业应设置"固定资产"数量金额式明细账,按固定资产类别和项目进行明细核算。

15. 累计折旧(1602)

"累计折旧"科目核算房地产开发企业的固定资产的累计折旧。该科目是固定资产的抵减科目,贷方登记每期计提的固定资产折旧额,借方登记固定资产因出售、报废等而转销的折旧额;期末贷方余额反映企业固定资产的累计折旧额。

房地产开发企业应设置"累计折旧"三栏式明细账,按固定资产的类别或项目进行明细核算。

16. 固定资产减值准备(1603)

"固定资产减值准备"科目核算固定资产可收回金额低于账面价值的累计金额。房地产开发企业应设置"固定资产减值准备"三栏式明细账。

17. 固定资产清理(1606)

"固定资产清理"科目核算房地产开发企业因出售、报废、毁损等原因转出的固定资产价值以及在清理过程中发生的清理费用和清理收入等。"固定资产清理"科目是过渡性的资产类科目,处置固定资产时,应先将固定资产转入清理。房地产开发企业应设置"固定资产清理"三栏式明细账,按被清理的固定资产项目进行明细核算。

18. 长期待摊费用(1801)

"长期待摊费用"科目核算房地产开发企业已经发生但应由本期和以后各期负担的分摊期限在1年以上的各项费用。房地产开发企业应设置"长期待摊费用"三栏式明细账。本科目可按经营租赁方式租入的固定资产改良支出、装修支出、固定资产大修理支出、其他待摊支出等费用项目进行明细核算。

19. 递延所得税资产(1811)

"递延所得税资产"科目核算房地产开发企业根据所得税准则确认的可抵扣暂时性差异产生的所得税资产。根据税法规定可用以后年度税前利润弥补的亏损产生的所得税资产,也在本科目核算。房地产开发企业应设置"递延所得税资产"三栏式明细账,按照可抵扣暂时性差异等项目进行明细核算。

20. 短期借款(2001)

"短期借款"科目核算房地产开发企业向银行或其他金融机构等借入的期限在1年以下(含1年)的各种借款。企业借入的各种短期借款,借记"银行存款"科目,贷记"短期借款"科目;归还借款时,做相反的会计分录。本科目期末贷方余额,反映企业尚未偿还的短期借款。

房地产开发企业应设置"短期借款"三栏式明细账,可按照借款种类设置二级明细账,按贷款人设置核算项目。

21. 应付账款(2202)

"应付账款"科目核算房地产开发企业因购买材料、商品和接受劳务等经营活动应支付的款项。接受供应单位提供劳务而发生的应付未付款项,根据供应单位的发票账单等,借记"开发成本""管理费用"等科目,按可抵扣的增值税税额,借记"应交税费——应交增值税(进项税额)"等科目,贷记"应付账款"科目。支付时,借记"应付账款"科目,贷记"银行存款"等科目。本科目期末贷方余额,反映企业尚未支付的应付账款余额。房地产开发企业应设置"应付账款"三栏式明细账,可按照预期、到期设置二级明细账,按照供应商设置核算项目。

【例2-4】东方房地产开发公司应付账款按供应商设置核算项目,增加设计单位编号为"02.001",单位名称为"北京建筑设计院"。东方房地产开发公司应进行如下操作:

(1)在主控台上,选择[系统设置]→[基础资料]→[公共资料]→[供应商]。

(2)选择[新增],进入"供应商-新增"界面。

(3)输入代码为"02",名称为"设计单位",单击[保存]。如图2-15所示:

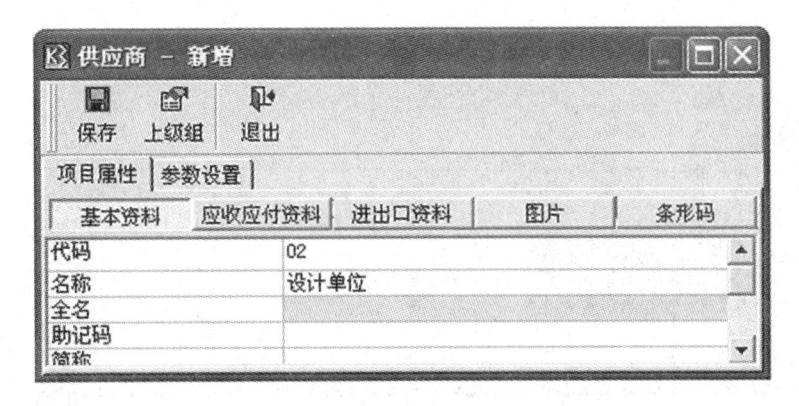

图 2-15

(4) 重新选择[新增],进入"供应商-新增"界面,输入代码为"02.001",名称为"北京建筑设计院",根据管理要求,输入供应商联系人、电话、地址、开户银行等信息,单击[保存]。

22. 预收账款(2203)

"预收账款"科目核算房地产开发企业按照合同规定预收的款项,包括房地产开发企业按照合同规定预收购房单位或个人的购房定金、房款等。房地产开发企业向客户预收的款项,借记"库存现金""银行存款"科目,贷记"预收账款"科目;销售实现时,按实现的营业收入,借记"预收账款"科目,贷记"主营业务收入"科目;待开发产品产权发生转移时,借记"预收账款"科目,贷记"应交税费——应交增值税(销项税额)"科目。客户补付的款项,借记"银行存款"科目,贷记"预收账款"科目;退回多付的款项,做相反的会计分录。本科目期末贷方余额,反映企业向客户预收的款项;期末如为借方余额,反映企业应由客户补付的款项。

房地产开发企业应设置"预收账款"三栏式明细账,按照定金、房款、地款、租金等款项性质进行明细核算,按照客户设置核算项目。

【例 2-5】东方房地产开发公司预收账款按客户设置核算项目,客户编码按地块、开发期、物业形态、楼号、单元号、户号、客户姓名进行分类编号,增加客户姓名为"张三",房号为"A 地块一期 5#楼多层三单元 501"。为了便于查询和统计,客户编号可分级,本例中 A 地块一期 5#楼多层为上级组,编号为"06",末级编号为"06.001"。东方房地产开发公司应进行如下操作:

(1) 在主控台上,选择[系统设置]→[基础资料]→[公共资料]→[客户]。

(2) 选择[新增],进入"客户-新增"界面,输入上级组代码"06",输入上级组名称"A 地块一期 5#楼多层",单击[保存]。如图 2-16 所示:

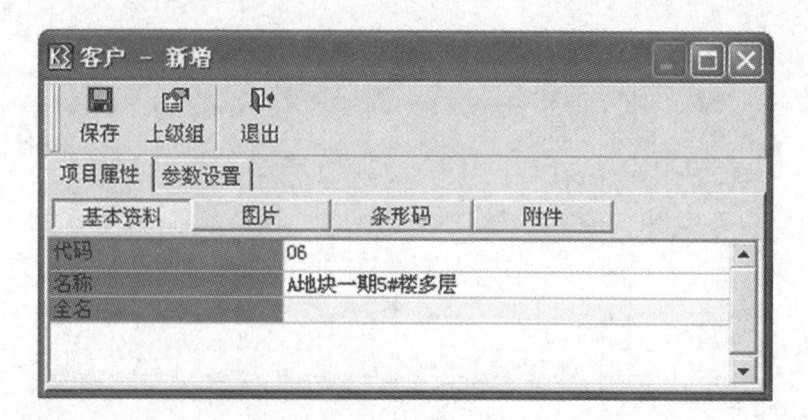

图 2-16

（3）重新选择[新增]，进入"客户-新增"界面，输入代码"06.001"，输入名称"5-3-501/张三"，单击[保存]。如图 2-17、图 2-18 所示：

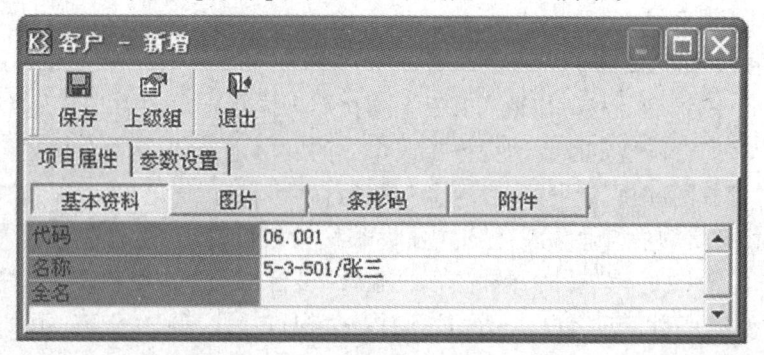

图 2-17

图 2-18

23. 应付职工薪酬(2211)

"应付职工薪酬"科目核算房地产开发企业根据有关规定应付给职工的各种短期薪酬、离职后福利、辞退福利和其他长期职工福利等薪酬，包括职工工资、奖金、津贴和补贴，职工福利费，医疗、养老、失业、工伤、生育等社会保险费，住房公积金，工会经费，职工教育经费，非货币性福利等因职工提供服务而产生的义务。外商投资企业按规定从净利润中提取的职工奖励及福利基金，也在本科目核算。

房地产开发企业应设置"应付职工薪酬"三栏式明细账,按照工资、职工福利、社会保险费、住房公积金、工会经费、职工教育经费、非货币性福利、辞退福利等项目进行明细核算,可按员工设置核算项目。

24.应交税费(2221)

"应交税费"科目核算房地产开发企业按照税法规定计算应缴纳的各种税费,包括增值税、企业所得税、土地增值税、房产税、土地使用税、城市维护建设税、教育费附加、地方教育附加等。企业代扣代交的个人所得税,也通过本科目核算。印花税、耕地占用税不在"应交税费"科目核算。"应交税费"科目贷方登记企业按规定应缴纳的各种税费,借方登记企业实际缴纳的各种税费。本科目期末如为贷方余额,反映企业尚未缴纳的税费;期末如为借方余额,反映企业预交或多交的税费。

房地产开发企业应设置"应交税费"三栏式明细账,按照应交增值税、未交增值税、预交增值税、待抵扣进项税额、待认证进项税额、待转销项税额、简易计税、代扣代交增值税、城市维护建设税、教育费附加、地方教育附加、企业所得税、个人所得税、土地增值税、房产税、土地使用税等税费项目进行明细核算。"应交增值税"明细科目还应分别设置"销项税额""进项税额""进项税额转出""已交税金""转出多交增值税""转出未交增值税""减免税款""销项税额抵减"等专栏。

"应交税费"明细科目设置如图2-19所示,"应交税费——应交增值税"明细科目设置如图2-20所示:

科目代码	科目名称	科目类别	余额方向	外币核算	全名
2221.001	应交增值税	流动负债	贷	不核算	应交税费_应交增值税
2221.002	未交增值税	流动负债	贷	不核算	应交税费_未交增值税
2221.003	预交增值税	流动负债	借	不核算	应交税费_预交增值税
2221.004	待抵扣进项税额	流动负债	借	不核算	应交税费_待抵扣进项税额
2221.005	待认证进项税额	流动负债	借	不核算	应交税费_待认证进项税额
2221.006	待转销项税额	流动负债	贷	不核算	应交税费_待转销项税额
2221.007	简易计税	流动负债	贷	不核算	应交税费_简易计税
2221.008	代扣代交增值税	流动负债	贷	不核算	应交税费_代扣代交增值税
2221.009	城市维护建设税	流动负债	贷	不核算	应交税费_城市维护建设税
2221.010	教育费附加	流动负债	贷	不核算	应交税费_教育费附加
2221.011	地方教育附加	流动负债	贷	不核算	应交税费_地方教育附加
2221.012	企业所得税	流动负债	贷	不核算	应交税费_企业所得税
2221.013	个人所得税	流动负债	贷	不核算	应交税费_个人所得税
2221.014	土地增值税	流动负债	贷	不核算	应交税费_土地增值税
2221.015	房产税	流动负债	贷	不核算	应交税费_房产税
2221.016	土地使用税	流动负债	贷	不核算	应交税费_土地使用税

图2-19

图 2-20

25. 其他应付款(2241)

"其他应付款"科目核算房地产开发企业应付、暂收其他单位或个人的款项,包括收取供应商的投标保证金、履约保证金、图纸押金等,收取客户的保证金、诚意金、认筹金、入会费、代收费等。企业发生各种应付、暂收款项时,借记"银行存款""管理费用"等科目,贷记"其他应付款"科目;支付其他各种应付、暂收款项时,借记"其他应付款"科目,贷记"银行存款"等科目。本科目期末贷方余额,反映企业尚未支付的其他应付款项。房地产开发企业应设置"其他应付款"三栏式明细账,按照诚意金、认筹金、入会费、代收费、押金、投标保证金、履约保证金等项目进行明细核算。代收费可按客户设置核算项目(详见 22.预收账款);诚意金、认筹金、入会费另设置备查账;押金、投标保证金、履约保证金可按供应商分别设置核算项目(详见 21.应付账款)。

26. 长期借款(2501)

"长期借款"科目核算房地产开发企业向银行或其他金融机构借入的期限在 1 年以上(不含 1 年)的各项借款。企业借入长期借款,应按实际收到的金额,借记"银行存款"科目,贷记"长期借款"科目(本金),如存在差额,应借记"长期借款——利息调整"科目。本科目期末贷方余额,反映企业尚未偿还的长期借款。房地产开发企业应设置"长期借款"三栏式明细账,可按照贷款单位和贷款种类,分别"本金""利息调整"等进行明细核算。

27. 递延所得税负债(2901)

"递延所得税负债"科目核算房地产开发企业根据所得税准则确认的应纳税暂时性差异产生的所得税负债。企业在确认相关资产、负债时,根据所得税准则应予确认的递延所得税负债,借记"所得税费用""其他综合收益"等科目,贷记"递延所得税负债"科目。资产负债表日,企业根据所得税准则应予确认的递延所得税负债大于本科目余额的,借记"所得税费用""其他综合收益"等科目,贷记本科目;应予确认的递延所得税负债小于本科目余额的,做相反的会计分录。本科目期末贷方余额,反映企业已确认的递延所得税负债的余额。

房地产开发企业应设置"递延所得税负债"三栏式明细账,可按照应纳税暂时性差异的项目进行明细核算。

28. 实收资本(或股本)(4001)

"实收资本"科目核算房地产开发企业接受投资者投入的实收资本,股份有限公司应设置"股本"科目。"实收资本"科目贷方登记企业接受投资者投入的资本、资本公积转增资本、分配股票股利等增加的股本,借方登记企业按法定程序报经批准减少注册资本、股份有限公司采用收购本公司股票方式减资等减少的实收资本或者股本,本科目期末贷方余额反映企业实收资本或股本总额。

房地产开发企业应设置"实收资本"三栏式明细账,可按出资人进行明细核算。

29. 资本公积(4002)

"资本公积"科目核算房地产开发企业收到的投资者出资额超出其在企业注册资本中所占份额的部分,以及直接计入所有者权益的利得和损失等。"资本公积"科目贷方登记房地产开发企业接受投资者投入资本形成的资本公积,借方登记房地产开发企业用资本公积转增资本、股份有限公司采用收购本公司股票方式减资等减少的资本公积,本科目期末贷方余额反映房地产开发企业的资本公积。

房地产开发企业应设置"资本公积"三栏式明细账,分别"资本溢价(或股本溢价)""其他资本公积"进行明细核算。

30. 盈余公积(4101)

"盈余公积"科目核算房地产开发企业从净利润中提取的盈余公积。房地产开发企业应设置"盈余公积"三栏式明细账,设置"法定盈余公积""任意盈余公积"两个明细科目。

31. 本年利润(4103)

"本年利润"科目核算房地产开发企业当期实现的净利润(或发生的净亏损)。期(月)末结转利润时,应将各损益类科目的金额转入该科目,结转后其贷方余额为当期实现的净利润,借方余额为当期发生的净亏损。年度终了,应将本年实现的净利润,从"本年利润"科目的贷方转入"利润分配"科目的贷方;实现的净亏损,从"本年利润"科目的借方转入"利润分配"科目的借方。结转后本科目应无余额。

32. 利润分配(4104)

"利润分配"科目核算房地产开发企业利润的分配(或亏损的弥补)和历年分配(或弥补)后结存的余额。"利润分配"科目借方登记分配的利润数及转入的本年亏损,贷方登记转入的本年利润及盈余公积补亏数,年末借方余额反映历年积存的未弥补亏损,年末贷方余额反映历年积存的未分配利润。

房地产开发企业应设置"利润分配"三栏式明细账,分别"提取法定盈余公积""提取任意盈余公积""应付现金股利或利润""转作股本的股利""盈余公积补亏"

"未分配利润"等进行明细核算。

33. 主营业务收入(6001)

"主营业务收入"科目核算房地产开发企业对外转让土地使用权、销售开发产品、结算和出租开发产品等所取得的经营收入。"主营业务收入"科目贷方登记企业按规定确认的营业收入，借方登记期末转入"本年利润"科目的营业收入。期末，该科目的余额转入"本年利润"科目后无余额。房地产开发企业应设置"主营业务收入"三栏式明细账，可按土地转让收入、商品房销售收入、配套设施转让收入、租赁收入等主营业务的种类进行明细核算，按照产品设置核算项目。

34. 其他业务收入(6051)

"其他业务收入"科目核算房地产开发企业确认的主营业务活动以外的其他经营活动实现的收入。房地产开发企业应设置"其他业务收入"明细账，可按照代收费收入、材料销售收入等其他业务收入的种类设置二级明细账。

35. 公允价值变动损益(6101)

"公允价值变动损益"科目核算房地产开发企业在初始确认时划分为以公允价值计量且其变动计入当期损益的金融资产或金融负债（包括交易性金融资产或金融负债和直接指定为以公允价值计量且其变动计入当期损益的金融资产或金融负债），以及采用公允价值模式计量的投资性房地产、衍生工具、套期业务中公允价值变动形成的应计入当期损益的利得或损失。本科目可按照交易性金融资产、交易性金融负债、投资性房地产等进行明细核算。

36. 投资收益(6111)

"投资收益"科目核算房地产开发企业确认的投资收益或投资损失。房地产开发企业应设置"投资收益"三栏式明细账。对外投资较多的单位可以按照被投资单位设置二级明细账。

37. 主营业务成本(6401)

"主营业务成本"科目核算房地产开发企业对外转让、销售、结算和出租开发产品等应结转的经营成本。房地产开发企业应设置"主营业务成本"三栏式明细账，可按照土地转让成本、商品房销售成本、配套设施转让成本、租赁成本等主营业务的种类进行明细核算，按照产品设置核算项目。

38. 其他业务成本(6402)

"其他业务成本"科目核算房地产开发企业发生的与其他业务收入相关的成本、费用等支出。房地产开发企业应设置"其他业务成本"三栏式明细账，可按照代收费成本、材料销售成本等其他业务成本的种类设置二级明细账。

39. 税金及附加(6403)

"税金及附加"科目核算房地产开发企业开发经营活动发生的房产税、土地使用税、车船税、印花税、城市维护建设税、教育费附加、地方教育附加、土地增值税等相关税费。"税金及附加"科目借方登记企业按规定计算确定的与经营活动相关的税费,贷方登记期末转入"本年利润"科目的税金及附加;期末结转至"本年利润"后应无余额。房地产开发企业应设置"税金及附加"三栏式明细账。

40. 销售费用(6601)

"销售费用"科目核算房地产开发企业销售开发产品的过程中发生的各项费用,包括产品销售之前的改装修复费、产品看护费、水电费、采暖费,产品销售过程中发生的广告宣传费、展览费,以及为销售本企业的产品而专设的销售机构的职工工资、福利费、业务费等经营费用。"销售费用"科目借方登记企业发生的各项销售费用,贷方登记期末结转入"本年利润"科目的各项销售费用。期末结转至"本年利润"科目后本科目无余额。房地产开发企业应按照工资、福利费、交通费、差旅费、水电费、办公费、广告费、业务宣传费、通信费、折旧费、策划费、咨询费、销售模型费、空房管理费、维修保养费等费用项目设置多栏式明细账。

41. 管理费用(6602)

"管理费用"科目核算房地产开发企业行政管理部门为组织和管理开发经营活动所发生的管理费用。房地产开发企业应按照工资、福利费、工会经费、职工教育经费、社会保险费、住房公积金、招聘费、办公费、交通费、差旅费、业务招待费、车辆费用、水电费、通信费、审计咨询费、折旧费、低值易耗品摊销、无形资产摊销、修理费、租赁费、财产保险费、诉讼费等费用项目设置多栏式明细账,可按部门设置核算项目。

42. 财务费用(6603)

"财务费用"科目核算房地产开发企业为筹集开发经营资金而发生的财务费用,包括利息支出(减利息收入)、汇兑损失(减汇兑收益)以及相关的手续费等。"财务费用"科目借方登记企业发生的财务费用,贷方登记期末结转入"本年利润"科目的各项财务费用;期末结转至"本年利润"后无余额。

房地产开发企业应按照利息费用、金融机构手续费、汇兑损失等费用项目设置多栏式明细账。

43. 资产减值损失(6701)

"资产减值损失"科目核算房地产开发企业根据资产减值等准则计提各项资产减值准备所形成的损失。房地产开发企业应设置"资产减值损失"三栏式明细账,可按照资产减值损失的项目进行明细核算。

44. 所得税费用(6801)

"所得税费用"科目核算房地产开发企业确认的应从当期利润总额中扣除的所得税费用。资产负债表日,企业按照税法规定计算确定的当期应交所得税,借记

"所得税费用"科目(当期所得税费用),贷记"应交税费——应交所得税"科目。资产负债表日,根据递延所得税资产的应有余额大于"递延所得税资产"科目余额的差额,借记"递延所得税资产"科目,贷记"所得税费用——递延所得税费用""其他综合收益"等科目;递延所得税资产的应有余额小于"递延所得税资产"科目余额的差额做相反的会计分录。企业应予确认的递延所得税负债,应当比照上述原则调整本科目、"递延所得税负债"科目及有关科目。期末,应将本科目的余额转入"本年利润"科目,结转后本科目无余额。房地产开发企业应设置"所得税费用"三栏式明细账,可按当期所得税费用、递延所得税费用进行明细核算。

六、科目初始化录入

老企业新建账套涉及初始余额录入。初始余额的录入分两种情况进行处理:一种情况是账套的启用时间是会计年度的第一个会计期间,只需录入各个会计科目的初始余额;另一种情况是账套的启用时间非会计年度的第一个会计期间,此时需录入截至账套启用期间各个会计科目的本年累计借、贷方发生额,损益的实际发生额,各科目的初始余额。根据以上情况,在初始数据录入中要输入全部本位币、外币、数量金额账及辅助账、各核算项目的本年累计发生额及期初余额。

七、试算平衡

数据输入无误后,对数据进行试算平衡。单击[平衡]或选择菜单[查看]→[试算平衡],系统会弹出"试算借贷平衡"界面,对数据进行试算平衡。如图2-21所示:

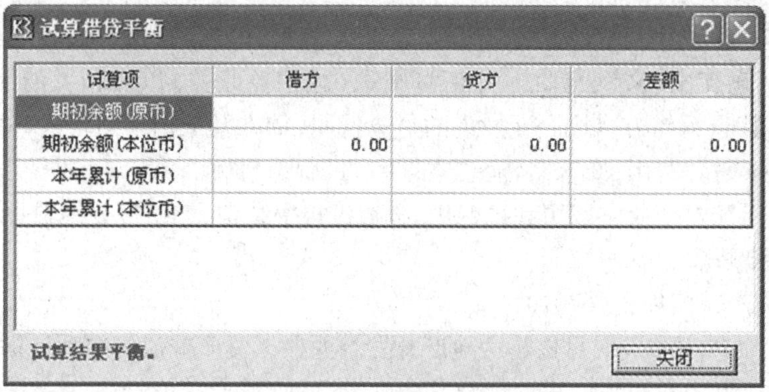

试算项	借方	贷方	差额
期初余额(原币)			
期初余额(本位币)	0.00	0.00	0.00
本年累计(原币)			
本年累计(本位币)			

试算结果平衡。

图 2-21

试算结果平衡,系统允许结束初始化,否则,不能结束初始化。结束初始化后,账套初始化设置工作完成。

第四节　企业设立阶段会计实务

房地产开发企业设立阶段会计实务主要包括设立阶段接受投资者出资、开办费、纳税等。

一、接受投资者出资业务会计实务

公司设立时，根据《公司法》的规定，投资者可以用货币资金出资，也可以用实物、工业产权、非专利技术及土地使用权等非货币资产出资。房地产开发企业应依据不同的出资方式进行相应的会计核算。

（一）接受货币资金出资会计实务

房地产开发企业收到投资人投入的货币资金，依据银行加盖受理章的"现金缴款单"或者"银行进账单（回单）"的金额，借记"银行存款"科目；按投入资本在注册资本或股本中所占份额，贷记"实收资本"或"股本"科目；按其差额，贷记"资本公积——资本溢价"或"资本公积——股本溢价"等科目。

（二）接受非货币资产出资会计实务

以非货币资产出资的，应在办理财产转移手续时，按照评估确认的价值或合同、协议、公司章程约定的价值，借记有关资产科目；按投入资本在注册资本或股本中所占份额，贷记"实收资本"或"股本"科目；按其差额，贷记"资本公积——资本溢价"或"资本公积——股本溢价"等科目。

【例2-6】甲、乙两公司拟共同出资设立东方房地产开发公司，注册资本为10 000万元，甲公司以土地使用权出资，土地使用权价值6 500万元，持股比例为65%；乙公司以货币资金3 500万元出资，持股比例为35%。20×0年3月15日，东方房地产开发公司工商登记手续办理完毕，根据公司章程的规定，甲、乙双方于20×0年4月20日前出资到位。

（1）20×0年4月20日，东方房地产开发公司的工行东方路支行如期收到乙公司一次性缴足的投资款3 500万元。依据"银行进账单（回单）"，东方房地产开发公司应编制如下会计分录：

借：银行存款——工行东方路支行　　35 000 000
　　贷：实收资本——乙公司　　　　　　35 000 000

（2）20×0年4月20日，甲公司与东方房地产开发公司办妥土地使用权过户手续。依据财产过户清单和评估确认价值证明文件，东方房地产开发公司应编制如下会计分录：

借:土地使用权　　　　　　　　　　　　65 000 000
　　贷:实收资本——甲公司　　　　　　　　65 000 000

(3)20×5年7月1日,东方房地产开发公司进行股份制改造,并成功申请首次公开发行股票(IPO),发行普通股17 500万股,每股面值为1元,发行价格为15元。股款262 500万元已经全部收到,发行过程中支付手续费、佣金等与发行直接相关的费用2 000万元。不考虑相关税费等其他因素影响。东方房地产开发公司应编制如下会计分录:

计入股本的金额 = 17 500 × 1 = 17 500(万元)
计入资本公积的金额 = 17 500 × (15 − 1) − 2 000 = 243 000(万元)
借:银行存款——工行东方路支行　2 605 000 000
　　贷:股本　　　　　　　　　　　　　　175 000 000
　　　　资本公积——股本溢价　　　　　2 430 000 000

(三)接受股权投资会计实务

接受投资者投入的长期股权投资,按照《企业会计准则》的规定,应当按照投资合同或协议约定的价值作为初始投资成本,但合同或协议约定的价值不公允的除外。

【例2-7】甲、乙、丙三公司共同出资设立东方房地产开发公司,注册资本为1 000万元,甲、乙、丙公司持股比例分别为20%、30%和50%。甲、乙公司以货币资金出资,丙公司以其持有的A公司的股权作价出资。丙公司对A公司的长期股权投资账面价值为300万元,甲、乙、丙公司在投资合同中约定,作为出资的该项股权作价500万元,该作价是按照A公司股票的市价经考虑相关调整因素后确定的。

在办理完股权交割后,东方房地产开发公司应编制如下会计分录:
借:长期股权投资——A公司　　　　　　5 000 000
　　贷:实收资本——丙公司　　　　　　　　5 000 000

(四)接受债权投资会计实务

以债务转为资本方式进行债务重组的,应分以下情况处理:债务人为股份有限公司时,债务人应将债权人因放弃债权而享有股份的面值总额确认为股本,股份的公允价值总额与股本之间的差额确认为资本公积,重组债务的账面价值与股份的公允价值总额之间的差额确认为债务重组利得,计入当期损益。债务人为其他企业时,债务人应将债权人因放弃债权而享有的股权份额确认为实收资本,股权的公允价值与实收资本之间的差额确认为资本公积。重组债务的账面价值与股权的公允价值之间的差额作为债务重组利得,计入当期损益。

【例2-8】20×0年7月1日,甲公司应收东方房地产开发公司账款的账面余额为600万元。由于东方房地产开发公司发生财务困难,无法偿付应付账款,经双方协商同意,采取将东方房地产开发公司所欠债务转为东方房地产开发公司股本的方式进行债务重组。假定东方房地产开发公司普通股的面值为1元,东方房地产开发公司以200万股抵偿该项债务,股票每股市价为2.5元。甲公司对该项应收账款计提了坏账准备20万元。股票登记手续已办理完毕,甲公司将其作为长期股权投资处理。

股票的公允价值减去股票的面值总额,应计入资本公积300万元(200×2.5 - 200×1);债务账面价值减去股票的公允价值,应确认债务重组利得100万元(600 - 500)。东方房地产开发公司应编制如下会计分录:

借:应付账款　　　　　　　　　　6 000 000
　　贷:股本　　　　　　　　　　　2 000 000
　　　　资本公积——股本溢价　　　3 000 000
　　　　营业外收入——债务重组利得 1 000 000

二、开办费会计实务

房地产开发企业在筹建期间内发生的开办费,包括人员工资、办公费、培训费、差旅费、印刷费等。筹建期间为从企业开始筹建之日起至取得营业执照之日的期间。

会计实务解析:

在实务中,有人认为开办费应确认为资产,而有人认为开办费应确认为管理费用。根据《企业会计准则——基本准则》第二十条"资产是指企业过去的交易或者事项形成的、企业拥有或者控制的、预期会给企业带来经济利益的资源",一般认为开办费已经花费,预期不能为企业带来经济利益,不符合资产的定义中"预期会给企业带来经济利益"这一条件,不能确认为资产。《企业会计准则——应用指南》的"管理费用"科目中明确"企业在筹建期间内发生的开办费计入管理费用",所以,企业在筹建期间内发生的开办费计入管理费用。开办费在实际发生时,依据相关原始凭证,借记"管理费用——开办费"科目,贷记"银行存款"等科目。

三、纳税业务会计实务

房地产开发企业发生的印花税和契税,一般不通过"应交税费"科目进行核算,印花税在实际缴纳时直接记入"税金及附加"科目,契税发生时视取得土地使用权的用途记入不同的会计科目。

【例2-9】甲、乙两家公司共同出资设立东方房地产开发公司,注册资本为10 000万元,甲公司以土地使用权出资,土地使用权价值6 500万元,持股比例为65%;乙公司以货币资金3 500万元出资,持股比例为35%。20×0年4月20日,东方房地产开发公司收到乙公司一次性缴足的投资款3 500万元,与甲公司办妥土地使用权过户手续。当地人民政府规定契税税率为4%。

(1)应纳契税税额=6 500×4%=260(万元)

20×0年4月19日,依据契税完税凭证,东方房地产开发公司应编制如下会计分录:

借:开发成本　　　　　　　　　　2 600 000
　　贷:银行存款　　　　　　　　　　2 600 000

(2)出资环节:记载资金的账簿应纳印花税税额=10 000×0.5‰×50%=2.5(万元)

20×0年5月15日,依据印花税完税凭证,东方房地产开发公司应编制如下会计分录:

借:税金及附加　　　　　　　　　　25 000
　　贷:银行存款　　　　　　　　　　25 000

第三章 取得土地阶段

获取土地使用权是房地产项目开发的首要条件,能否及时获取相应的土地资源对房地产项目开发有很大的影响。在取得土地使用权阶段,需要了解我国相关土地制度;纳税处理方面主要涉及契税、耕地占用税、印花税和土地使用税等税种,还涉及土地使用权取得等业务的纳税实务解析;会计处理方面涉及土地使用权取得的会计核算。

第一节 取得土地阶段业务概述

在房地产开发过程中,获取土地使用权是房地产开发的第一步。《中华人民共和国土地管理法》(以下简称《土地管理法》)、《中华人民共和国土地管理法实施条例》、《城市房地产管理法》及《城市房地产开发经营管理条例》等法律法规对我国土地权属制度、土地使用权取得方式、闲置土地处置制度和终止土地使用权进行了明确的规定。

一、土地权属制度

根据《土地管理法》的规定,我国实行土地的社会主义公有制,即全民所有制和劳动群众集体所有制。城市市区的土地属于国家所有;农村和城市郊区的土地,除由法律规定属于国家所有的以外,属于农民集体所有;宅基地和自留地、自留山,属于农民集体所有。

国有土地和农民集体所有的土地,可以依法确定给单位或者个人使用。使用土地的单位和个人,有保护、管理和合理利用土地的义务。单位和个人依法使用的国有土地,由县级以上人民政府登记造册,核发证书,确认使用权;其中,中央国家机关使用的国有土地的具体登记发证机关,由国务院确定。依法改变土地权属和用途的,应当办理土地变更登记手续。

二、土地使用权取得方式

根据《城市房地产管理法》《城市房地产开发经营管理条例》的规定,房地产开发企业取得土地使用权的方式包括出让方式、划拨方式、转让方式、投资入股方式以及其他方式。

(一)以出让方式取得土地使用权

土地使用权出让是指国家将国有土地使用权在一定年限内出让给土地使用者,由土地使用者向国家支付土地使用权出让金的行为。城市规划区内的集体所有的土地,经依法征收转为国有土地后,该幅国有土地的使用权方可有偿出让。《城市房地产管理法》对土地使用权出让方式、土地使用权出让合同签订、土地出让金支付、土地开发和土地用途改变等方面作出了明确规定。

1. 土地使用权出让方式

土地使用权出让方式包括招标出让、拍卖出让、挂牌出让和协议出让。

为规范国有建设用地使用权出让行为,优化土地资源配置,建立公开、公平、公正的土地使用制度,2007年9月28日国土资源部颁布的《招标拍卖挂牌出让国有建设用地使用权规定》(国土资源部令第39号)规定,自2007年11月1日起,工业、商业、旅游、娱乐和商品住宅等经营性用地以及同一宗地有两个以上意向用地者的,应当以招标、拍卖或者挂牌方式出让。这里的工业用地包括仓储用地,但不包括采矿用地。

招标出让国有建设用地使用权,是指市、县人民政府国土资源行政主管部门(以下简称出让人)发布招标公告,邀请特定或者不特定的自然人、法人和其他组织参加国有建设用地使用权投标,根据投标结果确定国有建设用地使用权人的行为。

拍卖出让国有建设用地使用权,是指出让人发布拍卖公告,由竞买人在指定时间、地点进行公开竞价,根据出价结果确定国有建设用地使用权人的行为。

挂牌出让国有建设用地使用权,是指出让人发布挂牌公告,按公告规定的期限将拟出让宗地的交易条件在指定的土地交易场所挂牌公布,接受竞买人的报价申请并更新挂牌价格,根据挂牌期限截止时的出价结果或者现场竞价结果确定国有建设用地使用权人的行为。

土地使用权招、拍、挂的程序如下:

(1)出让人应当至少在招标、拍卖或挂牌开始日前20日发布公告,公布出让宗地的基本情况、投标人及竞买人的资格要求、确定中标人及竞得人的标准和方法以及投标、竞买保证金等内容。

(2)中华人民共和国境内外的自然人、法人和其他组织,除法律、法规另有规定外,均可申请参加国有建设用地使用权招标拍卖挂牌出让活动。对符合招标拍卖挂牌公告规定条件的申请人,出让人应当通知其参加招标拍卖挂牌活动。

(3)以招标、拍卖或挂牌方式确定中标人、竞得人后,中标人、竞得人支付的投标、竞买保证金,转作受让地块的定金。出让人应当向中标人发出中标通知书或者与竞得人签订成交确认书。其他投标人、竞买人支付的投标、竞买保证金,出让人必须在招标拍卖挂牌活动结束后5个工作日内予以退还,不计利息。

(4)中标人、竞得人应当按照中标通知书或者成交确认书约定的时间,与出让人签订国有建设用地使用权出让合同。中标人、竞得人支付的投标、竞买保证金抵作土地出让价款。

(5)中标人、竞得人依照国有建设用地使用权出让合同的约定付清全部土地出让价款后,方可申请办理土地登记,领取国有建设用地使用权证书。

2. 土地使用权出让合同签订

根据《城市房地产管理法》和《中华人民共和国城镇国有土地使用权出让和转让暂行条例》(国务院令第55号)(以下简称《城镇国有土地使用权出让和转让暂行条例》)的规定,土地使用权出让合同由市、县人民政府土地管理部门与土地使用者签订。2008年4月29日国土资源部、国家工商行政管理总局颁布的《关于发布〈国有建设用地使用权出让合同〉示范文本的通知》(国土资发〔2008〕86号)规定,签订土地使用权出让合同时,要按照《国有建设用地使用权出让合同》示范文本(GF-2008-2601)的要求,规范签订国有建设用地使用权出让合同。

3. 土地出让金支付

根据《城市房地产管理法》和《城镇国有土地使用权出让和转让暂行条例》的规定,土地使用者必须按照出让合同约定,支付土地使用权出让金,未按照出让合同约定支付土地使用权出让金的,土地管理部门有权解除合同,并可以请求违约赔偿。土地使用者按照出让合同约定支付土地使用权出让金的,市、县人民政府土地管理部门必须按照出让合同约定,提供出让的土地;未按照出让合同约定提供出让的土地的,土地使用者有权解除合同,由土地管理部门返还土地使用权出让金,土地使用者还可以请求违约赔偿。土地使用者在支付全部土地使用权出让金后,向土地管理部门办理登记,领取国有土地使用权证,取得土地使用权。

2010年3月8日国土资源部颁布的《国土资源部关于加强房地产用地供应和监管有关问题的通知》(国土资发〔2010〕34号)规定,严格土地使用权出让合同管理。土地使用权出让成交后,必须在10个工作日内签订出让合同,合同签订后1个月内必须缴纳出让价款50%的首付款,余款要按合同约定及时缴纳,最迟付款时间不得超过1年。受让人逾期不签订合同的,终止供地,不得退还定金。已签合同不缴纳出让价款的,必须收回土地。

4. 土地开发

《城市房地产管理法》规定,以出让方式取得土地使用权进行房地产开发的,必须按照土地使用权出让合同约定的土地用途、动工开发期限开发土地。超过出让合同约定的动工开发日期满1年未动工开发的,可以征收相当于土地使用权出让金20%以下的土地闲置费;满2年未动工开发的,可以无偿收回土地使用权;但是,因不可抗力或者政府、政府有关部门的行为或者动工开发必需的前期工作造成动工开发迟延的除外。

5. 改变土地使用用途

改变土地使用用途,也称"土地变性"。《城市房地产管理法》规定,土地使用者需要改变原土地使用权出让合同约定的土地用途的,必须取得原出让方和市、县人民政府城市规划行政主管部门的同意,签订土地使用权出让合同变更协议或者重新签订土地使用权出让合同,相应调整土地使用权出让金。

(二)以划拨方式取得土地使用权

《城市房地产开发经营管理条例》规定,房地产开发用地应当以出让方式取得,但是,法律和国务院规定可以采用划拨方式的除外。

土地使用权划拨是指县级以上人民政府依法批准,在土地使用者交纳补偿、安置等费用后将该幅土地交付其使用,或者将土地使用权无偿交付给土地使用者使用的行为。以划拨方式取得土地使用权的,除法律、行政法规另有规定外,没有使用期限的限制。

《城市房地产管理法》规定,下列建设用地的土地使用权,确属必需的,可以由县级以上人民政府依法批准划拨:(1)国家机关用地和军事用地;(2)城市基础设施用地和公益事业用地;(3)国家重点扶持的能源、交通、水利等项目用地;(4)法律、行政法规规定的其他用地。

2014年5月22日,国土资源部颁布《节约集约利用土地规定》,自2014年9月1日起,国家扩大国有土地有偿使用范围,减少非公益性用地划拨。除军事、保障性住房和涉及国家安全和公共秩序的特殊用地可以以划拨方式供应外,国家机关办公和交通、能源、水利等基础设施(产业)、城市基础设施以及各类社会事业用地中的经营性用地,实行有偿使用。具体办法由国土资源部另行规定。

如果要在划拨土地上进行房地产开发,也要补缴土地出让金,将划拨土地转为出让土地,也就是常说的"土地变性"。

划拨土地使用权,一般不得转让、出租、抵押。根据《城镇国有土地使用权出让和转让暂行条例》,符合下列条件的,经市、县人民政府土地管理部门和房产管理部门批准,其划拨土地使用权和地上建筑物、其他附着物所有权可以转让、出租、抵押:(1)土地使用者为公司、企业、其他经济组织和个人;(2)领有国有土地使用证;(3)具有地上建筑物、其他附着物合法的产权证明;(4)依照本条例的规定签订土地使用权出让合同,向当地市、县人民政府补缴土地使用权出让金或者以转让、出租、抵押所获效益抵缴土地使用权出让金。

(三)以转让方式取得土地使用权

土地使用权转让是指土地使用者将土地使用权再转移的行为,包括出售、交换和赠予。土地使用者通过转让方式取得的土地使用权,其使用年限为土地使用权出让合同规定的使用年限减去原土地使用者已使用年限后的剩余年限。土地使用权转让相关规定详见第五章"转让及销售阶段"相关内容。

(四)以投资入股方式取得土地使用权

在房地产开发企业成立时,投资人可以以土地使用权作为出资投入房地产开发企业,按照投资比例或约定比例进行利润分成。

(五)通过其他方式获取土地使用权

房地产开发企业可以通过收购、兼并等方式取得被收购方、被兼并方的企业,进而取得其土地使用权。

三、闲置土地处置制度

为有效处置和充分利用闲置土地,规范土地市场行为,促进节约集约用地,2012年6月1日国土资源部颁布了修订后的《闲置土地处置办法》。闲置土地是指国有建设用地使用权人超过国有建设用地使用权有偿使用合同或者划拨决定书约定、规定的动工开发日期满1年未动工开发的国有建设用地。已动工开发但开发建设用地面积占应动工开发建设用地总面积不足三分之一或者已投资额占总投资额不足25%,中止开发建设满1年的国有建设用地,也可以认定为闲置土地。

动工开发指依法取得施工许可证后,需挖深基坑的项目,基坑开挖完毕;使用桩基的项目,打入所有基础桩;其他项目,地基施工完成三分之一。已投资额、总投资额均不含国有建设用地使用权出让价款、划拨价款和向国家缴纳的相关税费。

市、县国土资源主管部门发现有涉嫌构成闲置土地的,应当在30日内开展调查核实,向国有建设用地使用权人发出闲置土地调查通知书。国有建设用地使用权人应当在接到闲置土地调查通知书之日起30日内,按照要求提供土地开发利用情况、闲置原因以及相关说明等材料。经调查核实,符合闲置土地规定条件,构成闲置土地的,市、县国土资源主管部门应当向国有建设用地使用权人下达闲置土地认定书。

1.因政府、政府有关部门的行为造成动工开发延迟构成土地闲置的

有下列情形之一,属于政府、政府有关部门的行为造成动工开发延迟:(1)因未按照国有建设用地使用权有偿使用合同或者划拨决定书约定、规定的期限、条件将土地交付给国有建设用地使用权人,致使项目不具备动工开发条件的;(2)因土地利用总体规划、城乡规划依法修改,造成国有建设用地使用权人不能按照国有建设用地使用权有偿使用合同或者划拨决定书约定、规定的用途、规划和建设条件开发

的;(3)因国家出台相关政策,需要对约定、规定的规划和建设条件进行修改的;(4)因处置土地上相关群众信访事项等无法动工开发的;(5)因军事管制、文物保护等无法动工开发的;(6)政府、政府有关部门的其他行为。

  属于政府、政府有关部门的行为造成动工开发延迟的,国有建设用地使用权人应当向市、县国土资源主管部门提供土地闲置原因说明材料,经审核属实的,市、县国土资源主管部门应当与国有建设用地使用权人协商,选择下列方式处置:(1)延长动工开发期限。签订补充协议,重新约定动工开发、竣工期限和违约责任。从补充协议约定的动工开发日期起,延长动工开发期限最长不得超过1年。(2)调整土地用途、规划条件。按照新用途或者新规划条件重新办理相关用地手续,并按照新用途或者新规划条件核算、收缴或者退还土地价款。改变用途后的土地利用必须符合土地利用总体规划和城乡规划。(3)由政府安排临时使用。待原项目具备开发建设条件,国有建设用地使用权人重新开发建设。从安排临时使用之日起,临时使用期限最长不得超过2年。(4)协议有偿收回国有建设用地使用权。(5)置换土地。对已缴清土地价款、落实项目资金,且因规划依法修改造成闲置的,可以为国有建设用地使用权人置换其他价值相当、用途相同的国有建设用地进行开发建设。涉及出让土地的,应当重新签订土地使用权出让合同,并在合同中注明为置换土地。(6)市、县国土资源主管部门还可以根据实际情况规定其他处置方式。除前款第(4)项规定外,动工开发时间按照新约定、规定的时间重新起算。

  市、县国土资源主管部门与国有建设用地使用权人协商一致后,应当拟订闲置土地处置方案,报本级人民政府批准后实施。闲置土地设有抵押权的,市、县国土资源主管部门在拟订闲置土地处置方案时,应当书面通知相关抵押权人。

  因自然灾害等不可抗力导致土地闲置的,已动工开发但开发建设用地面积占应动工开发建设用地总面积不足三分之一或者已投资额占总投资额不足25%,中止开发建设满1年的国有建设用地,认定为闲置土地的,依照上述规定处置。

  2.其他情形构成土地闲置的

  (1)未动工开发满1年的,由市、县国土资源主管部门报经本级人民政府批准后,向国有建设用地使用权人下达征缴土地闲置费决定书,按照土地出让或者划拨价款的20%征缴土地闲置费。土地闲置费不得列入生产成本。

  (2)未动工开发满2年的,由市、县国土资源主管部门按照《土地管理法》第三十七条和《城市房地产管理法》第二十五条的规定,报经有批准权的人民政府批准后,向国有建设用地使用权人下达收回国有建设用地使用权决定书,无偿收回国有建设用地使用权。闲置土地设有抵押权的,同时抄送相关土地抵押权人。

  国有建设用地使用权人应当自征缴土地闲置费决定书送达之日起30日内,按照规定缴纳土地闲置费;自收回国有建设用地使用权决定书送达之日起30日内,到市、县国土资源主管部门办理国有建设用地使用权注销登记,交回土地权利证书。

四、终止土地使用权制度

根据《土地管理法》,有下列情形之一的,由有关人民政府土地行政主管部门报经原批准用地的人民政府或者有批准权的人民政府批准,可以收回国有土地使用权:(1)为公共利益需要使用土地的;(2)为实施城市规划进行旧城区改建,需要调整使用土地的;(3)土地出让等有偿使用合同约定的使用期限届满,土地使用者未申请续期或者申请续期未获批准的;(4)因单位撤销、迁移等原因,停止使用原划拨的国有土地的;(5)公路、铁路、机场、矿场等经核准报废的。依照上述第(1)项、第(2)项的规定收回国有土地使用权的,对土地使用权人应当给予适当补偿。

出让的土地由于其用途不同,土地的使用期限也不相同,其中,居住用地70年,工业用地50年,商业用地40年,综合用地50年。土地使用权出让最高年限由国务院规定。根据相关法律法规,当用作住宅用途的建筑土地使用权的期限届满,自动续期;有关其他用途的建筑土地使用权到期,土地使用者应至迟于届满前1年申请延期,除非土地因社会公共利益需求而需收回外,申请应被批准。当延期获得批准,应重新签署土地使用权出让合同及支付出让合同所示的土地出让金。如果土地使用权出让合同约定的年限届满而土地使用者未申请延期或延期未获批准,土地使用权由国家无偿收回。而土地使用权应于土地停止使用时终止。当建筑土地使用权已终止,授予者应实时进行取消注册的正式手续,而建筑土地使用权证应由土地注册处取回。

五、其他土地政策

根据2003年9月4日国土资源部颁布的《国土资源部关于加强城市建设用地审查报批工作有关问题的通知》(国土资发〔2003〕345号)规定,自该通知发出之日起,严格控制高档商品住房用地,停止申请报批别墅用地。2006年5月30日,国土资源部颁布《国土资源部关于当前进一步从严土地管理的紧急通知》(国土资电发〔2006〕17号)规定,房地产开发用地必须采用公开招标、拍卖或挂牌方式出让,坚决执行停止别墅类房地产开发项目土地供应的规定,从通知之日起,一律停止其供地和办理相关用地手续。

2008年1月3日国务院颁布的《关于促进节约集约用地的通知》(国发〔2008〕3号)规定,继续停止别墅类房地产开发项目的土地供应。供应住宅用地要将最低容积率限制、单位土地面积的住房建设套数和住宅建设套型等规划条件列入土地出让合同或划拨决定书,确保不低于70%的住宅用地用于建设廉租房、经济适用房、限价房和90平方米以下中小套型普通商品房的建设。

2010年9月21日,国土资源部、住房和城乡建设部颁布的《关于进一步加强房地产用地和建设管理调控的通知》(国土资发〔2010〕151号)规定,土地出让必须以宗地为单位提供规划条件、建设条件和土地使用标准,严格执行商品住房用地单宗出让面积规定,不得将两宗以上地块捆绑出让,不得"毛地"出让。

2012年5月23日,国土资源部、国家发展和改革委员会颁布的《国土资源部 国家发展和改革委员会关于发布实施〈限制用地项目目录(2012年本)〉和〈禁止用地项目目录(2012年本)〉的通知》规定,住宅项目为限制用地项目,必须符合以下条件,国土资源管理部门和投资管理部门方可办理相关手续:(1)宗地出让面积不得超过下列标准:小城市和建制镇7公顷,中等城市14公顷,大城市20公顷;(2)容积率不得低于1.0(含1.0),别墅类房地产开发项目,高尔夫球场项目,赛马场项目,党政机关(含国有企事业单位)新建、改扩建培训中心(基地)和各类具有住宿、会议、餐饮等接待功能的设施或场所建设项目等为禁止用地项目。

《节约集约利用土地规定》规定,禁止以土地换项目、先征后返、补贴、奖励等形式变相减免土地出让价款。

第二节 取得土地阶段纳税实务

在取得土地使用权阶段,主要涉及契税、印花税等应税税种,如果获取的土地为耕地的,还会涉及耕地占用税。在取得土地使用权后,将会涉及土地使用税。

一、契税纳税实务

根据《中华人民共和国契税暂行条例》(1997年7月7日国务院令第224号)及其相关规定,房地产开发企业取得土地使用权,需要依据国有土地使用权出让、土地使用权出售成交价格按照3%～5%适用税率缴纳契税。以自有房产作股投入本人独资经营的企业,免征契税。

(一)契税基本规定

1.税率

考虑到我国经济发展不平衡、各地经济差别较大的实际情况,契税实行3%～5%的幅度税率。契税的适用税率,由省、自治区、直辖市人民政府在规定的幅度内按照本地区的实际情况确定,并报财政部和国家税务总局备案。

2.应纳税额的计算

应纳税额 = 计税依据 × 税率

根据《财政部 国家税务总局关于营改增后契税、房产税、土地增值税、个人所得税计税依据问题的通知》(财税〔2016〕43号)规定,计征契税的成交价格不含增值税。

3. 征收管理

签订土地权属转移合同的当天,或者取得其他具有土地权属转移合同性质凭证的当天为纳税义务发生时间。自纳税义务发生之日起10日内,向土地所在地的契税征收机关办理纳税申报,并在契税征收机关核定的期限内缴纳税款。

(二)契税纳税实务解析

在取得土地使用权过程中,因取得方式不同会遇到契税计税依据确定等实务问题,我们依据相关法规对此进行一一解析。

1. 以出让方式取得土地使用权的契税计税依据确定

根据《国家税务总局关于明确国有土地使用权出让契税计税依据的批复》(国税函〔2009〕603号)规定,对通过招拍挂程序承受国有土地使用权的,应按照土地成交总价款计征契税,其中的土地前期开发成本不得扣除。

根据《财政部 国家税务总局关于国有土地使用权出让等有关契税问题的通知》(财税〔2004〕134号)的规定,以竞价方式出让的,其契税计税价格一般应确定为竞价的成交价格,土地出让金、市政建设配套费以及各种补偿费用应包括在内。

2. 以划拨方式取得改为以出让方式取得的土地使用权的契税计税依据确定

根据《财政部 国家税务总局关于国有土地使用权出让等有关契税问题的通知》(财税〔2004〕134号)的规定,先以划拨方式取得土地使用权,后经批准改为以出让方式取得该土地使用权的,应依法缴纳契税,其计税依据为应补缴的土地出让金和其他出让费用。

3. 房屋附属设施的契税问题

根据《财政部 国家税务总局关于房屋附属设施有关契税政策的批复》(财税〔2004〕126号)的规定,对于承受与房屋相关的附属设施(包括停车位、汽车库、自行车库、顶层阁楼以及储藏室等)所有权或土地使用权的行为,按照相关法律、法规的规定征收契税;对于不涉及土地使用权和房屋所有权转移变动的,不征收契税。承受的房屋附属设施权属如果是单独计价,按照当地确定的适用税率征收契税;如果是与房屋统一计价,适用与房屋相同的契税税率。

4. 改制重组的契税问题

根据《财政部 税务总局关于继续支持企业事业单位改制重组有关契税政策的通知》(财税〔2018〕17号)的规定,自2018年1月1日至2020年12月31日,企业、事业单位改制重组涉及的契税政策如下:

(1)企业改制

企业按照《公司法》有关规定整体改制,包括非公司制企业改制为有限责任公司或股份有限公司、有限责任公司变更为股份有限公司、股份有限公司变更为有限责任公司,原企业投资主体存续并在改制(变更)后的公司中所持股权(股份)比例超过75%,且改制(变更)后公司承继原企业权利义务的,对改制(变更)后公司承受原企业土地、房屋权属,免征契税。

(2)公司合并、分立

两个或两个以上的公司,依据法律规定、合同约定,合并为一个公司,且原投资主体存续的,对合并后公司承受原合并各方的土地、房屋权属,免征契税;公司依照法律规定、合同约定分立为两个或两个以上与原公司投资主体相同的公司,对分立后公司承受原公司土地、房屋权属,免征契税。

(3)企业破产

企业依照有关法律法规规定实施破产,债权人(包括破产企业职工)承受破产企业抵偿债务的土地、房屋权属,免征契税;对非债权人承受破产企业土地、房屋权属,凡按照《中华人民共和国劳动法》等国家有关法律法规政策妥善安置原企业全部职工,与原企业全部职工签订服务年限不少于3年的劳动用工合同的,对其承受所购企业土地、房屋权属,免征契税;与原企业超过30%的职工签订服务年限不少于3年的劳动用工合同的,减半征收契税。

(4)资产划转

同一投资主体内部所属企业之间土地、房屋权属的划转,包括母公司与其全资子公司之间,同一公司所属全资子公司之间,同一自然人与其设立的个人独资企业、一人有限公司之间土地、房屋权属的划转,免征契税。

(5)债权转股权

经国务院批准实施债权转股权的企业,对债权转股权后新设立的公司承受原企业的土地、房屋权属,免征契税。

(6)公司股权(股份)转让

在股权(股份)转让中,单位、个人承受公司股权(股份),公司土地、房屋权属不发生转移,不征收契税。

(7)划拨用地出让或作价出资

以出让方式或国家作价出资(入股)方式承受原改制重组企业、事业单位划拨用地的,不属上述规定的免税范围,对承受方应按规定征收契税。

《财政部 国家税务总局关于企业改制过程中以国家作价出资(入股)方式转移国有土地使用权有关契税问题的通知》(财税〔2008〕129号)规定,根据《中华人民共和国契税暂行条例》第二条第一款规定,国有土地使用权出让属于契税的征收范围。根据《中华人民共和国契税暂行条例细则》第八条第一款规定,以土地、房屋权属作价投资、入股方式转移土地、房屋权属的,视同土地使用权转让征税。因此,对以国家作价出资(入股)方式转移国有土地使用权的行为,应视同土地使用权转让,由土地使用权的承受方按规定缴纳契税。

5. 改变土地使用权出让合同约定的土地用途涉及的契税问题

有些房地产开发企业,还可能涉及改变土地使用权出让合同约定的土地用途的应纳契税问题。根据《国家税务总局关于改变国有土地使用权出让方式征收契税的批复》(国税函〔2008〕662号)的规定,对纳税人因改变土地用途而签订土地使用权出让合同变更协议或者重新签订土地使用权出让合同的,应征收契税。计税依据为因改变土地用途应补缴的土地收益金及应补缴政府的其他费用。

6. 无效产权转移行为的契税问题

《国家税务总局关于无效产权转移征收契税的批复》(国税函〔2008〕438号)明确,对经法院判决的无效产权转移行为不征收契税,法院判决撤销房屋所有权证后,已纳契税款应予退还。

7. 企业举办的教育机构用地的契税问题

根据《财政部 国家税务总局关于社会力量办学契税政策问题的通知》(财税〔2001〕156号)和《财政部 国家税务总局关于教育税收政策的通知》(财税〔2004〕39号)的规定,对县级以上人民政府教育行政主管部门或劳动行政主管部门批准并核发办学许可证,由企业事业组织、社会团体及其他社会和公民个人利用非国家财政性教育经费面向社会举办的学校及教育机构,其承受的土地、房屋权属用于教学的,免征契税。

【例3-1】20×0年6月20日,甲公司以账面价值为1 000万元、评估确认价值为1 200万元的土地使用权对东方房地产开发公司进行投资。20×0年7月15日,东方房地产开发公司摘牌取得某市200亩综合用地的土地使用权,每亩地价为30万元。20×0年8月,该市修改城市规划,调整城市支路,使该宗土地使用权的性质变为住宅用地,该公司按照要求对该宗地进行评估,按住宅用地评估后地价为11 000万元,按综合用地评估后地价为9 000万元,该公司根据土地评估机构的评估结果补缴了2 000万元的土地出让金。当地人民政府规定契税税率为4%。

(1)东方房地产开发公司接受土地使用权出资应缴纳的契税的计税依据为甲公司投资入股评估确认价值1 200万元。在接受投资时应缴纳契税为:

1 200×4% = 48(万元)

东方房地产开发公司应于20×0年6月30日前向土地所在地的契税征收机关办理纳税申报,并在核定的期限内缴纳税款。

(2)20×0年7月15日,摘牌取得的土地使用权应缴纳的契税为:

200×30×4% = 240(万元)

(3)改变用地性质后,根据《国家税务总局关于改变国有土地使用权出让方式征收契税的批复》(国税函〔2008〕662号)的规定,东方房地产开发公司应补交契税为:

(11 000 − 9 000) × 4% = 80(万元)

二、印花税纳税实务

根据《财政部 国家税务总局关于印花税若干政策的通知》(财税〔2006〕162号)的规定,对土地使用权出让合同、土地使用权转让合同按产权转移书据征收印花税,按合同记载金额的0.5‰贴花。取得房产证及土地使用权证等权利许可证照按件贴花,每件5元。

【例3−2】20×0年1月,东方房地产开发公司通过竞标取得土地使用权100亩,地价为6 000万元,20×0年3月取得该块土地的土地使用证。东方房地产开发公司应纳印花税税额为:

(1)签订土地使用权出让合同应纳印花税税额:

应纳税额 = 6 000 × 0.5‰ = 3(万元)

(2)取得土地使用证应纳税额为5元。

三、耕地占用税纳税实务

房地产开发企业获取土地使用权,根据《中华人民共和国耕地占用税法》(2018年12月29日中华人民共和国主席令第18号)的规定,获取的土地符合耕地条件的,须依据实际占用耕地面积,按照规定的适用税额一次性缴纳耕地占用税,不符合耕地条件的,不必缴纳耕地占用税。耕地占用税中"耕地"是指用于种植农作物的土地。

1. 征税范围

占用园地、林地、草地、农田水利用地、养殖水面、渔业水域滩涂以及其他农用地建设建筑物、构筑物或者从事非农业建设的,都是耕地占用税的纳税人,应当缴纳耕地占用税。经申请批准占用应税土地的,纳税人为农用地转用审批文件中标明的建设用地人;农用地转用审批文件中未标明建设用地人的,纳税人为用地申请人。未经批准占用应税土地的,纳税人为实际用地人。

根据《国家税务总局关于通过招拍挂方式取得土地缴纳城镇土地使用税问题的公告》(国家税务总局公告2014年74号),随着我国土地使用制度改革的深化和土地管理方式的逐步规范,目前土地出让的主要方式是,由地方土地储备中心征用土地,经过前期开发,然后以招标、拍卖、挂牌等方式出让给土地使用人。地方土地储备中心征用耕地后,对应缴纳的耕地占用税有两种处理方式:一种方式是由地方土地储备中心缴纳,作为土地开发成本费用的一部分,体现在招拍挂的价格当中;另一种方式是由受让土地者缴纳耕地占用税。

2. 计税依据

耕地占用税以纳税人实际占用的耕地面积为计税依据,按照规定的适用税额一次性征收。实际占用的耕地面积,包括经批准占用的耕地面积和未经批准占用的耕地面积。

3. 税额

(1)人均耕地不超过1亩的地区(以县、自治县、不设区的市、市辖区为单位,下同),每平方米为10元至50元;

(2)人均耕地超过1亩但不超过2亩的地区,每平方米为8元至40元;

(3)人均耕地超过2亩但不超过3亩的地区,每平方米为6元至30元;

(4)人均耕地超过3亩的地区,每平方米为5元至25元。

国务院财政、税务主管部门根据人均耕地面积和经济发展情况确定各省、自治区、直辖市的平均税额。

表3-1　　　　　各省、自治区、直辖市耕地占用税平均税额表

地区	每平方米平均税额(元)
上海	45
北京	40
天津	35
江苏、浙江、福建、广东	30
辽宁、湖北、湖南	25
河北、安徽、江西、山东、河南、重庆、四川	22.5
广西、海南、贵州、云南、陕西	20
山西、吉林、黑龙江	17.5
内蒙古、西藏、甘肃、青海、宁夏、新疆	12.5

4. 应纳税额的计算

应纳税额=计税依据×单位税额=实际占用的耕地面积×单位税额

5. 耕地占用税的征收管理

(1)纳税义务发生时间:经批准占用耕地的,耕地占用税纳税义务发生时间为纳税人收到自然资源主管部门办理占用耕地手续的书面通知的当日。未经批准占用耕地的,耕地占用税纳税义务发生时间为自然资源主管部门认定的纳税人实际占用耕地的当日。

(2)纳税期限:获准占用耕地的单位或者个人应当在收到自然资源主管部门的通知之日起30日内缴纳耕地占用税。自然资源主管部门凭耕地占用税完税凭证或者免税凭证和其他有关文件发放建设用地批准书。

(3)纳税地点:纳税人占用耕地,应当在耕地所在地申报纳税。

6.税收优惠

根据《中华人民共和国耕地占用税法》规定,军事设施、学校、幼儿园、社会福利机构、医疗机构占用耕地,免征耕地占用税。

根据《中华人民共和国耕地占用税法实施办法》规定,免税的学校,具体范围包括县级以上人民政府教育行政部门批准成立的大学、中学、小学,学历性职业教育学校和特殊教育学校,以及经省级人民政府或其人力资源社会保障行政部门批准成立的技工院校。学校内经营性场所和教职工住房占用耕地的,按照当地适用税额缴纳耕地占用税。免税的幼儿园,具体范围限于县级以上人民政府教育行政部门批准成立的幼儿园内专门用于幼儿保育、教育的场所。

【例3-3】20×0年11月6日,东方房地产开发公司摘牌取得350亩土地使用权用于房地产开发,其中50亩土地规划用于建造学校。该宗土地为征用的耕地,当地政府规定由受让土地者缴纳耕地占用税,耕地占用税税额为22.5元/平方米。

根据《中华人民共和国耕地占用税法》及其实施办法的规定,对规划用于建造学校的50亩耕地的土地使用权,免征耕地占用税。耕地占用税应纳税额为:

$(350-50) \times 666.67 \times 22.5 \approx 450(万元)$

纳税义务发生时间为20×0年11月6日。

四、城镇土地使用税纳税实务

房地产开发企业取得的土地使用权,根据《中华人民共和国城镇土地使用税暂行条例》(以下简称《城镇土地使用税暂行条例》)的规定,取得土地使用权后需要以实际占用的土地面积为计税依据,按照税法规定的差别幅度税额计算缴纳城镇土地使用税。

(一)城镇土地使用税基本规定

1.差别幅度税额

城镇土地使用税采用定额税率,即采用有幅度的差别税额,按大、中、小城市和县城、建制镇、工矿区分别规定每平方米土地使用税年应纳税额。具体标准如表3-2所示:

表3-2　　　　　　　　　　城镇土地使用税税率表

级别	人口(人)	每平方米税额(元)
大城市	50万以上	1.5~30
中等城市	20万~50万	1.2~24
小城市	20万以下	0.9~18
县城、建制镇、工矿区		0.6~12

2. 应纳税额的计算

城镇土地使用税的应纳税额可以通过纳税人实际占用的土地面积乘以该土地所在地段的适用税额求得,其计算公式为:

全年应纳税额＝实际占用土地面积(平方米)×适用税额

纳税人实际占用的土地面积按下列办法确定:根据《城镇土地使用税暂行条例》第三条及《国家税务局关于土地使用税若干具体问题的解释和暂行规定》(国税地字〔1988〕15号)第六条规定,纳税人实际占用的土地面积,是指由省、自治区、直辖市人民政府确定的单位组织测定的土地面积。尚未组织测量,但纳税人持有政府部门核发的土地使用证书的,以证书确认的土地面积为准;尚未核发土地使用证书的,应由纳税人据实申报土地面积。

3. 纳税期限及纳税义务发生时间

城镇土地使用税采用按年计算、分期缴纳的征收方法,具体纳税期限由各省、自治区、直辖市人民政府确定。

以出让或转让方式有偿取得土地使用权的,应由受让方从合同约定交付土地时间的次月起缴纳城镇土地使用税;合同未约定交付土地时间的,由受让方从合同签订的次月起缴纳城镇土地使用税。

4. 纳税地点和征收机构

城镇土地使用税由土地所在地的地方税务机关征收;城镇土地使用税在土地所在地缴纳,纳税人使用的土地不属于同一省、自治区、直辖市管辖的,应分别向土地所在地的税务机关缴纳土地使用税。在同一省、自治区、直辖市管辖范围内,纳税人跨地区使用的土地,其纳税地点由各省、自治区、直辖市地方税务局确定。

5. 税收优惠

根据《财政部 国家税务总局关于棚户区改造有关税收政策的通知》(财税〔2013〕101号)规定,对改造安置住房建设用地免征城镇土地使用税。在商品住房等开发项目中配套建造安置住房的,依据政府部门出具的相关材料、房屋征收(拆迁)补偿协议或棚户区改造合同(协议),按改造安置住房建筑面积占总建筑面积的比例免征城镇土地使用税、印花税。

根据《财政部 国家税务总局关于支持公共租赁住房建设和运营有关税收优惠政策的通知》(财税〔2010〕88号)规定,对公租房建设用地及公租房建成后占地免征城镇土地使用税。在其他住房项目中配套建设公租房,依据政府部门出具的相关材料,可按公租房建筑面积占总建筑面积的比例免征建造、管理公租房涉及的城镇土地使用税。

(二)城镇土地使用税纳税实务解析

1. 未缴清土地出让金的土地使用权纳税义务发生时间的确定

在实务中很多人问到,通过投标方式取得的土地使用权,已签订了出让合同,但因未缴清土地出让金,尚未获取国有土地使用证,是否缴纳土地使用税。根据《财政部 国家税务总局关于房产税、城镇土地使用税有关政策的通知》(财税〔2006〕186号)的规定,以出让或转让方式有偿取得土地使用权的,应由受让方从合同约定交付土地时间的次月起缴纳城镇土地使用税;合同未约定交付土地时间的,由受让方从合同签订的次月起缴纳城镇土地使用税。因此,无论是否缴清土地出让金,只要在城镇土地使用税的开征范围内,都应依照规定缴纳城镇土地使用税。

2. 已销售商品房纳税义务终止时间的确定

对于已经销售了的住宅小区,根据《财政部 国家税务总局关于房产税、城镇土地使用税有关问题的通知》(财税〔2008〕152号)的规定,自2009年1月1日起,纳税人因房产、土地的实物或权利状态发生变化而依法终止房产税、城镇土地使用税纳税义务的,其应纳税款的计算应截至房产、土地的实物或权利状态发生变化的当月末。对于文件中"权利状态发生变化"的具体时点,各地税务机关规定不同,如广西壮族自治区以商品房出售双方签订销售合同生效为时点,而青岛市、西安市、河南省以商品房交付使用为时点。各房地产开发企业应根据所处的地区,按照本地税务机关的规定进行处理。

3. 已销售商品房占地面积的分摊

对已经完成销售的商品房占用的土地,因相关的土地使用权已经不再归属于房地产开发企业所有,所以在计算土地使用税时需要将其相应的土地面积从房地产开发企业的计税面积中扣除。商品房是按建筑面积进行销售的,而土地使用税是按土地面积计算缴纳的,存在已销售商品房的建筑面积应如何计算分摊占地面积的问题。各房地产开发企业应根据所处的地区,按照本地税务机关的规定进行处理。如北京市的房地产开发企业应按《北京市地方税务局关于房地产开发企业开发用地征收城镇土地使用税有关问题的通知》(京地税地〔2005〕550号)规定"房地产开发企业已销售房屋的占地面积,可从房地产开发企业的计税面积中扣除","已销售房屋的占地面积计算公式如下:已销售房屋的占地面积=(已销售房屋的建筑面积÷开发项目房屋总建筑面积)×总占地面积"进行处理。

4. 企业举办的教育机构用地

根据《财政部 国家税务总局关于教育税收政策的通知》(财税〔2004〕39号)，对国家拨付事业经费和企业办的各类学校、托儿所、幼儿园自用的房产、土地，免征房产税、城镇土地使用税。

5. 市政街道、广场、绿化地带等公共用地

根据《城镇土地使用税暂行条例》第六条第四款规定，市政街道、广场、绿化地带等公共用地免缴土地使用税。但小区内的绿化用地，根据《国家税务局关于印发〈关于土地使用税若干具体问题的补充规定〉的通知》(国税地字〔1989〕140号)第十三条"关于对企业的绿化用地可否免征土地使用税问题"的规定，"对企业厂区（包括生产、办公及生活区）以内的绿化用地，应照章征收土地使用税，厂区以外的公共绿化用地和向社会开放的公园用地，暂免征收土地使用税"。因此，不属于免征的范围。

6. 城镇土地使用税的直接减免

根据《财政部 国家税务总局关于安置残疾人就业单位城镇土地使用税等政策的通知》(财税〔2010〕121号)规定，对在一个纳税年度内月平均实际安置残疾人就业人数占单位在职职工总数的比例高于25%（含25%）且实际安置残疾人人数高于10人（含10人）的单位，可减征或免征该年度城镇土地使用税。具体减免税比例及管理办法由省、自治区、直辖市财税主管部门确定。

7. 地下建筑用地

根据《财政部 国家税务总局关于房产税、城镇土地使用税有关问题的通知》(财税〔2009〕128号)规定，对在城镇土地使用税征税范围内单独建造的地下建筑用地，按规定征收城镇土地使用税。其中，已取得地下土地使用权证的，按土地使用权证确认的土地面积计算应征税款；未取得地下土地使用权证或地下土地使用权证上未标明土地面积的，按地下建筑垂直投影面积计算应征税款。对上述地下建筑用地暂按应征税款的50%征收城镇土地使用税。

8. 通过招拍挂方式取得土地缴纳城镇土地使用税问题

《城镇土地使用税暂行条例》第九条第一款规定，新征用的耕地，自批准征用之日起满1年时开始缴纳土地使用税。在实务中，一些房地产开发企业依据本条规定，在耕地占用税缴纳满1年时开始缴纳土地使用税。

根据《国家税务总局关于通过招拍挂方式取得土地缴纳城镇土地使用税问题的公告》(国家税务总局公告2014年第74号)及其解读，通过招标、拍卖、挂牌方式

取得的建设用地,不属于新征用的耕地,无论耕地占用税以何种方式缴纳,纳税人均应按照《财政部 国家税务总局关于房产税、城镇土地使用税有关政策的通知》(财税〔2006〕186号)第二条规定,从合同约定交付土地时间的次月起缴纳城镇土地使用税;合同未约定交付土地时间的,从合同签订的次月起缴纳城镇土地使用税。

【例3-4】20×0年6月6日,东方房地产开发公司取得一宗50万平方米的土地使用权,其中规划市政道路及绿化带占地8万平方米,学校占地2万平方米,每亩土地出让金80万元,20×0年6月底前缴纳土地出让金15 000万元,其余土地出让金尚未缴纳,尚未获取国有土地使用证。公司计划分6期开发,一期占地12万平方米,可售面积20万平方米。20×1年6月30日,已销售商品房16万平方米,并成功入住。该地块城镇土地使用税税额为5元/平方米,按年计算,按季缴纳。

(1)涉税分析:第一,从题设中可知,购买土地使用权未缴清土地出让金,尚未获取国有土地使用证,根据《财政部 国家税务总局关于房产税、城镇土地使用税有关政策的通知》(财税〔2006〕186号)的规定,以出让或转让方式有偿取得土地使用权的,应由受让方从合同约定交付土地时间的次月起缴纳城镇土地使用税;合同未约定交付土地时间的,由受让方从合同签订的次月起缴纳城镇土地使用税。故本例中应自20×0年7月开始缴纳城镇土地使用税。

第二,根据国家税务局《关于土地使用税若干具体问题的解释和暂行规定》(国税地字〔1988〕15号)的规定,房地产开发企业办的学校用地能与企业其他用地明确区分的,免征城镇土地使用税。

第三,根据《城镇土地使用税暂行条例》第六条第四款规定,市政街道、绿化地带等公共用地,免征城镇土地使用税。

根据以上分析,20×0年第三季度应纳土地使用税税额计算方法如下:

实际土地使用税占用面积 = 50 - 8 - 2 = 40(万平方米)

第三季度应纳土地使用税税额 = 40 × 5 ÷ 4 = 50(万元)

20×0年第四季度、20×1年第一、二季度同上,应纳土地使用税税额均为50万元。

(2)已销售商品房应分摊土地面积 = 12 × 16 ÷ 20 = 9.6(万平方米)

20×1年第三季度实际占用面积 = 50 - 8 - 2 - 9.6 = 30.4(万平方米)

20×1年第三季度应纳土地使用税税额 = 30.4 × 5 ÷ 4 = 38(万元)

五、土地取得方式纳税实务解析

"营改增"后,在计算缴纳增值税时,取得土地使用权时向政府部门支付的土地价款,允许在计算销售额时从全部价款和价外费用中扣除。需要注意的是,允许从全部价款和价外费用中扣除的土地价款,需要满足以下条件:(1)向政府部门支付的土地价款;(2)应当取得省级以上(含省级)财政部门监(印)制的财政票据。

1. 总公司参与招拍挂,拿地后项目公司开发

在实务中,存在房地产开发总公司或者多个房地产开发企业组成的联合体参加招拍挂,摘牌后成立项目公司进行房地产开发的情形,如果项目公司是独立法人公司,项目公司在销售环节计算缴纳增值税时,可能面临在计算销售额时无法从全部价款和价外费用中扣除土地价款的税务风险。

根据《财政部 国家税务总局关于明确金融、房地产开发、教育辅助服务等增值税政策的通知》(财税〔2016〕140号)第八条规定,房地产开发企业(包括多个房地产开发企业组成的联合体)受让土地向政府部门支付土地价款后,设立项目公司对该受让土地进行开发,同时符合下列条件的,可由项目公司按规定扣除房地产开发企业向政府部门支付的土地价款。(1)房地产开发企业、项目公司、政府部门三方签订变更协议或补充合同,将土地受让人变更为项目公司;(2)政府部门出让土地的用途、规划等条件不变的情况下,签署变更协议或补充合同时,土地价款总额不变;(3)项目公司的全部股权由受让土地的房地产开发企业持有。

2. 接受出资取得的土地使用权

根据目前的增值税相关规定,投资人以土地使用权进行出资,并没有免交增值税或不征收增值税的规定。从目前可见的地方性规定或解释来看,河南省国家税务局答复,"根据财税〔2016〕36号文件规定,销售服务、无形资产或者不动产,是指有偿提供服务、有偿转让无形资产或者不动产。有偿的概念包括取得货币、货物和其他经济利益。投资入股一定有所有权转移,同时取得股权就是取得了经济利益,任何一个股份制企业的股权价值都是明确的。因此,以不动产、无形资产投资入股需要征收增值税"。深圳市也规定,"纳税人以不动产、无形资产作为投资,应按规定缴纳增值税"。房地产开发企业以接受出资的方式取得的土地使用权,应该取得增值税专用发票,将其价款作为进项税额用于销售环节的销项税额抵扣。

3. 通过转让取得土地使用权

房地产开发企业通过转让方式取得土地使用权,在土地使用权转让环节,按照税法精神,应计算缴纳增值税,所以,通过转让方式取得土地使用权应该能够取得增值税专用发票。如果土地使用权的转让方为增值税一般纳税人,应能够取得税

率为9%的增值税专用发票;如果土地使用权的转让方为增值税小规模纳税人,应能够取得征收率为5%的增值税专用发票。

4. 兼并重组取得的土地使用权

财税〔2016〕36号文附件2《营业税改征增值税试点有关事项的规定》规定,"在资产重组过程中,通过合并、分立、出售、置换等方式,将全部或者部分实物资产以及与其相关联的债权、负债和劳动力一并转让给其他单位和个人,其中涉及的不动产、土地使用权转让行为"为"不征收增值税项目"。如果房地产开发企业以并购重组方式取得土地使用权,因为并购重组环节不征收增值税,所以,在销售环节计算缴纳增值税时,可能面临在计算销售额时无法从全部价款和价外费用中扣除土地价款的税务风险。

第三节 取得土地阶段会计实务

房地产开发企业取得土地使用权,根据土地使用权的取得方式和持有目的进行相应的会计处理。

一、取得土地使用权确认

房地产开发企业取得土地使用权的方式一般有接受土地使用权出让、接受土地使用权转让、投资者投入的土地使用权以及其他方式。

房地产开发企业较少有无偿划拨取得土地使用权的情况。

1. 通过出让取得的土地使用权

通过出让方式取得的土地使用权,其入账价值通常是土地出让金加上相关税费,如果还发生了与取得该土地有关的费用,如缴纳的行政规费、征地补偿费等,应一并计入土地取得成本。在城市行政区域内的开发项目,除实行有偿出让方式取得国有土地使用权且地价款中含基础设施配套费的项目之外,房地产开发企业应按规定缴纳城市基础设施配套费。城市基础设施配套费的征收基数,以批准的年度投资计划的建筑面积(包括地下建筑面积)为准。相关税费是指取得土地使用权时涉及的契税,取得土地为耕地的,还涉及耕地占用税。

2. 通过转让取得的土地使用权

通过土地使用权转让取得土地使用权的成本,包括购买价款、其他行政事业性收费和其他税费等。如果接受转让的土地为无偿划拨取得且约定由受让方办理出让手续及补缴土地出让金,土地使用权的成本应包括按照相关规定补缴的土地出让金及相关税费。如果受让的土地原来属于出让土地,土地使用权的成本包括支付的转让费和相关税费。

3. 投资者投入的土地使用权

投资者投入的土地使用权,应当以投资合同或协议约定的价值作为成本,但合同或协议约定价值不公允的除外。

4. 其他方式取得的土地使用权

房地产开发企业合并取得的土地使用权的成本,应当按照《企业会计准则第20号——企业合并》确定,非货币性资产交换取得的土地使用权的成本,应当按照《企业会计准则第7号——非货币性资产交换》确定,债务重组取得的土地使用权的成本,应当按照《企业会计准则第12号——债务重组》确定,政府补助取得的土地使用权的成本,应当按照《企业会计准则第16号——政府补助》确定。

二、取得土地使用权的计量

房地产开发企业取得用于房地产开发的土地使用权该如何进行会计处理,实务界存在不同的观点和做法。有观点认为,开发前应计入无形资产,开发后应转入开发成本;也有观点认为应计入开发成本。土地使用权作为无形资产,要按期进行摊销和期末进行减值测试,一旦计提减值则不能转回;土地使用权作为存货核算则不需要进行摊销,计提减值也能转回。由于土地使用权的价值巨大,土地使用权的不同会计处理可能对企业经营成果造成很大影响,特别是对上市公司业绩影响巨大,为盈余管理提供了空间,增加了上市公司粉饰财务报表的可能性。

对于房地产开发企业取得用于开发的土地使用权该如何进行会计处理,《企业会计准则》本身并无明确规定,《企业会计准则第6号——无形资产》应用指南"六、土地使用权的处理:企业(房地产开发)取得土地用于建造对外出售的房屋建筑物,相关的土地使用权账面价值应当计入所建造的房屋建筑物成本"。应用指南规定,如果"用于建造对外出售的房屋建筑物",相关的土地使用权账面价值应当计入所建造的房屋建筑物成本。这里可分为两个阶段,一个阶段是从取得土地使用权时到投入开发,另一个阶段是投入开发后。投入开发后这一阶段土地使用权价值作为开发成本核算无可厚非,但从取得土地使用权时到投入开发这一阶段处理存在很大争议,有人认为应作为无形资产,有人认为应作为存货。

究竟该如何处理?《企业会计准则第30号——财务报表列报》第十七条规定:"资产满足下列条件之一的,应当归类为流动资产:(1)预计在一个正常营业周期中变现、出售或耗用。(2)主要为交易目的而持有。(3)预计在资产负债表日起一年内变现。(4)自资产负债表日起一年内,交换其他资产或清偿负债的能力不受限制的现金或现金等价物。"由于房地产开发产品的特殊性,用于房地产开发的土地使用权能够"预计在一个正常营业周期中变现、出售或耗用",相当于工业企业的原材料,按照会计准则的原则,应该归为流动资产。

有人认为,将尚未投入开发过程的土地使用权计入开发成本有失严谨。所谓开发,就是把土地使用权当作原材料投入加工成为开发产品的过程,如果企业没有开发计划,也没有进入开发程序,土地使用权计入开发成本很不严谨,工业企业就没有把买来用于生产的原材料计入生产成本,而是计入了原材料。本书认为,房地产开发企业可以单设"土地使用权"科目核算房地产开发企业取得的用于商品房开发的土地使用权的价值。

值得注意的是,此处讨论的土地使用权是用于房地产开发的土地使用权,房地产开发企业购买的非住宅商业用地,"变性"后再申请报建开发另当别论。

房地产开发企业取得直接用于开发的土地使用权,发生的土地取得成本可以通过"开发成本"科目直接核算,借记"开发成本——××地块——土地取得成本",贷记"银行存款"等。取得的不立即投入开发的土地使用权,可以先记入"土地使用权"科目,待开发时再转入"开发成本"科目。

三、纳税业务会计实务

取得土地使用权缴纳的契税、印花税及耕地占用税一般不通过"应交税费"科目核算,契税、耕地占用税视土地使用权是否直接用于开发记入不同的会计科目。印花税直接记入"税金及附加"科目核算,但有人认为取得土地使用权环节的印花税金额较大,建议计入取得土地的成本。

(一)契税、耕地占用税会计实务

契税、耕地占用税一般不通过"应交税费"科目进行核算,房地产开发企业取得直接用于开发的土地使用权缴纳的契税、耕地占用税,在实际缴纳时依据契税、耕地占用税完税凭证直接记入"开发成本"科目;取得的不立即投入开发的土地使用权,可以先记入"土地使用权"科目。

(二)土地使用税会计实务

房地产开发企业按规定计算应交的土地使用税时,借记"税金及附加"科目,贷记"应交税费——土地使用税"科目;上交时,借记"应交税费——土地使用税"科目,贷记"银行存款"科目。

【例3-5】东方房地产开发公司20×0年1月份取得A地块的土地使用权,取得土地使用权相关业务如下:

(1)20×0年1月9日,缴纳土地投标保证金4 000万元。

(2)20×0年1月10日,通过招拍挂摘牌A地块180亩土地使用权,每亩120万元,总价款21 600万元,容积率≤2.0,建筑面积为240 000平方米,全部为耕地。

(3)20×0年1月13日,签订土地使用权出让合同,合同约定20×0年2月20日前交付土地。20×0年1月15日缴纳土地使用权出让合同印花税10.8万元。

(4)20×0年2月9日,缴纳土地出让金17 600万元,土地投标保证金4 000万元转为土地出让金。因公司资金紧张和公司决策层对市场判断出现分歧,公司暂不考虑投入开发。

(5)20×0年2月10日,缴纳耕地占用税和契税。耕地占用税税额为每平方米28元,契税税率为4%,城市基础设施配套建设费为170元/平方米。

(6)20×0年2月25日,用现金缴纳土地登记费、工本费9 600元。

(7)20×0年3月5日,缴纳交易服务费1 173 000元。

(8)20×0年4月9日,支付市规划局城市基础设施配套费4 080万元。

(9)20×0年4月15日,缴纳20×0年第一季度土地使用税,土地使用税税额为5元/平方米,按季度缴纳。

会计实务解析:

(1)20×0年1月9日,缴纳土地投标保证金,依据银行付款凭据,东方房地产开发公司应编制如下会计分录:

借:其他应收款——投标保证金　　40 000 000
　　贷:银行存款　　　　　　　　　　　　40 000 000

(2)20×0年1月15日,缴纳土地使用权出让合同印花税,依据银行付款凭据和印花税完税凭证,东方房地产开发公司应编制如下会计分录:

借:税金及附加　　　　　　　　　108 000
　　贷:银行存款　　　　　　　　　　　　108 000

(3)20×0年2月9日,缴纳土地出让金,依据国有土地使用权出让缴款通知

书、财政部门开具的土地出让划拨收入专用票据、银行付款凭据,东方房地产开发公司应编制如下会计分录:

借:土地使用权——A地块　　　　　216 000 000
　　贷:银行存款　　　　　　　　　　176 000 000
　　　　其他应收款——投标保证金　　40 000 000

(4)20×0年2月10日,缴纳耕地占用税、契税,依据税收通用缴款书、耕地占用税完税凭证和契税完税凭证,东方房地产开发公司应编制如下会计分录:

应交耕地占用税 = 180×666.67×28 ≈ 336(万元)

应交契税 = (21 600 + 24×170)×4% = 1 027.2(万元)

借:土地使用权——A地块　　　　　3 360 000
　　贷:银行存款　　　　　　　　　　3 360 000
借:土地使用权——A地块　　　　　10 272 000
　　贷:银行存款　　　　　　　　　　10 272 000

(5)20×0年2月25日,支付土地登记费、工本费,依据国土资源局开具的行政事业性收费专用票据,东方房地产开发公司应编制如下会计分录:

借:土地使用权——A地块　　　　　9 600
　　贷:库存现金　　　　　　　　　　9 600

(6)20×0年3月5日,缴纳交易服务费,依据银行付款凭据和地产交易中心开具的服务业发票,东方房地产开发公司应编制如下会计分录:

借:土地使用权——A地块　　　　　1 173 000
　　贷:银行存款　　　　　　　　　　1 173 000

(7)20×0年4月9日,支付城市基础设施配套费,依据市规划局开具的行政事业性收费专用票据,东方房地产开发公司应编制如下会计分录:

借:土地使用权——A地块　　　　　40 800 000
　　贷:银行存款　　　　　　　　　　40 800 000

(8)以出让或转让方式有偿取得土地使用权的,应由受让方从合同约定交付土地时间的次月起缴纳城镇土地使用税,合同约定土地交付时间为20×0年2月,东方房地产开发公司应从20×0年3月开始缴纳城镇土地使用税。

20×0年3月31日,计算第一季度应交土地使用税,东方房地产开发公司应编制如下会计分录:

应交土地使用税 = 180×666.67×5÷12 ≈ 5(万元)

借:税金及附加   50 000
　　贷:应交税费——土地使用税   50 000

(9)20×0年4月15日,缴纳第一季度土地使用税,依据银行付款凭证、土地使用税完税凭证,东方房地产开发公司应编制如下会计分录:

借:应交税费——土地使用税   50 000
　　贷:银行存款   50 000

第四章　开发建设阶段

开发建设阶段是房地产开发的重要阶段。在此阶段,房地产开发企业要在土地上完成房地产产品的开发,形成开发产品;税务处理上将涉及土地使用税、印花税等应税税种,有时还会涉及房产税、车船税;会计核算上一方面要进行成本费用的核算,另一方面要对工程计量与支付及其他业务进行核算。

第一节　开发建设阶段业务概述

房地产开发企业在开发建设阶段的主要工作,一方面是为取得项目开工建设许可而办理一系列报批报建手续,另一方面是组织项目施工建设,施工完成后还涉及竣工验收及备案等。

一、报批报建手续

房地产开发项目的报批报建手续一般在项目开工前办理,未取得项目开发建设的各类许可证书,不准开工建设。报批报建中取得的证书主要有建设用地规划许可证、建设工程规划许可证、建筑工程施工许可证以及项目建设用地的国有土地使用证。这些证书加上商品房预售时取得的商品房预售许可证,就是通常所说的"五证"。

不同地区的具体报批报建手续可能会存在一定差异,有些地方的开发区甚至会对报批报建费用进行相应的减免。为了能使大家对报批报建手续有所了解,我们在此对其进行简要介绍。

(一)建设用地规划许可证

建设用地规划许可证是由城市、县人民政府城乡规划主管部门依法核发的确认建设项目位置和范围符合城乡规划的法律依据,是建设单位用地的法律凭证。在城市、镇规划区内以出让方式提供国有土地使用权的,在国有土地使用权出让前,城市、县人民政府城乡规划主管部门应当依据控制性详细规划,提出出让地块的位置、使用性质、开发强度等规划条件,作为国有土地使用权出让合同的组成部分。未确定规划条件的地块,不得出让国有土地使用权。以出让方式取得国有土地使用权的建设项目,在签订国有土地使用权出让合同后,建设单位应当持建设项目的批准、核准、备案文件和国有土地使用权出让合同,向城市、县人民政府城乡规划主管部门领取建设用地规划许可证。城市、县人民政府城乡规划主管部门不得在建设用地规划许可证中,擅自改变作为国有土地使用权出让合同组成部分的规划条件。对未取得建设用地规划许可证的建设单位批准用地的,由县级以上人民政府撤销有关批准文件;占用土地的,应当及时退回;给当事人造成损失的,应当依法给予赔偿。

(二)国有土地使用证

国有土地使用证是经土地使用者申请,城市各级人民政府依法核发的,证明土地使用者使用国有土地的法律凭证。该证主要载明土地使用者名称,土地坐落位置、用途,土地使用权面积、使用年限和"四至"范围。因国土资源部门必须依据规划部门核定的土地功能及土地使用强度才能计算出土地出让金,以及在土地使用证上载明土地用途及年限,一般来说,颁发了建设用地规划许可证之后,才能领取国有土地使用证。

(三)建设工程规划许可证

建设工程规划许可证是由城市、县人民政府城乡规划主管部门依法核发的确认有关建设工程符合城市规划的法律凭证。房地产开发企业在城市、镇规划区内进行建筑物、构筑物、道路、管线和其他工程建设的,应当向城市、县人民政府城乡规划主管部门或者省、自治区、直辖市人民政府确定的镇人民政府申请办理建设工程规划许可证。申请办理建设工程规划许可证,应当提交使用土地的有关证明文件、建设工程设计方案、地勘报告、综合管线图、单体施工图等材料。需要建设单位编制修建性详细规划的建设项目,还应当提交修建性详细规划。对符合控制性详细规划和规划条件的,由城市、县人民政府城乡规划主管部门或者省、自治区、直辖市人民政府确定的镇人民政府核发建设工程规划许可证。城市、县人民政府城乡规划主管部门或者省、自治区、直辖市人民政府确定的镇人民政府应当依法将经审定的修建性详细规划、建设工程设计方案的总平面图予以公示。

(四)建筑工程施工许可证

建筑工程施工许可证即开工证,是建设行政主管部门依法核发的确认建筑施工单位符合各种施工条件、允许开工的批准文件,是建设单位进行工程施工的法律凭证,也是房屋权属登记的主要依据之一。没有开工证的建筑属违章建筑,不受法律保护。

根据《中华人民共和国建筑法》和《建筑工程施工许可管理办法》的规定,建设单位在取得建设工程规划许可证后,建筑工程开工前,应当按照国家有关规定向工程所在地县级以上人民政府建设行政主管部门申请领取建筑工程施工许可证,但是国务院建设行政主管部门确定的限额以下的小型工程除外。按照国务院规定的权限和程序批准开工报告的建筑工程,不再领取建筑工程施工许可证。申请领取建筑工程施工许可证,应当具备下列条件:(1)已经办理该建筑工程用地批准手续;(2)在城市规划区的建筑工程,已经取得建设工程规划许可证;(3)需要拆迁的,其拆迁进度符合施工要求;(4)已经确定建筑施工企业;(5)有满足施工需要的施工图纸及技术资料;(6)有保证工程质量和安全的具体措施;(7)建设资金已经落实;(8)法律、行政法规规定的其他条件。

建设行政主管部门应当自收到申请之日起15日内,对符合条件的申请者颁发建筑工程施工许可证。建设单位应当自领取建筑工程施工许可证之日起3个月内开工。因故不能按期开工的,应当向发证机关申请延期。延期以两次为限,每次不超过3个月。既不开工又不申请延期或者超过延期时限的,建筑工程施工许可证自行废止。在建的建筑工程因故中止施工的,建设单位应当自中止施工之日起1个月内,向发证机关报告,并按照规定做好建筑工程的维护管理工作。建筑工程恢复施工时,应当向发证机关报告;中止施工满一年的工程恢复施工前,建设单位应当报发证机关核验建筑工程施工许可证。按照国务院有关规定批准开工报告的建筑工程,因故不能按期开工或者中止施工的,应当及时向批准机关报告情况。因故不能按期开工超过6个月的,应当重新办理开工报告的批准手续。

二、项目施工建设

一般来说,房地产开发企业不直接从事项目施工建设,而是委托有施工资质的施工单位进行项目施工。房地产项目的施工建设是房地产开发建设的重要阶段,此阶段的工作包括材料及设备供应、工程发包、工程分包、建筑和安装施工等。

(一)材料及设备供应

为了保证材料质量和控制材料成本,房地产开发企业可以根据自身的情况选择"甲供材"或"甲控材"的方式对材料进行控制。甲供材是房地产开发企业直接采购材料,供应给施工单位,如直接组织采购屋面瓦、外墙砖、门窗型材等;甲控材是房地产开发企业限定了材料的品牌、材质、规格(有时也规定价格),由施工单位负责采购并综合在报价内,如只规定钢材、五金配件的品牌等但不直接供应,由施工单位负责采购及供应。

(二)工程发包

工程发包是房地产开发企业将房地产开发项目采用发包方式委托施工单位进行施工。工程发包的主要工作包括发包方式选择、各类合同条件谈判和合同签订等。发包方式一般有直接委托、招标,招标可能采用邀请招标和公开招标方式。

合同条件谈判主要包括价款、结算方式、付款方式的谈判。房地产开发企业与施工企业在工程承包合同中规定的工程价款的结算,应根据国家有关工程价款结

算办法,结合当地的有关规定具体确定,目前主要有如下三种方式:

1. 按月结算

按月结算就是按照每月实际完成的分部分项工程进行结算。在具体做法上,各个地区也不尽相同,目前一般都实行月中预付、月终结算,即在月中按照当月施工计划所列工作量的一半预付,月末(实际为下月初)按照各工程当月实际完成工作量所对应的金额(即预算造价或调整计算后的工程标价)扣除月中预付款后进行结算。

2. 分段结算

分段结算就是将一项单位工程按形象进度划分为几个阶段(部位),如基础、结构、装饰、竣工等,按照完成阶段分段验收结算工程价款。分段结算也可按月预付工程款,即在月中按照当月施工计划工作量预付,于工程阶段完成验收后按分段工程预算造价或调整计算后的工程标价扣除预付款后进行结算。

3. 竣工一次结算

开发项目或单项工程施工工期在 12 个月以内,或者工程承包合同价值较小的,可以实行工程价款每月月中预支、竣工后一次结算。即在工程开工后,每月按当月施工计划所列工作量预付工程款,于工程竣工验收后按工程承包合同价值扣除预付工程款后进行结算。

(三)工程分包

房地产开发企业的主体工程一般由具有资质的施工企业负责施工,除主体工程外,一般将电梯安装、门窗、防水、保温、消防等工程分包给其他单位来完成,还有水、电、天然气、有线电视、热源、消防等各种配套,需要向政府或专业公司缴纳符合标准的资源性费用,具体工程施工一般也由各专业公司所属的工程队来完成。

材料及设备供应组织和工程发包、分包完成后,就由施工单位进场进行建筑和安装施工,具体施工过程在此不再介绍。

三、竣工验收及备案

房地产开发企业的开发产品竣工验收实行备案制,县级以上地方人民政府城乡规划主管部门负责监督工程竣工验收并负责竣工备案。

房地产项目竣工后,由房地产开发企业及勘察、设计、施工、工程监理等单位进行综合验收。项目竣工后,房地产开发企业应当向项目所在地的县级或以上地方人民政府建设行政主管部门提出竣工验收申请并报告验收详情,填写工程竣工验收备案表,由参加验收的房地产开发企业及勘察、设计、施工、工程监理等单位签字盖章后,报建设行政主管部门备案。

根据《中华人民共和国城乡规划法》规定,县级以上地方人民政府城乡规划主管部门按照国务院规定对建设工程是否符合规划条件予以核实。未经核实或者经核实不符合规划条件的,建设单位不得组织竣工验收。建设单位应当在竣工验收后6个月内向城乡规划主管部门报送有关竣工验收资料。另外,质量技术监督局负责项目的技术标准、计量仪器检定,实行强制性产品安全认证管理,发放电梯使用许可证等,消防局、人防办、环保局等负责各自专业的验收。

根据《房屋建筑和市政基础设施工程竣工验收备案管理办法》规定,建设单位应当自工程竣工验收合格之日起15日内,向工程所在地的县级以上地方人民政府建设行政主管部门备案。办理工程竣工验收备案应当提交下列文件:(1)工程竣工验收备案表。(2)工程竣工验收报告。工程竣工验收报告应当包括工程报建日期,施工许可证号,施工图设计文件审查意见,勘察、设计、施工、工程监理等单位分别签署的质量合格文件及验收人员签署的竣工验收原始文件,市政基础设施的有关质量检测和功能性试验资料以及备案机关认为需要提供的有关资料。(3)法律、行政法规规定应当由规划、环保等部门出具的认可文件或者准许使用文件。(4)法律规定应当由公安消防部门出具的对大型的人员密集场所和其他特殊建设工程验收合格的证明文件。(5)施工单位签署的工程质量保修书。(6)法规、规章规定必须提供的其他文件。住宅工程还应当提交住宅质量保证书和住宅使用说明书。备案机关收到报送的竣工验收备案文件,验证文件齐全后,应当在工程竣工验收备案表上签署文件收讫。工程竣工验收备案表一式两份,一份由建设单位保存,一份留备案机关存档。

四、产权初始登记

根据《城市房屋权属登记管理办法》规定,新建的房屋,申请人应当在房屋竣工后的3个月内向登记机关申请房屋所有权初始登记,并应当提交用地证明文件或者土地使用权证、建设用地规划许可证、建设工程规划许可证、施工许可证、房屋竣工验收资料以及其他有关的证明文件。办理新建商品房初始登记后,取得的新建商品房产权证,也就是一个大的房产证,即通常所说"大产权证""大证",这是买受人办理小产权证的前提。这时所有产权是房地产开发企业的,所以我们叫开发商是大业主。"初始登记"表示房屋办理了大产权证,房子已经从预售变为现售。在房管局的交易系统中,尚未销售的期房竣工办理初始登记后变成"现楼销售"状态。

第二节　房地产开发企业成本核算

房地产开发企业成本核算是通过对房地产开发产品开发建设过程中发生的各

种耗费的归集、分配、结转、计算,核算出开发产品总成本和单位成本的过程。房地产开发企业成本核算不仅影响存货(开发成本、开发产品等)资产计价和损益计算,而且作为房地产开发企业成本管理的重要组成部分,还会影响内部管理决策。房地产开发企业分期滚动开发、开发周期长、往来单位多等经营特点,为其成本核算增加了难度。所以,房地产开发企业成本核算是房地产开发企业会计核算的重点和难点。现行企业会计准则是以原则导向为基础,没有针对房地产开发企业成本核算的具体规定,本节内容主要依据《企业会计准则》、《企业产品成本核算制度(试行)》及相关规定。

一、成本核算的基本程序

房地产开发企业成本核算的基本程序如下:

1. 确定成本核算对象。根据成本核算对象的确定原则、项目特点及内部管理的需要,确定成本核算对象。

2. 确定成本项目及成本项目的核算内容。根据相关法规政策规定及企业具体情况,确定成本项目及其核算内容。

3. 确定成本核算期。根据开发产品的开发周期确定成本核算期。

4. 成本的归集及分配。按照成本核算对象和成本项目,归集开发成本费用;按照分配原则和分配方法分配共同成本和不能分清负担对象的间接成本。

5. 计算开发产品的成本。开设成本计算单,计算开发产品的总成本及单位面积成本。

6. 结转开发产品成本。将归集在开发成本中的完工产品成本结转至开发产品。

二、确定成本核算对象

为了正确计算开发产品成本,首先要确定成本核算对象。一般按照每一成本核算对象,分别设置开发成本明细账(或成本计算单),按各个成本核算对象来归集所承担的开发成本,计算开发产品的总成本及单位成本。正确确定成本核算对象是成本核算的关键。

(一)成本核算对象概述

成本核算对象也称成本计算对象,或称成本对象,是指为了计算开发产品成本而确定的各项成本费用归集和分配的范围。成本核算对象的确定,界定了成本核算的空间范围。

通俗地说,需要计算谁的成本,谁就是要确定的成本核算对象。同一项目因核算需求不同,成本核算对象的设置也会有所差异。比如,房地产项目分两期开发,有高层、多层、商业等不同类型的开发产品,根据需求不同,在确定成本核算对象时可能有以下几种情况:(1)如果是为了计算项目整体盈利情况,则应把整个房地产项目确定为成本核算对象;(2)如果是为了计算每一开发期盈利情况,则应把每期确定为成本核算对象;(3)如果是为了计算高层、多层、商业等不同业态的产品对项目整体利润的贡献情况,则应把高层、多层、商业等分别确定为成本核算对象;(4)如果是为了按会计分期计算每年度或每月销售收入对应的销售成本,则应把对外销售的最小单元确定为成本核算对象。由此可见,房地产开发企业成本核算对象的设置是灵活多样的。

(二)成本核算对象类别

成本核算对象可以是整个开发项目,也可以是一栋楼、一套商品房。为了便于区分,可以将成本核算对象分为中间成本对象和最终成本对象。中间成本对象是指累积的成本还应进一步分配的成本归集点;最终成本对象是指累积的成本不能再进一步分配的成本归集点。中间成本对象和最终成本对象也就是《房地产开发经营业务企业所得税处理办法》(国税发〔2009〕31号)所说的过渡性成本对象和独立的计税成本对象。

(三)房屋基本单元

由于房地产开发企业按照房屋基本单元进行转让或销售,各期之间可能形成不同的销售,为了满足会计上结转销售成本的需要,原则上要求成本核算到房屋基本单元。

房屋基本单元是指有固定界限,可以独立使用并且有明确、唯一编号(幢号、室号等)的房屋或者特定空间。国有土地范围内成套住房,以套为房屋基本单元;非成套住房,以房屋的幢、层、间等有固定界限的部分为房屋基本单元;非住房,以房屋的幢、层、套、间等有固定界限的部分为房屋基本单元。

也就是说,国有土地范围内成套住房,需要计算出每套房屋的成本;非成套住房或非住房房屋,需要计算出房屋的幢、层、间等房屋基本单元的成本。以间进行产权登记的、能够以间进行销售的,以间为房屋基本单元,需要计算出每间房屋的成本;以每一层进行产权登记的、能够分层销售的,以每一层为房屋基本单元,需要计算出每一层房屋的成本;以整幢进行产权登记、以整幢为房屋基本单元的,需要计算出每一幢房屋的成本。

开发成套住宅的房地产开发企业,如果以每套房屋作为成本核算对象,涉及千家万户,核算非常复杂,为了简化核算,可以将房屋基本单元进行合并。

(四)房屋基本单元合并

一般来说,对同一开发地点,开工、竣工时间相近,产品结构类型没有明显差异,同一单位施工的群体开发的项目,可合并作为一个最终成本对象进行核算。常见情况有：

1. 房地产开发企业进行成套住宅开发的，一般来说，每幢楼都具有独立设计文件，可以独立组织施工。如果开发产品类型、使用功能相同，可以将每幢楼合并作为一个成本核算对象。

但如果该幢楼的某组成部分相对独立，且具有不同使用功能，可以作为独立的成本对象进行核算。如住宅楼的一层为商业用，可以把一层作为独立的成本核算对象。

2. 对于开发规模较大、工期较长的开发项目，可以结合项目特点和成本管理的需要，按开发项目的一定区域或部分划分成本核算对象。如，开发项目由不同地块组成，可按地块划分成本核算对象；同一地块分多期开发，可按期划分成本核算对象。

3. 虽然产品类型、使用功能相同，但开发项目属于受托代建的或多方合作开发的，应分别划分成本对象进行核算。

4. 开发产品因建筑上存在明显差异可能导致其建造成本出现较大差异的，要分别作为成本对象进行核算。

(五)最终成本对象确定

实务中，房地产开发企业应按地块确定一级成本核算对象，分期开发的项目按各期确定中间成本对象，期内按建设工程规划许可证审批单(或建设工程规划许可证申请附件)上的"项目名称"(或"建筑物名称")确定最终成本对象。

【例4-1】东方房地产开发公司于20×0年1月10日通过招拍挂方式取得A地块180亩的土地使用权，每亩地价120万元，总价款21 600万元，容积率≤2.0，建筑面积240 000平方米。根据项目总体规划方案，A地块分两期开发，开发有住宅、商业、商住一体、会所等产品类型，会所位置在一期，归A地块业主共同使用。A地块一期建设工程规划许可证审批单如表4-1所示：

表4-1　　　　　　　　建设工程规划许可证审批单

A地块一期

序号	项目名称	层数	业态	基底占地面积(m^2)	建筑面积(m^2)
1	1#楼	1	商业	906.73	981
2	2#楼	1	商业	1 489.05	1 490
3	3#楼	1	商业	1 499.98	1 519
4	4#楼	7	商住一体	1 504.37	7 509
5	5#楼	7	住宅	616.74	3 637
6	6#楼	7	住宅	924.84	5 441
7	7#楼	7	住宅	924.84	5 441
8	8#楼	7	住宅	924.84	5 441

续表

序号	项目名称	层数	业态	基底占地面积(m^2)	建筑面积(m^2)
9	9#楼	7	住宅	639.85	3 880
10	10#楼	7	住宅	639.85	3 880
11	11#楼	7	住宅	639.85	3 880
12	12#楼	26	住宅	457.99	11 540
13	13#楼	26	住宅	457.99	11 540
14	14#楼	33	住宅	457.99	14 525
15	15#楼	33	住宅	457.99	14 525
16	16#楼	26	住宅	457.99	11 540
17	会所	3	综合楼	810.69	2 491.35
合计				13 811.58	109 260.35

会计实务解析：

（1）由于A地块分两期开发，成本核算时可以将A地块一期、A地块二期分别确定为中间成本对象。

（2）由于一期1#~16#楼每幢楼都具有独立设计文件，可以独立组织施工，成本核算时可以按建设工程规划许可证审批单上的"项目名称"一期1#楼商业、一期2#楼商业……一期16#楼住宅确定为最终成本对象，即按每栋楼设置最终成本对象。

（3）项目一期有商业、高层、多层等不同产品结构类型，还可按一期商业、一期多层、一期高层等产品类型确定中间成本对象。如果根据公司的管理需要，不要求对高层、多层、商业等分别核算成本的，也可不把高层、多层、商业确定为中间成本对象。

（4）因一期4#楼为商住一体，一层为商业用，其余楼层为住宅，具有不同使用功能，应将一期4#楼商业和一期4#楼住宅分别确定为独立的成本对象。

（5）会所建成后归业主共同使用，可以确定为中间成本对象核算，待完工后，按受益原则分配至最终成本对象。

表4-2　　　　　　　　　　成本对象设置表

序号	成本核算对象	成本对象类别	备注
1	A地块	中间成本对象	
2	A地块一期	中间成本对象	
3	A地块二期	中间成本对象	

续表

序号	成本核算对象	成本对象类别	备注
4	A 地块会所	中间成本对象	
5	一期1#楼商业	最终成本对象	
6	一期2#楼商业	最终成本对象	
7	一期3#楼商业	最终成本对象	
8	一期4#楼商业	最终成本对象	
9	一期4#楼住宅	最终成本对象	
10	一期5#楼多层	最终成本对象	
11	一期6#楼多层	最终成本对象	
12	一期7#楼多层	最终成本对象	
13	一期8#楼多层	最终成本对象	
14	一期9#楼多层	最终成本对象	
15	一期10#楼多层	最终成本对象	
16	一期11#楼多层	最终成本对象	
17	一期12#楼高层	最终成本对象	
18	一期13#楼高层	最终成本对象	
19	一期14#楼高层	最终成本对象	
20	一期15#楼高层	最终成本对象	
21	一期16#楼高层	最终成本对象	

三、确定成本项目

成本项目也称成本要素,是指按照经济用途对开发产品成本进行的分类,房地产开发企业应设置土地取得成本、前期工程费、建安工程费、基础设施费、配套设施费、开发间接费、借款费用等7个成本项目,这7个成本项目是"开发成本"科目的二级明细科目。

四、确定成本核算期

成本核算期也称成本计算期,是计算房地产开发产品成本的周期,是针对成本核算对象来说的。房地产开发企业的成本核算期与开发产品的开发周期一致,与会计报告期不一致。房地产开发企业应按开发周期即从投入开发到产品完工确定成本核算期。实务中,房地产开发企业开发产品完工的确认条件为建筑工程竣工验收合格,取得竣工证明材料。成本核算期的确定,界定了成本核算的时间范围。

五、成本的归集及分配

房地产开发企业发生的有关成本项目支出,能够确定由某一最终成本对象负担的,应当直接计入对应的最终成本对象;由多个成本核算对象共同负担的,应当选择占地面积比例、预算造价比例、建筑面积比例等合理的分配标准分配计入对应的最终成本对象。

(一)土地取得成本

土地取得成本主要包括土地买价或出让金、城市基础设施配套费、契税、耕地占用税、土地使用费、土地闲置费、农作物补偿费、危房补偿费、土地变更用途和超面积补缴的地价及相关税费、拆迁补偿费用、安置及动迁费用、回迁房建造费用等。

1. 土地取得成本的具体内容

在实务中,通常可以根据管理要求进一步分为政府地价及市政配套费、合作款项、红线外市政设施费、拆迁补偿费。

(1)政府地价及市政配套费:支付的土地出让金、土地开发费,向政府部门缴纳的城市基础设施配套费,缴纳的契税、土地使用费、耕地占用税,土地变更用途和超面积补缴的地价等。

(2)合作款项:补偿合作方地价、合作项目建房转入分给合作方的房屋成本和相应税金等。

(3)红线外市政设施费:红线外道路、水、电、气、通信等建造费,管线铺设费,接口补偿费。

(4)拆迁补偿费:有关地上、地下建筑物或附着物的拆迁补偿净支出,安置及动迁支出,农作物补偿费,危房补偿费等。

2. 土地取得成本的归集

土地取得成本一般按地块确定成本核算对象归集。对同一地块分期开发的,允许市政配套费分期缴纳的地区,市政配套费可以按期归集。土地取得成本的归集详见第三章。

3. 土地取得成本的分配

房地产开发企业归集的土地取得成本,可以选择占地面积法、建筑面积法进行分配;如果认为其他方法更为合理,也可按照其他方法进行分配。

(1)占地面积法:按照成本核算对象占地面积占开发用地总面积的比例对开发成本进行分配的方法。

(2)建筑面积法:按照成本核算对象建筑面积占开发用地总建筑面积的比例对开发成本进行分配的方法。

实务中,用于分配土地取得成本的占地面积和建筑面积,按照建设工程规划许可证后附的建设工程规划许可证审批单(或建设工程规划许可证申请附件)上的载明"项目名称"(或"建筑物名称")的"基底占地面积(或底层占地面积)"和"建筑面积"确定,将土地取得成本采用直接分配法进行分配,直接分配计入各最终成本对象。建设工程规划许可证后附的审批单或申请附件,不显示项目名称的基底占地面积(或底层占地面积)的地区,房地产开发企业可以要求设计单位出具各项目名称的基底占地面积(或底层占地面积)。

在进行土地取得成本分配时,应当编制土地取得成本分配表。

【例4-2】A地块一期12#~16#楼高层住宅完工,东方房地产开发公司按占地面积法分配土地取得成本。

会计实务解析:

会所为公共配套设施,归业主共同使用,不对外销售,其成本最终要分配至最终成本对象,为简化核算,不对会所分配土地取得成本。

分配率 = A地块土地取得成本÷(A地块基底占地面积 - 会所基底占地面积)

成本对象应分配的土地取得成本 = 成本对象基底占地面积×分配率

A地块土地取得成本为271 614 600元,基底占地面积为27 727.05平方米,其中会所基底占地面积为810.69平方米,12#楼基底占地面积为457.99平方米。

12#楼高层应分配的土地取得成本 = 457.99×[271 614 600÷(27 727.05 - 810.69)] = 4 621 604.51(元)

13#~16#楼高层应分配的土地取得成本计算同上。编制12#~16#楼土地取得成本分配表,如表4-3所示:

表4-3　　　　　　　　　　土地取得成本分配表

成本对象:A地块一期12#~16#楼高层　　　　　　　　　　　　金额单位:元

行次	成本对象	基底占地面积(m^2)	金额
1	12#楼高层	457.99	4 621 604.51
2	13#楼高层	457.99	4 621 604.51
3	14#楼高层	457.99	4 621 604.51
4	15#楼高层	457.99	4 621 604.51
5	16#楼高层	457.99	4 621 604.51
合计		2 289.95	23 108 022.55

根据12#~16#楼高层的土地取得成本分配表,东方房地产开发公司应编制如下会计分录:

借:开发成本——12#楼高层——土地取得成本　4 621 604.51
　　　　——13#楼高层——土地取得成本　4 621 604.51

——14#楼高层——土地取得成本　　4 621 604.51
　　——15#楼高层——土地取得成本　　4 621 604.51
　　——16#楼高层——土地取得成本　　4 621 604.51
　贷:开发成本——A地块——土地取得成本　　23 108 022.55

（二）前期工程费

前期工程费,是指项目开发前期发生的政府许可规费,招标代理费,临时设施费以及水文地质勘查、测绘、规划、设计、可行性研究、咨询论证、筹建、场地通平等前期费用。

1. 前期工程费的具体内容

在实务中,通常可以根据管理要求进一步分为勘察设计费、报批报建增容费、"三通一平"费、临时设施费。

（1）勘察设计费

勘察设计费包括勘测丈量费、规划设计费、建筑研究用房费、其他。勘测丈量费:包括初勘、详勘等费用,主要有水文、地质、文物和地基勘察费,沉降观测费,日照测试费,拨地定桩验线费,复线费,定线费,施工放线费,建筑面积丈量费等。规划设计费等规划费:方案招标费、规划设计模型制作费、方案评审费、效果图设计费、总体规划设计费、施工图设计费、修改设计费、环境景观设计费等。建筑研究用房费:材料及施工费。其他:可行性研究费,制图费,晒图费,赶图费,样品制作费等。

（2）报批报建增容费

报批报建增容费包括报批报建费、项目整体性报批报建费、增容费。报批报建费:安检费、质检费、标底编制费、交易中心手续费、人防报建费、消防配套设施费、散装水泥集资费、白蚁防治费、墙改基金、建筑面积丈量费、路口开设费、规划管理费、新材料基金(或墙改专项基金)、教师住宅基金(或中小学教师住宅补贴费)、拆迁管理费、招投标管理费等。项目整体性报批报建费:项目报建时按规定向政府有关部门缴纳的报批费。增容费:水、电、煤气增容费。

（3）"三通一平"费

"三通一平"费主要包括临时通水、通电、通路及场地平整的费用。临时通路费:接通红线外施工用临时道路的设计、建造费用。临时通电费:接通红线外施工用临时用电的规划设计费,临时管线铺设、改造、迁移费及临时变压器安装和拆除费用。临时通水费:接通红线外施工用临时给排水设施的设计、建造,管线铺设、改造、迁移等费用。场地平整费:基础开挖前的场地平整、场地清运、旧房拆除等费用。

（4）临时设施费

临时设施费包括临时围墙、临时办公室、临时场地占用、临时围挡等的相关费用。临时围墙费:围墙、围栏的设计、建造、装饰费用。临时办公室费:租金、建造及装饰费用。临时场地占用费:含施工用临时占道费、临时借用空地租赁费。临时围挡费:设计、建造、装饰费用。

2. 前期工程费的归集

房地产开发企业应从业务发生时间和内容两方面判断、归集前期工程费。从业务发生时间方面来讲,是指在项目开发前期,取得土地使用权之后,取得建筑工程施工许可证之前,发生的成本费用;从业务内容方面来讲,主要包括筹建、规划、设计、可行性研究、水文地质勘查、测绘、"三通一平"等前期费用。

【例4-3】东方房地产开发公司是一般纳税人,适用一般计税方法。20×0年1月至20×0年9月发生以下与前期工程费相关的业务。

会计实务解析:

东方房地产开发公司发生的前期工程费,属于A地块发生的费用,归集在A地块;属于A地块一期发生的费用,归集在A地块一期。

(1) 20×0年1月25日,A地块发生文物勘探费,增值税专用发票注明的增值税税额为16 980元,价款为283 000元,款项已付。

借:开发成本——A地块——前期工程费　　　　　283 000
　　应交税费——应交增值税(进项税额)　　　　　16 980
　　贷:银行存款　　　　　　　　　　　　　　　　299 980

(2) 20×0年2月28日,A地块发生总体规划设计费,增值税专用发票注明的增值税税额为90 000元,价款为1 500 000元,款项未付。

借:开发成本——A地块——前期工程费　　　　　1 500 000
　　应交税费——应交增值税(进项税额)　　　　　90 000
　　贷:应付账款　　　　　　　　　　　　　　　　1 590 000

(3) 20×0年3月1日,A地块发生围挡施工费,增值税专用发票注明的增值税税额为18 000元,价款为200 000元,款项未付。

借:开发成本——A地块——前期工程费　　　　　200 000
　　应交税费——应交增值税(进项税额)　　　　　18 000
　　贷:应付账款　　　　　　　　　　　　　　　　218 000

(4) 20×0年3月2日,A地块发生购置彩板房费用,增值税专用发票注明的增值税税额为2 600元,价款为20 000元,款项已付。

借:开发成本——A地块——前期工程费　　　　　20 000
　　应交税费——应交增值税(进项税额)　　　　　2 600
　　贷:银行存款　　　　　　　　　　　　　　　　22 600

(5) 20×0年4月15日,A地块发生场地平整费,增值税专用发票注明的增值税税额为170 271元,价款为1 891 900元,款项未付。

  借:开发成本——A地块——前期工程费 1 891 900
    应交税费——应交增值税(进项税额) 170 271
   贷:应付账款 2 062 171

(6)20×0年3月15日,A地块一期发生地质勘查费,增值税专用发票注明的增值税税额为7 926元,价款为132 100元,款项已付。

  借:开发成本——A地块一期——前期工程费 132 100
    应交税费——应交增值税(进项税额) 7 926
   贷:银行存款 140 026

(7)20×0年4月6日,A地块一期发生消防技术服务费,增值税专用发票注明的增值税税额为2 376元,价款为39 600元,款项已付。

  借:开发成本——A地块一期——前期工程费 39 600
    应交税费——应交增值税(进项税额) 2 376
   贷:银行存款 41 976

(8)20×0年4月6日,A地块一期发生防雷装置施工技术检测费,增值税专用发票注明的增值税税额为3 396元,价款为56 600元,款项已付。

  借:开发成本——A地块一期——前期工程费 56 600
    应交税费——应交增值税(进项税额) 3 396
   贷:银行存款 59 996

(9)20×0年4月7日,A地块一期发生施工图审查费,增值税专用发票注明的增值税税额为17 070元,价款为284 500元,款项已付。

  借:开发成本——A地块一期——前期工程费 284 500
    应交税费——应交增值税(进项税额) 17 070
   贷:银行存款 301 570

(10)20×0年4月10日,A地块一期发生晒图费,增值税专用发票注明的增值税税额为2 148元,价款为35 800元,款项已付。

  借:开发成本——A地块一期——前期工程费 35 800
    应交税费——应交增值税(进项税额) 2 148
   贷:银行存款 37 948

(11)20×0年4月23日,A地块一期发生一期内部道路定位测量费,增值税专用发票注明的增值税税额为1 650元,价款为27 500元,款项已付。

  借:开发成本——A地块一期——前期工程费 27 500
    应交税费——应交增值税(进项税额) 1 650
   贷:银行存款 29 150

(12)20×0年4月25日,A地块一期支付社会劳动保险费3 980 000元、农民工工资保障金2 750 000元、墙改基金1 080 000元、建筑垃圾处理费25 500元,取得行政事业性收据。

借:开发成本——A地块一期——前期工程费　　3 980 000
　　贷:银行存款　　　　　　　　　　　　　　　3 980 000
借:其他应收款——农民工工资保障金　　　　　2 750 000
　　贷:银行存款　　　　　　　　　　　　　　　2 750 000
借:开发成本——A地块一期——前期工程费　　1 080 000
　　贷:银行存款　　　　　　　　　　　　　　　1 080 000
借:开发成本——A地块一期——前期工程费　　　25 500
　　贷:银行存款　　　　　　　　　　　　　　　　25 500

(13)20×0年5月1日,A地块一期发生招标代理服务费,增值税专用发票注明的增值税税额为3 396元,价款为56 600元,款项已付。

借:开发成本——A地块一期——前期工程费　　　56 600
　　应交税费——应交增值税(进项税额)　　　　　3 396
　　贷:银行存款　　　　　　　　　　　　　　　　59 996

(14)20×0年5月5日,A地块一期发生施工图设计费,增值税专用发票注明的增值税税额为121 698元,价款为2 028 300元,款项未付。

借:开发成本——A地块一期——前期工程费　　2 028 300
　　应交税费——应交增值税(进项税额)　　　　　121 698
　　贷:应付账款　　　　　　　　　　　　　　　2 149 998

(15)20×0年9月22日,A地块一期支付一期人防易地建设费5 889 000元,取得行政事业性收据。

借:开发成本——A地块一期——前期工程费　　5 889 000
　　贷:银行存款　　　　　　　　　　　　　　　5 889 000

3.前期工程费的分配

前期工程费一般为整个项目发生,分期开发的项目也有为各期发生的。前期工程费一般属于共同成本,不能直接计入最终成本对象,应由多个成本核算对象共同负担,需要先归集到中间成本对象,再按建筑面积法进行成本分配。如果认为其他分配方法更合理,也可采用其他方法对前期工程费进行分配。

【例4-4】A地块一期12#~16#楼高层住宅完工,东方房地产开发公司按建筑面积法分配前期工程费。

会计实务解析:

前期工程费分别归集在成本对象A地块和A地块一期中,分配前期工程费时,不但要分配 A 地块的前期工程费,还要分配 A 地块一期的前期工程费。会所为公共配套设施,归 A 地块业主共同使用,不对外销售,其成本最终要分配至最终成本对象,为简化核算,不对会所分配 A 地块的前期工程费;对于 A 地块一期的前期工程费,因会所在一期,会所应分配 A 地块一期的前期工程费。

(1)分配 A 地块前期工程费

分配率 = A 地块前期工程费 ÷ (A 地块建筑面积 - 会所建筑面积)

成本对象应分配的前期工程费 = 成本对象建筑面积 × 分配率

A 地块前期工程费 3 894 900 元,建筑面积 240 000 平方米,其中会所建筑面积 2 491.35 平方米,12#楼高层建筑面积 11 540 平方米。

12#楼高层应分配的前期工程费 = 11 540 × [3 894 900 ÷ (240 000 - 2 491.35)] = 189 244.25(元)

13# ~ 16#楼高层应分配的前期工程费计算同上。编制 12# ~ 16#楼 A 地块前期工程费分配表,如表 4 - 4 所示:

表 4 - 4　　　　　　　　A 地块前期工程费分配表

成本对象:A 地块一期 12# ~ 16#楼高层　　　　　　　　　　金额单位:元

行次	成本对象	建筑面积(m²)	金额
1	12#楼高层	11 540	189 244.25
2	13#楼高层	11 540	189 244.25
3	14#楼高层	14 525	238 195.21
4	15#楼高层	14 525	238 195.21
5	16#楼高层	11 540	189 244.25
合计		63 670	1 044 123.17

根据 12# ~ 16#楼高层的 A 地块前期工程费分配表,东方房地产开发公司应编制如下会计分录:

借:开发成本——12#楼高层——前期工程费　　　189 244.25
　　　　　　——13#楼高层——前期工程费　　　189 244.25
　　　　　　——14#楼高层——前期工程费　　　238 195.21
　　　　　　——15#楼高层——前期工程费　　　238 195.21
　　　　　　——16#楼高层——前期工程费　　　189 244.25
　　贷:开发成本——A 地块——前期工程费　　　1 044 123.17

(2)分配 A 地块一期前期工程费

分配率 = A 地块一期前期工程费 ÷ A 地块一期建筑面积

成本对象应分配的前期工程费 = 成本对象建筑面积 × 分配率

A地块一期前期工程费13 635 500元,建筑面积109 260.35平方米。

12#楼应分配的前期工程费 = 11 540 ×（13 635 500 ÷ 109 260.35）= 1 440 171.75(元)

13#~16#楼高层应分配的前期工程费计算同上。编制12#~16#楼A地块一期前期工程费分配表,如表4-5所示:

表4-5　　　　　　　　A地块一期前期工程费分配表

成本对象:A地块一期12#~16#楼高层　　　　　　　　　　　　金额单位:元

行次	成本对象	建筑面积(m²)	金额
1	12#楼高层	11 540	1 440 171.75
2	13#楼高层	11 540	1 440 171.75
3	14#楼高层	14 525	1 812 694.52
4	15#楼高层	14 525	1 812 694.52
5	16#楼高层	11 540	1 440 171.75
合计		63 670	7 945 904.29

根据12#~16#楼高层的A地块一期前期工程费分配表,东方房地产开发公司应编制如下会计分录:

借:开发成本——12#楼高层——前期工程费　　1 440 171.75
　　　　　　——13#楼高层——前期工程费　　1 440 171.75
　　　　　　——14#楼高层——前期工程费　　1 812 694.52
　　　　　　——15#楼高层——前期工程费　　1 812 694.52
　　　　　　——16#楼高层——前期工程费　　1 440 171.75
　　贷:开发成本——A地块一期——前期工程费　　7 945 904.29

(三)建安工程费

建安工程费,是指项目开发过程中发生的各项费用,包括基础工程费、主体建筑的建筑工程费、安装工程费及精装修工程费等。基础工程费包括桩基和护坡工程费、基础处理费等。主体建筑的建筑工程费包括外包工程费和甲供材料费等。安装工程费包括强弱电、给排水、电梯、空调、消防、天然气、采暖等工程的安装费用,如果有甲供材料的,还应包括相应的甲供材料费。精装修工程费包括内外墙、地板、门窗、厨洁具、电梯间、天棚、雨棚等的装修费,如果有甲供材料的,还应包括相应的甲供材料费。

1. 建安工程费的具体内容

在实务中,建安工程费主要是指开发项目开发过程中发生的各项主体建筑的建筑工程费、安装工程费及精装修费等。

(1)建筑工程费

建筑工程费指项目开发过程中发生的主体内列入土建预算内的各项费用,主要包括基础造价、结构及粗装修造价、门窗工程费、公共部位精装修费、户内精装修费。基础造价:土石方、桩基、护壁(坡)工程费,基础处理费,桩基咨询及检测费,降水工程费等。结构及粗装修造价:砼框架(含独立柱基和条基等浅基础)、砌体、找平及抹灰、防水、垂直运输、脚手架、超高补贴、散水、沉降缝、伸缩缝、底层花园砌体(高层建筑的裙楼有架空层,原则上架空层结构列入裙楼,有转换层结构并入塔楼)等的费用。门窗工程费:单元门、入户门、户内门、外墙门窗、防火门等的费用。公共部位精装修费:大堂、电梯厅、楼梯间、屋面、外立面及雨棚等的精装修费用。户内精装修费:厨房、卫生间、厅房、阳台、露台等的精装修费用。

(2)安装工程费

安装工程费包括室内水暖气电管线设备费、室内设备及其安装费、弱电系统费。室内水暖气电管线设备费:室内给排水系统费(自来水、排水、直饮水、热水);室内采暖系统费(地板热、电热膜、分户燃气炉、管道系统、暖气片);室内燃气系统费;室内电气工程费,包括楼栋及单元配电箱、电表箱、户配电箱、管线敷设、灯具、开关插座,含弱电工程管盒预埋的费用。室内设备及其安装费:通风空调系统费,包括空调设备及安装费用,空调管道、通风系统费用;电梯及其安装费;发电机及其安装费,包括发电机供货、安装、机房降噪费;消防系统费,包括水消防、电消防、气体灭火、防排烟工程费;人防设备及安装费,包括密闭门、气体过滤装置等的费用。弱电系统费:居家防盗系统费用,包括阳台及室内红外探测防盗、门磁、紧急按钮等的费用;对讲系统费用,包括可视及非可视对讲系统费用;三表远传系统费用,包括水、电、气远程抄表系统费用;有线电视费用,包括有线电视、卫星电视主体内外布线及终端插座费用;电话系统费用,包括主体内外布线及终端插座费用;宽带网费用,包括主体内外布线及终端插座费用等。

2. 建安工程费的归集与分配

建安工程费一般按建筑面积法进行分配。主体建筑的建筑工程费一般直接归集计入最终成本对象,如果不能够直接归集的,按照预算造价法分配计入最终成本对象;安装工程费按照预算造价法分配计入最终成本对象;精装修工程费按照预算造价法分配计入最终成本对象。有甲供材的,按领用的材料分配计入最终成本对象,领用数量不明确的,可按预算造价法分配计入最终成本对象。

【例4-5】20×0年2月1日,东方房地产开发公司与中原基础建设有限公司签订一期12#楼高层基础工程施工合同。中原基础建设有限公司为一般纳税人,适用一般计税方法。20×0年3月10日,桩基工程完成,收到工程部门传来的工程计量报告和施工单位提供的增值税专用发票,增值税专用发票注明的价款为2 484 954.95元,增值税税额为223 645.95元。20×0年4月15日,结算完成,结算金额2 708 600.9元。东方房地产开发公司应编制如下会计分录:

(1)20×0年3月10日,桩基工程完成,款项未付。

借:开发成本——12#楼高层——建安工程费　　2 484 954.95
　　应交税费——应交增值税(进项税额)　　　 223 645.95
　贷:应付账款　　　　　　　　　　　　　　　2 708 600.9

(2)20×0年4月15日,桩基工程结算完成,结算额与工程计量金额一致,不需要进行会计处理。

【例4-6】20×0年3月18日,东方房地产开发公司发生一期12#楼高层桩基检测费,增值税专用发票注明的价款为34 345元,增值税税额为2 060.7元,款项已付。东方房地产开发公司应编制如下会计分录:

借:开发成本——12#楼高层——建安工程费　　34 345
　　应交税费——应交增值税(进项税额)　　　 2 060.7
　贷:银行存款　　　　　　　　　　　　　　　36 405.7

【例4-7】20×0年5月1日,东方房地产开发公司与中州建筑工程有限公司签订12#楼高层建筑工程施工合同。中州建筑工程有限公司为一般纳税人,适用一般计税方法。合同条款中注明的工程价款为20 915 400元,增值税税额为1 882 386元(因篇幅所限,暂不考虑增值税)。东方房地产开发公司应编制如下会计分录:

(1)20×0年8月1日,工程达到±0.00,工程计量报告显示完成节点工程量4 037 535元。

借:开发成本——12#楼高层——建安工程费　　4 037 535
　贷:应付账款　　　　　　　　　　　　　　　4 037 535

(2)20×1年3月1日,主体工程封顶,工程计量报告显示完成节点工程量11 398 500元。

借:开发成本——12#楼高层——建安工程费　　11 398 500
　贷:应付账款　　　　　　　　　　　　　　　11 398 500

(3)20×1年10月1日,安装工程、装饰工程完成,工程计量报告显示完成节点工程量5 479 365元。

借:开发成本——12#楼高层——建安工程费　　　　　5 479 365
　　　　贷:应付账款　　　　　　　　　　　　　　　　　　　　5 479 365

(4)20×2年2月1日,工程完工,竣工验收合格。本节点没有工程计量,不需要进行成本核算的会计处理。

(5)20×2年5月1日,工程结算完成,工程结算单显示结算额为21 318 435元。
　　借:开发成本——12#楼高层——建安工程费　　　　　403 035
　　　　贷:应付账款　　　　　　　　　　　　　　　　　　　　403 035

【例4-8】20×1年6月15日,东方房地产开发公司与上海速达电梯安装工程有限公司签订一期12#~16#楼高层电梯采购合同,合同约定可根据工程实际进度分批次订购电梯,电梯正式排产前预付设备款的20%,发货前7日内预付设备款的80%。上海速达电梯安装工程有限公司为一般纳税人,适用一般计税方法。20×1年10月5日,12#楼高层2台电梯到达施工现场,取得增值税专用发票,增值税专用发票注明的价款为449 700元,增值税税额为58 461元,已按合同约定预付设备款。东方房地产开发公司应编制如下会计分录:

　　借:预付账款　　　　　　　　　　　　　　　　　　　　508 161
　　　　贷:银行存款　　　　　　　　　　　　　　　　　　　　508 161
　　借:开发成本——12#楼高层——建安工程费　　　　　449 700
　　　　应交税费——应交增值税(进项税额)　　　　　　　　58 461
　　　　贷:预付账款　　　　　　　　　　　　　　　　　　　　508 161

【例4-9】20×1年6月15日,东方房地产开发公司与上海速达电梯安装工程有限公司签订一期12#~16#楼高层电梯安装合同。20×1年11月1日,12#楼高层电梯安装调试完成,验收合格,取得增值税专用发票,增值税专用发票注明的价款为79 300元,增值税税额为7 137元,款项未付。东方房地产开发公司应编制如下会计分录:

　　借:开发成本——12#楼高层——建安工程费　　　　　79 300
　　　　应交税费——应交增值税(进项税额)　　　　　　　　7 137
　　　　贷:应付账款　　　　　　　　　　　　　　　　　　　　86 437

【例4-10】20×1年12月1日,东方房地产开发公司与华南平安有限公司签订一期12#~16#楼高层消防工程合同。华南平安有限公司为一般纳税人,适用一般计税方法。20×2年3月18日,12#楼高层消防工程竣工,经消防部门验收合格出具报告,取得增值税专用发票,增值税专用发票注明的价款为378 400元,增值税税额为34 056元。20×2年6月17日,竣工结算完成,结算额为389 400元(不含税价款),取得增值税专用发票,增值税专用发票注明的价款为11 000元,增值税税额为990元。东方房地产开发公司应编制如下会计分录：

(1)20×2年3月18日，消防工程竣工验收合格，依据工程计量报告处理。

借：开发成本——12#楼高层——建安工程费　　　378 400
　　应交税费——应交增值税(进项税额)　　　　　34 056
　贷：应付账款　　　　　　　　　　　　　　　　412 456

(2)20×2年6月17日，工程结算完成，依据工程结算单处理。

借：开发成本——12#楼高层——建安工程费　　　 11 000
　　应交税费——应交增值税(进项税额)　　　　　　 990
　贷：应付账款　　　　　　　　　　　　　　　　 11 990

【例4-11】20×1年11月29日，东方房地产开发公司与北京华泰装饰工程有限公司签订一期12#楼高层一层大厅装修工程合同。北京华泰装饰工程有限公司为一般纳税人，适用一般计税方法。合同条款中注明不含税价款344 100元，增值税税额30 969元。20×2年7月2日，工程竣工验收合格，取得增值税专用发票，增值税专用发票注明的价款为344 100元，增值税税额为30 969元。20×2年9月9日，工程结算完毕，结算价376 500元（不含税价款），取得增值税专用发票，增值税专用发票注明的价款为32 400元，增值税税额为2 916元。东方房地产开发公司应编制如下会计分录：

(1)20×2年7月2日，工程竣工验收合格，依据工程计量报告处理。

借：开发成本——12#楼高层——建安工程费　　　344 100
　　应交税费——应交增值税(进项税额)　　　　　30 969
　贷：应付账款　　　　　　　　　　　　　　　　375 069

(2)20×2年9月9日，工程结算完毕，依据工程结算单处理。

借：开发成本——12#楼高层——建安工程费　　　 32 400
　　应交税费——应交增值税(进项税额)　　　　　 2 916
　贷：应付账款　　　　　　　　　　　　　　　　 35 316

(四)基础设施费

基础设施费是指开发项目开发过程中发生的道路、供水、供电、供气、供暖、排污、排洪、消防、通信、照明、有线电视、宽带网络、智能化等社区管网工程费和环境卫生、园林绿化等园林、景观环境工程费用等。

1. 基础设施费的具体内容

基础设施费主要包括室外给排水系统费、室外采暖系统费、室外燃气系统费、室外电气及高低压设备费、室外智能化系统费、园林环境工程费、环境卫生费。

(1)室外给排水系统费：小区内给水管道、检查井、水泵房设备及外接的消火栓等的费用;雨污水系统费用。

(2)室外采暖系统费:管道系统、热交换站、锅炉房等的费用。

(3)室外燃气系统费:管道系统、调压站等的费用。

(4)室外电气及高低压设备费:高低压配电设备及安装费用,包括红线到配电房的高压线、高压柜、变压器、低压柜及箱式变压设备费用;室外强电管道及电缆敷设费用,包括室外强电总平线路部分费用;室外弱电管道埋设费用,包括用于电视、电话、宽带网、智能化布线的管道预埋、检查井等费用。

(5)室外智能化系统费:停车管理系统费用,包括露天停车场管理系统、地下室或架空层停车场管理系统的费用;小区闭路监控系统费用,包括摄像头、显示屏及电气系统安装等费用;周界红外防越系统费用,包括红外对射系统等的费用;小区门禁系统费用;电子巡更系统费用;电子公告屏费用等。

(6)园林环境工程费:园林环境工程费指项目所发生的园林环境造价,主要包括绿化建设费,建筑小品费,道路、广场建造费,围墙建造费,室外照明费,室外背景音乐相关费用,室外零星设施费。绿化建设费:公共绿化、组团宅间绿化、一楼私家花园、小区周边绿化支出。建筑小品费:雕塑、水景、环廊、假山等的费用。道路、广场建造费:道路广场铺设、开设路口工程及补偿费等。围墙建造费:包括永久性围墙、围栏及大门等的费用。室外照明费:室外照明电气工程,如路灯、草坪灯的费用。室外零星设施费,包括儿童游乐设施、各种指示牌、标识牌、示意图、垃圾桶、座椅、阳伞等的费用。

2. 基础设施费的归集

房地产开发企业应从空间位置和业务内容两方面确认、归集基础设施费。从空间位置方面来讲,是指项目开发过程中发生在小区内、楼体之外的空间的费用;从业务内容方面来讲,主要包括小区道路、供电、供水、供气、供热、排污、排洪、通信、照明、绿化等基础设施建设费用。

【例4-12】东方房地产开发公司是一般纳税人,适用一般计税方法。20×1年6月至20×2年7月发生以下与基础设施费相关的业务。东方房地产开发公司应编制如下会计分录:

(1)20×1年6月12日,A地块一期道路雨污水工程完工,增值税专用发票注明的增值税税额为264 600元,价款为2 940 000元,款项未付。

借:开发成本——A地块一期——基础设施费　　　2 940 000
　　应交税费——应交增值税(进项税额)　　　　　 264 600
　　贷:应付账款　　　　　　　　　　　　　　　　　　　3 204 600

(2)20×1年8月12日,A地块一期燃气设施安装工程完工,增值税专用发票注明的增值税税额为 104 400 元,价款为 1 160 000 元,款项已付。

  借:开发成本——A 地块一期——基础设施费   1 160 000
    应交税费——应交增值税(进项税额)   104 400
  贷:银行存款   1 264 400

(3) 20×1 年 8 月 15 日,A 地块一期室外消防管网安装工程完工,增值税专用发票注明的增值税税额为 27 900 元,价款为 310 000 元,款项未付。

  借:开发成本——A 地块一期——基础设施费   310 000
    应交税费——应交增值税(进项税额)   27 900
  贷:应付账款   337 900

(4) 20×1 年 10 月 17 日,A 地块一期室外供配电施工工程完工,增值税专用发票注明的增值税税额为 1 097 280 元,价款为 12 192 000 元,款项未付。

  借:开发成本——A 地块一期——基础设施费   12 192 000
    应交税费——应交增值税(进项税额)   1 097 280
  贷:应付账款   13 289 280

(5) 20×1 年 12 月 15 日,A 地块一期室外给水管网安装工程完工,增值税专用发票注明的增值税税额为 106 560 元,价款为 1 184 000 元,款项已付。

  借:开发成本——A 地块一期——基础设施费   1 184 000
    应交税费——应交增值税(进项税额)   106 560
  贷:银行存款   1 290 560

(6) 20×1 年 12 月 16 日,A 地块一期集中供暖工程完工,增值税专用发票注明的增值税税额为 592 335 元,价款为 6 581 500 元,款项已付。

  借:开发成本——A 地块一期——基础设施费   6 581 500
    应交税费——应交增值税(进项税额)   592 335
  贷:银行存款   7 173 835

(7) 20×1 年 12 月 16 日,A 地块一期室外强弱电管网及电缆安装工程完工,增值税专用发票注明的增值税税额为 198 900 元,价款为 2 210 000 元,款项未付。

  借:开发成本——A 地块一期——基础设施费   2 210 000
    应交税费——应交增值税(进项税额)   198 900
  贷:应付账款   2 408 900

(8) 20×2 年 3 月 16 日,A 地块一期有线电视安装完成,增值税专用发票注明的增值税税额为 21 870 元,价款为 243 000 元,款项已付。

  借:开发成本——A 地块一期——基础设施费   243 000
    应交税费——应交增值税(进项税额)   21 870

贷：银行存款　　　　　　　　　　　　　　　　　　264 870

　　(9)20×2年4月8日,A地块一期绿化景观工程完工,增值税专用发票注明的增值税税额为2 804 400元,价款为31 160 000元,款项未付。

　　借：开发成本——A地块一期——基础设施费　　　　31 160 000
　　　　应交税费——应交增值税(进项税额)　　　　　　2 804 400
　　贷：应付账款　　　　　　　　　　　　　　　　　　33 964 400

　　(10)20×2年6月16日,A地块一期交通标识系统完工,增值税专用发票注明的增值税税额为13 950元,价款为155 000元,款项未付。

　　借：开发成本——A地块一期——基础设施费　　　　155 000
　　　　应交税费——应交增值税(进项税额)　　　　　　13 950
　　贷：应付账款　　　　　　　　　　　　　　　　　　168 950

　　(11)20×2年7月5日,A地块一期智能化工程完工,增值税专用发票注明的增值税税额为131 130元,价款为1 457 000元,款项未付。

　　借：开发成本——A地块一期——基础设施费　　　　1 457 000
　　　　应交税费——应交增值税(进项税额)　　　　　　131 130
　　贷：应付账款　　　　　　　　　　　　　　　　　　1 588 130

3. 基础设施费的分配

　　基础设施费可按建筑面积法进行分配；如果认为其他分配方法更合理,也可以采用其他方法对基础设施费进行分配。

　　【例4-13】A地块一期12#～16#楼高层完工,东方房地产开发公司按建筑面积法分配基础设施费。

　　会计实务解析：

　　会所归A地块业主共同使用,会所成本应由A地块成本对象承担,但是会所在一期,会所应分配A地块一期的基础设施费。

　　分配率 = A地块一期基础设施费 ÷ A地块一期建筑面积

　　成本对象应分配的基础设施费 = 成本对象建筑面积 × 分配率

　　A地块一期基础设施费59 592 500元,建筑面积109 260.35平方米,其中会所建筑面积2 491.35平方米,12#楼高层建筑面积11 540平方米。

　　12#楼高层应分配的基础设施费 = 11 540 × (59 592 500 ÷ 109 260.35) = 6 294 117.22(元)

　　13#～16#楼高层应分配的基础设施费计算同上。编制12#～16#楼A地块一期基础设施费分配表,如表4-6所示：

表 4-6　　　　　　　　A 地块一期基础设施费分配表

成本对象:A 地块一期 12#~16#楼高层　　　　　　　　　　金额单位:元

行次	成本对象	建筑面积(m²)	金额
1	12#楼高层	11 540	6 294 117.22
2	13#楼高层	11 540	6 294 117.22
3	14#楼高层	14 525	7 922 188.26
4	15#楼高层	14 525	7 922 188.26
5	16#楼高层	11 540	6 294 117.22
合计		63 670	34 726 728.18

根据 12#~16#楼高层的 A 地块一期基础设施费分配表,东方房地产开发公司应编制如下会计分录:

　　借:开发成本——12#楼高层——基础设施费　　6 294 117.22
　　　　　　——13#楼高层——基础设施费　　6 294 117.22
　　　　　　——14#楼高层——基础设施费　　7 922 188.26
　　　　　　——15#楼高层——基础设施费　　7 922 188.26
　　　　　　——16#楼高层——基础设施费　　6 294 117.22
　　　贷:开发成本——A 地块一期——基础设施费　　34 726 728.18

(五)配套设施费

配套设施费,是指开发项目内发生的独立的、非营利性的且产权属于全体业主的,或无偿赠予地方政府、政府公共事业单位的公共配套设施费用等。配套设施费包括人防工程、综合楼、小学、幼儿园等配套设施的费用。

1.配套设施费的具体内容

配套设施费指房屋开发过程中发生的,根据有关法规,产权及收益权不属于开发商,开发商不能有偿转让也不能转作自留固定资产的公共配套设施支出。主要包括以下几类:

(1)在开发小区内发生的不会产生经营收入的不可经营性公共配套设施支出,包括居委会、派出所、岗亭、儿童乐园、自行车棚等设施的支出。

(2)在开发小区内发生的根据法规或经营惯例,其经营收入归于经营者或业委会的可经营性公共配套设施的支出,如建造幼托、邮局、图书馆、阅览室、健身房、游泳池、球场等设施的支出。

(3)开发小区内城市规划中规定的大配套设施项目不能有偿转让和取得经营收益权时,发生的没有投资来源的费用。

(4)对于产权、收入归属情况较为复杂的地下室、车位等设施,应根据当地政府法规、开发商的销售承诺等具体情况确定是否摊入本成本项目。如开发商通过补缴地价款或人防工程费等措施,得到政府部门认可,取得了该配套设施的产权,则应作为经营性项目独立核算。

配套设施费下可以按各项配套设施设立明细科目进行核算,如:游泳池,包括土建、设备、设施;业主会所,包括设计、装修、资产购置、单体会所结构;幼儿园,包括建造成本及配套资产购置;学校,包括建造成本及配套资产购置;球场;设备用房,包括配电房、水泵房土建及装修费;车站建造,包括土建、设备、各项设施。房地产开发企业应按照规划总平面图记载的公共配套项目确认公共配套设施。

2. 配套设施费的归集与分配

不能有偿转让的公共配套设施与房屋等开发产品同步建设的情况下,如果能够直接计入最终成本对象,应直接计入有关房屋等成本核算对象的"配套设施费"成本项目;不能直接计入最终成本对象的,应先通过中间成本对象进行归集,再分配计入有关房屋等成本核算对象的"配套设施费"成本项目。

配套设施完工在前、房屋等开发产品完工在后的情况下,配套设施费应先通过中间成本对象进行归集,待房屋等开发产品完工后,再按房屋等成本核算对象的可售面积分配计入房屋等成本核算对象的成本项目。

房屋等开发产品已开发完工移交或出售,公共配套设施尚未建设或全部完工,在成本核算时,如果能够对公共配套设施的成本可靠预测或计量,可按照预测或计量数据计算公共配套设施的成本,否则不能按预算成本(或计划成本)预提公共配套设施的成本,待公共配套设施全部完工后,再对已售或者作为存货核算的成本进行调整。

能够有偿转让的公共配套设施,应单独作为最终成本对象核算,不需要进行成本分配。不能有偿转让的公共配套设施,应作为中间成本对象核算,需要进行成本分配。不能有偿转让的小学、幼儿园、会所、综合楼等配套设施应按整个项目的可售面积进行分配。

【例4-14】东方房地产开发公司A地块一期开发建设一栋会所(建筑面积2 491.35平方米),会所归A地块业主共同使用,不能对外销售。20×0年1月12日,东方房地产开发公司与中州建筑工程有限公司签订会所主体施工合同。中州建筑工程有限公司为一般纳税人,适用一般计税方法。合同条款中注明不含税工程价款4 197 500元,增值税税额377 775元。

20×0年3月10日,主体工程封顶,工程计量报告显示完成节点工程量3 821 745元;20×0年6月10日,会所安装工程完成,工程计量报告显示完成节点工程量375 755元;20×0年6月20日,会所安装工程验收合格;20×0年7月26日,工程结算完成,工程结算单显示结算额为4 197 500元。(因篇幅所限,暂不考

虑增值税）

(1)20×0年3月10日,主体工程封顶。

借:开发成本——会所——建安工程费　　　　3 821 745
　　贷:应付账款　　　　　　　　　　　　　　　　3 821 745

(2)20×0年6月20日,会所安装工程验收合格。

借:开发成本——会所——建安工程费　　　　375 755
　　贷:应付账款　　　　　　　　　　　　　　　　375 755

【例4-15】20×0年2月20日,东方房地产开发公司与北京华泰装饰工程有限公司签订会所装修工程合同。北京华泰装饰工程有限公司为一般纳税人,适用一般计税方法。合同条款中注明不含税工程价款2 804 000元,增值税税额252 360元。20×0年6月20日,工程竣工验收合格,收到北京华泰装饰工程有限公司提供的增值税专用发票,增值税专用发票注明的增值税税额为252 360元,价款为2 804 000元。20×0年7月26日,工程结算完毕,结算价2 804 000元(不含税价款)。

20×0年6月20日,工程竣工验收合格,东方房地产开发公司应编制如下会计分录:

借:开发成本——会所——建安工程费　　　　2 804 000
　　应交税费——应交增值税(进项税额)　　　　252 360
　　贷:应付账款　　　　　　　　　　　　　　　　3 056 360

【例4-16】会所完工,归集会所开发成本。

会计实务解析:

会所成本除发生时直接归集在会所的建安工程费外,还需分配A地块一期发生的前期工程费、基础设施费、开发间接费等。

A地块一期发生前期工程费13 635 500元,基础设施费59 592 500元,开发间接费9 378 300元。A地块一期建筑面积109 260.35平方米,其中会所建筑面积2 491.35平方米。

(1)会所应分配的A地块一期前期工程费=会所建筑面积×(A地块一期前期工程费÷A地块一期建筑面积)=2 491.35×(13 635 500÷109 260.35)=310 916.11(元)

借:开发成本——会所——前期工程费　　　　310 916.11
　　贷:开发成本——A地块一期——前期工程费　　310 916.11

(2)会所应分配的A地块一期基础设施费=会所建筑面积×(A地块一期基础设施费÷A地块一期建筑面积)=2 491.35×(59 592 500÷109 260.35)=1 358 825.73(元)

借:开发成本——会所——基础设施费　　　　1 358 825.73

贷:开发成本——A 地块一期——基础设施费　　1 358 825.73

（3）会所应分配的 A 地块一期开发间接费 = 会所建筑面积 × (A 地块一期开发间接费 ÷ A 地块一期建筑面积) = 2 491.35 × (9 378 300 ÷ 109 260.35) = 213 843.61(元)

借:开发成本——会所——开发间接费　　　　213 843.61
　　贷:开发成本——A 地块一期——开发间接费　213 843.61

（4）归集会所开发成本：

借:开发成本——A 地块——配套设施费　　8 885 085.45
　　贷:开发成本——会所——前期工程费　　310 916.11
　　　　　　　　　　　——建安工程费　　7 001 500
　　　　　　　　　　　——基础设施费　　1 358 825.73
　　　　　　　　　　　——开发间接费　　213 843.61

【例 4 – 17】A 地块一期 12# ~ 16# 楼高层完工，东方房地产开发公司按可售面积法分配 12# ~ 16# 楼高层配套设施费。

分配率 = A 地块配套设施费 ÷ A 地块可售建筑面积

成本对象应分配的配套设施费 = 成本对象可售建筑面积 × 分配率

A 地块配套设施费 8 885 085.45 元，可售建筑面积 237 132.1 平方米，12# 楼高层可售建筑面积 11 398.99 平方米。

12# 楼高层应分配的会所成本 = 11 398.99 × (8 885 085.45 ÷ 237 132.1) = 427 107.93（元）

13# ~ 16# 楼高层应分配的会所成本计算同上。编制 A 地块配套设施费分配表，如表 4 – 7 所示：

表 4 – 7　　　　　　　A 地块配套设施费分配表

成本对象：A 地块一期 12# ~ 16# 楼高层　　　　　　　金额单位：元

行次	成本对象	可售建筑面积(m²)	金额
1	12#楼高层	11 398.99	427 107.93
2	13#楼高层	11 537.33	432 291.38
3	14#楼高层	14 501.58	543 358.65
4	15#楼高层	14 492.3	543 010.94
5	16#楼高层	11 539.1	432 357.7
合计		63 469.3	2 378 126.6

根据 12# ~ 16# 楼高层的 A 地块配套设施费分配表，东方房地产开发公司应编制如下会计分录：

借:开发成本——12#楼高层——配套设施费　　427 107.93
　　　——13#楼高层——配套设施费　　432 291.38
　　　——14#楼高层——配套设施费　　543 358.65
　　　——15#楼高层——配套设施费　　543 010.94
　　　——16#楼高层——配套设施费　　432 357.7
　　贷:开发成本——A 地块——配套设施费　　　2 378 126.6

（六）开发间接费

开发间接费,指企业为直接组织和管理开发项目所发生的,且不能将其直接归属于成本核算对象的工程监理费、造价审核费、结算审核费、工程保险费等。为业主代扣代交的公共维修基金等不得计入产品成本。在实务中,开发间接费通常可以根据管理要求进一步分为工程管理费、项目营销设施建造费、物业管理完善费。

1. 开发间接费的具体内容

（1）工程管理费。主要包括工程监理费、预结算编审费、行政管理费、施工合同外奖金、工程质量监督费、安全监督费、工程保险费。工程监理费,指支付给聘请的项目或工程监理单位的费用;预结算编审费,指支付给造价咨询公司的预结算的编制、审核费用;行政管理费,指直接从事项目开发的部门的人员的工资、奖金、补贴等人工费以及直接从事项目开发的部门的行政费;施工合同外奖金,指赶工奖、进度奖;工程质量监督费,指建设主管部门的质监费;安全监督费,指建设主管部门的安监费。

（2）项目营销设施建造费。包括广告设施及发布费,销售环境改造费,售楼处装修、装饰费,样板间费用,其他。广告设施及发布费,指车站广告、路牌广告的发布费等相关费用。销售环境改造费,指会所、推出销售楼盘(含示范单位)周围等销售区域销售期间的现场设计、工程、装饰费,临时销售通道的设计、工程、装饰等费用。售楼处装修、装饰费,指设计、工程、装饰等费用。样板间费用:包括样板间设计、装修、家具、饰品以及保洁、保安、维修费。主体外搭设的样板间还包括建造费用;主体内样板间销售后回收的设计、装修、家具、家私等费用,在主营业务收入中单列或单独记录,考核时从总费用中扣除。

（3）物业管理完善费。包括按规定应由开发商承担、由物业管理公司代管的物业管理基金、公建维修基金或其他专项基金,以及小区入住前投入的物业管理费用。

2. 开发间接费的归集与分配

开发间接费可按建筑面积法进行分配;如果认为其他分配方法更合理,也可以采用其他方法对开发间接费进行分配。若开发产品需要在完工产品与在产品之间进行分配,可考虑按工时法、层高系数法等合理方法进行分配。

【例 4 - 18】20×0 年 1 月 10 日,东方房地产开发公司与方正监理有限公司签订A地块一期工程监理合同。方正监理有限公司为一般纳税人,适用一般计税方法。合同条款中注明不含税合同价926 250元,增值税税额55 575元。

20×0年6月27日,±0.00以下工程完成,取得监理费增值税专用发票,发票上注明的增值税税额为11 115元,价款为185 250元;20×2年4月1日,全部单体竣工验收合格,取得增值税专用发票,发票上注明的增值税税额为30 566.25元,价款为509 437.5元;20×2年6月2日,区内配套工程完工,取得增值税专用发票,发票上注明的增值税税额为13 893.75元,价款为231 562.5元。

会计实务解析:

财务部门应按照合同约定的付款节点及时进行开发间接费的归集。收到施工单位提供的增值税专用发票时,应依据发票上注明的增值税税额进行应交增值税的核算。

东方房地产开发公司应编制如下会计分录:

(1)20×0年6月27日,±0.00以下工程完成,款项未付。

借:开发间接费用　　　　　　　　　　　　　　185 250
　　应交税费——应交增值税(进项税额)　　　　11 115
　　贷:应付账款　　　　　　　　　　　　　　　196 365

(2)20×2年4月1日,全部单体竣工验收合格,款项未付。

借:开发间接费用　　　　　　　　　　　　　　509 437.5
　　应交税费——应交增值税(进项税额)　　　　30 566.25
　　贷:应付账款　　　　　　　　　　　　　　　540 003.75

(3)20×2年6月2日,区内配套工程完工,款项未付。

借:开发间接费用　　　　　　　　　　　　　　231 562.5
　　应交税费——应交增值税(进项税额)　　　　13 893.75
　　贷:应付账款　　　　　　　　　　　　　　　245 456.25

【例4-19】东方房地产开发公司A地块一期建设期间发生的开发间接费共计9 378 300元,明细如下:工资2 831 400元,福利费33 050元,社会保险费及住房公积金563 200元,车辆交通费33 000元,办公费126 400元,工程监理费926 250元,营销设施建造费2 784 000元,物业管理完善费1 927 500元,固定资产折旧费132 500元,其他费用21 000元。12#~16#楼高层完工,分配12#~16#楼高层的开发间接费。

分配率=A地块一期开发间接费÷A地块一期建筑面积

成本对象应分配的开发间接费=成本对象建筑面积×分配率

12#楼高层应分配的开发间接费=11 540×(9 378 300÷109 260.35)=990 529.34(元)

13#~16#楼高层应分配的开发间接费计算同上。编制 A 地块一期开发间接费分配表,如表 4-8 所示:

表 4-8　　　　　A 地块一期开发间接费分配表

成本对象:A 地块一期 12#~16#楼高层　　　　　　　　　　金额单位:元

行次	成本对象	建筑面积(m²)	金额
1	12#楼高层	11 540	990 529.34
2	13#楼高层	11 540	990 529.34
3	14#楼高层	14 525	1 246 745.11
4	15#楼高层	14 525	1 246 745.11
5	16#楼高层	11 540	990 529.34
合计		63 670	5 465 078.24

根据 12#~16#楼高层的 A 地块一期开发间接费分配表,东方房地产开发公司应编制如下会计分录:

借:开发成本——12#楼高层——开发间接费　　　990 529.34
　　　　　　——13#楼高层——开发间接费　　　990 529.34
　　　　　　——14#楼高层——开发间接费　　　1 246 745.11
　　　　　　——15#楼高层——开发间接费　　　1 246 745.11
　　　　　　——16#楼高层——开发间接费　　　990 529.34
　贷:开发间接费用　　　　　　　　　　　　　　5 465 078.24

(七)借款费用

借款费用,是指符合资本化条件的借款费用,包括与开发项目直接相关的借款利息支出、汇兑损失、债券溢价,减去债券折价、利息收入、汇兑收益以及借款到位后使用前的其他投资收益,不包括借款手续费及佣金等。

借款费用资本化的期限为开发产品投入开发起至完工时止,房地产开发公司主动实施的停工期间不包括在内。

可确定用途的专项借款,借款费用可以直接计入受益的最终成本对象;不能分清具体用途的借款费用,可依据各项目累计投资额等标准在受益的各成本核算对象间分配。

分配比例 = 某成本核算对象完成投资额 ÷ 项目完成投资总额

【例 4-20】20×0 年 3 月 1 日,东方房地产开发公司正式动工建设 A 地块一期12#~16#楼高层,工程采用发包方式。取得建筑工程施工许可证后,20×0 年 4 月1 日向建设银行办理一笔 8 000 万元的房地产开发贷款,期限为 20×0 年 4 月 1 日至 20×2 年 3 月 31 日,年利率为 6%,按季支付利息。为取得该笔贷款,以财务顾问费的名义于20×0年4月5日支付一笔400万元的中间业务费。

该笔房地产开发贷款专门用于A地块一期12#～16#楼高层开发,分别于20×0年4月1日支付工程款2 300万元,20×0年5月31日支付工程款2 600万元,20×0年8月1日支付工程款3 100万元。

因12#～16#楼高层已经预售,东方房地产开发公司于20×0年11月2日归还开发贷款6 000万元,20×1年2月7日归还开发贷款2 000万元。东方房地产开发公司应编制如下会计分录:

(1)20×0年4月1日,银行贷款到账。

借:银行存款　　　　　　　　　　　　　　　80 000 000
　贷:长期借款——建设银行　　　　　　　　　　　　80 000 000

(2)20×0年4月5日,支付中间业务费。

借:开发成本——一期高层12#～16#楼——借款费用 4 000 000
　贷:银行存款　　　　　　　　　　　　　　　　　　4 000 000

(3)20×0年6月21日,支付银行贷款利息。

利息费用=80 000 000×6%×81÷360=1 080 000(元)

借:开发成本——一期高层12#～16#楼——借款费用 1 080 000
　贷:银行存款　　　　　　　　　　　　　　　　　　1 080 000

(4)20×0年9月21日,支付银行贷款利息。

利息费用=80 000 000×6%×92÷360=1 226 666.67(元)

借:开发成本——一期高层12#～16#楼——借款费用　1 226 666.67
　贷:银行存款　　　　　　　　　　　　　　　　　　1 226 666.67

(5)20×0年11月2日,归还开发贷款6 000万元。

利息费用=60 000 000×6%×42÷360=420 000(元)

借:长期借款——建设银行　　　　　　　　　60 000 000
　　开发成本——一期高层12#～16#楼——借款费用　420 000
　贷:银行存款　　　　　　　　　　　　　　　　　60 420 000

(6)20×0年12月21日,支付银行贷款利息。

利息费用=20 000 000×6%×91÷360=303 333.33(元)

借:开发成本——一期高层12#～16#楼——借款费用　303 333.33
　贷:银行存款　　　　　　　　　　　　　　　　　303 333.33

(7)20×1年2月7日,归还开发贷款2 000万元。

利息费用=20 000 000×6%×48÷360=160 000(元)

借:长期借款——建设银行　　　　　　　　　20 000 000
　　开发成本——一期高层12#～16#楼——借款费用　160 000

贷：银行存款　　　　　　　　　　　　　20 160 000

（8）12#～16#楼完工，分配借款费用。12#～16#楼开发成本总额213 128 563.56元，其中12#楼开发成本39 095 409.95元。

12#楼应分配借款费用 = 7 190 000 × (39 095 409.95 ÷ 213 128 563.56) = 1 318 903.45(元)

13#～16#楼应分配的借款费用计算同上。编制A地块一期借款费用分配表，如表4－9所示：

表4－9　　　　　　　A地块一期借款费用分配表

成本对象：A地块一期12#～16#楼高层　　　　　　　　　金额单位：元

行次	成本对象	投资额	金额
1	12#楼高层	39 095 409.95	1 318 903.45
2	13#楼高层	39 106 162.07	1 319 266.18
3	14#楼高层	48 401 568.94	1 632 851.43
4	15#楼高层	46 417 525.1	1 565 918.71
5	16#楼高层	40 107 897.5	1 353 060.23
合计		213 128 563.56	7 190 000

根据12#～16#楼的A地块一期借款费用分配表，东方房地产开发公司应编制如下会计分录：

借：开发成本——12#楼高层——借款费用　　1 318 903.45
　　　　　　——13#楼高层——借款费用　　1 319 266.18
　　　　　　——14#楼高层——借款费用　　1 632 851.43
　　　　　　——15#楼高层——借款费用　　1 565 918.71
　　　　　　——16#楼高层——借款费用　　1 353 060.23
贷：开发成本——一期高层12#～16#楼——借款费用　7 190 000

六、计算开发产品的成本

通过以上开发成本的归集与分配，房地产开发公司应根据最终成本对象开设成本计算单，按照可售面积计算开发产品的单方成本，并根据每一户的可售面积计算出每户房屋的成本。

【例4－21】A地块一期12#～16#楼高层完工，计算12#～16#楼每户房屋的成本。12#楼高层开发成本为40 414 313.4元，可售建筑面积11 398.99平方米。A地块一期12#楼高层成本计算单，如表4－10所示：

表 4－10　　　　　　A 地块一期 12#楼高层成本计算单

成本对象:A 地块一期 12#楼高层　　　　　　　　　　　　　金额单位:元

序号	成本项目	金额	备注
1	土地取得成本	4 621 604.51	
2	前期工程费	1 629 416	
3	建安工程费	25 132 634.95	
4	基础设施费	6 294 117.22	
5	配套设施费	427 107.93	
6	开发间接费	990 529.34	
7	借款费用	1 318 903.45	
8	合计	40 414 313.4	
9	可售面积(平方米)	11 398.99	
10	单方成本	3 545.43	

在最终成本对象中,可以按照销售基本单元的可售面积计算每户的成本及单位成本。A 地块一期 12#楼高层各户成本计算单,如表 4－11 所示:

表 4－11　　　　　　A 地块一期 12#楼高层各户成本计算单

成本对象:各户　　　　　　　　　　　　　　　　　　　　金额单位:元

序号	房号	可售面积(m^2)	单方成本	开发产品成本
1	12－1－101	172.8	3 545.43	612 650.3
2	12－1－102	116.21	3 545.43	412 014.42
3	12－1－103	139.89	3 545.43	495 970.2
4	12－1－201	172.8	3 545.43	612 650.3
5	12－1－202	116.21	3 545.43	412 014.42
……				
78	12－1－2603	141.48	3 545.43	501 607.44
合计		11 398.99		40 414 313.4

A 地块一期 13#~16#楼高层及各户的成本计算同上。

七、结转开发产品成本

计算开发产品的成本后,将开发成本结转至开发产品,会计处理为借记"开发产品——××楼"科目,贷记"开发成本——××楼——土地取得成本"等成本项目。

结转12#楼高层开发产品成本,东方房地产开发公司应编制如下会计分录:

借:开发产品——12#楼高层　　　　　　　　40 414 313.4
　　贷:开发成本——12#楼高层——土地取得成本　4 621 604.51
　　　　　　　　　　　　　　——前期工程费　　1 629 416
　　　　　　　　　　　　　　——建安工程费　　25 132 634.95
　　　　　　　　　　　　　　——基础设施费　　6 294 117.22
　　　　　　　　　　　　　　——配套设施费　　427 107.93
　　　　　　　　　　　　　　——开发间接费　　990 529.34
　　　　　　　　　　　　　　——借款费用　　　1 318 903.45

第三节　工程计量与支付会计实务

房地产开发企业在开发建设阶段,涉及大量的建筑及安装、基础设施、配套设施等工程施工,由于工程计量和工程支付是两个不同的环节,加之工程计量节点多,还涉及投标保证金、履约保证金、质量保证金、保留金、代付施工单位水电费、罚款、奖励等,为会计实务增加了难度,如处理不当,将影响"开发成本"(资产)和"应付账款"(负债)等科目确认时点和计量金额,严重影响会计信息质量。

一、工程业务概述

房地产开发企业建设工程自招标开始,经历施工、验收、结算等主要流程,主要程序如下:

1. 工程发包方发布招标文件,投标单位缴纳投标保证金。

工程发包方发布招标文件,有意向参加投标的单位可以报名,并按招标文件的要求向工程发包方缴纳投标保证金。

投标保证金是为了保护发包方免遭因投标人的行为而蒙受的损失,发包方在因投标人的行为受到损害时可根据规定没收投标人的投标保证金。

2. 工程开标及招标评审,中标单位提供履约担保。

通过工程开标及招标评审确定中标单位。中标单位按招标文件的要求提供履约担保。提供履约担保后,双方签订工程施工合同。

履约担保是工程发包人为防止承包人在合同执行过程中违反合同规定,用于弥补给发包人造成的经济损失。其形式有履约保证金(又叫履约担保金)、履约银行保函和履约担保书三种。履约保证金不得超过中标合同金额的10%。

3. 工程承包人进场施工,并按期向工程发包人提供工程计量报告。

双方签订合同后,工程承包人按合同约定时间进场施工,并按照合同约定的方法和节点,向房地产开发企业提交已完工程量的报告。工程量的计量应当取得由施工单位、监理单位、建设单位共同确认的工程计量报告。

施工中发生工程变更的,承包人按照经发包人认可的设计变更文件,进行变更施工。在工程设计变更确定后14天内,设计变更涉及工程价款调整的,由承包人向发包人提出,经发包人审核同意后调整合同价款。

4. 工程发包人向工程承包人支付工程进度款。

根据确定的工程计量报告,承包人向发包人提出支付工程进度款申请,14天内,发包人应按不低于工程价款的60%,不高于工程价款的90%向承包人支付工程进度款。按约定时间发包人应扣回的预付款,与工程进度款同期结算抵扣。

5. 工程完工并进行竣工验收。

工程项目竣工后建设单位会同设计、施工、设备供应单位及工程质量监督部门,对该项目是否符合规划设计要求以及建筑施工和设备安装质量进行全面检验,取得竣工合格资料、数据和凭证。

6. 办理工程竣工结算,并支付工程款。

建设工程竣工验收后,工程发包方与承包方根据现场施工记录、设计变更通知、现场变更鉴定、定额预算单价等资料,进行合同价款的增减或调整计算。房地产开发企业根据确认的竣工结算报告,扣除5%左右的质量保证金后,向承包人支付工程竣工结算价款。

7. 质保期满后按合同清算质量保证金。

质保期内如有返修,承包人承担返修义务,否则发生费用应在质量保证金内扣除。质保期满后,房地产开发企业与施工单位进行清算,并将剩余质量保证金支付给施工单位,合同执行完毕。

二、工程计量与支付会计实务解析

工程计量与工程支付是两个不同的环节,所以,房地产开发企业进行会计核算时,必须分工程计量和工程支付两个环节进行会计处理。

【例4-22】20×0年3月16日,东方房地产开发公司发布招标公告,对A地块一期12#~16#楼高层进行工程招标。具体业务如下:

1. 东方房地产开发公司共收到 A 建筑工程有限公司、B 建筑工程有限公司、C 建筑工程有限公司、D 建筑工程有限公司、E 建筑工程有限公司等 5 家单位报名及投标保证金,每家 100 000 元。

东方房地产开发公司应编制如下会计分录:

借:银行存款　　　　　　　　　　　　　　　　　　　500 000
　　贷:其他应付款——投标保证金/A 建筑工程有限公司　　100 000
　　　　　　　　——投标保证金/B 建筑工程有限公司　　100 000
　　　　　　　　——投标保证金/C 建筑工程有限公司　　100 000
　　　　　　　　——投标保证金/D 建筑工程有限公司　　100 000
　　　　　　　　——投标保证金/E 建筑工程有限公司　　100 000

2. 经 20×0 年 4 月 15 日开标及评审,确定 B 建筑工程有限公司为中标候选人。20×0 年 4 月 16 日,收到 B 建筑工程有限公司履约保证金 2 000 000 元,东方房地产开发公司与 B 建筑工程有限公司签订工程施工合同,并退还未中标单位投标保证金。

表 4－12　　　　　　　　　　　工程计量及支付表

项目:A 地块一期 12#楼高层　　　　　　　　　　　　　　金额单位:元

期数	计量节点	计量造价	支付比例	支付金额	备注
第一期	达到±0.00	4 037 535	70%	2 826 274.5	
第二期	主体封顶	11 398 500	70%	7 978 950	
第三期	安装工程、装饰工程完成	5 479 365	70%	3 835 555.5	
第四期	竣工验收		80%	2 091 540	
第五期	竣工结算		95%	3 137 310	
第六期	质保期满		5%	1 045 770	清算后付清
合计	—	20 915 400	—	20 915 400	

东方房地产开发公司应编制如下会计分录:

借:银行存款　　　　　　　　　　　　　　　　　　　1 900 000
　　其他应付款——投标保证金/B 建筑工程有限公司　　100 000
　　贷:其他应付款——履约保证金/B 建筑工程有限公司　　2 000 000
借:其他应付款——投标保证金/A 建筑工程有限公司　　100 000
　　　　　　——投标保证金/C 建筑工程有限公司　　100 000
　　　　　　——投标保证金/D 建筑工程有限公司　　100 000

——投标保证金/E 建筑工程有限公司　　　100 000
　　贷:银行存款　　　　　　　　　　　　　　　400 000

3.20×0 年 8 月 1 日,工程达到±0.00,财务部门收到 12#楼高层第一期工程计量报告(表 4-13)和中间产品交付证书,节点计量金额为 4 037 535 元;20×0 年 8 月 10 日,收到施工单位提供的增值税专用发票,注明的增值税税额为 363 378.15 元,价款为 4 037 535 元;20×0 年 8 月 17 日,付款审批手续齐全,支付节点工程款 2 826 274.5 元、增值税税额 363 378.15 元。

表 4-13　　　　　　　　　　　工程计量审批表
金额单位:元　　　　　　　　　　　　　　　　　　　　　　　　编号:035

项目名称:A 地块一期 12#楼高层		合同编号	GC-018	合同额	20 915 400 元
建设单位:东方房地产开发公司						
施工单位:B 建筑工程有限公司						
一、简述合同义务履行情况(进度、质量、配合等);二、合同要求的技术资料报备情况。		工程已达到±0.00,合同要求的技术资料已报备。			
^		专业工程师:张三			
^		工程部经理:李四			
项目名称		本期应付工程款		累计应付工程款	
应付工程款(①+②+③)		2 788 527.03		2 788 527.03	
合同内项目	计量工程款①	4 037 535		4 037 535	
合同外项目	工程变更、签证等②			
其他项目	保留金	-1 211 260.5		-1 211 260.5	
^	返还保留金			
^	预付款			
^	扣回预付款			
^	扣水电费	-37 747.47		-37 747.47	
^	奖罚款			
^	扣甲供材			
^	小计③	-1 249 007.97		-1 249 007.97	
合同工程师:王五						
预算部经理:马六						
总经理意见:钱七						

附注:合同内项目及合同外项目必须附相关的计量资料。

会计实务解析：

对于 B 建筑工程有限公司完成的第一期工程计量，东方房地产开发公司财务部门应在何时进行会计处理呢？是在(1)收到施工单位报送并经监理单位、建设单位签字确认的工程计量报告时(8 月 1 日)，还是在(2)收到施工单位开具的发票时(8 月 10 日)，还是在(3)建设单位支付工程款时(8 月 17 日)呢？

在实务中，房地产开发企业通常的做法是在支付工程款时才确认开发成本和应付账款，理由是支付工程款时有会计处理的依据，但会导致会计系统的开发成本和应付账款信息不准确，不能及时准确地反映资产和负债信息。根据《企业会计准则——基本准则》第十九条规定："企业对于已经发生的交易或者事项，应当及时进行会计确认、计量和报告，不得提前或者延后。"这种做法严重违背了会计信息质量的及时性原则要求。

首先，分析开发成本(资产)。《企业会计准则——基本准则》第二十条规定："资产是指企业过去的交易或者事项形成的、由企业拥有或者控制的、预期会给企业带来经济利益的资源。"第二十一条规定："符合本准则第二十条规定的资产定义的资源，在同时满足以下条件时，确认为资产：(一)与该资源有关的经济利益很可能流入企业；(二)该资源的成本或者价值能够可靠地计量。"第一，东方房地产开发公司拥有 A 地块一期 12#楼高层的产权，施工单位仅提供建筑劳务，证明 A 地块一期 12#楼高层是"由企业拥有或者控制的资源"；第二，有中间产品交付证书或合格证书等，证明产品已经合格，产品已经销售或出租，"预期会给企业带来经济利益"，并且"与该资源有关的经济利益很可能流入企业"；第三，有监理单位、施工单位、建设单位三方签字确认的节点工程计量报告，证明"该资源的成本或者价值能够可靠地计量"。所以，在 8 月 1 日收到工程计量报告、中间产品交付证书或产品合格证书等资料时，已经满足准则中规定的资产确认条件，就应该确认为资产(开发成本)，不能等到 8 月 10 日收到 B 建筑工程有限公司开具的发票时，或者 8 月 17 日东方房地产开发公司支付工程款时，才确认开发成本。

其次，分析应付账款(负债)。《企业会计准则——基本准则》第二十三条规定："负债是指企业过去的交易或者事项形成的、预期会导致经济利益流出企业的现时义务。现时义务是指企业在现行条件下已承担的义务。未来发生的交易或者事项形成的义务，不属于现时义务，不应当确认为负债。"第二十四条规定："符合本准则第二十三条规定的负债定义的义务，在同时满足以下条件时，确认为负债：(一)与该义务有关的经济利益很可能流出企业；(二)未来流出的经济利益的金额能够可靠地计量。"第一，施工单位提交并经监理单位、房地产开发企业确认的工程计量报告，证明该义务是"企业过去的交易或者事项形成的、预期会导致经济利益流出企业的现时义务"；第二，证明该义务是"企业在现行条件下已承担的义务"，房地产开发企业的付款义务已经形成,发票只是"以票控税"的凭据,不能因施工单位未提供发票而否认付款义务的存在;第三,有监理单位、施工单位、建设单位三方签字确认的节点工程计量报告,证明"未来流出的经济利益的金额能够可靠地计量"。所以,在8月1日收到工程计量报告等资料时,已经满足准则中规定的负债确认条件,应该确认为应付账款,不能等到8月10日收到B建筑工程有限公司开具的发票时,或者8月17日东方房地产开发公司支付工程款时,才确认应付账款。

最后,30%的保留金应不应该确认为应付账款?根据负债的定义和确认条件,工程已经达到规定节点,30%的保留金只是支付时间在以后,是企业在现行条件下已承担的义务,是现时义务。因此,在8月1日收到工程计量报告等资料时,已经满足准则中规定的负债确认条件,应确认为应付账款。为了区分当期应付款和保留金,可以在"应付账款"科目下设"到期""预期"两个二级明细科目。

(1)20×0年8月1日,收到工程计量报告,东方房地产开发公司应编制如下会计分录:

  借:开发成本——12#楼高层——建安工程费   4 037 535
    贷:应付账款——到期——B建筑工程有限公司   2 826 274.5
      ——预期——B建筑工程有限公司   1 211 260.5

(2)20×0年8月10日,收到B建筑工程有限公司提供的增值税专用发票,东方房地产开发公司应编制如下会计分录:

  借:应交税费——应交增值税(进项税额)   363 378.15
    贷:应付账款——到期——B建筑工程有限公司   363 378.15

(3)20×0年8月17日,付款审批手续齐全,支付B建筑工程有限公司节点工程款2 826 274.5元、增值税税额363 378.15元,应扣水电费37 747.47元从本次工程款中扣除。东方房地产开发公司应编制如下会计分录:

  借:应付账款——到期——B建筑工程有限公司   3 189 652.65
    贷:其他应收款——代垫水电费——B建筑工程有限公司   37 747.47
      银行存款   3 151 905.18

4.20×1年3月1日,主体工程封顶,完成12#楼高层第二期工程计量报告,节点计量金额为11 398 500元;20×1年3月10日,收到施工单位提供的增值税专用发票,注明的增值税税额为1 025 865元,价款为11 398 500元;20×1年3月17日,付款审批手续齐全,支付节点工程款7 978 950元、增值税税额1 025 865元,本节点应扣水电费101 823.43元。

(1)20×1年3月1日,收到工程计量报告,东方房地产开发公司应编制如下会计分录:

  借:开发成本——12#楼高层——建安工程费   11 398 500

贷：应付账款——到期——B 建筑工程有限公司　　　　7 978 950
　　　　　　　　　——预期——B 建筑工程有限公司　　　　3 419 550
　　(2)20×1 年 3 月 10 日,收到 B 建筑工程有限公司提供的增值税专用发票,东方房地产开发公司应编制如下会计分录：
　　借：应交税费——应交增值税(进项税额)　　　　　　　1 025 865
　　贷：应付账款——到期——B 建筑工程有限公司　　　　1 025 865
　　(3)20×1 年 3 月 17 日,付款审批手续齐全,支付 B 建筑工程有限公司节点工程款 7 978 950 元、增值税税额 1 025 865 元,应扣水电费 101 823.43 元从本次工程款中扣除。东方房地产开发公司应编制如下会计分录：
　　借：应付账款——到期——B 建筑工程有限公司　　　　9 004 815
　　贷：其他应收款——代垫水电费——B 建筑工程有限公司　　101 823.43
　　　　银行存款　　　　　　　　　　　　　　　　　　　　8 902 991.57

　　5.20×1 年 10 月 1 日,安装、装饰工程完成,完成 12#楼高层第三期工程计量报告,节点计量金额为 5 479 365 元,其中保留金为 1 643 809.5 元；20×1 年 10 月 10 日,收到施工单位提供的增值税专用发票,注明的增值税税额为 493 142.85 元,价款为 5 479 365 元；20×1 年 10 月 17 日,付款审批手续齐全,支付节点工程款 3 835 555.5 元、增值税税额 493 142.85 元,本节点应扣水电费 62 438.65 元。

　　(1)20×1 年 10 月 1 日,收到工程计量报告,东方房地产开发公司应编制如下会计分录：
　　借：开发成本——12#楼高层——建安工程费　　　　　　5 479 365
　　贷：应付账款——到期——B 建筑工程有限公司　　　　3 835 555.5
　　　　　　　　　——预期——B 建筑工程有限公司　　　　1 643 809.5
　　(2)20×1 年 10 月 10 日,收到 B 建筑工程有限公司提供的增值税专用发票,东方房地产开发公司应编制如下会计分录：
　　借：应交税费——应交增值税(进项税额)　　　　　　　493 142.85
　　贷：应付账款——到期——B 建筑工程有限公司　　　　493 142.85
　　(3)20×1 年 10 月 17 日,付款审批手续齐全,支付 B 建筑工程有限公司节点工程款 3 835 555.5 元、增值税税额 493 142.85 元,应扣水电费 62 438.65 元从本次工程款中扣除。东方房地产开发公司应编制如下会计分录：
　　借：应付账款——到期——B 建筑工程有限公司　　　　4 328 698.35
　　贷：其他应收款——代垫水电费——B 建筑工程有限公司　　62 438.65
　　　　银行存款　　　　　　　　　　　　　　　　　　　　4 266 259.7

　　6.20×2 年 2 月 1 日,12#楼高层工程竣工验收合格,收到 12#楼高层工程竣工验收备案表,确认预期转到期工程款 2 091 540 元;20×2 年 2 月 15 日,付款审批手续齐全,支付 B 建筑工程有限公司工程款 2 091 540 元、履约保证金 2 000 000 元。

会计实务解析:

根据合同约定,竣工验收后工程款支付至闭口预算的 80%,应确认到期工程款 = 闭口预算 × 80% = 20 915 400 × 80% = 16 732 320(元)。

已确认到期工程款 = 2 826 274.5 + 7 978 950 + 3 835 555.5 = 14 640 780(元)

本节点应确认到期工程款 = 16 732 320 - 14 640 780 = 2 091 540(元)

(1)20×2 年 2 月 1 日,依据工程竣工验收备案表,东方房地产开发公司应编制如下会计分录:

借:应付账款——预期——B 建筑工程有限公司　　　2 091 540
　　贷:应付账款——到期——B 建筑工程有限公司　　　2 091 540

(2)20×2 年 2 月 15 日,付款审批手续齐全,支付工程款、履约保证金,东方房地产开发公司应编制如下会计分录:

借:应付账款——到期——B 建筑工程有限公司　　　2 091 540
　　其他应付款——履约保证金——B 建筑工程有限公司　2 000 000
　　贷:银行存款　　　　　　　　　　　　　　　　　4 091 540

7.20×2 年 5 月 1 日,12#楼高层工程结算完成,收到工程结算单,结算价为 21 318 435 元,质保金为 1 065 921.75 元;20×2 年 5 月 3 日,收到 B 建筑工程有限公司提供的增值税专用发票,注明的增值税税额为 36 273.15 元,价款为 403 035 元;20×2 年 5 月 11 日,付款审批手续齐全,支付 B 建筑工程有限公司工程款 3 520 193.25 元、增值税税额 36 273.15 元。

会计实务解析:

根据合同约定,结算核对完毕支付至结算造价的 95%,应确认到期工程款 = 结算价 × 95% = 21 318 435 × 95% = 20 252 513.25(元)

已确认到期工程款 = 14 640 780 + 2 091 540 = 16 732 320(元)

本节点应确认到期工程款 = 20 252 513.25 - 16 732 320 = 3 520 193.25(元)

(1)20×2 年 5 月 1 日,依据工程结算单,东方房地产开发公司应编制如下会计分录:

借:开发成本——12#楼高层——建安工程费　　　　403 035
　　应付账款——预期——B 建筑工程有限公司　　　4 183 080
　　贷:应付账款——到期——B 建筑工程有限公司　　3 520 193.25
　　　　其他应付款——质保金——B 建筑工程有限公司　1 065 921.75

(2)20×2 年 5 月 3 日,收到 B 建筑工程有限公司提供的增值税专用发票。东方房地产开发公司应编制如下会计分录:

借:应交税费——应交增值税(进项税额)　　　　　　　　36 273.15
　　　　贷:应付账款——到期——B建筑工程有限公司　　　　36 273.15
　　(3)20×2年5月11日,付款审批手续齐全,支付B建筑工程有限公司工程款3 520 193.25元、增值税税额36 273.15元。东方房地产开发公司应编制如下会计分录:
　　借:应付账款——到期——B建筑工程有限公司　　　　3 556 466.4
　　　　贷:银行存款　　　　　　　　　　　　　　　　　　　3 556 466.4
　　8.20×4年3月1日,质保期满,没有发生质量问题,支付工程质保金1 065 921.75元。东方房地产开发公司应编制如下会计分录:
　　借:其他应付款——质保金——B建筑工程有限公司　　1 065 921.75
　　　　贷:银行存款　　　　　　　　　　　　　　　　　　　1 065 921.75

第四节　其他相关业务会计实务

　　在开发建设过程中,不仅涉及成本费用的核算、工程计量与支付,还涉及材料、固定资产、职工薪酬、管理费用、财务费用的核算。

一、材料核算

　　一般来说,房地产开发企业涉及的材料不多,有的房地产开发企业为了控制产品质量或成本,通常会采用甲供材或甲控材的方式控制材料,还有些房地产开发企业为了加快项目开发节奏,通常采用工厂化生产的方式加工房地产开发建设所需的结构件,这将会涉及材料核算业务。材料核算主要包括材料增加核算、材料发出核算及甲控材和甲供材核算等。

　　(一)材料增加核算
　　材料增加的方式有外购材料、自制材料、委托加工材料等。
　　1.外购材料
　　(1)房地产开发企业购入材料,按应计入材料采购成本的金额,借记"在途物资"或"材料采购"科目,按实际支付或应支付的金额,贷记"银行存款""库存现金""应付账款""应付票据""预付账款"等科目,涉及增值税进项税额的,还应进行相应的处理。
　　(2)材料验收入库核算。
　　为了保证所购物资在数量、质量方面不出差错,企业购买的各项材料物资,在收到发票账单以后,一般要等货物验收入库后,才进行会计处理。期末,企业应将

仓库转来的外购收料凭证,分别下列两种情况进行处理:

第一种情况,已收到发票账单的收料凭证。对于已经付款或已开出、承兑商业汇票的收料凭证,应按实际成本和计划成本分别汇总,按计划成本,借记"原材料"科目,按实际成本,贷记"材料采购"或"在途物资"科目,按计划成本与实际成本的差异,借记或贷记"材料成本差异"科目,按实际支付或应支付的金额,贷记"银行存款""应付账款"等科目;对于尚未付款的收料凭证,应按计划成本,借记"原材料"科目,按实际成本,贷记"应付账款"科目,按计划成本与实际成本的差异,借记或贷记"材料成本差异"科目。

【例4-23】20×0年9月12日,东方房地产开发公司与福建省某陶瓷有限公司签订15#~16#楼外墙砖采购合同,合同金额1 695 000元。20×0年9月15日,款项通过银行支付,取得增值税专用发票,增值税专用发票注明的进项税额为195 000元,价款为1 500 000元。20×0年11月15日,货到验收合格,材料按实际成本核算。

①20×0年9月15日,依据采购单和银行付款凭据,东方房地产开发公司应编制如下会计分录:

借:在途物资   1 500 000
　　应交税费——应交增值税(进项税额)   195 000
　贷:银行存款   1 695 000

②20×0年11月15日,验收入库,依据材料验收单,东方房地产开发公司应编制如下会计分录:

借:原材料   1 500 000
　贷:在途物资   1 500 000

【例4-24】东方房地产开发公司购买开发用钢材一批,货物及发票账单同时到达,增值税专用发票上注明进项税额为260 000元,价款为2 000 000元,货物已验收入库,货款尚未支付。依据材料验收单和货物发票,东方房地产开发公司应编制如下会计分录:

借:原材料——钢材   2 000 000
　　应交税费——应交增值税(进项税额)   260 000
　贷:应付账款   2 260 000

支付货款时,依据银行付款凭据,东方房地产开发公司应编制如下会计分录:

借:应付账款   2 260 000
　贷:银行存款   2 260 000

第二种情况,所购货物已验收入库,而发票账单尚未到达。期末,对于尚未收到发票账单的收料凭证,应按计划成本暂估入账,借记"原材料"科目,贷记"应付账款——暂估应付账款"科目,下期期初做相反分录予以冲回。下期收到发票账单时,借记"原材料"科目,贷记"银行存款""应付账款""应付票据"等科目,涉及增值税进项税额的,还应进行相应的处理。

【例4-25】东方房地产开发公司5月采购外墙砖20 000平方米,材料已验收入库,发票账单尚未收到,款未付。依据材料验收单,东方房地产开发公司应编制如下会计分录:

5月底应暂估入账:
借:原材料   700 000
　　贷:应付账款——暂估应付账款   700 000
6月初应红字冲销:
借:原材料   700 000
　　贷:应付账款——暂估应付账款   700 000

6月收到增值税专用发票,增值税专用发票注明增值税税额为91 000元,价款为700 000元:
借:原材料   700 000
　　应交税费——应交增值税(进项税额)   91 000
　　贷:应付账款   791 000

2. 自制材料

自制并已验收入库的材料,按计划成本或实际成本,借记"原材料"科目,按实际成本,贷记"生产成本"科目,按计划成本与实际成本的差异,借记或贷记"材料成本差异"科目。

【例4-26】东方房地产开发公司自制铝合金门窗,生产过程中发生的实际材料成本为500 000元。材料验收入库时,东方房地产开发公司应编制如下会计分录:
借:原材料   500 000
　　贷:生产成本   500 000

3. 委托加工材料

委托外单位加工材料,发出委托外单位加工的材料,按实际成本,借记"委托加工物资"科目,贷记"原材料"科目,按计划成本进行核算的,还应同时结转材料成本差异;支付加工费、运杂费等时,借记"委托加工物资"科目,贷记"银行存款"科目;加工完成并验收入库时,按计划成本或实际成本,借记"原材料"科目,按实际成本,贷记"委托加工物资"科目,按计划成本与实际成本的差异,借记或贷记"材料成本差异"科目。

【例4-27】东方房地产开发公司发出材料,委托某钢窗厂加工铝合金门窗,材

料成本500 000元,加工费20 000元。东方房地产开发公司应编制如下会计分录:

(1)发出材料:

借:委托加工物资　　　　　　　　　　　　　　500 000
　　贷:原材料　　　　　　　　　　　　　　　　　500 000

(2)支付加工费,取得增值税专用发票,增值税专用发票注明的进项税额为2 600元,加工费为20 000元:

借:委托加工物资　　　　　　　　　　　　　　20 000
　　应交税费——应交增值税(进项税额)　　　　2 600
　　贷:银行存款　　　　　　　　　　　　　　　22 600

(3)铝合金门窗加工完成验收入库:

借:原材料　　　　　　　　　　　　　　　　　520 000
　　贷:委托加工物资　　　　　　　　　　　　　520 000

(二)材料发出核算

房地产开发企业在开发经营过程中领用材料,应依据材料领用单,借记"开发成本""开发间接费用""销售费用""管理费用"等科目,贷记"原材料"科目。采用计划成本进行材料日常核算的,发出材料还应结转材料成本差异,将发出材料的计划成本调整为实际成本。采用实际成本进行材料日常核算的,发出材料计价,可以采用先进先出法、加权平均法或个别计价法等方法计价。

【例4-28】东方房地产开发公司开发产品领用钢筋200吨,价款1 000 000元。领用材料时,依据材料领用单,东方房地产开发公司应编制如下会计分录:

借:开发成本　　　　　　　　　　　　　　　　1 000 000
　　贷:原材料　　　　　　　　　　　　　　　　1 000 000

(三)甲控材和甲供材核算

甲控材一般不会影响房地产开发企业和施工单位双方的会计处理。对于甲供材,要根据工程承包合同的约定采用不同的会计处理。

1.合同约定总价中含甲供材价格的,在房地产开发企业发出材料时,作为预付账款处理,借记"预付账款"科目,贷记"原材料"科目。

【例4-29】东方房地产开发公司与施工单位乙公司签订施工合同,合同总额为10 000 000元,其中含东方房地产开发公司提供的钢材2 000 000元。发出材料时,依据施工单位签收的材料领用单及对方收款收据,东方房地产开发公司应编制如下会计分录:

借:预付账款　　　　　　　　　　　　　　　　2 000 000
　　贷:原材料　　　　　　　　　　　　　　　　2 000 000

2.合同约定总价中不含甲供材价格的,在房地产开发企业发出材料时,借记

"开发成本"科目,贷记"原材料"科目。

【例 4-30】东方房地产开发公司与施工单位乙公司签订施工合同,合同总额为 8 000 000 元,不含房地产开发公司提供的钢材 2 000 000 元。东方房地产开发公司发出材料时,依据施工单位签收的材料领用单,应编制如下会计分录:

借:开发成本　　　　　　　　　　　　2 000 000
　　贷:原材料　　　　　　　　　　　　2 000 000

二、固定资产核算

固定资产是指房地产开发企业为生产商品、提供劳务、出租或经营管理而持有的,使用寿命超过一个会计年度的有形资产。固定资产核算包括固定资产增加、固定资产折旧、固定资产处置等会计核算业务。

(一)固定资产增加的核算

固定资产增加的方式很多,包括购入、自行建造以及股东投入等其他方式。

1. 购入固定资产的核算

房地产开发企业购入的固定资产按照实际支付的购买价款、相关税费(不含可抵扣的增值税进项税额)以及为使固定资产达到预定可使用状态前所发生的可归属于该项资产的运输费、装卸费、安装费和专业人员服务费等作为入账价值。购入的固定资产分为不需要安装的固定资产和需要安装的固定资产两种情况。

(1)购入不需要安装的固定资产

购入不需要安装就可以直接交付使用的固定资产,按其实际支出通过"固定资产"科目核算。

【例 4-31】东方房地产开发公司购入电动看房车两辆,取得的增值税专用发票上注明的车辆价款为 100 000 元,增值税进项税额为 13 000 元,款项已通过银行支付。依据购车发票及银行付款凭据,东方房地产开发公司应编制如下会计分录:

借:固定资产　　　　　　　　　　　　100 000
　　应交税费——应交增值税(进项税额)　13 000
　　贷:银行存款　　　　　　　　　　　113 000

(2)购入需要安装的固定资产

购入需要安装的固定资产是指购入的固定资产需要安装以后才能交付使用。在会计核算上,企业购入需要安装的固定资产以及发生的安装调试费用先要通过"在建工程"科目进行核算,待安装完毕交付使用时,再转入"固定资产"科目。

【例 4-32】东方房地产开发公司购入需要安装的试验设备一台,取得的增值税专用发票上注明的设备价款为 350 000 元,增值税进项税额为 45 500 元,款项已通过银行支付。设备已交付安装,取得的增值税专用发票上注明的安装服务价款为20 000元,增值税进项税额为1 800元,款项已通过银行支付。该设备已安装完毕交付使用。

①购入设备时,依据设备发票和银行付款凭据,东方房地产开发公司应编制如下会计分录:

借:在建工程　　　　　　　　　　　　　　　350 000
　　应交税费——应交增值税(进项税额)　　45 500
　　贷:银行存款　　　　　　　　　　　　　　　　395 500

②支付安装费时,依据安装费发票和银行付款凭据,东方房地产开发公司应编制如下会计分录:

借:在建工程　　　　　　　　　　　　　　　20 000
　　应交税费——应交增值税(进项税额)　　1 800
　　贷:银行存款　　　　　　　　　　　　　　　　21 800

③安装完毕交付使用时,依据设备验收单,东方房地产开发公司应编制如下会计分录:

借:固定资产　　　　　　　　　　　　　　　370 000
　　贷:在建工程　　　　　　　　　　　　　　　　370 000

2. 自行建造固定资产的核算

房地产开发企业自行建造固定资产的成本,由建造该固定资产达到预定可使用状态前所发生的必要支出构成。自行建造的固定资产可分为自营建造和出包建造两种方式。

(1)自营建造的固定资产

企业自营建造的固定资产,应当按照建造该项固定资产达到预定可使用状态前所发生的必要支出作为固定资产的入账价值。

(2)出包建造的固定资产

企业通过出包工程方式建造的固定资产,其成本由建造该项固定资产达到预定可使用状态前所发生的必要支出构成,包括发生的建筑工程支出、安装工程支出以及需分摊计入各固定资产价值的待摊支出。待摊支出是指在建设期间发生的,不能直接计入某项固定资产价值而应由所建造固定资产共同负担的相关费用,包括为建造工程发生的管理费、可行性研究费、临时设施费、公证费、监理费、应负担的税金、符合资本化条件的借款费用、建设期间发生的工程物资盘亏以及报废或毁损净损失等。

企业为建造固定资产通过出让方式取得土地使用权而支付的土地出让金不计

入在建工程成本,应确认为无形资产(土地使用权)。

3.其他方式取得固定资产的核算

投资者投入的固定资产,按照投资合同或协议约定的价值作为入账价值。在原有固定资产的基础上进行改建、扩建的固定资产,按照原有固定资产的账面价值(账面价值指用固定资产原值减去累计折旧后的净值)减去改、扩建过程中发生的变价收入,再加上由于改、扩建而使该项资产达到预定可使用状态前发生的支出,作为入账价值。其他如融资租赁的固定资产、接受债务人以非现金资产抵偿债务方式取得的固定资产、盘盈的固定资产等情况一般较少发生,如遇到此类业务,应遵照有关规定处理。

(二)固定资产折旧的核算

固定资产折旧就是在固定资产使用寿命内,按照确定的方法对应计折旧额进行的系统分摊。应计折旧额,是指应当计提折旧的固定资产的原价扣除其预计净残值后的金额。如果已对固定资产计提减值准备,还应当扣除已计提的固定资产减值准备累计金额。

1.固定资产折旧范围

房地产开发企业应当对所有的资产计提折旧,但是,已提足折旧仍继续使用的固定资产和单独计价入账的土地除外。所谓提足折旧是指已经提足该项固定资产的应计折旧额。

在会计实务中,企业一般应按月计提固定资产折旧。当月增加的固定资产,当月不计提折旧,从下月起计提折旧;当月减少的固定资产,当月仍计提折旧,从下月起停止计提折旧。

固定资产提足折旧后,不论能否继续使用,均不再计提折旧,提前报废的固定资产也不再补提折旧。

已达到预定可使用状态但尚未办理竣工结算的固定资产,应当按照估计价值确定其成本,并计提折旧;待办理竣工结算后再按实际成本调整原来的暂估价值,但不需要调整原已计提的折旧额。

2.固定资产折旧方法

固定资产折旧方法有年限平均法、工作量法、双倍余额递减法和年数总和法等。房地产开发企业计提固定资产折旧,一般采用年限平均法和工作量法。双倍余额递减法及年数总和法,房地产开发企业一般较少采用。在此主要介绍年限平均法和工作量法这两种方法。

(1)年限平均法

年限平均法是指按固定资产预计使用年限平均计提折旧的一种方法。采用这

种方法,在固定资产不发生增减变化的情况下,每期(年、月)折旧额都是相等的。其计算方式如下:

年折旧额 = (固定资产原价 - 预计净残值)/固定资产预计使用年限

年折旧率 = 年折旧额/固定资产原价 × 100%

或年折旧率 = (1 - 预计净残值率)/固定资产预计使用年限 × 100%

月折旧率 = 年折旧率/12

月折旧额 = 固定资产原价 × 月折旧率

【例4-33】东方房地产开发公司某台设备原价 100 000 元,预计使用 5 年,预计净残值率为 5%,该设备的折旧率和折旧额为:

年折旧率 = (1 - 5%)/5 × 100% = 19%

月折旧率 = 19%/12 = 1.58%

月折旧额 = 100 000 × 1.58% = 1 580(元)

(2)工作量法

工作量法是按固定资产每期完成的工作量计提折旧的方法。基本计算公式如下:

单位工作量折旧额 = 固定资产原价 × [(1 - 预计净残值率)/固定资产预计总工作量]

某项固定资产的月折旧额 = 该项固定资产当月工作量 × 单位工作量折旧额

在实务中,对运输设备一般以行驶里程为工作量单位,而对机器设备一般以工作小时为工作量单位。

3. 计提折旧的会计处理

房地产开发企业每月计提的固定资产折旧额,应根据固定资产用途计入相关资产的成本或者当期损益,其中开发现场使用的固定资产计提的折旧额要记入"开发间接费用"科目,管理部门使用的固定资产计提的折旧额要记入"管理费用"科目,销售部门使用的固定资产计提的折旧额要记入"销售费用"科目,经营租出的固定资产计提的折旧额要记入"其他业务成本"科目,未使用的固定资产计提的折旧额要记入"管理费用"科目。

【例4-34】东方房地产开发公司 20×2 年 3 月份固定资产计提折旧情况如下:

管理部门房屋建筑物计提折旧 50 000 元,运输工具计提折旧 30 000 元;销售部门房屋建筑物计提折旧 70 000 元,运输工具计提折旧 20 000 元;开发现场运输工具计提折旧 60 000 元;公司未使用的机械设备计提折旧 40 000 元。依据固定资产折旧计提表,东方房地产开发公司应编制如下会计分录:

借:开发间接费用　　　　　　　　　　　　　60 000
　　管理费用　　　　　　　　　　　　　　 120 000
　　销售费用　　　　　　　　　　　　　　　90 000
　贷:累计折旧　　　　　　　　　　　　　　270 000

(三)固定资产处置的会计处理

固定资产处置包括固定资产的报废、出售、转让等。处置固定资产的会计处理主要包括以下步骤:

1. 转销固定资产的原价和已提折旧;
2. 核算出售固定资产的价款收入和清理费用;
3. 结转出售固定资产的利得或损失。

【例4-35】东方房地产开发公司出售一辆旧汽车,原价120 000元,已提折旧70 000元,双方协商作价39 140元,款项已收取存入银行,出售过程中用现金支付清理费用2 000元。东方房地产开发公司应编制如下会计分录:

(1)将准备出售的固定资产转入清理(即转销固定资产的原价和已提折旧)。

借:固定资产清理　　　　　　　　　　　　50 000
　　累计折旧　　　　　　　　　　　　　　70 000
　贷:固定资产　　　　　　　　　　　　　120 000

(2)发生清理费用。

借:固定资产清理　　　　　　　　　　　　 2 000
　贷:库存现金　　　　　　　　　　　　　　2 000

(3)收到出售旧汽车款。

借:银行存款　　　　　　　　　　　　　　39 140
　贷:固定资产清理　　　　　　　　　　　　39 140

(4)销售已使用的固定资产,计算应缴纳的增值税及附加税费。

应交增值税 = 39 140 ÷ (1 + 3%) × 2% = 760(元)

应交城市维护建设税 = 760 × 7% = 53.2(元)

应交教育费附加 = 760 × 3% = 22.8(元)

应交地方教育附加 = 760 × 2% = 15.2(元)

借:固定资产清理　　　　　　　　　　　　851.2
　贷:应交税费——简易计税　　　　　　　　 760
　　　　　　——应交城市维护建设税　　　 53.2
　　　　　　——应交教育费附加　　　　　 22.8
　　　　　　——应交地方教育附加　　　　 15.2

(5)结转出售固定资产净损益。
借:资产处置损益　　　　　　　　　　　13 711.2
　贷:固定资产清理　　　　　　　　　　13 711.2

需要注意,如果企业出售的固定资产是不动产,比如转让国有土地使用权、地上建筑物及附着物等,按税法规定,要计算缴纳土地增值税。

三、职工薪酬核算

职工薪酬,是指企业为获得职工提供的服务或解除劳动关系而给予的各种形式的报酬或补偿。企业提供给职工配偶、子女、受赡养人,已故员工遗属及其他受益人等的福利,也属于职工薪酬。

(一)职工概念

职工,是指与企业订立劳动合同的所有人员,含全职、兼职和临时职工,也包括虽未与企业订立劳动合同但由企业正式任命的人员。

未与企业订立劳动合同或未由其正式任命,但向企业所提供服务与职工所提供服务类似的人员,也属于职工的范畴,包括通过企业与劳务中介公司签订用工合同而向企业提供服务的人员。

(二)职工薪酬分类

职工薪酬主要包括短期薪酬、离职后福利、辞退福利和其他长期职工福利。

1. 短期薪酬

短期薪酬,是指企业在职工提供相关服务的年度报告期间结束后12个月内需要全部予以支付的职工薪酬,因解除与职工的劳动关系给予的补偿除外。短期薪酬具体包括:

(1)职工工资、奖金、津贴和补贴

职工工资、奖金、津贴和补贴,是指按国家统计局《关于职工工资总额组成的规定》,构成工资总额的计时工资、计件工资、加班加点工资和奖金、津贴、物价补贴等。

(2)职工福利费

职工福利费,是指尚未实行分离办社会职能或主辅分离、辅业改制的企业,内设医务室、职工浴室、理发室、托儿所等集体福利机构人员的工资、医务经费、职工因公负伤赴外地就医路费、职工防暑降温费、职工困难补贴、救济费、职工食堂经费补贴、职工交通补贴、职工误餐补贴、未实行医疗统筹企业职工医疗费用,以及按规定发生的其他职工福利支出,包括丧葬补助费、抚恤费、安家费、探亲假路费、独生子女费等。

(3)社会保险费

社会保险费,包括养老保险费、医疗保险费、失业保险费、工伤保险费和生育保险费,企业一般是按工资总额的一定比例计提,并向社会保险经办机构缴纳。此外,企业根据《企业年金试行办法》《企业年金基金管理试行办法》等有关规定,为在本企业任职或者受雇的全体员工支付的补充养老保险费、补充医疗保险费、各类商业保险也应归属于社会保险的范围。

(4)住房公积金

住房公积金,是指企业按照国家《住房公积金管理条例》规定的基准(企业的工资总额)和一定比例计提,并向住房公积金管理机构为职工缴存的住房储金。

(5)工会经费

工会经费,是指企业用于开展职工教育、文、体、宣传活动以及其他活动等方面的支出。

(6)职工教育经费

职工教育经费,是指企业为职工学习先进技术、提高职工职业技能而用于职工教育事业培训的一项费用,如上岗和转岗培训、各类岗位适应性培训、岗位培训、职业技术等级培训、高技能人才培训、专业技术人员继续教育、特种作业人员培训、企业组织的职工外送培训的经费支出,职工参加的职业技能鉴定、职业资格认证等经费支出。

(7)短期带薪缺勤

短期带薪缺勤,是指企业支付工资或提供补偿的职工缺勤,包括年休假、病假、短期伤残、婚假、产假、丧假、探亲假等。

(8)短期利润分享计划

短期利润分享计划,是指因职工提供服务而与职工达成的基于利润或其他经营成果提供薪酬的协议。

(9)非货币性福利

非货币性福利,主要包括:企业将自己的产品或外购商品发放给职工作为福利;企业将自己拥有的资产或租赁资产供职工无偿使用,比如将住房免费提供给企业高级管理人员使用,免费为职工提供医疗保健服务;向职工提供企业支付了一定补贴的商品或服务等,比如以低于成本的价格向职工出售住房等。

(10)其他短期薪酬

其他短期薪酬,是指除上述薪酬以外的其他为获得职工提供的服务而给予的短期薪酬。

2. 离职后福利

离职后福利,是指企业为获得职工提供的服务而在职工退休或与企业解除劳动关系后,提供的各种形式的报酬和福利,短期薪酬和辞退福利除外。

离职后福利计划,是指企业与职工就离职后福利达成的协议,或者企业为向职工提供离职后福利制定的规章或办法等。离职后福利计划按其特征可以分为设定提存计划和设定受益计划。其中,设定提存计划,是指向独立的基金缴存固定费用后,企业不再承担进一步支付义务的离职后福利计划;设定受益计划,是指除设定提存计划以外的离职后福利计划。

3. 辞退福利

辞退福利,是指企业在职工劳动合同到期之前解除与职工的劳动关系,或者为鼓励职工自愿接受裁减而给予职工的补偿。

4. 其他长期职工福利

其他长期职工福利,是指除短期薪酬、离职后福利、辞退福利之外所有的职工薪酬,包括长期带薪缺勤、长期残疾福利、长期利润分享计划等。

(三)职工薪酬的具体核算

1. 货币性短期薪酬的核算

职工的工资、奖金、津贴和补贴及大部分的职工福利费、社会保险费、住房公积金、工会经费和职工教育经费一般属于货币性短期薪酬,企业应当在职工为其提供服务的会计期间,将实际发生的货币性短期薪酬确认为负债,并按照受益对象计入当期损益,会计准则要求或允许计入资产成本的除外。

(1)货币性短期薪酬分配的核算

所谓货币性短期薪酬分配的核算,是指月末计算出企业各部分人员的职工薪酬,并将职工薪酬计入有关成本费用的过程。

①工资的分配

房地产开发企业工资分配的会计处理是:开发现场管理人员的工资记入"开发间接费用"科目,销售部门人员的工资记入"销售费用"科目,管理部门人员的工资记入"管理费用"科目。

【例4-36】东方房地产开发公司月末分配本月工资额,其中:项目开发现场人员工资54 800元,专设销售机构人员工资115 800元,行政管理人员工资103 000元。依据本月工资分配表,东方房地产开发公司应编制如下会计分录:

借:开发间接费用　　　　　　　　　　54 800
　　管理费用　　　　　　　　　　　　103 000

销售费用　　　　　　　　　　　　　115 800
　　　贷:应付职工薪酬——工资　　　　　273 600
　②职工福利费的分配与支付
　　根据新会计准则,职工的医疗保险费已通过"应付职工薪酬——社会保险费"明细科目核算,非货币性的职工福利则通过"应付职工薪酬——非货币性福利"明细科目核算,"应付职工薪酬——职工福利"明细科目核算的范围已经很小。所以国家没有规定职工福利的计提基础和计提比例。企业在会计实务中可根据历史经验数据和实际情况,预提职工福利费。年末可将预提数与实际支付数之间的差额,直接转入管理费用,该明细科目年末不留余额。

　　考虑到执行新会计准则后,列入职工福利明细科目核算的数额较小,所以在会计实务中,也可以将职工福利的实际发生额在发生的当期进行分配,计入有关成本和费用,而不进行预提。

　【例4-37】东方房地产开发公司在开发现场和公司机关设有食堂,每月根据实际职工人数和每一职工的伙食补贴标准,将对职工的伙食补贴直接支付给各食堂。20×0年3月份,企业在岗职工42人,其中开发现场9人,企业管理部门21人,销售部门12人。企业对每一职工每月的伙食补贴为300元,本月已将补贴款支付给食堂。

　　东方房地产开发公司向职工食堂支付款项时应编制如下会计分录:
　　借:应付职工薪酬——职工福利　　　　12 600
　　　　贷:银行存款　　　　　　　　　　　12 600
　　同时按职工所属部门,对发生的职工福利进行分配:
　　借:开发间接费用　　　　　　　　　　　2 700
　　　　管理费用　　　　　　　　　　　　6 300
　　　　销售费用　　　　　　　　　　　　3 600
　　　　贷:应付职工薪酬——职工福利　　　12 600
　③社会保险费的分配
　　企业为职工向社会保险机构缴纳的社会保险费,分为两部分,一部分由企业负担,另一部分由职工个人负担。

　　由企业负担的部分,应当按照国务院、所在地政府或企业年金计划规定的标准计提,同职工薪酬一样,要计入有关成本费用;由职工个人负担的部分,企业在向职工发放工资时,从职工的工资中扣除。

　　因社会保险费包括的项目较多,所以"应付职工薪酬——社会保险费"明细科目可采用多栏式账页,将各项社会保险费分项目进行登记和反映,也可以设置三级科目进行登记。

【例4-38】根据所在地政府规定的计提标准,东方房地产开发公司3月应为职工提取养老保险费共计54 720元,其中开发现场管理人员的养老保险费10 960元,企业管理人员的养老保险费20 600元,销售人员的养老保险费23 160元。东方房地产开发公司应编制如下会计分录:

计提养老保险费时:
借:开发间接费用　　　　　　　　　　　10 960
　　管理费用　　　　　　　　　　　　　20 600
　　销售费用　　　　　　　　　　　　　23 160
　　贷:应付职工薪酬——社会保险费　　　　54 720

缴纳3月份养老保险76 608元,其中单位承担54 720元,个人承担21 888元:
借:应付职工薪酬——社会保险费　　　　54 720
　　其他应付款——社会保险费(养老保险)　21 888
　　贷:银行存款　　　　　　　　　　　　　76 608

社会保险费的其他项目,其会计处理方法比照养老保险费。

④住房公积金的分配

企业为职工向住房公积金管理中心缴存的住房公积金,也分为两部分,一部分由企业负担,另一部分由职工个人负担。由企业负担的部分同上述社会保险费一样,要计入有关成本费用;由职工个人负担的部分,企业在向职工发放工资时,从职工的工资中扣除。

企业为职工计提的住房公积金,国家也规定了计提基础和比例。其会计处理比照上述社会保险费。

⑤工会经费的分配与支付

工会经费是为开展工会活动而按照工资总额的一定比例从成本费用中提取的。按现行规定,工会经费是按照工资总额的2%计提。为简化核算,企业计提的工会经费可直接计入管理费用。

【例4-39】东方房地产开发公司3月份职工工资总额为273 600元,按2%提取工会经费。东方房地产开发公司应编制如下会计分录:

提取工会经费时:
借:管理费用　　　　　　　　　　　　　5 472
　　贷:应付职工薪酬——工会经费　　　　　5 472

当地政府规定,工会经费的40%部分由税务机关代收,实际上交工会经费时:

借:应付职工薪酬——工会经费　　　　　　　2 188.8
　　　　贷:银行存款　　　　　　　　　　　　　　　2 188.8
　⑥职工教育经费的分配与支付
　　职工教育经费是企业为职工学习先进技术和提高文化水平而支付的费用。按现行规定,职工教育经费是按照工资总额的8%计提。为简化核算,企业计提的职工教育经费可直接计入管理费用。
　　【例4-40】东方房地产开发公司3月份职工工资总额为273 600元,按8%提取职工教育经费。东方房地产开发公司应编制如下会计分录:
　　提取职工教育经费时:
　　借:管理费用　　　　　　　　　　　　　　　21 888
　　　　贷:应付职工薪酬——职工教育经费　　　　21 888
　　开展职工教育支付职工教育经费时,按实际发生额:
　　借:应付职工薪酬——职工教育经费　　　　　4 500
　　　　贷:银行存款　　　　　　　　　　　　　　　4 500

　(2)工资发放的核算
　　工资的发放,也称工资的结算,是将应付给职工的工资发放给职工的过程。在工资发放时要将职工个人所得税、职工个人承担的社会保险费和住房公积金等从应发工资中扣除,将扣除后的实发工资用银行存款或库存现金发放。
　　【例4-41】东方房地产开发公司3月份职工工资总额为273 600元,应扣除养老保险21 888元,医疗保险5 472元,失业保险1 368元,住房公积金27 360元,个人所得税6 765元,实际用银行存款发放工资210 747元。
　　依据职工工资单和银行划款凭证,东方房地产开发公司应编制如下会计分录:
　　借:应付职工薪酬——工资　　　　　　　　　273 600
　　　　贷:应交税费——应交个人所得税　　　　　6 765
　　　　　其他应付款——社会保险费(养老保险)　21 888
　　　　　　　　　　　——社会保险费(医疗保险)　5 472
　　　　　　　　　　　——社会保险费(失业保险)　1 368
　　　　　　　　　　　——住房公积金　　　　　　27 360
　　　　　银行存款　　　　　　　　　　　　　　210 747

　(3)职工薪酬分配表的编制
　①职工薪酬分配表
　　需要说明的是,以上职工薪酬的分配,在会计实务中是根据工资结算单编制工资结算汇总表和职工薪酬分配表进行的。

东方房地产开发公司月末进行职工薪酬的分配,编制工资结算单、工资结算汇总表和职工薪酬分配表。

工资薪酬的分配,首先要根据对各类职工的考勤和每人的工资标准编制工资结算单。工资结算单是工资分配和工资结算的原始资料。工资结算单的格式见表4－14。

表4－14   工资结算单
20×0年3月31日   金额单位:元

姓名	工资级别	应付工资							代扣款项					实发工资
		基本工资	岗位工资	奖金	工龄	扣缺勤工资			应付工资	养老保险	医疗保险	失业保险	住房公积金	个人所得税	
						病假 || 事假								
							天数	金额	天数	金额								
张建		6 000	3 500								9 500	760	190	47.5	950	76.58	7 475.92
李伟		5 500	1 500								7 000	560	140	35	700	16.95	5 548.05
王五		5 300	1 000								6 300	504	126	31.5	630	0.26	5 008.24
陈平		3 800									3 800	304	76	19	380	0	3 021
...		...					...										
合计		233 600	40 000								273 600	21 888	5 472	1 368	27 360	6 765	210 747

为了进行工资分配,还需要根据分部门编制的工资结算单,编制工资结算汇总表,将各部门的应付工资进行汇总。工资结算汇总表的格式见表4－15。

表4－15   工资结算汇总表
20×0年3月31日   金额单位:元

部门 (人员类别)	基本工资	岗位工资	工龄工资	扣缺勤工资		应付工资
					病假	事假	
开发现场管理人员	44 800	10 000				54 800
行政管理部门	85 000	18 000				103 000
专设销售机构	103 800	12 000				115 800
合计	233 600	40 000				273 600

根据工资结算汇总表编制职工薪酬分配表。职工薪酬分配表的格式见表4－16。

表 4-16　　　　　　　　　　职工薪酬分配表

20×0 年 3 月 31 日　　　　　　　　　　金额单位:元

应借科目		应付工资	代扣款项						实发工资
一级科目	二级科目		养老保险	医疗保险	失业保险	住房公积金	个人所得税	合计	
开发间接费用		54 800	4 384	1 096	274	5 480	2 620	13 854	40 946
管理费用		103 000	8 240	2 060	515	10 300	1 565	22 680	80 320
销售费用		115 800	9 264	2 316	579	11 580	2 580	26 319	89 481
合计		273 600	21 888	5 472	1 368	27 360	6 765	62 853	210 747

②社会保险费和住房公积金分配表

对企业负担的为职工计提的各项社会保险费和住房公积金,一般应单独编制社会保险费和住房公积金分配表。社会保险费和住房公积金分配表的格式见表 4-17。

表 4-17　　　　　　社会保险费和住房公积金分配表

20×0 年 3 月 31 日　　　　　　　　　　金额单位:元

应借科目		计提基数(工资总额)	应提金额						合计
一级科目	二级科目		养老保险(计提20%)	医疗保险(计提8%)	生育保险(计提1%)	失业保险(计提1.5%)	工伤保险(计提0.2%)	住房公积金(计提10%)	
开发间接费用		54 800	10 960	4 384	548	822	109.6	5 480	22 303.6
管理费用		103 000	20 600	8 240	1 030	1 545	206	10 300	41 921
销售费用		115 800	23 160	9 264	1 158	1 737	231.6	11 580	47 130.6
合计		273 600	54 720	21 888	2 736	4 104	547.2	27 360	111 355.2

其他如计提的工会经费、计提的职工教育经费等,可以编制在上表中,也可以单独编制一张表进行分配。凡计提基数相同的,都可以编制在一张表中;凡计提基数不同的,应另编制一张表进行分配。

2. 带薪缺勤的核算

带薪缺勤分为累积带薪缺勤和非累积带薪缺勤。

累积带薪缺勤,是指带薪缺勤权利可以结转下期的带薪缺勤,本期尚未用完的带薪缺勤权利可以在未来期间使用。企业应当在职工提供服务从而增加了其未来享有的带薪缺勤权利时,确认与累积带薪缺勤相关的职工薪酬,并以累积未行使权利而增加的预期支付金额计量。

非累积带薪缺勤,是指带薪缺勤权利不能结转下期的带薪缺勤,本期尚未用完的带薪缺勤权利将予以取消,并且职工离开企业时也无权获得现金支付。企业应当在职工实际发生缺勤的会计期间确认与非累积带薪缺勤相关的职工薪酬。

我国企业职工休婚假、产假、丧假、探亲假、病假期间的工资通常属于非累积带薪缺勤。由于职工提供服务本身不能增加其能够享受的福利金额,企业在职工未缺勤时不应当计提相关费用和负债;企业应当在职工缺勤时确认职工享有的带薪缺勤权利,即视同职工出勤确认的相关资产成本或当期费用。企业应当在缺勤期间计提应付职工薪酬时一并处理。

3. 非货币性福利的核算

企业向职工提供非货币性福利的,应当按照公允价值计量。公允价值不能可靠取得的,可以采用成本计量。

【例4-42】东方房地产开发公司为总部各部门经理以上级别职工提供汽车免费使用。该公司总部共有部门经理以上职工10名,每人提供一辆桑塔纳轿车免费使用,假定每辆桑塔纳轿车每月计提折旧1 000元。东方房地产开发公司应编制如下会计分录:

(1)将10辆桑塔纳轿车按其用途计提折旧。

借:应付职工薪酬——非货币性福利　　　10 000
　　贷:累计折旧　　　　　　　　　　　　　　10 000

(2)将企业承担的职工薪酬计入有关成本或费用。

借:管理费用　　　　　　　　　　　　　10 000
　　贷:应付职工薪酬——非货币性福利　　　10 000

4. 辞退福利的核算

企业向职工提供辞退福利的,应当在下列两者孰早日确认辞退福利产生的职工薪酬负债,并计入当期损益:

(1)企业不能单方面撤回因解除劳动关系计划或裁减建议所提供的辞退福利时。

(2)企业确认与涉及支付辞退福利的重组相关的成本或费用时。

企业应当按照辞退计划条款的规定,合理预计并确认辞退福利产生的应付职工薪酬。辞退福利预期在其确认的年度报告期结束后12个月内完全支付的,应当适用短期薪酬的相关规定;辞退福利预期在年度报告期结束后12个月内不能完全支付的,应当适用《企业会计准则第9号——职工薪酬》关于其他长期职工福利的有关规定。

四、管理费用核算

房地产开发企业的管理费用是指房地产开发企业为组织和管理企业生产经营所发生的各项费用。为了划清开发单位与行政管理部门的责任,管理费用不计入开发成本,而作为期间费用直接由当期利润补偿。

1. 管理费用核算的内容

房地产开发企业管理费用包括企业在筹建期间内发生的开办费、董事会和行政管理部门在经营管理中发生的或者应由企业统一负担的公司经费(包括行政管理部门职工工资及福利费、物料消耗、低值易耗品摊销、办公费和差旅费等)、工会经费、董事会费(包括董事会成员津贴、会议费和差旅费等)、聘请中介机构费、咨询费(含顾问费)、诉讼费、业务招待费、技术转让费、矿产资源补偿费、研究费用、排污费等。

企业行政管理部门发生的固定资产修理费用等后续支出,不符合固定资产确认条件的,也在本科目核算。

2. 管理费用的会计处理

(1)企业在筹建期间内发生的开办费核算详见第二章相关内容。

(2)行政管理部门人员的薪酬,计提职工薪酬时,借记"管理费用"科目,贷记"应付职工薪酬"科目。

(3)行政管理部门使用的固定资产的折旧,借记"管理费用"科目,贷记"累计折旧"科目。

(4)发生的办公费、水电费、业务招待费、聘请中介机构费、咨询费、诉讼费、技术转让费、研究费用,借记"管理费用"科目,贷记"银行存款""研发支出"等科目。

(5)期末,应将"管理费用"科目的余额转入"本年利润"科目,结转后"管理费用"科目无余额。

【例4-43】20×2年5月28日,东方房地产开发公司发生的管理费用及应编制的会计分录如下:

①总经理办公室工作人员报销差旅费12 000元,冲借款。

借:管理费用　　　　　　　　　　　　　　12 000
　　贷:其他应收款——××　　　　　　　　　　　　12 000

②通过银行支付审计费,取得增值税专用发票,增值税专用发票注明的进项税额为6 000元,审计费为100 000元。

借:管理费用　　　　　　　　　　　　　　　　　　100 000

应交税费——应交增值税(进项税额)　　　　6 000
　　　贷:银行存款　　　　　　　　　　　　　　　106 000
③计提公司总部办公和管理用低值易耗品摊销额5 000元。
　　借:管理费用——低值易耗品摊销　　　　　5 000
　　　贷:低值易耗品　　　　　　　　　　　　　　5 000
④摊销无形资产价值11 000元。
　　借:管理费用　　　　　　　　　　　　　　11 000
　　　贷:累计摊销　　　　　　　　　　　　　　11 000
⑤支付业务招待费28 000元。
　　借:管理费用　　　　　　　　　　　　　　28 000
　　　贷:银行存款　　　　　　　　　　　　　　28 000

【例4-44】东方房地产开发公司20×2年5月份管理费用发生额为408 000元,月末结转损益。东方房地产开发公司应编制如下会计分录:
　　借:本年利润　　　　　　　　　　　　　　408 000
　　　贷:管理费用　　　　　　　　　　　　　408 000

五、财务费用核算

房地产开发企业的财务费用是指房地产开发企业为筹集生产经营所需资金等而发生的筹资费用。

1.财务费用核算的内容

房地产开发企业的财务费用包括利息支出(减利息收入)、汇兑损益以及相关的手续费、企业发生的现金折扣或享受的现金折扣等。

为购建或生产满足资本化条件的资产发生的应予资本化的借款费用,在"在建工程""开发成本"等科目核算,资本化借款费用的核算详见本章第二节"房地产开发企业成本核算"相关内容。

2.财务费用的会计处理

房地产开发企业发生的财务费用,借记"财务费用"科目,贷记"银行存款""未确认融资费用"等科目。发生的应冲减财务费用的利息收入、汇兑损益、现金折扣,借记"银行存款""应付账款"等科目,贷记"财务费用"科目。期末,应将"财务费用"科目的余额转入"本年利润"科目,结转后"财务费用"科目无余额。

【例4-45】20×2年5月,东方房地产开发公司发生的财务费用及应编制的会计分录如下:

(1)收到开户银行通知,银行扣收结算业务手续费5 000元。

借:财务费用   5 000
　　贷:银行存款   5 000

(2)20×2年从银行取得3年期周转性贷款,金额5 000 000元,月利率7.2‰,计提本月应付借款利息。

应付利息 = 5 000 000 × 7.2‰ = 36 000(元)

借:财务费用   36 000
　　贷:应付利息   36 000

(3)接到银行通知,发生银行存款利息收入7 000元。

借:财务费用   7 000
　　贷:银行存款   7 000

(4)月末,结转"财务费用"科目余额34 000元。

借:本年利润   34 000
　　贷:财务费用   34 000

第五节　开发建设阶段纳税实务

房地产开发企业在开发建设阶段主要涉及增值税、城镇土地使用税、印花税等应税税种,相关实务处理本节将详细介绍;还可能涉及房产税、车船税等税种,相关实务处理本节不再赘述。

一、增值税纳税实务

"营改增"试点后,房地产开发企业增值税一般纳税人采用一般计税方法的,大部分进项税票都是在开发建设阶段取得的,所以,我们在此重点介绍与增值税进项税票取得相关的合作单位选择、发包方式选择、合同条款设计、进项税票审核、专用发票认证、纳税实务等内容。

(一)合作单位选择

房地产开发企业增值税一般纳税人,采用一般计税方法的,在购进货物或劳务时,如果从小规模纳税人购进材料,取得增值税专用发票的,能够抵扣的增值税税率为3%;如果从一般纳税人购进材料,取得增值税专用发票的,能够抵扣的增值税税率为13%。如果从小规模纳税人购进劳务,取得增值税专用发票的,能够抵扣的增值税税率为3%;如果从一般纳税人购进劳务,取得增值税专用发票的,能够抵扣的增值税税率为9%。可见,合作单位是一般纳税人还是小规模纳税人,会直接影响房地产开发企业取得的专用发票的税率,进而影响增值税的实际税负。所以,房地产开发企业增值税一般纳税人,在进行材料采购或工程发包选择合作单位时要尽量选择增值税一般纳税人。

(二)发包方式选择

房地产开发企业增值税一般纳税人,采用一般计税方法的,在进行工程发包时,可以采用工程总承包方式,还可以采用甲供工程方式、清包工方式。

1. 甲供工程方式

甲供工程是指全部或部分设备、材料、动力由工程发包方自行采购的建筑工程。

在营业税税制下,甲供工程中甲方供应的材料、物资、动力等作为营业税的计税基础,"营改增"后,增值税实行价税分离的办法,甲供工程中甲方供应的材料、物资、动力等不作为增值税的计税基础。这样一来,如果甲方是一般纳税人,采购材料、物资、动力等能够获得13%的进项税票,甲方会倾向于扩大甲供材的采购,以增加自身可抵扣的进项税。相应建筑企业无法取得甲供部分的进项税,一旦按照工程款和甲供材的全额计提销项税,可抵扣进项税必然减少,税负增加概率较大。所以,税法赋予了甲供工程采用简易计税方法的选择权。

房地产开发企业如果采用甲供工程方式进行工程发包,能够抵扣的进项税税率为3%,而购买建筑材料能够抵扣的进项税税率为13%。

2. 清包工方式

一般纳税人以清包工方式提供的建筑服务,可以选择简易计税方法计税。清包工是指施工方不采购建筑工程所需的材料或只采购辅助材料,并收取人工费、管理费或者其他费用的建筑服务。

此条款是针对分包链条最底层的企业设计的。国家考虑到分包业务在建筑业普遍存在,主要以清包工的形式承揽工程,其成本费用支出基本是工人的工资,可抵扣的进项税额很少,为妥善解决清包工可能产生的税负上升问题,对一般纳税人的清包工业务,允许其选择简易计税方法计算缴纳增值税。

房地产开发企业与一般纳税人合作,如果采用清包工方式进行工程发包,比如装饰装修工程,清包工能够抵扣的进项税税率为3%,而购买建筑材料能够抵扣的进项税税率为13%。

房地产开发企业与小规模纳税人合作,如果能够取得增值税专用发票,则建筑劳务和材料的进项税税率均为3%。

(三)合同条款设计

房地产开发企业增值税一般纳税人,采用一般计税方法的,合同条款中应注明:(1)合同价款是否包含增值税。(2)增值税发票的类型。合同中应明确约定增值税发票的类型是增值税普通发票还是增值税专用发票。增值税普通发票不能用于抵扣进项税额,增值税专用发票可以用于抵扣进项税额。(3)具体税率。一般纳税人采用简易计税方法和小规模纳税人开具或代开的增值税专用发票适用的征收率较低,而增值税一般纳税人采用一般计税方法的,适用的税率较高,比如接受建筑服务,增值税一般纳税人采用一般计税方法的,开具的增值税专用发票税率是9%,而一般纳税人采用简易计税方法和小规模纳税人开具或代开的增值税专用发票,适用的征收率为3%,这样会导致房地产开发企业进项税额的不同,直接影响增值税税负,所以,应在合同条款中约定增值税专用发票的具体税率。(4)发票取得时间。如果发票取得时间太晚,可能会出现销项税额已经发生,进项税额无法抵扣的情况,从而增加增值税税负,所以,应在合同条款中约定增值税专用发票的取得时间。(5)不合法发票赔偿责任以及重新开具合法发票义务。如果取得的发票不合法,可能涉及税务处罚,甚至涉及刑事责任,所以,应在合同条款中约定,如果取得的增值税专用发票不合法引起法律责任,提供发票方应承担赔偿责任,并且应约定提供发票方重新开具合法发票的义务。

(四)进项税票审核

房地产开发企业在取得增值税专用发票时,可抵扣增值税进项税额主要从以下方面进行审核:

1. 可抵扣增值税进项税额的条件

准予从销项税额中抵扣的进项税额,应至少同时具备以下条件:(1)发生允许从销项税额中抵扣进项税额的购进行为;(2)取得合法有效的增值税扣税凭证;(3)只有应税行为的代扣代缴税款可以凭完税凭证抵扣,且需要具备书面合同、付款证明和境外单位的对账单或者发票。否则,进项税额不得从销项税额中抵扣。

2. 可抵扣的进项税额

房地产开发企业取得增值税扣税凭证,准予从销项税额中扣除的进项税额包括:(1)从销售方取得的增值税专用发票(含税控机动车销售统一发票,下同)上注明的增值税税额;(2)从海关取得的海关进口增值税专用缴款书上注明的增值税税额;(3)购进农产品,除取得增值税专用发票或者海关进口增值税专用缴款书外,按照农产品收购发票或者销售发票上注明的农产品买价和9%的扣除率计算的进项税额;(4)从境外单位或者个人购进服务、无形资产或者不动产,自税务机关或者扣缴义务人取得的解缴税款的完税凭证上注明的增值税税额。

3. 不得抵扣的进项税额

房地产开发企业取得下列项目的进项税额不得从销项税额中抵扣:(1)用于简易计税方法计税项目、免征增值税项目、集体福利或者个人消费的购进货物、加工修理修配劳务、服务、无形资产和不动产。其中涉及的固定资产、无形资产、不动产,仅指专用于上述项目的固定资产、无形资产(不包括其他权益性无形资产)、不动产。纳税人的交际应酬消费属于个人消费。(2)非正常损失的不动产,在产品、产成品所耗用的购进应税项目,购进构成不动产实体的材料和设备,设计服务和建筑服务。其中不动产实体的材料和设备,包括建筑装饰材料和给排水、采暖、卫生、通风、照明、通信、煤气、消防、中央空调、电梯、电气、智能化楼宇设备及配套设施,以及相关的加工修理修配劳务和交通运输服务。(3)购进的旅客运输服务、贷款服务、餐饮服务、居民日常服务和娱乐服务。(4)财政部和国家税务总局规定的其他情形。

(五)专用发票认证

纳税信用A级、B级、M级、C级的增值税一般纳税人取得销售方使用新系统开具的增值税专用发票,可以不再进行扫描认证,其他增值税一般纳税人取得的增值税扣税凭证,应当自行扫描认证或者到主管税务机关办理认证、申报抵扣或者申请稽核比对。认证是税务机关通过防伪税控系统对增值税扣税凭证所列数据的识别、确认。

根据《国家税务总局关于取消增值税扣税凭证认证确认期限等增值税征管问题的公告》(国家税务总局公告2019年第45号)规定,增值税一般纳税人取得2017年1月1日及以后开具的增值税专用发票、海关进口增值税专用缴款书、机动车销售统一发票、收费公路通行费增值税电子普通发票,取消认证确认、稽核比对、申报抵扣的期限。纳税人在进行增值税纳税申报时,应当通过本省(自治区、直辖市和计划单列市)增值税发票综合服务平台对上述扣税凭证信息进行用途确认。

(六)纳税实务

房地产开发企业能否取得用于抵扣的增值税专用发票,直接影响增值税税负,在此对房地产开发企业实务中具体业务取得增值税进项税票的情况归纳如下:

1.土地取得成本

实务中,房地产开发企业的土地取得成本中主要项目的增值税抵扣情况如表4-18所示:

表 4-18

序号	项目	能否抵扣	抵扣凭证	税率	备注
1	土地价款(政府部门,包括征地和拆迁补偿费用、土地前期开发费用和土地出让收益等)	—	省级以上(含省级)财政部门监(印)制的财政票据		可扣减销售额
2	拆迁补偿费用(其他单位或个人)	—	拆迁协议、拆迁双方支付和取得拆迁补偿费用凭证等		可扣减销售额
3	契税	否			
4	耕地占用税	否			

根据《营业税改征增值税试点有关事项的规定》(财税〔2016〕36号)第一条第(三)项第10点和《房地产开发企业销售自行开发的房地产项目增值税征收管理暂行办法》(国家税务总局公告2016年第18号)第五条的规定,房地产开发企业中的一般纳税人销售其开发的房地产项目(选择简易计税方法的房地产老项目除外),受让土地时向政府部门支付的土地价款,在计算缴纳增值税时,允许在计算销售额时从全部价款和价外费用中扣除。支付的土地价款,是指向政府、土地管理部门或受政府委托收取土地价款的单位直接支付的土地价款。

另外,《财政部 国家税务总局关于明确金融 房地产开发 教育辅助服务等增值税政策的通知》(财税〔2016〕140号)第七条规定,《营业税改征增值税试点有关事项的规定》(财税〔2016〕36号)第一条第(三)项第10点中"向政府部门支付的土地价款",包括土地受让人向政府部门支付的征地和拆迁补偿费用、土地前期开发费用和土地出让收益等。房地产开发企业中的一般纳税人销售其开发的房地产项目(选择简易计税方法的房地产老项目除外),在取得土地时向其他单位或个人支付的拆迁补偿费用也允许在计算销售额时扣除。纳税人按上述规定扣除拆迁补偿费用时,应提供拆迁协议、拆迁双方支付和取得拆迁补偿费用凭证等能够证明拆迁补偿费用真实性的材料。

除了上述符合条件的土地价款、拆迁补偿费用外,契税、耕地占用税等其他费用,在计算缴纳增值税时,不允许在计算销售额时从全部价款和价外费用中扣除。

2. 前期工程费

实务中,房地产开发企业的前期工程费中主要项目的增值税抵扣情况如表4-19所示:

表 4-19

序号	项目	能否抵扣	抵扣凭证	税率	备注
1	文物勘探费	能	增值税专用发票	6%	
2	规划设计费	能	增值税专用发票	6%	
3	围挡施工费	能	增值税专用发票	9%	
4	彩板房购置费	能	增值税专用发票	13%	
5	场地平整费	能	增值税专用发票	9%	
6	地质勘查费	能	增值税专用发票	6%	
7	消防技术服务费	能	增值税专用发票	6%	
8	防雷技术检测费	能	增值税专用发票	6%	
9	施工图审查费	能	增值税专用发票	6%	
10	晒图费	能	增值税专用发票	6%	
11	道路定位测量费	能	增值税专用发票	6%	
12	招标代理费	能	增值税专用发票	6%	
13	施工图设计费	能	增值税专用发票	6%	
14	人防易地建设费	否			

前期工程费如果能够取得增值税专用发票,直接按照表4-19中相应的税率进行抵扣即可,但以下项目需要特殊说明:

(1)人防费用。人防工程有两种形式,一种是进行人防工程建设,一种是不建人防设施,向人防主管部门缴纳人防易地建设费。如果进行人防工程建设,可以按建设人防工程取得的材料、建筑劳务等的进项税额抵扣。

(2)行政规费。向政府部门缴纳的行政规费,一般能够取得行政事业单位收费凭证,无法取得增值税专用发票,这些费用无法进行增值税进项税额抵扣。

(3)境外设计费。有的房地产开发企业采用境外设计,境外单位或者个人在境内发生应税行为,在境内未设有经营机构的,扣缴义务人按照下列公式计算应扣缴税额:

应扣缴税额 = 购买方支付的价款 ÷ (1 + 税率) × 税率

在计算应扣缴税额时,应将应税行为购买方支付的含税价款,换算为不含税价款,再乘以应税行为的增值税适用税率,计算出应扣缴的增值税税额。这里需要注意的是,按照上述公式计算应扣缴税额时,无论购买方支付的价款是否超过500万元的一般纳税人标准,无论扣缴义务人是一般纳税人还是小规模纳税人,一律按照境外单位或者个人发生应税行为的适用税率予以计算。

3.基础设施费

实务中,房地产开发企业的基础设施费中主要项目的增值税抵扣情况如表4-20所示:

表4-20

序号	项目	能否抵扣	抵扣凭证	税率	备注
1	道路雨污水施工费	能	增值税专用发票	9%	
2	燃气安装工程费	能	增值税专用发票	9%	
3	消防管网施工费	能	增值税专用发票	9%	
4	供配电施工费	能	增值税专用发票	9%	
5	给水管网施工费	能	增值税专用发票	9%	
6	供暖管网施工费	能	增值税专用发票	9%	
7	强弱电管网施工费	能	增值税专用发票	9%	
8	有线电视施工费	能	增值税专用发票	9%	
9	绿化景观施工费	能	增值税专用发票	9%	
9	标识系统费	能	增值税专用发票	9%	
11	智能化工程费	能	增值税专用发票	9%	

基础设施费如果能够取得增值税专用发票,直接按照表4-20中相应的税率进行抵扣即可。需要说明的是,如果存在甲供材料,甲供材料部分一般能够取得13%的增值税专用发票。

4.建安工程费

实务中,房地产开发企业的建安工程费中主要项目的增值税抵扣情况如表4-21所示:

表4-21

序号	项目	能否抵扣	抵扣凭证	税率	备注
1	基础工程费	能	增值税专用发票	3%,9%	
2	桩基检测费	能	增值税专用发票	6%	
3	主体建安工程费	能	增值税专用发票	3%,9%	
4	精装修工程费	能	增值税专用发票	3%,9%	
5	消防工程费	能	增值税专用发票	9%,13%	

续表

序号	项目	能否抵扣	抵扣凭证	税率	备注
6	电梯	能	增值税专用发票	3%,9%,13%	
7	空调	能	增值税专用发票	9%,13%	
8	门窗	能	增值税专用发票	9%,13%	
9	玻璃幕墙	能	增值税专用发票	9%,13%	

建安工程费如果能够取得增值税专用发票,直接按照表4-21中相应的税率进行抵扣即可。需要说明的是:接受基础工程、主体建安工程、精装修工程等建筑服务,应向施工单位取得9%的增值税专用发票;如果存在甲供工程或清包工方式发包工程的,清包工方式能够取得3%的进项税额发票,甲供工程部分一般应取得13%的增值税专用发票。

《国家税务总局关于进一步明确营改增有关征管问题的公告》(国家税务总局公告2017年第11号)规定,一般纳税人销售电梯的同时提供安装服务,其安装服务可以按照甲供工程选择适用简易计税方法计税。纳税人对安装运行后的电梯提供的维护保养服务,按照"其他现代服务"缴纳增值税。

门窗、空调、玻璃幕墙等工程,一般属于混合销售行为,如果供应商是以生产、批发、零售为主,应取得13%的增值税专用发票,如果是以安装服务、施工为主,则应取得9%的增值税专用发票。如果分别签订供货和安装两份合同,则供货合同应取得13%的增值税专用发票,安装施工合同应取得9%的增值税专用发票。

5. 开发间接费用

实务中,房地产开发企业的开发间接费用中主要项目的增值税抵扣情况如表4-22所示:

表4-22

序号	项目	能否抵扣	抵扣凭证	税率	备注
1	工程监理费	能	增值税专用发票	6%	
2	造价审核费	能	增值税专用发票	6%	
3	结算审核费	能	增值税专用发票	6%	
4	工程保险费	能	增值税专用发票	6%	
5	营销设施建造费	能	增值税专用发票	9%,3%	
6	物业完善管理费	能	增值税专用发票	6%	
7	安保费	能	增值税专用发票	6%	

续表

序号	项目	能否抵扣	抵扣凭证	税率	备注
8	检测试验费	能	增值税专用发票	6%	
9	绿化费	能	增值税专用发票	9%	
10	劳动保护费	能	增值税专用发票	13%	

开发间接费用如果能够取得增值税专用发票,直接按照表4-22中相应的税率进行抵扣即可。需要说明的是,应注意劳动保护费与职工福利费的区别。劳动保护费是指:(1)用品具有劳动保护性质,因工作需要而发生;(2)用品提供对象为本企业职工或受雇雇员;(3)数量上能满足工作需要即可;(4)以实物形式发生。用于职工福利的购进应税行为,根据财税〔2016〕36号附件1《营业税改征增值税试点实施办法》第二十七条第(一)款规定,不得从销项税额中抵扣。

6. 借款费用

根据财税〔2016〕36号附件1《营业税改征增值税试点实施办法》第二十七条第(六)款规定,购进的贷款服务的进项税额不得从销项税额中抵扣。贷款服务,以提供贷款服务取得的全部利息及利息性质的收入为销售额。接受贷款服务向贷款方支付的全部利息及利息性质的费用以及与该笔贷款直接相关的投融资顾问费、手续费、咨询费等费用,其进项税额不得从销项税额中抵扣。

7. 期间费用

实务中,房地产开发企业的期间费用中主要项目的增值税抵扣情况如表4-23所示:

表4-23

序号	项目	能否抵扣	抵扣凭证	税率	备注
1	办公费	能	增值税专用发票	13%	
2	差旅费	能	增值税专用发票	6%	仅限住宿费
3	通信费	能	增值税专用发票	6%,9%	
4	车辆费用	能	增值税专用发票,道路、桥、闸通行费发票(不含财政票据)	13%,9%,6%,5%,3%	
5	水电气暖费	能	增值税专用发票	13%,9%,3%	
6	会议费	能	增值税专用发票	6%,9%	
7	广告宣传费	能	增值税专用发票	13%,6%	

续表

序号	项目	能否抵扣	抵扣凭证	税率	备注
8	书报费	能	增值税专用发票	9%	
9	审计费、财务咨询费	能	增值税专用发票	6%	
10	法律咨询费	能	增值税专用发票	6%	
11	交际应酬费	否			

期间费用如果能够取得增值税专用发票，直接按照表4-23中相应的税率进行抵扣即可，但以下项目需要特别说明：

（1）差旅费。包括差旅人员发生的吃、住、行费用。其中，餐饮费属于交际应酬费，其进项税额不得抵扣；机票、船票、车票等属于旅客服务费用，其进项税额不得抵扣；住宿费允许按照6%抵扣进项税额。

（2）通信费。包括办公电话费、网络使用维护费、传真收发费。其中基础电信服务的进项税额允许按照9%抵扣，增值电信服务的进项税额允许按照6%抵扣。基础电信服务，是指利用固网、移动网、卫星、互联网提供语音通话服务的业务活动，以及出租或者出售带宽、波长等网络元素的业务活动。增值电信服务是指利用固网、移动网、卫星、互联网、有线电视网络提供短信和彩信服务、电子数据和信息的传输及应用服务、互联网接入服务等业务活动。

（3）车辆费用。包括车辆维修费、油料费、车辆保险费、停车费、通行费。其中，车辆维修费的进项税额允许按照13%抵扣，油料费的进项税额允许按照13%抵扣，车辆保险费的进项税额允许按照6%抵扣，停车费的进项税额允许按照9%抵扣。道路通行费按照收费公路通行费增值税电子普通发票上注明的增值税税额抵扣进项税额，桥、闸通行费进项税额暂按5%抵扣。

（4）水电气暖费。包括水费、电费、天然气费、暖气费。其中，电的进项税额允许按照13%、3%抵扣，从2017年7月1日起，水、天然气、暖气等的增值税税率从13%降至9%，水的进项税额允许按照9%、3%抵扣，天然气的进项税额允许按照9%抵扣，暖气的进项税额允许按照9%抵扣。水电气暖费应注意经营办公与集体福利分开，集体福利部分进项税额不允许抵扣。

（5）会议费。包括会议场地租金、会议设施租赁费、会议布置费用、其他。举办会议存在外包给会展公司和租赁会场自办两种形式。外包给会展公司的进项税额允许按照6%抵扣，租赁会场自办的进项税额允许按照9%抵扣。

（6）广告宣传费。包括印刷费，广告费，宣传费，展览费用、条幅、展示牌等材料费，广告制作代理及其他费用。印刷费的进项税额允许按照13%抵扣，广告宣传费的进项税额允许按照6%抵扣，广告制作代理及其他费用的进项税额允许按照

6%抵扣,展览费用的进项税额允许按照13%抵扣,条幅、展示牌等材料费的进项税额允许按照13%抵扣。

8.固定资产、无形资产、不动产项目

适用一般计税方法的试点纳税人,2016年5月1日后取得并在会计制度上按固定资产核算的不动产或者2016年5月1日后取得的不动产在建工程,其进项税额应自取得之日起分2年从销项税额中抵扣,第一年抵扣比例为60%,第二年抵扣比例为40%。取得不动产,包括以直接购买、接受捐赠、接受投资入股、自建以及抵债等各种形式取得不动产,不包括房地产开发企业自行开发的房地产项目。

对房地产开发企业涉及的固定资产、无形资产、不动产项目的进项税额,凡专用于简易计税方法计税项目、免征增值税项目、集体福利或者个人消费项目的,该进项税额不得予以抵扣;兼用于应税项目和上述不允许抵扣项目的,该进项税额准予全部抵扣。

另外,由于其他权益性无形资产涵盖面非常广,往往涉及纳税人生产经营的各个方面,没有具体使用对象,即纳税人购进其他权益性无形资产无论是专用于简易计税方法计税项目、免征增值税项目、集体福利或者个人消费,还是兼用于应税项目和上述不允许抵扣项目,均可以抵扣进项税额。

二、城镇土地使用税纳税实务

房地产开发企业在开发建设阶段,需要以实际占用的土地面积为计税依据,按照规定的差额幅度税额计算缴纳城镇土地使用税。具体纳税处理详见第三章第二节中城镇土地使用税相关内容。

三、印花税纳税实务

房地产开发企业在开发建设阶段,涉及各种合同的签订,应当按照规定缴纳印花税。在开发建设阶段,需要贴印花税的合同有购销合同、货物运输合同、加工承揽合同、仓储保管合同、建筑工程勘察设计合同、借款合同、建筑安装工程承包合同、财产保险合同等。各类合同的具体税率如表4-24所示:

表4-24　　　　　　　　　印花税税目税率表

	税目	范围	税率	说明
1	购销合同	包括供应、预购、采购、购销结合及协作、调剂、补偿、易货等合同	按购销金额0.3‰贴花	
2	加工承揽合同	包括加工、定作、修缮、修理、印刷、广告、测绘、测试等合同	按加工或承揽收入0.5‰贴花	

续表

税目	范围	税率	说明
3 建设工程勘察设计合同	包括勘察、设计合同	按收取费用0.5‰贴花	
4 建筑安装工程承包合同	包括建筑、安装工程承包合同	按承包金额0.3‰贴花	
5 财产租赁合同	包括租赁房屋、船舶、飞机、机动车辆、机械、器具、设备等	按租赁金额1‰贴花。税额不足一元的,按一元贴花	
6 货物运输合同	包括民用航空、铁路运输、海上运输、内河运输、公路运输和联运合同	按运输费用0.5‰贴花	单据作为合同使用的,按合同贴花
7 仓储保管合同	包括仓储、保管合同	按仓储保管费用1‰贴花	仓单或栈单作为合同使用的,按合同贴花
8 借款合同	银行及其他金融组织和借款人(不包括银行同业拆借)所签订的借款合同	按借款金额0.05‰贴花	单据作为合同使用的,按合同贴花
9 财产保险合同	包括财产、责任、保证、信用等保险合同	按投保金额1‰贴花	单据作为合同使用的,按合同贴花

【例4-46】20×1年5月,东方房地产开发公司签订合同如下:中央空调供货合同,合同金额为5 000 000元;项目设计合同,合同金额为2 000 000元;建筑工程承包合同,合同金额为30 000 000元。

计算东方房地产开发公司5月应缴纳的印花税税额:

(1)订立供货合同应纳税额

应纳税额 = 5 000 000 × 0.3‰ = 1 500(元)

(2)订立设计合同应纳税额

应纳税额 = 2 000 000 × 0.5‰ = 1 000(元)

(3)订立建筑工程承包合同应纳税额

应纳税额 = 30 000 000 × 0.3‰ = 9 000(元)

(4)20×1年5月,东方房地产开发公司应缴纳的印花税税额为:

1 500 + 1 000 + 9 000 = 11 500(元)

第五章 转让及销售阶段

房地产转让及销售阶段是房地产开发企业取得收入、实现资金回笼的重要阶段。房地产开发企业的转让及销售是转让房地产开发项目或者销售、出租房屋的活动。转让及销售阶段主要涉及增值税、城市维护建设税、教育费附加、地方教育附加、土地增值税、企业所得税和印花税等税种。会计处理上不仅要进行商品房预售业务的核算,还要对收入进行核算。

第一节 转让及销售阶段业务概述

房地产开发企业转让及销售阶段的业务包括转让土地使用权、销售房屋及其他建筑物、附着物、配套设施等。

一、土地使用权转让

土地使用权转让是指房地产开发企业通过出让等形式取得土地使用权后,将土地使用权再转让的行为,包括出售、交换和赠予,属于土地买卖的二级市场。根据《城市房地产管理法》、《城市房地产转让管理规定》和《中华人民共和国城镇国有土地使用权出让和转让暂行条例》的规定,房地产权利人可以通过买卖、赠予或者其他合法方式将其房地产转让给他人。房地产转让时,房屋所有权和该房屋占用范围内的土地使用权同时转让。房地产转让当事人须签订书面房地产转让合同,并须在房地产转让合同签订后 90 日内向房地产所在地的房地产管理部门办理转让登记备案手续。

土地使用权转让的条件包括:

如果以出让方式初步取得土地使用权,则须符合下列条件后方可转让房地产:(1)按照出让合同约定已经支付全部土地使用权出让金,并取得土地使用权证书;(2)按照出让合同约定进行投资开发且属于房屋建设工程的,完成开发投资总额的 25% 以上。

以出让方式取得土地使用权的,转让房地产后,其土地使用权的使用年限为原土地使用权出让合同约定的使用年限减去原土地使用者已经使用年限后的剩余部分。

受让人改变原土地使用权出让合同约定的土地用途的,必须取得原出让方和市、县人民政府城市规划行政主管部门的同意,签订土地使用权出让合同变更协议或重新签订土地使用权出让合同,相应调整土地使用权出让金。

以划拨方式取得土地使用权的,转让土地使用权时,应当按照国务院的规定,报有批准权的人民政府审批。准予转让的,应当由受让方办理土地使用权出让手续,并依照国家有关规定缴纳土地使用权出让金。

土地使用权转让,应当签订书面转让合同,在合同中载明土地的位置、面积、四至边界、宗地号、土地使用权取得的方式、地上附着物、土地用途、建筑物高度、绿化面积、土地转让期限、成交价格、支付方式和违约责任等。

土地转让的价格受地理位置、经济环境、土地用途、土地转让期限和房地产市场供求等因素影响。

二、商品房销售

商品房销售根据开始销售时间的不同分为商品房预售和商品房现售;根据销售主体的不同分为自行销售和委托代理销售,委托代理销售方式包括视同买断、收取手续费和保底加提成等方式;根据付款方式的不同可以分为一次性付款销售、分期付款销售和按揭付款销售等。

(一)商品房预售与商品房现售

根据《商品房销售管理办法》的规定,商品房销售包括商品房预售和商品房现售。

1. 商品房预售

商品房预售,是指房地产开发企业将正在施工建设中的商品房预先出售给承购人,并由承购人支付定金或者房价款的行为。商品房预售实行许可制度。房地产开发企业进行商品房预售应当向房地产管理部门申请预售许可,取得商品房预售许可证。未取得商品房预售许可证的,不得进行商品房预售。

商品房预售应当符合下列条件:(1)已交付全部土地使用权出让金,取得土地使用权证书;(2)持有建设工程规划许可证和施工许可证;(3)按提供预售的商品房计算,投入开发建设的资金达到工程建设总投资的25%以上,并已经确定施工进度和竣工交付日期。房地产开发企业申请预售许可,应当提交下列证件(复印件)及资料:(1)商品房预售许可申请表。(2)开发企业的营业执照和资质证书。(3)土地使用权证、建设工程规划许可证、施工许可证。(4)投入开发建设的资金占工程建设总投资的比例符合规定条件的证明。(5)工程施工合同及关于施工进度的说明。(6)商品房预售方案。预售方案应当说明预售商品房的位置、面积和竣工交付日期等内容,并应当附预售商品房分层平面图。

房地产开发企业按上述规定提交有关材料,材料齐全的,房地产管理部门应当当场出具受理通知书。房地产管理部门对房地产开发企业提供的有关材料是否符合法定条件进行审核,经审查,房地产开发企业的申请符合法定条件的,房地产管理部门应当在受理之日起 10 日内,依法作出准予预售的行政许可书面决定,并自作出决定之日起 10 日内向房地产开发企业颁发、送达商品房预售许可证。商品房预售许可证应当加盖房地产管理部门的印章。

房地产开发企业进行商品房预售,应当向承购人出示商品房预售许可证,售楼广告和说明书应当载明商品房预售许可证的批准文号。

实行商品房预售的房地产开发企业应当与承购人签订商品房预售合同,并应当自签约之日起 30 日内,向房地产管理部门和市、县人民政府土地管理部门办理商品房预售合同登记备案手续。预售的商品房交付使用之日起 90 日内,承购人应当依法到房地产管理部门和市、县人民政府土地管理部门办理权属登记手续。房地产开发企业应当予以协助,并提供必要的证明文件。

2. 商品房现售

商品房现售,是指房地产开发企业将竣工验收合格的商品房出售给承购人,并由承购人支付房价款的行为。

商品房现售应当符合以下条件:(1)现售商品房的房地产开发企业应当具有企业法人营业执照和房地产开发企业资质证书;(2)取得土地使用权证书或者使用土地的批准文件;(3)持有建设工程规划许可证和施工许可证;(4)已通过竣工验收;(5)拆迁安置已经落实;(6)供水、供电、供热、燃气、通信等配套基础设施具备交付使用条件,其他配套基础设施和公共设施具备交付使用条件或者已确定施工进度和交付日期;(7)物业管理方案已经落实。

房地产开发企业应当在商品房现售前将房地产开发项目手册及符合商品房现售条件的有关证明文件报送房地产开发主管部门备案。

(二)自行销售与委托销售

房地产开发企业可以自行销售商品房,也可以委托房地产中介服务机构代理销售商品房。采取委托方式销售开发产品的,主要有以下方式:(1)采取支付手续费方式委托销售开发产品;(2)采取视同买断方式委托销售开发产品;(3)采取基价(保底价)并实行超基价双方分成方式委托销售开发产品;(4)采取包销方式委托销售开发产品。

(三)一次性付款、分期付款、按揭付款

承购人购买商品房,可以根据持有的资金情况,选择不同的付款方式。

1. 一次性付款

一般而言,一次性付款要求承购人付清定金后 10~30 天内补足所有房款。此种付款方式下,房地产开发企业一般会给予一定的价格折扣,相对而言比较优惠,但承购人付款压力大。

2. 分期付款

分期付款是指承购人按照销售合同约定的价款和付款日期分期支付房款。分期付款分为三种:(1)预收款销售商品房,指在商品房交付前按合同或协议约定分期付款,房地产开发企业在收到最后一笔款项后才将商品房交付承购人;(2)分期收款销售商品房,指商品房已交付承购人,承购人按合同或协议约定分期支付购房款;(3)以上两种方式的结合,指在商品房交付前,承购人已按销售合同约定分期支付部分房款,商品房交付后分期支付余款。

3. 按揭付款

按揭付款即购房抵押按揭贷款,是指承购人支付首付款,余款以所购商品房作抵押,向银行申请贷款,由银行先行支付房款给房地产开发企业,承购人按月向银行分期支付本息的付款方式。按揭贷款实行双重担保,即"抵押加保证",借款人(即承购人)以所购的住房给贷款银行作抵押,在借款人取得该住房的房产证和办妥抵押登记之前,由房地产开发企业提供第二重担保(连带保证责任)。发放贷款时,贷款银行会收取一定比例的按揭保证金,作为房地产开发企业承担连带保证责任的保证金。一旦借款人发生违约情形,贷款银行有权从按揭保证金专户中直接扣收保证金,以此作为借款人违约拖欠贷款本息、罚息等的担保。

按揭付款方式下,贷款额最高可达购房费用总额的80%,具体的贷款额度由银行根据借款人的资信、经济状况和抵押物的审查情况来确定;贷款的最长期限不能超过30年;贷款利率按合同签订时人民银行公布的个人住房贷款利率执行,如果在合同执行期间遇到利率调整,贷款利率将采取一年一定的原则,在第二年的1月1日作相应调整。

贷款银行不同,按揭贷款的程序也不完全相同。房地产开发企业办理按揭贷款的程序为:

(1)确定按揭银行。房地产项目在对外销售之前,一般由房地产开发企业与银行签订按揭协议,约定由该银行对房地产开发企业的房地产项目提供按揭贷款,其中包括贷款的额度、最高年限和成数以及房地产开发企业的保证责任等。

(2)开展销售活动。房地产开发企业在取得项目的预售许可证后对社会公开销售,与承购人签订商品房买卖合同。采用按揭付款方式的,承购人按照申请的贷款成数支付首付款,剩余购房款向银行申请按揭贷款,并办理商品房买卖合同的登记手续。

(3)贷款银行审查并批准。贷款银行对客户提供的资料进行审查,对合格者予以批准。

(4)签订抵押贷款合同。贷款银行与承购人签订抵押贷款合同。

（5）办理预告登记证。抵押贷款合同签订后，到房管局办理抵押、预告登记证。

（6）办理商品房的保险。是否办理商品房保险视贷款银行要求而定。

（7）缴纳按揭保证金。房管局出具预告登记证后，房地产开发企业按照贷款银行要求缴纳按揭保证金，有些银行是从贷款额中直接扣除按揭保证金的。

（8）贷款银行经审批提供文件资料后发放贷款，通常按贷款合同的约定直接汇入房地产开发企业在贷款银行开立的银行账户。

（9）房产证办理完毕，房地产开发企业向贷款银行申请解冻按揭保证金。

（四）商品房销售流程

房地产开发企业商品房销售的主要流程包括前期策划及营销，收取意向金（诚意金）、认筹金、入会费、VIP入会费等款项取得预售许可证后开盘预售，签订销售合同及收款，交付商品房和办理房屋权属登记及房产证等环节。

1. 前期策划及营销

房地产开发企业是以商品房销售为核心的企业，前期策划可能在拿地前进行，也可能在拿地后进行，主要工作是确定项目定位，准确定位目标市场，制定产品目标与发展计划，选择性价比最好的产品。前期策划是销售的重要阶段，直接关系到开发产品未来的销售状况。

房地产营销的目的是通过详细的介绍、生动的描述来塑造产品的形象，刺激顾客的购买欲。在销售阶段，房地产开发企业通常会采取一系列的营销手段。目前我国房地产开发企业常用的营销方法包括广告、房地产展销会、活动推介及人员推销等。广告是房地产营销手段中用得最多、富有成效的一种方法，广告包括户外路牌展板广告、电视广告、电台广播和报纸杂志广告等。

2. 收取意向金（诚意金）、认筹金、入会费、VIP入会费等款项

房地产开发企业为了积累客户，通常在房地产开发产品开盘预售之前向承购人收取意向金（诚意金）、认筹金、入会费、VIP入会费等款项。

意向金（诚意金）在我国现行法律中不具有法律约束力，主要是房地产开发企业为试探购房人的购买诚意及对其有更好的把控而创设出来的概念，在实践中意向金（诚意金）未转为定金之前客户可要求返还且无须承担由此产生的不利后果。订金与定金不同，不具备定金的担保性质：当合同不能履行时，除不可抗力外，应根据双方当事人的过错承担违约责任，一方违约，另一方无权要求其双倍返还，只能得到原额，也没有不超过主合同总价款20%的限制。定金是一个法律概念，属于一种法律上的担保方式，《中华人民共和国担保法》第八十九条规定，当事人可以约定一方向对方给付定金作为债权的担保。债务人履行债务后，定金应当抵作价款或者收回。给付定金的一方不履行约定的债务的，无权要求返还定金；收受定金的一方不履行约定的债务的，应当双倍返还定金。签合同时，对定金必须以书面形式

进行约定,同时还应约定定金的数额和交付期限。定金数额可以由合同双方当事人自行约定,但是不得超过主合同总价款的20%,超过20%的部分无效。

综上,定金、订金、意向金(诚意金)中,只有定金具有法律约束力,而订金、意向金(诚意金)都不是法律概念,无论当事人是否违约,支付的款项均需要返还。

3. 取得预售许可证后开盘预售

项目开发建设达到规定条件的可以取得预售许可证,然后就可以确定开盘日期对外发售。开盘是指房地产开发企业在取得商品房预售许可证后开始对外公开发售商品房。房地产开发企业为成功地将开发的商品房推向市场,一般会在开盘日举行一个盛大的开盘仪式。

4. 签订销售合同及收款

开盘后,客户即可到现场看房,有意向购买的客户即可与销售人员就房屋销售价格等合同条款进行协商,协商一致的签订商品房买卖合同。双方也可以对标准合同文本中的空白事项予以约定,需要签订补充协议的,双方商定具体补充内容。合同签订后,要在规定时间内向当地房管部门办理备案,销售合同在房管部门办理备案登记后生效。合同签订后,承购人要根据所签合同约定的付款时间交纳房价款及契税。

5. 交付商品房

房地产开发企业应当按照合同约定,将符合交付使用条件的商品房按期交付给承购人。

商品房交付必须符合交付使用条件,即入住条件。对于交付使用条件,《中华人民共和国建筑法》、《城市房地产管理法》和《城市房地产开发经营管理条例》都规定了建筑工程竣工经验收合格后,方可交付使用;未经验收或者验收不合格的,不得交付使用。同时,《消防法》规定,建设工程必须经过消防验收,才能交付使用。

《住房和城乡建设部关于进一步加强房地产市场监管完善商品住房预售制度有关问题的通知》(建房〔2010〕53号)规定,明确商品住房交付使用条件。各地要依据法律法规及有关建设标准,制定本地商品住房交付使用条件。商品住房交付使用条件应包括工程经竣工验收合格并在当地主管部门备案、配套基础设施和公共设施已建成并满足使用要求、北方地区住宅分户热计量装置安装符合设计要求、住宅质量保证书和住宅使用说明书制度已落实、商品住房质量责任承担主体已明确、前期物业管理已落实。房地产开发企业在商品住房交付使用时,应当向购房人出示上述相关证明资料。

"三书一证一表"齐全是楼房质量经过国家有关部门权威认可的标准,是商品房交付使用的必要条件。"三书"是指住宅质量保证书、住宅使用说明书及建筑工程质量认定书,"一证"是指房地产开发建设项目竣工综合验收合格证,"一表"是指建筑工程竣工验收备案表。房地产开发企业经过验收合格获得房地产开发建设项目竣工综合验收合格证,经过备案获得建筑工程竣工验收备案表。

另外,对于具体的交付使用条件,还要看商品房买卖合同中对交付使用条件及其违约责任的约定。

符合交付使用条件的商品房即可按合同约定办理交付手续,商品房交付的具体程序为:

(1)通知业主办理入住手续

房屋竣工并办理政府综合验收后,未与业主交接前,房地产开发企业一般会委派工程部、客服部、物业公司组成内部验房团,对即将交付业主使用的房子进行预检,对发现的问题及时整改。经过预检后,房地产开发企业将钥匙移交给物业公司,由物业公司安排业主验房。对于达到交付使用条件的商品房,房地产开发企业会通过报纸公告、电话联系或寄发通知书等方式告知业主办理商品房移交手续。房地产开发企业售楼部一般根据合同中约定的交房日期,提前半个月或一个月寄发入住通知书或入伙通知书等交房通知,有的同时还打电话通知业主。此时,业主一般会按约前往,因为合同中一般约定,如果业主未能在约定期限内前去验房,视同同意交接。如果无故不交接,有的房地产开发企业还将从合同约定的交接日起,按日收取万分之一至万分之三的保管费。业主如遇出差在外或有特殊情况不能按约前往,应书面通知房地产开发企业,并说明原因。

(2)确认身份

业主应该根据入住通知书的要求,携带相关资料到售楼部确认身份,并联系验收交接事宜。这些资料一般包括:入住通知书、买卖合同或预售合同、身份证的原件和复印件及家庭成员照片(物业建档资料用)。如果委托他人验房,被委托人在持有效身份证明文件的同时,还须出具业主的授权委托书。物业公司现场核对交款情况,在将款项全部交清的情况下与业主办理商品房移交手续。

(3)现场验房、交钥匙

实物交付是房地产开发企业商品房买卖中出卖人的主要义务,出卖人完成了实物交付,就是履行了合同中最主要的义务之一。物业公司指派一名相关人员陪同业主现场验房,若验收合格,业主须在商品房验收交接表上签字认可,领取房屋钥匙和住户手册等资料,同时须按规定交纳有关费用。若验收不合格,业主应将不足事项明确记录在商品房验收交接表上,可暂不办理入住手续,再次交接时间由双方另行约定,但一般不应超过30天。

6.办理房屋权属登记及房产证

房地产开发企业应当在商品房交付使用之日起60日内,将需要由其提供的办理房屋权属登记的资料报送房屋所在地房地产行政主管部门,并协助承购人办理土地使用权变更和房屋所有权登记手续。

三、销售其他建筑物

销售其他建筑物包括销售能有偿转让销售的配套设施、周转房等。

1. 配套设施是指企业根据城市建设规划的要求，或开发项目建设规划的要求，为满足居住的需要而与开发项目配套建设的各种服务性设施。配套设施可以分为不能有偿转让的公共配套设施和能有偿转让的配套设施两类。建成后能够有偿转让的配套设施，房地产开发企业应单独核算其成本，作为开发产品对外销售。

2. 周转房改变用途，可作为商品房对外销售。

四、代建工程

房地产开发企业的代建工程包括代建房屋、场地和城市道路、基础设施等市政工程。在房地产开发企业的实务中，代建工程存在两种形式：

第一种方式是受托方（房地产开发企业）与委托方（委托建房单位）实行全额结算（原票转交），只向委托方收取代建手续费。也就是说，在建设过程中施工方、设计方、监理等不与受托方签订合同，而直接与委托方签订合同，受托方只收取一定代理费。其特点有：

1. 由委托方自行立项；
2. 不发生土地使用权或产权转移；
3. 受托方不垫付资金，单独收取代建手续费（或管理费）；
4. 事先与委托方订有委托代建合同；
5. 施工企业将建筑业发票全额开具给委托方。

第二种方式是受托方（房地产开发企业）与委托方实行拨付结算，也就是说，在建设过程中施工方、设计方、监理等直接与受托方签订合同，不与委托方签订合同，资金由委托方拨付给受托方，受托方再拨付给施工方、设计方、监理等。代建工程最后销售或移交给委托方，受托方不收委托方的代建手续费，也不参与其利润分配。

五、其他业务

房地产开发企业的其他业务收入是指除主营业务收入以外的其他业务收入，包括商品房售后服务收入、材料销售收入等。

1. 商品房售后服务收入

房地产开发企业的商品房售后服务是指企业接受其他单位的委托，对已经销售出去的商品房进行管理，如房屋及其所属设备的维修、电梯看管、卫生清理和治安管理等劳务性的服务。企业提供的这种售后服务，可向用户收取服务费，形成商品房售后服务收入。

2. 材料销售收入

房地产开发企业的材料销售是指企业将不需用的库存材料对外销售。房地产开发企业的开发周期比较长,项目开发结束后,通常需要把开发阶段剩余的材料物资进行销售,销售材料取得的价款构成企业的材料销售收入。

第二节　营业税改增值税纳税实务

根据《财政部 国家税务总局关于全面推开营业税改征增值税试点的通知》(财税〔2016〕36号)的规定,在中华人民共和国境内提供不动产租赁服务、销售不动产、转让土地使用权的房地产开发企业,为增值税纳税人,自2016年5月1日起,应当缴纳增值税,不缴纳营业税。此外,房地产开发企业还须按照《中华人民共和国城市维护建设税暂行条例》、《征收教育费附加的暂行规定》、《财政部关于统一地方教育附加政策有关问题的通知》(财综〔2010〕98号)计算缴纳城市维护建设税、教育费附加、地方教育附加。

一、纳税人分类

增值税纳税人分为一般纳税人与小规模纳税人。纳税人年应征增值税销售额超过500万元(含本数)的为一般纳税人,未超过规定标准的纳税人为小规模纳税人。一般纳税人登记的实务解析详见第二章第二节企业设立阶段纳税实务相关内容。

二、应税行为

房地产开发企业销售不动产、转让土地使用权、提供不动产租赁服务为增值税应税行为。

三、税率和征收率

在此主要介绍房地产开发企业增值税税率、征收率、预征率。

1. 税率

房地产开发企业销售不动产、转让土地使用权、提供不动产租赁服务,税率在2016年5月1日至2018年4月30日为11%,2018年5月1日至2019年3月31日为10%,2019年4月1日至今为9%。除非特别说明,本书按9%的税率进行计算。

2. 征收率

房地产开发企业中的一般纳税人销售自行开发的房地产老项目,可以选择适用简易计税方法,按照5%的征收率计税;小规模纳税人,销售自行开发的房地产项目,按照5%的征收率计税。

房地产开发企业中的一般纳税人出租其2016年4月30日前取得的不动产,可以选择适用简易计税方法,按照5%的征收率计算应纳税额;小规模纳税人出租其取得的不动产(不含个人出租住房),应按照5%的征收率计算应纳税额。

3. 预征率

房地产开发企业采取预收款方式销售所开发的房地产项目,在收到预收款时按照3%的预征率预缴增值税。

房地产开发企业中的一般纳税人销售房地产老项目,以及一般纳税人出租其2016年4月30日前取得的不动产,适用一般计税方法计税的,应以取得的全部价款和价外费用,按照3%的预征率预缴增值税。

四、计税方法

(一)基本规定

增值税的计税方法包括一般计税方法和简易计税方法。一般计税方法是按照销项税额减去进项税额的差额计算应纳税额,适用于房地产开发企业中的一般纳税人。简易计税方法是按照销售额与征收率的乘积计算应纳税额,一般适用于房地产开发企业中的小规模纳税人。

房地产开发企业中的一般纳税人销售自行开发的房地产老项目、出租其2016年4月30日前取得的不动产,可以选择适用简易计税方法,按照5%的征收率计算应纳税额,但一经选择,36个月内不得变更。

(二)纳税实务解析

1. 房地产开发企业自行开发房地产项目,如何判断是否属于房地产老项目?

根据《房地产开发企业销售自行开发的房地产项目增值税征收管理暂行办法》(国家税务总局公告2016年第18号)的规定,房地产老项目是指:(1)建筑工程施工许可证注明的合同开工日期在2016年4月30日前的房地产项目;(2)建筑工程施工许可证未注明合同开工日期或者未取得建筑工程施工许可证但建筑工程承包合同注明的开工日期在2016年4月30日前的建筑工程项目。

2. 房地产开发企业开发的开工日期在2016年4月30日之前的同一建筑工程施工许可证下的不同房产,如开发项目中既有普通住房,又有别墅,可以分别选择简易计税方法与一般计税方法吗?

对此,国家层面的文件并未明确,根据12366纳税服务热线的答复,同一房地产项目中的不同房产,既有普通住房,又有别墅,只能选择适用一种计税方法,不可以分别选择简易计税方法与一般计税方法。

3. 房地产开发企业中的一般纳税人销售自行开发的房地产老项目,"营改增"政策给出了可以适用简易计税方法的选择权,那么房地产老项目到底是选择简易计税方法还是一般计税方法呢?

不能一概而论。这与项目增值水平、土地取得方式、土地成本占收入的比例、客户类型、4月30日项目开发进度、进项税票取得情况等都有关系,需要详细测算后才能确定。比如,如果项目增值水平比较高,经测算选用一般计税方法的项目实际税负大于选用简易计税方法的项目的实际税负,则应选用简易计税方法,反之则选用一般计税方法;如果由于土地取得方式问题,取得土地使用权支付的价款不能在计算销售额时扣除,并且土地成本占收入的比例较大,经测算选用一般计税方法的项目实际税负大于选用简易计税方法的项目实际税负,则应选用简易计税方法;如果房地产开发企业开发的产品为写字楼,客户主要为企业客户,经测算选用一般计税方法的项目实际税负小于选用简易计税方法的项目实际税负,则应选用一般计税方法。

4. 房地产开发企业在2016年4月30日前购入在建工程,于5月1日后销售的,能否选择适用简易计税方法?能否扣除土地价款?

《房地产开发企业销售自行开发的房地产项目增值税征收管理暂行办法》(国家税务总局公告2016年第18号)第三条规定,房地产开发企业以接盘等形式购入未完工的房地产项目继续开发后,以自己的名义立项销售的,属于本办法规定的销售自行开发的房地产项目。一般纳税人销售自行开发的房地产老项目,可以选择适用简易计税方法,按照5%的征收率计税。一经选择简易计税方法计税的,36个月内不得变更为一般计税方法计税。

一般纳税人销售自行开发的房地产老项目适用简易计税方法计税的,以取得的全部价款和价外费用为销售额,不得扣除对应的土地价款。

五、预缴税款

下面主要介绍增值税预缴税款的相关规定,以及相关纳税实务。

(一)基本规定

房地产开发企业采取预收款方式销售自行开发的房地产项目,应在收到预收款时按照3%的预征率向不动产所在地主管税务机关预缴增值税。

1. 计算预缴税款

房地产开发企业采取预收款方式销售自行开发的房地产项目,应预缴税款按照以下公式计算:

应预缴税款 = 预收款 ÷ (1 + 适用税率或征收率) × 3%

公式中适用一般计税方法计税的,按照9%的适用税率计算;适用简易计税方法计税的,按照5%的征收率计算。预收款是指房地产开发企业实际取得的售房款,包括定金,分期取得的首付款、按揭款、尾款等预收款和全款取得的预收款。

【例5-1】东方房地产开发公司为增值税一般纳税人,自行开发了东方家园房地产项目,采用一般计税方法计税。20×6年5月1日开盘预售房地产,至20×6年5月31日共收到预收款5 250万元,东方房地产开发公司对上述预收款开具了收据,未开具增值税专用发票。

纳税实务解析:

房地产开发企业采取预收款方式销售所开发的房地产项目,在收到预收款时按照3%的预征率预缴增值税,待办理产权转移手续时,再清算应纳税款,并扣除已预缴的税款。

应预缴税款 = 预收款 ÷ (1 + 适用税率或征收率) × 3%
= 52 500 000 ÷ (1 + 9%) × 3% = 1 444 954.13(元)

2. 预缴税款时间

一般纳税人应在取得预收款的次月纳税申报期向主管国税机关预缴税款。小规模纳税人应在取得预收款的次月纳税申报期或主管国税机关核定的纳税期限向主管国税机关预缴税款。

3. 填报增值税预缴税款表

房地产开发企业销售自行开发的房地产项目,按照规定预缴税款时,应填报增值税预缴税款表。【例5-1】应填报的增值税预缴税款表如表5-1所示:

表5-1　　　　　　　　　增值税预缴税款表

税款所属时间:20×6年5月1日至20×6年5月31日

纳税人识别号:□□□□□□□□□□□□□□□□□□□

是否适用一般计税方法　　是 ☑　　否 □

纳税人名称:(公章)东方房地产开发公司　　　　　　　　金额单位:元(列至角分)

项目编号		略		项目名称	东方家园
项目地址			略		
预征项目和栏次		销售额	扣除金额	预征率	预征税额
		1	2	3	4
建筑服务	1				
销售不动产	2	52 500 000.00		3%	1 444 954.13
出租不动产	3				
	4				
	5				
合计	6	52 500 000.00			1 444 954.13

续表

授权声明	如果你已委托代理人填报,请填写下列资料: 　　为代理一切税务事宜,现授权　　　　　　(地址)　　　　　　为本次纳税人的代理填报人,任何与本表有关的往来文件,都可寄与此人。 授权人签字:	填表人申明	以上内容是真实的、可靠的、完整的。 纳税人签字:

(二)纳税实务解析

1.意向金(诚意金)、认筹金、订金、VIP入会费是否属于预收款?

在实务中,房地产开发企业可能在开盘销售之前收取意向金(诚意金)、认筹金、订金、VIP入会费等费用,在开盘销售之后,收取定金。这些费用是否属于预收款呢?如果属于预收款,则需要预缴增值税;如果不属于预收款,则不需要预缴增值税。对此,国家层面的文件中并无明确规定,房地产开发企业收取这些费用存在纳税风险。从性质上判断,开盘销售之前,收取意向金(诚意金)、认筹金、订金、VIP入会费等费用,是为了积累客户收取的,并不属于交易款项,而定金属于交易款项。湖北省国家税务局、河南省国家税务局、山东省国家税务局已经明确,房地产开发企业的预收款,为不动产交付业主之前所收到的款项,但不含签订房地产销售合同之前所收取的意向金(诚意金)、认筹金和订金等,定金属于预收款。

2.企业发生应税行为,在"营改增"试点之日前已缴纳营业税,"营改增"试点后因发生退款减除营业额的,应当怎样处理?

根据《财政部 国家税务总局关于全面推开营业税改征增值税试点的通知》(财税〔2016〕36号)附件2规定,试点纳税人发生应税行为,在纳入"营改增"试点之日前已缴纳营业税,"营改增"试点后因发生退款减除营业额的,应当向原主管地税机关申请退还已缴纳的营业税。

六、纳税义务发生时间

(一)基本规定

《财政部 国家税务总局关于全面推开营业税改征增值税试点的通知》(财税〔2016〕36号)附件1第四十五条规定,增值税纳税义务、扣缴义务发生时间为:(1)纳税人发生应税行为并收讫销售款项或者取得索取销售款项凭据的当天;先开具发票的,为开具发票的当天。收讫销售款项,是指纳税人销售服务、无形资产、不动产过程中或者完成后收到款项。取得索取销售款项凭据的当天,是指书面合同确定的付款日期;未签订书面合同或者书面合同未确定付款日期的,为服务、无形资产转让完成的当天或者不动产权属变更的当天。(2)纳税人提供租赁服务采取预收款方式的,其纳税义务发生时间为收到预收款的当天。(3)增值税扣缴义务发生时间为纳税人增值税纳税义务发生的当天。

(二)纳税实务解析

1. 房地产开发企业销售自行开发的房地产,如何判断纳税义务发生时间?

纳税人发生应税行为是纳税义务发生的前提。房地产开发企业销售自行开发的房地产,在原营业税税制下,收到预收款时即确认为纳税义务发生,"营改增"试点后,根据国家税务总局货物和劳务税司的解答,按照增值税原理,收到预收性质款项时,没有实现增值税纳税义务,不确认纳税义务发生,但是考虑到房地产开发企业的项目特点,收入与支出期间极不匹配,为平衡税款入库时间,需要按照增值税政策规定预缴税款。

房地产开发企业销售自行开发的房地产,以办理房产产权转移手续的时间作为应税行为发生的时间,那么,办理房产产权转移手续的时间如何判断呢?

有人认为是确认收入时,有人认为是将不动产交付给买受人的当天,还有人认为是办理产权登记时。实务中,根据《中华人民共和国合同法》(以下简称《合同法》)规定,具体以将不动产交付给买受人的当天作为应税行为发生的时间。在具体交房时间的辨别上,以商品房买卖合同上约定的交房时间为准;若实际交房时间早于合同约定时间,以实际交付时间为准。

2. 房地产开发企业一般纳税人销售自行开发的房地产项目,收到预收款时如何向购买方开具发票?

实务中,房地产开发企业采用按揭方式收款的,可能会遇到按揭银行要求房地产开发企业对按揭客户开具发票的情形。如果房地产开发企业对按揭客户开具发票,根据财税〔2016〕36号附件1第四十五条"先开具发票的,为开具发票的当天"的规定,开具发票时,则纳税义务已经发生,应履行增值税纳税义务。对此,根据《国家税务总局关于营改增试点若干征管问题的公告》(国家税务总局公告2016年第53号)规定,《商品和服务税收分类与编码(试行)》中的分类编码增加6"未发生销售行为的不征税项目",用于纳税人收取款项但未发生销售货物、应税劳务、服务、无形资产或不动产的情形。"未发生销售行为的不征税项目"下设601"预付卡销售和充值"、602"销售自行开发的房地产项目预收款"、603"已申报缴纳营业税未开票补开票"。房地产开发企业采取预收款方式销售自行开发的房地产项目,收到预收款向购房者开具发票时,使用"未发生销售行为的不征税项目"编码,发票税率栏应填写"不征税",不得开具增值税专用发票。

七、应纳税款计算

下面主要介绍增值税应纳税款计算的相关规定以及相关纳税实务。

(一)基本规定

增值税应纳税款计算应区分一般计税方法与简易计税方法。

1. 一般计税方法

房地产开发企业中的一般纳税人发生应税行为适用一般计税方法计税。一般计税方法的应纳税额,是指当期销项税额扣除当期进项税额后的余额。应纳税额计算公式如下:

应纳税额 = 当期销项税额 − 当期进项税额

当期销项税额小于当期进项税额不足抵扣时,其不足部分可以结转下期继续抵扣。

(1)销项税额

销项税额是指纳税人发生应税行为按照销售额和增值税税率计算并收取的增值税税额。销项税额计算公式如下:

销项税额 = 销售额 × 税率

①销售额的确定

销售额是指纳税人发生应税行为取得的全部价款和价外费用,不包括销项税额。纳税人采用销售额和销项税额合并定价方法的,按照下列公式计算销售额:

销售额 = 含税销售额 ÷ (1 + 税率)

房地产开发企业中的一般纳税人销售自行开发的房地产项目,适用一般计税方法计税,按照取得的全部价款和价外费用扣除当期销售房地产项目对应的土地价款后的余额计算销售额。销售额的计算公式如下:

销售额 = (全部价款和价外费用 − 当期允许扣除的土地价款) ÷ (1 + 9%)

②价外费用

价外费用是指价外收取的各种性质的收费,但不包括:①代为收取并符合财税〔2016〕36号附件1第十条规定的政府性基金或者行政事业性收费;②以委托方名义开具发票代委托方收取的款项。

③当期允许扣除的土地价款

当期允许扣除的土地价款按照以下公式计算:

当期允许扣除的土地价款 = (当期销售房地产项目建筑面积 ÷ 房地产项目可供销售建筑面积) × 支付的土地价款

公式中,当期销售房地产项目建筑面积,是指当期进行纳税申报的增值税销售额对应的建筑面积。当期销售房地产项目建筑面积、房地产项目可供销售建筑面积,是指计容积率地上建筑面积,不包括地下车位建筑面积。

房地产开发企业一般纳税人应建立台账登记土地价款的扣除情况,扣除的土地价款不得超过纳税人实际支付的土地价款。

(2)进项税额

一般纳税人销售自行开发的房地产项目,兼有一般计税方法计税、简易计税方法计税、免征增值税的房地产项目而无法划分不得抵扣的进项税额的,应以建筑工程施工许可证注明的"建设规模"为依据进行划分。

不得抵扣的进项税额=当期无法划分的全部进项税额×(简易计税、免税房地产项目建设规模÷房地产项目总建设规模)

建设规模即项目建设的面积。在计算简易计税和免税房地产项目对应的"不得抵扣的进项税额"时,应以面积为计算单位,而不能以套、层、单元、栋等作为计算依据。

2. 简易计税方法

简易计税方法下增值税的应纳税额,是指按照销售额和增值税征收率计算的增值税应纳税额,不得抵扣进项税额。应纳税额计算公式如下:

应纳税额=销售额×征收率

简易计税方法下,销售额不包括其应纳税额,纳税人采用销售额和应纳税额合并定价方法的,按照下列公式计算销售额:

销售额=含税销售额÷(1+征收率)

纳税人适用简易计税方法计税的,因销售折让、中止或者退回而退还给购买方的销售额,应当从当期销售额中扣减。扣减当期销售额后仍有余额造成多缴的税款,可以从以后的应纳税额中扣减。

(二)纳税实务解析

1. 住宅专项维修资金是否属于价外费用?

房地产主管部门或者其指定机构、公积金管理中心、开发企业以及物业管理单位代收的住宅专项维修资金不属于价外费用,属于不征收增值税项目。

2. 代收办证费是否属于价外费用?

在实务中,房地产开发企业为给不动产买受人办理"两证",会代收办证费,湖北省国家税务局、安徽省国家税务局明确规定,房地产开发企业为不动产买受人办理"两证"时代收转付并以不动产买受人名义取得票据的办证等款项不属于价外费用的范围。

3. 意向金(诚意金)、认筹金、订金、VIP入会费、定金是否属于价外费用?

房地产开发企业可能在开盘销售之前收取意向金(诚意金)、认筹金、订金、

VIP入会费等费用,根据上文的分析,明确不属于价外费用;在开盘销售之后收取定金等费用,定金属于交易款项,属于价内费用。

4. 房地产开发企业当期允许扣除的土地价款,是一次扣除还是逐步扣除？具体如何操作？

根据国家税务总局货物和劳务税司的解答,土地价款并非一次性从销售额中全扣,而是要随着销售额的确认,逐步扣除。简单地说,就是要把土地价款按照销售进度在不同的纳税期分期扣除,是"卖一套房,扣一笔与之相应的土地出让金"。

根据《房地产开发企业销售自行开发的房地产项目增值税征收管理暂行办法》(国家税务总局公告2016年第18号)第五条规定,当期允许扣除的土地价款按照以下公式计算:

当期允许扣除的土地价款=(当期销售房地产项目建筑面积÷房地产项目可供销售建筑面积)×支付的土地价款

公式中,当期销售房地产项目建筑面积,是指当期进行纳税申报的增值税销售额对应的建筑面积。房地产项目可供销售建筑面积,是指房地产项目可以出售的总建筑面积,不包括销售房地产项目时未单独作价结算的配套公共设施的建筑面积。房地产开发企业在开发房地产项目时,还会在小区配套建设道路、花园、绿地、雕塑,或者物业用房、幼儿园、诊所等。这些项目不单独作价出售给业主,但也都包含在业主所支付的房款之中。对这些建筑物、构筑物的面积,《房地产开发企业销售自行开发的房地产项目增值税征收管理暂行办法》(国家税务总局公告2016年第18号)第五条规定并未将其包含在"可供销售建筑面积"中,也就是在计算"当期允许扣除的土地价款"时,并未将这部分面积包含在分母当中。这样可以使开发商将所有"可供"销售的面积卖完后,土地出让金全部扣除完,实际上是有利于房地产开发企业的。

5. 同一法人多项目滚动开发,新拿土地支付的土地出让金是否能够在其他正在销售的项目的销售额中抵减？

根据《房地产开发企业销售自行开发的房地产项目增值税征收管理暂行办法》(国家税务总局公告2016年第18号)第四条规定,房地产开发企业中的一般纳税人销售自行开发的房地产项目,适用一般计税方法计税,按照取得的全部价款和价外费用,扣除当期销售房地产项目对应的土地价款后的余额计算销售额。因此,一个项目的土地价款不得在其他项目的销售额中扣除。

6. 房地产开发企业允许扣除的土地价款的具体范围是什么？一般纳税人选择一般计税方法计税的房地产老项目,土地价款是否允许扣除？一般纳税人选择简易计税方法计税的房地产老项目,土地价款是否允许扣除？

房地产开发企业允许扣除土地价款的范围包括一般纳税人采用一般计税方法

计税的房地产老项目和新项目。对于房地产开发企业一般纳税人的房地产老项目,根据国家税务总局货物和劳务税司的解答,如果选择适用一般计税方法,其2016年5月1日后确认的增值税销售额,也可以扣除对应的土地出让价款。也就是说,2016年4月30日前取得土地使用权的房地产项目,采用一般计税方法计税的,其支付的土地价款也可以扣除。

一般纳税人销售自行开发的房地产老项目适用简易计税方法计税的,以取得的全部价款和价外费用为销售额,不得扣除对应的土地价款。

7. 既有简易计税方法计税项目,又有一般计税方法计税项目,"营改增"后购进办公用不动产,能否抵扣进项税额?

根据《财政部 国家税务总局关于全面推开营业税改征增值税试点的通知》(财税〔2016〕36号)附件1的规定,下列项目的进项税额不得从销项税额中抵扣:用于简易计税方法计税项目、免征增值税项目、集体福利或者个人消费的购进货物、加工修理修配劳务、服务、无形资产和不动产。其中涉及的固定资产、无形资产、不动产,仅指专用于上述项目的固定资产、无形资产(不包括其他权益性无形资产)、不动产。因此,纳税人"营改增"后购进办公用不动产,能够取得增值税专用发票,并且不是专用于简易计税方法计税项目的,按照规定可以抵扣进项税额。

8. 出租地下车位、人防车位、储物间,在增值税税制下是按照销售还是租赁缴纳增值税呢?

出租地下车位、人防车位、储物间等,一般签订的是以租代售的租赁合同,租期较长,但是一次性收取租金,并且有些公司签订销售合同,出售几十年使用权。根据《销售服务、无形资产、不动产注释》,转让建筑物有限产权或者永久使用权的,转让在建的建筑物或者构筑物所有权的,以及在转让建筑物或者构筑物时一并转让其所占土地的使用权的,按照销售不动产缴纳增值税。

山东省国家税务局明确,按照销售不动产缴纳增值税。湖北省国家税务局、安徽省国家税务局明确,纳税人将人防车位出租、出售按提供不动产租赁服务缴纳增值税。

9. 销售精装修的房屋实务如何处理?

很多房地产开发企业销售精装修房屋,对此,深圳市国家税务局、安徽省国家税务局明确,销售精装修的房屋,按销售不动产征收增值税。

10. 房地产开发企业买房送装修、送家电实务如何处理?

山东省国家税务局明确,销售住房赠送装修、家电,作为房地产开发企业的一种营销模式,其主要目的是销售住房。购房者统一支付对价,可参照混合销售的原则,按销售不动产适用税率申报缴纳增值税。

11. 项目清算后如产生进项税留抵,如何处理?

现行"营改增"试点政策中没有项目清算的规定。根据《营业税改征增值税试点实施办法》的规定,符合条件的进项税额准予从销项税额中扣除,期末留抵税额可以结转下期继续抵扣。

八、发票开具

下面主要介绍增值税发票开具的相关规定,以及增值税发票开具相关实务。

(一)基本规定

增值税发票开具的基本规定区分一般纳税人和小规模纳税人分别介绍。

1. 一般纳税人

房地产开发企业一般纳税人销售自行开发的房地产项目,自行开具增值税专用发票。

一般纳税人销售自行开发的房地产项目,其2016年4月30日前收取并已向主管地税机关申报缴纳营业税的预收款,未开具营业税发票的,可以开具增值税普通发票,不得开具增值税专用发票。

根据财税〔2016〕36号附件1第五十三条规定,纳税人发生应税行为,应当向索取增值税专用发票的购买方开具增值税专用发票,并在增值税专用发票上分别注明销售额和销项税额。属于下列情形之一的,不得开具增值税专用发票:(1)向消费者个人销售服务、无形资产或者不动产。(2)适用免征增值税规定的应税行为。因此,一般纳税人向其他个人(即消费者个人)销售自行开发的房地产项目,不得开具增值税专用发票。

2. 小规模纳税人

小规模纳税人销售自行开发的房地产项目,自行开具增值税普通发票。购买方需要增值税专用发票的,小规模纳税人向主管国税机关申请代开。

小规模纳税人销售自行开发的房地产项目,其2016年4月30日前收取并已向主管地税机关申报缴纳营业税的预收款,未开具营业税发票的,可以开具增值税普通发票,不得申请代开增值税专用发票。

小规模纳税人向其他个人销售自行开发的房地产项目,不得申请代开增值税专用发票。

(二)纳税实务解析

1. 房地产开发企业采取预售方式的,按照预售面积开具发票后,在交房时对面积差需要补开或开红票冲减的,如何开具发票和计税?

财税〔2016〕36号附件2第一条第(十三)款规定,试点纳税人发生应税行为,在纳入"营改增"试点之日前已缴纳营业税,"营改增"试点后因发生退款减除营业额的,应当向原主管地税机关申请退还已缴纳的营业税。试点纳税人纳入"营改增"试点之日前发生的应税行为,因税收检查等原因需要补缴税款的,应按照营业税政策规定补缴营业税。河南省国家税务局明确,房地产开发企业在交房时对面积差需要补开或开红票冲减的,如果"营改增"之前开具地税发票,"营改增"后可以开具增值税普通发票进行冲减或补缴。

2. 一般纳税人销售自行开发的房地产项目,其 2016 年 4 月 30 日前收取并已向主管地税机关申报缴纳营业税的预收款,未开具营业税发票的,现在再补开增值税普通发票,是否还需要缴纳增值税?

根据《房地产开发企业销售自行开发的房地产项目增值税征收管理暂行办法》(国家税务总局公告 2016 年第 18 号)第十七条和第二十四条的规定,对于 2016 年 4 月 30 日前收取并已向主管地税机关申报缴纳营业税的预收款,未开具营业税发票的,可以开具增值税普通发票,不得开具增值税专用发票。安徽省国家税务局、河南省国家税务局、深圳市国家税务局明确,国税部门对房地产开发企业按上述规定补开的增值税普通发票不再征收税款,也不需要申报。

3. 房地产开发企业在 2016 年 4 月 30 日前销售自行开发的房地产收到的预收款没有缴税,没开发票,2016 年 5 月 1 日后可以开具增值税发票吗?

财税〔2016〕36 号文件附件 2 第一条第(十三款)规定,试点纳税人纳入"营改增"试点之日前发生的应税行为,因税收检查等原因需要补缴税款的,应按照营业税政策规定补缴营业税。房地产开发企业销售自行开发的房地产 2016 年 4 月 30 日之前收取的预收款,其营业税纳税义务发生时间为收到预收款的当天,应按照规定补缴营业税。国家税务总局公告 2016 年第 18 号第十七条规定,一般纳税人销售自行开发的房地产项目,其 2016 年 4 月 30 日前收取并已向主管地税机关申报缴纳营业税的预收款,未开具营业税发票的,可以开具增值税普通发票,不得开具增值税专用发票。安徽省国家税务局、河南省国家税务局明确,房地产开发企业销售自行开发的房地产项目 2016 年 5 月 1 日之前收到的预收款没有缴税、没开发票,按照上述要求补缴营业税后,可以参照此规定开具增值税普通发票,不得开具增值税专用发票。

4. 房地产开发企业销售自行开发的房地产,房产属于两个以上共有人所有,自行开具发票上如何填写共有人信息?

购货方名称一栏可以填写两个共有人名称,但纳税人识别号只能填写一位购买方身份证号,发票如何开具呢?河南省国家税务局明确,对于共有人购买房产,发票购货方名称一栏可以填写两个共有人,纳税人识别号一栏不填写,在备注栏内填写共有人名称、纳税人识别号(身份证号)和房产地址等信息。

九、纳税申报

下面分别介绍一般纳税人和小规模纳税人增值税纳税申报的基本规定。

1. 一般纳税人

一般纳税人销售自行开发的房地产项目适用一般计税方法计税的,应按照财税〔2016〕36号附件1第四十五条规定的纳税义务发生时间,以当期销售额和9%的适用税率计算当期应纳税额,抵减已预缴税款后,向主管国税机关申报纳税。未抵减完的预缴税款可以结转下期继续抵减。

一般纳税人销售自行开发的房地产项目适用简易计税方法计税的,应按照财税〔2016〕36号附件1第四十五条规定的纳税义务发生时间,以当期销售额和5%的征收率计算当期应纳税额,抵减已预缴税款后,向主管国税机关申报纳税。未抵减完的预缴税款可以结转下期继续抵减。

2. 小规模纳税人

小规模纳税人销售自行开发的房地产项目,应按照《营业税改征增值税试点实施办法》第四十五条规定的纳税义务发生时间,以当期销售额和5%的征收率计算当期应纳税额,抵减已预缴税款后,向主管国税机关申报纳税。未抵减完的预缴税款可以结转下期继续抵减。

房地产开发企业以预缴税款抵减应纳税额,应以完税凭证作为合法有效凭证。

【例5-2】东方房地产开发公司(一般纳税人)自行开发东方家园房地产项目,施工许可证注明的开工日期是2015年3月15日,2016年1月15日开始预售房地产,至2016年4月30日共取得预收款5 250万元,已按照营业税规定申报缴纳营业税。东方房地产开发公司对上述预收款开具收据,未开具营业税发票。该公司2016年5月又收到预收款5 250万元。2016年6月共开具了增值税普通发票10 500万元(含2016年4月30日前取得的未开票预收款5 250万元和2016年5月收到的5 250万元),同时办理房产产权转移手续。问:东方房地产开发公司在7月申报期应申报多少增值税税款?

(1)由于东方房地产开发公司销售的是自行开发的房地产老项目,纳税人按照国家税务总局公告2016年第18号第八条规定,可选择适用简易计税方法按照5%的征收率计税。

(2)纳税人6月开具增值税普通发票10 500万元,其中4月30日之前取得的5 250万元属于国家税务总局公告2016年第18号第十七条规定的可以开具增值税普通发票的情形。

(3)纳税人应按照国家税务总局公告2016年第18号第十一条、第十二条规定,在6月申报期就取得的预收款5 250万元预缴税款150万元。

应预缴税款 = 5 250 ÷ (1 + 5%) × 3% = 150(万元)

(4)按照国家税务总局公告2016年第18号第十五条规定,纳税人在7月申报期应申报的增值税税款为:

$5\ 250 \div (1+5\%) \times 5\% - 150 = 250 - 150 = 100(万元)$

【例5-3】东方房地产开发公司销售自行开发的房地产项目有关情况同【例5-2】。2016年6月还取得了建筑服务增值税专用发票,价税合计1 110万元(其中:注明的增值税税额为110万元),纳税人放弃选择简易计税方法,按照适用税率计算缴纳增值税。问:东方房地产开发公司在7月申报期应申报多少增值税税款?(因本案例时间为2016年6月,故仍使用11%的税率。)

(1)纳税人应按照国家税务总局公告2016年第18号第十一条、第十二条规定,在6月申报期就取得的预收款计算应预缴税款。

应预缴税款 = $5\ 250 \div (1+11\%) \times 3\% = 141.89(万元)$

(2)纳税人6月开具增值税普通发票10 500万元,其中5 250万元属于国家税务总局公告2016年第18号第十七条规定的可以开具增值税普通发票的情形。

(3)纳税人应在7月申报期按照国家税务总局公告2016年第18号第十四条规定计算确定应纳税额,当期允许扣除的土地价款为993万元。

销项税额 = $(5\ 250 - 993) \div (1+11\%) \times 11\% = 421.86(万元)$

进项税额 = $110(万元)$

应纳税额 = $421.86 - 110 - 141.89 = 169.97(万元)$

纳税人应在7月申报期申报增值税169.97万元。

第三节 土地增值税清算纳税实务

土地增值税是房地产开发企业的一个重要税种,房地产开发企业转让国有土地使用权、地上建筑物及其附着物并取得收入,应就其转让房地产所取得的增值额缴纳土地增值税。土地增值税的征收分为预征和清算两个阶段。

一、征税范围

土地增值税是对转让国有土地使用权及其地上建筑物和附着物的行为征收的一种税。

1. 土地增值税征收范围的判断标准

在实际工作中,房地产开发企业通过以下三个标准来准确界定土地增值税的征税范围:

(1)转让的土地使用权是否为国家所有

对于法律规定属于国家所有的土地,其土地使用权的转让属于土地增值税的征税范围。根据《中华人民共和国宪法》和《中华人民共和国土地管理法》的规定,城市的土地属于国家所有。农村和城市郊区的土地除由法律规定属于国家所有的以外,属于集体所有。而农村集体所有的土地是不能自行转让的,集体土地的自行转让是一种违法行为。国家为了公共利益,可以依据有关法律规定对集体土地实行征用。集体土地由国家征用以后变为国家所有后,才能进行转让。

(2)土地使用权、地上建筑物及其附着物的产权是否发生转让

凡土地使用权、房产产权未转让的(如房地产的出租),不征收土地增值税。房地产权属的变更包括房地产转让和土地使用权出让,土地增值税的征税范围不包括国有土地使用权出让行为。土地增值税的征税范围不包括未转让土地使用权、房产产权的行为。

(3)土地增值税是对转让房地产并取得收入的行为征税

是否取得收入是判定是否属于土地增值税征税范围的标准之一。土地增值税的征税范围不包括房地产的权属虽转让,但未取得收入的行为。

上述三个条件必须同时具备,缺一不可,否则不属于土地增值税的征税范围。

2.具体业务征收范围的判定

实务中,房地产开发企业应根据以上三条判定标准对有些具体情况是否属于土地增值税的征税范围进行判定。

(1)以出售方式转让国有土地使用权、地上建筑物及附着物

这种情况因其同时符合上述三个标准,所以属于土地增值税的征税范围。这里又分为三种情况:

第一种情况,出售国有土地使用权的。这种情况是指土地使用者通过出让方式,向政府缴纳了土地出让金,有偿受让土地使用权后,仅对土地进行通水、通电、通路和平整地面等土地开发,不进行房产开发,即所谓"将生地变熟地",然后直接将空地出售出去。这是国有土地使用权的有偿转让,属于土地增值税的征税范围。

第二种情况,取得国有土地使用权后进行房屋开发建造然后出售的。这种情况即是一般所说的房地产开发。虽然这种行为通常被称作卖房,但卖房的同时,土地使用权也随之发生转让。由于这种情况既发生了产权的转让又取得了收入,所以属于土地增值税的征税范围。

第三种情况,存量房地产的买卖。这种情况是指已经建成并已投入使用的房地产,其房屋所有人将房屋产权和土地使用权一并转让给其他单位和个人。这种行为按照国家有关的房地产法律和法规,应当到有关部门办理房产产权和土地使用权的转移、变更手续;原土地使用权属于无偿划拨的,还应到土地管理部门补缴土地出让金。这种情况既发生了产权的转让又取得了收入,属于土地增值税的征税范围。

(2)房地产的出租

房地产的出租是指房产的产权所有人、依照法律规定取得土地使用权的土地

使用权所有人,将房产、土地租赁给承租人使用,由承租人向出租人支付租金的行为。房地产的出租,出租人虽取得了收入,但没有发生房产产权、土地使用权的转让,因此不属于土地增值税的征税范围。

(3)房地产的抵押

房地产的抵押是指房产的产权所有人、依法取得土地使用权的土地使用权所有人作为债务人或第三人向债权人提供不动产作为清偿债务的担保而不转移权属的法律行为。这种情况下,由于房产、土地使用权在抵押期间并没有发生权属的变更,房产的产权所有人、土地使用权所有人仍能对房地产行使占有、使用、收益等权利,房产的产权所有人、土地使用权所有人虽然在抵押期间取得了一定的抵押贷款,但实际上这些贷款在抵押期满后是要连本带利偿还给债权人的。因此,对房地产的抵押,在抵押期间不征收土地增值税。待抵押期满后,视该房地产产权是否转移来确定是否征收土地增值税。对于以房地产抵债而发生房地产权属转移的,应列入土地增值税的征税范围。

(4)房地产的交换

这种情况是指一方以房地产与另一方的房地产进行交换的行为。由于这种行为既发生了房产产权、土地使用权的转移,交换双方又取得了实物形态的收入,按《中华人民共和国土地增值税暂行条例》(以下简称《土地增值税暂行条例》)的规定,它属于土地增值税的征税范围。但对个人之间互换自有居住用房地产的,经当地税务机关核实,可以免征土地增值税。

(5)房地产的继承、赠与

①房地产的继承

房地产的继承是指房产的原产权所有人、依照法律规定取得土地使用权的土地使用权所有人死亡以后,由其继承人依法承受死者房产产权和土地使用权的民事法律行为。这种行为虽然发生了房地产权属的变更,但原房产产权所有人、土地使用权所有人(即被继承人)并没有因为权属变更而取得任何收入。因此,房地产的继承不属于土地增值税的征税范围。

②房地产的赠与

房地产的赠与是指房产产权所有人、土地使用权所有人将自己所拥有的房地产无偿地转移给其他人的民事法律行为。这里的"赠与"是指如下情况:

房产产权所有人、土地使用权所有人将房屋产权、土地使用权赠与直系亲属或承担直接赡养义务人的;房产产权所有人、土地使用权所有人通过中国境内非营利的社会团体、国家机关将房屋产权、土地使用权赠与教育、民政和其他社会福利、公益事业的。社会团体是指中国青少年发展基金会、希望工程基金会、宋庆龄基金会、减灾委员会、中国红十字会、中国残疾人联合会、全国老年基金会、老区促进会以及经民政部门批准成立的其他非营利的公益性组织。

房地产的赠与虽发生了房地产权属的变更,但房产产权所有人、土地使用权所有人并没有因为权属的转移而取得任何收入。因此,房地产的赠与不属于土地增值税的征税范围。

(6)房地产的代建房行为

这种情况是指房地产开发企业代客户进行房地产的开发,开发完成后向客户收取代建收入的行为。对于房地产开发企业而言,虽然取得了收入,但没有发生房地产权属的转移,其收入属于劳务收入性质,故不属于土地增值税的征税范围。

(7)合作建房

对于一方出地,一方出资金,双方合作建房,建成后按比例分房自用的,暂免征收土地增值税。建成后转让的,应征收土地增值税。

(8)转让、抵押或置换土地

《国家税务总局关于未办理土地使用权证转让土地有关税收问题的批复》(国税函〔2007〕645号)规定,土地使用者转让、抵押或置换土地,无论其是否取得了该土地的使用权属证书,无论其在转让、抵押或置换土地过程中是否与对方当事人办理了土地使用权属证书变更登记手续,只要土地使用者享有占有、使用、收益或处分该土地的权利,且有合同等证据表明其实质转让、抵押或置换了土地并取得了相应的经济利益,土地使用者及对方当事人应当依照税法规定缴纳营业税、土地增值税和契税等相关税收。

(9)以转让股权名义转让房地产

根据《国家税务总局关于以转让股权名义转让房地产行为征收土地增值税问题的批复》(国税函〔2000〕687号)规定,一次性共同转让100%的股权,且这些以股权形式表现的资产主要是土地使用权、地上建筑物及附着物的,应按土地增值税的规定征税。

二、税率

土地增值税按增值额与扣除项目金额的比率实行30%、40%、50%、60%四级超率累进税率。土地增值税四级超率累进税率如表5-2所示:

表5-2 土地增值税四级超率累进税率表

级别	增值额与扣除项目金额的比率	税率	速算扣除系数
1	未超过50%的部分	30%	0
2	超过50%至100%的部分	40%	5%
3	超过100%至200%的部分	50%	15%
4	超过200%的部分	60%	35%

注:每级增值额未超过扣除项目金额的比率,均包括本比例数。

三、应纳税额的计算

土地增值税的计算方法有两种：一种是根据转让房地产所取得的增值额和规定的税率分步计算，另一种是利用速算扣除系数计算，也叫速算扣除法。第一种计算方法比较烦琐，在实际工作中，一般会采用第二种方法，即速算扣除法。速算扣除法计算公式为：

土地增值税应纳税额＝增值额×税率－扣除项目金额×速算扣除系数

增值额＝应税收入－扣除项目金额

速算扣除法计算步骤如下：

（1）确定应税收入；

（2）确定扣除项目金额；

（3）计算增值额；

（4）计算增值额与扣除项目金额之比，确定适用的税率和速算扣除系数；

（5）计算土地增值税应纳税额。

土地增值税应纳税额的计算需要把握两个关键：一是转让房地产的应税收入，二是扣除项目金额。应税收入的确定和扣除项目金额的确定，应依据《土地增值税暂行条例》、《中华人民共和国土地增值税暂行条例实施细则》、《国家税务总局关于土地增值税清算有关问题的通知》（国税函〔2010〕220号）、《国家税务总局关于房地产开发企业土地增值税清算管理有关问题的通知》（国税发〔2006〕187号）、《国家税务总局关于营改增后土地增值税若干征管规定的公告》（国家税务总局公告2016年第70号）等规定执行。

四、应税收入的确定

纳税人转让房地产取得的应税收入，包括转让房地产的全部价款及有关的经济收益。从收入的形式来看，包括货币收入、实物收入和其他收入。其中，实物收入和其他收入的价值不太容易确定，一般要对其价值进行评估。

1. 土地增值税清算时收入确认的问题

《国家税务总局关于土地增值税清算有关问题的通知》（国税函〔2010〕220号）规定，土地增值税清算时，已全额开具商品房销售发票的，按照发票所载金额确认收入；未开具发票或未全额开具发票的，以交易双方签订的销售合同所载的售房金额及其他收益确认收入。销售合同所载商品房面积与有关部门实际测量面积不一致，在清算前已发生补、退房款的，应在计算土地增值税时予以调整。

《国家税务总局关于营改增后土地增值税若干征管规定的公告》(国家税务总局公告 2016 年第 70 号)规定,"营改增"后,纳税人转让房地产的土地增值税应税收入不含增值税。适用增值税一般计税方法的纳税人,其转让房地产的土地增值税应税收入不含增值税销项税额;适用简易计税方法的纳税人,其转让房地产的土地增值税应税收入不含增值税应纳税额。房地产开发企业在"营改增"后进行房地产开发项目土地增值税清算时,土地增值税应税收入为"营改增"前转让房地产取得的收入和"营改增"后转让房地产取得的不含增值税收入之和。

2. 非直接销售和自用房地产的收入确定

《国家税务总局关于房地产开发企业土地增值税清算管理有关问题的通知》(国税发〔2006〕187 号)规定:

(1)房地产开发企业将开发产品用于职工福利、奖励、对外投资、分配给股东或投资人、抵偿债务、换取其他单位和个人的非货币性资产等,发生所有权转移时应视同销售房地产,其收入按下列方法和顺序确认:

①按本企业在同一地区、同一年度销售的同类房地产的平均价格确定;

②由主管税务机关参照当地当年同类房地产的市场价格或评估价值确定。

(2)房地产开发企业将开发的部分房地产转为企业自用或用于出租等商业用途时,如果产权未发生转移,不征收土地增值税,在税款清算时不列收入,不扣除相应的成本和费用。

3. 房地产开发企业代收的费用计征土地增值税的问题

《财政部 国家税务总局关于土地增值税一些具体问题规定的通知》(财税字〔1995〕48 号)规定,对于县级及县级以上人民政府要求房地产开发企业在售房时代收的各项费用,如果代收费用是计入房价中向购买方一并收取的,可作为转让房地产所取得的收入计税;如果代收费用未计入房价中,而是在房价之外单独收取的,可以不作为转让房地产的收入。对于代收费用作为转让收入计税的,在计算扣除项目金额时,可予以扣除,但不允许作为加计 20% 扣除的基数;对于代收费用未作为转让房地产的收入计税的,在计算增值额时不允许扣除代收费用。

五、扣除项目的确定

土地增值税扣除项目包括取得土地使用权所支付的金额、房地产开发成本、房地产开发费用、与转让房地产有关的税金、其他扣除项目、旧房及建筑物的评估价格。

《国家税务总局关于房地产开发企业土地增值税清算管理有关问题的通知》

（国税发〔2006〕187号）规定，房地产开发企业办理土地增值税清算时计算与清算项目有关的扣除项目金额，应根据《土地增值税暂行条例》第六条及其实施细则第七条的规定执行。除另有规定外，扣除取得土地使用权所支付的金额、房地产开发成本、费用及与转让房地产有关税金，须提供合法有效凭证；不能提供合法有效凭证的，不予扣除。属于多个房地产项目共同的成本费用，应按项目可售建筑面积占多个项目可售总建筑面积的比例或其他合理的方法，计算确定项目的扣除金额。

《财政部 国家税务总局关于营改增后契税 房产税 土地增值税 个人所得税计税依据问题的通知》（财税〔2016〕43号）规定，《中华人民共和国土地增值税暂行条例》等规定的土地增值税扣除项目涉及的增值税进项税额，允许在销项税额中计算抵扣的，不计入扣除项目，不允许在销项税额中计算抵扣的，可以计入扣除项目。

《国家税务总局关于营改增后土地增值税若干征管规定的公告》（国家税务总局公告2016年第70号）规定，"营改增"后，土地增值税纳税人接受建筑安装服务取得的增值税发票，应按照《国家税务总局关于全面推开营业税改征增值税试点有关税收征收管理事项的公告》（国家税务总局公告2016年第23号）规定，在发票的备注栏注明建筑服务发生地县（市、区）名称及项目名称，否则不得计入土地增值税扣除项目金额。

(一)取得土地使用权所支付的金额

取得土地使用权所支付的金额包括三方面的内容：

1.房地产开发企业为取得土地使用权所支付的地价款。如果是以协议、招标和拍卖等出让方式取得土地使用权的，地价款为纳税人所支付的土地出让金；如果是以行政划拨方式取得土地使用权的，地价款为按照国家有关规定补缴的土地出让金；如果是以转让方式取得土地使用权的，地价款为向原土地使用权所有人实际支付的地价款。

2.房地产开发企业在取得土地使用权时按国家统一规定交纳的有关费用。它指纳税人在取得土地使用权过程中为办理有关手续，按国家统一规定交纳的有关登记、过户手续费。

3.《国家税务总局关于土地增值税清算有关问题的通知》（国税函〔2010〕220号）规定，房地产开发企业为取得土地使用权所支付的契税，应视同"按国家统一规定交纳的有关费用"，计入"取得土地使用权所支付的金额"中扣除。

(二)房地产开发成本

房地产开发成本是指纳税人房地产开发项目实际发生的成本，包括土地征用及拆迁补偿费、前期工程费、建安工程费、基础设施费、公共配套设施费和开发间接费用等。

1. 土地征用及拆迁补偿费,包括土地征用费、耕地占用税、劳动力安置费及有关地上、地下附着物拆迁补偿的净支出和安置动迁用房支出等。

2. 前期工程费,包括规划、设计、项目可行性研究和水文地质勘察、测绘和"三通一平"等支出。

3. 建安工程费,是指出包方式下支付给承包单位的建筑安装工程费,或自营方式下发生的建筑安装工程费。

4. 基础设施费,包括开发小区内道路、供水、供电、供气、排污、排洪、通信、照明、环卫和绿化等工程发生的支出。

5. 公共配套设施费,包括不能有偿转让的开发小区内公共配套设施发生的支出。

6. 开发间接费用,指直接组织、管理开发项目发生的费用,包括工资、职工福利费、折旧费、修理费、办公费、水电费、劳动保护费和周转房摊销等。

在实务中,房地产开发成本的确定有以下几个常见问题:

(1)未支付的质量保证金扣除项目金额的确定问题。

《国家税务总局关于土地增值税清算有关问题的通知》(国税函〔2010〕220号)规定,房地产开发企业在工程竣工验收后,根据合同约定,扣留建筑安装施工企业一定比例的工程款,作为开发项目的质量保证金,在计算土地增值税时,建筑安装施工企业就质量保证金对房地产开发企业开具发票的,按发票所载金额予以扣除;未开具发票的,扣留的质量保证金不得计算扣除。

(2)房地产开发企业开发建造的与项目配套的居委会和派出所用房、会所、停车场(库)、物业管理场所、变电站、热力站、水厂、文体场馆、学校、幼儿园、托儿所、医院和邮电通信等公共设施,按以下原则处理:第一,建成后产权属于全体业主所有的,其成本、费用可以扣除;第二,建成后无偿移交给政府、公用事业单位用于非营利性社会公共事业的,其成本、费用可以扣除;第三,建成后有偿转让的,应计算收入,并准予扣除成本、费用。

(3)房地产开发企业销售已装修的房屋,其装修费用可以计入房地产开发成本。房地产开发企业的预提费用,除另有规定外,不得扣除。

(4)拆迁安置费的扣除。

《国家税务总局关于土地增值税清算有关问题的通知》(国税函〔2010〕220号)规定,拆迁安置费的扣除,按以下规定办理:

①房地产开发企业用建造的本项目房地产安置回迁户的,安置用房视同销售处理,按《国家税务总局关于房地产开发企业土地增值税清算管理有关问题的通

知》(国税发〔2006〕187号)视同销售确认收入,同时将此确认为房地产开发项目的拆迁补偿费。房地产开发企业支付给回迁户的补差价款,计入拆迁补偿费;回迁户支付给房地产开发企业的补差价款,应抵减本项目拆迁补偿费。

②开发企业采取异地安置,异地安置的房屋属于自行开发建造的,房屋价值按国税发〔2006〕187号视同销售的规定计算,计入本项目的拆迁补偿费;异地安置的房屋属于购入的,以实际支付的购房支出计入拆迁补偿费。

③货币安置拆迁的,房地产开发企业凭合法有效凭据计入拆迁补偿费。

(5)房地产开发企业逾期开发缴纳的土地闲置费不得扣除。

(6)房地产开发企业办理土地增值税清算所要附送的前期工程费、建安工程费、基础设施费、开发间接费用的凭证或资料不符合清算要求或不实的,地方税务机关可参照当地建设工程造价管理部门公布的建安造价定额资料,结合房屋结构、用途、区位等因素,核定上述四项开发成本的单位面积金额标准,并据以计算扣除。具体核定方法由省税务机关确定。

(三)房地产开发费用

房地产开发费用是指与房地产开发项目有关的销售费用、管理费用和财务费用。根据现行财务会计制度的规定,这三项费用作为期间费用,直接计入当期损益,不按成本核算对象进行分摊。作为土地增值税扣除项目的房地产开发费用,不按纳税人房地产开发项目实际发生的费用进行扣除。

(1)财务费用中的利息支出,凡能够按转让房地产项目计算分摊并提供金融机构证明的,允许据实扣除,但最高不能超过按商业银行同类同期贷款利率计算的金额。其他房地产开发费用,按照取得土地使用权所支付的金额与房地产开发成本金额之和的5%以内计算扣除。

(2)凡不能按转让房地产项目计算分摊利息支出或不能提供金融机构证明的,房地产开发费用按取得土地使用权所支付的金额与房地产开发成本金额之和的10%以内计算扣除。

全部使用自有资金,没有利息支出的,按照以上方法扣除。

上述具体适用的比例按省级人民政府规定的比例执行。

(3)房地产开发企业既向金融机构借款,又有其他借款的,其房地产开发费用计算扣除时不能同时适用上述(1)(2)项两种办法。

(4)土地增值税清算时,已经计入房地产开发成本的利息支出,应调整至财务费用中计算扣除。

此外,《财政部 国家税务总局关于土地增值税一些具体问题规定的通知》(财税字〔1995〕48号）还对扣除项目金额中利息支出的计算问题作了两点专门规定：一是利息的上浮幅度按国家的有关规定执行，超过上浮幅度的部分不允许扣除；二是对于超过贷款期限的利息部分和加罚的利息不允许扣除。

（四）与转让房地产有关的税金

与转让房地产有关的税金是指在转让房地产时缴纳的城市维护建设税、教育费附加、地方教育附加等，不包括增值税。

《国家税务总局关于营改增后土地增值税若干征管规定的公告》（国家税务总局公告2016年第70号）规定，"营改增"后，房地产开发企业实际缴纳的城市维护建设税、教育费附加，凡能够按清算项目准确计算的，允许据实扣除；凡不能按清算项目准确计算的，则按该清算项目预缴增值税时实际缴纳的城市维护建设税、教育费附加扣除。房地产开发企业在"营改增"后进行房地产开发项目土地增值税清算时，与转让房地产有关的税金为"营改增"前实际缴纳的营业税、城市维护建设税、教育费附加和"营改增"后允许扣除的城市维护建设税、教育费附加。

（五）其他扣除项目

对从事房地产开发的纳税人可按取得土地使用权所支付的金额和房地产开发成本之和，加计20%扣除。此条优惠只适用于从事房地产开发的纳税人，除此之外的其他纳税人不适用。

（六）旧房及建筑物的评估价格

纳税人转让旧房的，应按房屋及建筑物的评估价格、取得土地使用权所支付的地价款和按国家统一规定交纳的有关费用及在转让环节缴纳的税金作为扣除项目金额计征土地增值税。对取得土地使用权时未支付地价款或不能提供已支付的地价款凭据的，在计征土地增值税时不允许扣除。

旧房及建筑物的评估价格是指在转让已使用的房屋及建筑物时，由政府批准设立的房地产评估机构评定的重置成本价乘以成新度折扣率后的价格。评估价格须经当地税务机关确认。重置成本价的含义是：对旧房及建筑物，按转让时的建材价格及人工费用计算，建造同样面积、同样层次、同样结构、同样建设标准的新房及建筑物所需花费的成本费用。成新度折扣率的含义是：按旧房的新旧程度作一定比例的折扣。如，一幢办公楼已使用近15年，建造时的造价为500万元，按转让时的建材价格及人工费用计算，建同样的新办公楼需支出2 500万元，该房有六成新，则该办公楼的评估价格为1 500万元（2 500×60%）。

根据《国家税务总局关于土地增值税清算有关问题的通知》（国税函〔2010〕220号）、《国家税务总局关于营改增后土地增值税若干征管规定的公告》（国家税务总局公告2016年第70号)规定,"营改增"后,纳税人转让旧房及建筑物,凡不能取得评估价格,但能提供购房发票的,取得土地使用权所支付的金额、旧房及建筑物的评估价格,按照下列方法计算:(1)提供的购房凭据为"营改增"前取得的营业税发票的,按照发票所载金额(不扣减营业税)并从购买年度起至转让年度止每年加计5%计算;(2)提供的购房凭据为"营改增"后取得的增值税普通发票的,按照发票所载价税合计金额从购买年度起至转让年度止每年加计5%计算;(3)提供的购房发票为"营改增"后取得的增值税专用发票的,按照发票所载不含增值税金额加上不允许抵扣的增值税进项税额之和,并从购买年度起至转让年度止每年加计5%计算。计算扣除项目时"每年"按购房发票所载日期起至售房发票开具之日止,每满12个月计1年;超过1年,未满12个月但超过6个月的,可以视同为1年。

对纳税人购房时缴纳的契税,凡能提供契税完税凭证的,准予作为"与转让房地产有关的税金"予以扣除,但不作为加计5%的基数。

对于转让旧房及建筑物,既没有评估价格,又不能提供购房发票的,地方税务机关可以根据《中华人民共和国税收征收管理法》第三十五条的规定,实行核定征收。

六、土地增值税预征

根据《中华人民共和国土地增值税暂行条例实施细则》关于"纳税人在项目全部竣工结算前转让房地产取得的收入,由于涉及成本确定或其他原因,而无法据以计算土地增值税的,可以预征土地增值税,待该项目全部竣工、办理结算后再进行清算,多退少补。具体办法由各省、自治区、直辖市地方税务局根据当地情况制定"的规定,对于房地产开发企业预售房地产所取得的收入,凡当地税务机关规定预征土地增值税的,纳税人应当到主管税务机关办理纳税申报,并按规定比例预缴,待办理结算后再进行清算,多退少补;凡当地税务机关规定不预征土地增值税的,也应在取得收入时先到税务机关登记或备案。

《国家税务总局关于加强土地增值税征管工作的通知》(国税发〔2010〕53号)规定,为了发挥土地增值税在预征阶段的调节作用,各地须对目前的预征率进行调整。除保障性住房外,东部地区省份预征率不得低于2%,中部和东北地区省份不得低于1.5%,西部地区省份不得低于1%,各地要根据不同类型房地产确定适当的预征率(地区的划分按照国务院有关文件的规定执行)。对尚未预征或暂缓预征的地区,应切实按照税收法律法规开展预征,确保土地增值税在预征阶段及时、充分发挥调节作用。

七、土地增值税清算

土地增值税清算,是指房地产开发企业在符合土地增值税清算条件后,依照税收法律、法规及土地增值税有关政策规定,计算房地产开发项目应缴纳的土地增值税税额,并填写土地增值税清算申报表,向主管税务机关提供有关资料,办理土地增值税清算手续,结清该房地产项目应缴纳土地增值税税款的行为。

(一)土地增值税的清算单位

土地增值税以国家有关部门审批的房地产开发项目为单位进行清算,对于分期开发的项目,以分期项目为单位清算。开发项目中同时包含普通住宅和非普通住宅的,应分别计算增值额。

(二)土地增值税清算的条件

房地产开发企业符合下列条件之一的,应进行土地增值税的清算:

1. 房地产开发项目全部竣工、完成销售的;
2. 整体转让未竣工决算房地产开发项目的;
3. 直接转让土地使用权的。

房地产开发企业符合以下条件之一的,主管税务机关可要求纳税人进行土地增值税清算:

1. 已竣工验收的房地产开发项目,已转让的房地产建筑面积占整个项目可售建筑面积的比例在85%以上,或该比例虽未超过85%,但剩余的可售建筑面积已经出租或自用的;
2. 取得销售(预售)许可证满三年仍未销售完毕的;
3. 纳税人申请注销税务登记但未办理土地增值税清算手续的;
4. 省(自治区、直辖市、计划单列市)税务机关规定的其他情况。

对上述第三项情形,应在办理注销登记前进行土地增值税清算。

(三)土地增值税清算的程序

根据《税收征收管理法》及其实施细则、《土地增值税暂行条例》及其实施细则、《土地增值税清算管理规程》(国税发〔2009〕91号)等的规定,土地增值税的清算程序如下:

1. 房地产开发企业符合清算条件后,依照税收规定,计算开发项目应缴纳的土地增值税,纳税人可委托税务中介机构审核鉴证清算项目。
2. 在规定期限内到主管税务机关办理清算手续,提供清算应报送资料等。

3. 主管税务机关对纳税人报送资料予以受理,并在一定期限内及时组织清算审核。清算审核包括案头审核、实地审核。

房地产开发企业委托税务中介机构审核鉴证清算项目的,税务中介机构应按税务机关规定的格式对清算项目进行审核鉴证。对符合要求的鉴证报告,税务机关可以采信,未采信或部分未采信鉴证报告的,应当告知其理由。

4. 清算审核结束后,主管税务机关将审核结果书面通知纳税人,纳税人在确定期限办理补、退税手续。

(四)土地增值税清算应报送的资料

对于符合清算条件规定应进行土地增值税清算的项目,房地产开发企业应当在满足条件之日起90日内到主管税务机关办理清算手续。对于符合清算条件规定,税务机关可要求纳税人进行土地增值税清算的项目,由主管税务机关确定是否进行清算;对于确定需要进行清算的项目,由主管税务机关下达清算通知,房地产开发企业应当在收到清算通知之日起90日内办理清算手续。

应进行土地增值税清算的房地产开发企业或经主管税务机关确定需要进行清算的房地产开发企业,在上述规定的期限内拒不清算或不提供清算资料的,主管税务机关可依据《税收征收管理法》有关规定处理。

房地产开发企业清算土地增值税时应提供的清算资料有:

(1)土地增值税清算表及其附表。

(2)房地产开发项目清算说明,主要内容应包括房地产开发项目立项、用地、开发、销售、关联方交易、融资、税款缴纳等基本情况及主管税务机关需要了解的其他情况。

(3)项目竣工决算报表、取得土地使用权所支付的地价款凭证、国有土地使用权出让合同、银行贷款利息结算通知单、项目工程合同结算单、商品房购销合同统计表、销售明细表、预售许可证等与转让房地产的收入、成本和费用有关的证明资料。主管税务机关需要相应项目记账凭证的,纳税人还应提供记账凭证复印件。

(4)纳税人委托税务中介机构审核鉴证的清算项目,还应报送中介机构出具的《土地增值税清算税款鉴证报告》。

(五)核定征收

在土地增值税清算过程中,发现纳税人符合核定征收条件的,应按核定征收方式对房地产项目进行清算。

1. 在土地增值税清算中符合以下条件之一的,可实行核定征收:

(1)依照法律、行政法规的规定应当设置但未设置账簿的;

(2)擅自销毁账簿或者拒不提供纳税资料的;

(3)虽设置账簿,但账目混乱或者成本资料、收入凭证、费用凭证残缺不全,难以确定转让收入或扣除项目金额的;

(4)符合土地增值税清算条件,企业未按照规定的期限办理清算手续,经税务机关责令限期清算,逾期仍不清算的;

(5)申报的计税依据明显偏低,又无正当理由的。

2. 符合上述核定征收条件的,由主管税务机关发出核定征收的税务事项告知书后,税务人员对房地产项目开展土地增值税核定征收核查,经主管税务机关审核合议,通知纳税人申报缴纳应补缴税款或办理退税。

3. 对于分期开发的房地产项目,各期清算的方式应保持一致。

(六)清算后再转让房地产的处理

在土地增值税清算时未转让的房地产,清算后销售或有偿转让的,纳税人应按规定进行土地增值税的纳税申报,扣除项目金额按清算时的单位建筑面积成本费用乘以销售或转让面积计算。

单位建筑面积成本费用=清算时的扣除项目总金额÷清算的总建筑面积

(七)土地增值税清算后应补缴的土地增值税加收滞纳金问题

纳税人按规定预缴土地增值税后,清算补缴的土地增值税,在主管税务机关规定的期限内补缴的,不加收滞纳金。

八、税收优惠

1. 房地产开发企业建造普通标准住宅出售,增值额未超过扣除项目金额20%的,免征土地增值税;增值额超过扣除项目金额20%的,应就其全部增值额按规定计税。

普通标准住宅,是指按所在地一般民用住宅标准建造的居住用住宅。高级公寓、别墅、度假村等不属于普通标准住宅。对于普通标准住宅与其他住宅的具体划分界限,《财政部 国家税务总局关于土地增值税普通标准住宅有关政策的通知》(财税〔2006〕141号)规定,普通标准住宅的认定,可在各省、自治区、直辖市人民政府根据《国务院办公厅转发建设部等部门关于做好稳定住房价格工作意见的通知》(国办发〔2005〕26号)制定的普通住房标准的范围内从严掌握。《国务院办公厅转发建设部等部门关于做好稳定住房价格工作意见的通知》(国办发〔2005〕26号)规定,自 2005 年 6 月 1 日起,享受优惠政策的住房原则上应同时满足以下条件:(1)住宅小区建筑容积率在 1.0 以上;(2)单套建筑面积在 120 平方米以下;(3)实际成交价格低于同级别土地上住房平均交易价格 1.2 倍以下。各省、自治区、直辖市要根据实际情况,制定本地区享受优惠政策普通住房的具体标准。允许单套建筑面积和价格标准适当浮动,但向上浮动的比例不得超过上述标准的 20%。

对于房地产开发企业既建普通标准住宅又从事其他房地产开发的,应分别核算增值额。不能分别核算增值额或不能准确核算增值额的,其建造的普通标准住宅不能适用免税规定。

2. 因国家建设需要依法征用、收回的房地产,免征土地增值税。

因国家建设需要依法征用、收回的房地产,是指因城市实施规划、国家建设的需要而被政府批准征用的房产或收回的土地使用权。

3. 因城市实施规划、国家建设需要而搬迁,由纳税人自行转让原房地产的,免征土地增值税。

因城市实施规划而搬迁,是指因旧城改造或因企业污染、扰民(指产生过量废气、废水、废渣和噪声,使城市居民生活受到一定危害),而由政府或政府有关主管部门根据已审批通过的城市规划确定进行搬迁的情况;因国家建设的需要而搬迁,是指因实施国务院、省级人民政府、国务院有关部委批准的建设项目而进行搬迁的情况。

4.《财政部 国家税务总局关于支持公共租赁住房建设和运营有关税收优惠政策的通知》(财税〔2010〕88号)规定,对企事业单位、社会团体以及其他组织转让旧房作为公租房房源,且增值额未超过扣除项目金额 20% 的,免征土地增值税。

《财政部 国家税务总局关于促进公共租赁住房发展有关税收优惠政策的通知》(财税〔2014〕52号)规定,对企事业单位、社会团体以及其他组织转让旧房作为公共租赁住房房源,且增值额未超过扣除项目金额 20% 的,免征土地增值税。

符合免税规定的单位和个人,须向房地产所在地税务机关提出免税申请,经税务机关审核后,免予征收土地增值税。

九、土地增值税的纳税地点

土地增值税由税务机关征收。纳税人应向房地产所在地主管税务机关办理纳税申报,房地产所在地是指房地产的坐落地。纳税人转让的房地产坐落在两个或两个以上地区的,应按房地产所在地分别申报纳税。

在实际工作中,当转让的房地产坐落地与其机构所在地或经营所在地一致时,则在办理税务登记的原管辖税务机关申报纳税即可;如果转让的房地产坐落地与其机构所在地或经营所在地不一致,则应在房地产坐落地税务机关申报纳税。

十、土地增值税的纳税申报

房地产开发企业应在转让房地产合同签订后的7日内,到房地产所在地主管税务机关办理纳税申报,在税务机关核定的期限内缴纳土地增值税,并向税务机关提交房屋及建筑物产权、土地使用权证书,土地转让、房产买卖合同,房地产评估报告及其他与转让房地产有关的资料。

【例5-4】东方房地产开发公司为一般纳税人,适用一般计税方法,开发A地块住宅项目,自20×0年6月开始销售。

20×1年1月取得预售款27 391 700元,其中普通住宅预售款13 167 200元,非普通住宅预售款14 224 500元。

A地块住宅项目可售建筑面积246 008平方米。20×3年8月,累计已销售建筑面积232 560平方米,其中普通住宅已销售建筑面积124 398平方米,非普通住宅已销售建筑面积108 162平方米。已转让的房地产建筑面积占整个项目可售建筑面积的比例达到85%以上,主管税务机关要求东方房地产开发公司于20×3年11月15日前进行土地增值税清算申报。A地块已预缴土地增值税47 062 869.48元,其中普通住宅11 083 861.8元,非普通住宅35 979 007.68元。

当地主管税务机关规定普通住宅土地增值税预缴率为1.5%,非普通住宅预缴率为3.5%,房地产开发费用按取得土地使用权所支付的金额与房地产开发成本金额之和的10%以内计算扣除。

A地块清算收入及成本明细如表5-3所示:

表5-3　　　　　　A地块清算收入及成本明细汇总表　　　　　单位:元

项目	普通住宅	非普通住宅	合计
销售收入	684 189 000	951 825 600	1 636 014 600
成本	426 852 750	487 799 327.4	914 652 077.4
土地取得成本	126 166 700	142 560 000	268 726 700
前期工程费	42 770 300	42 761 900	85 532 200
建安工程费	186 879 000	218 680 000	405 559 000
基础设施费	39 723 200	34 538 727.4	74 261 927.4

续表

项目	普通住宅	非普通住宅	合计
配套设施费	21 063 550	38 538 700	59 602 250
开发间接费	10 250 000	10 720 000	20 970 000
有关税金			
城市维护建设税	1 436 796.9	1 998 833.76	3 435 630.66
教育费附加	615 770.1	856 643.04	1 472 413.14
地方教育附加	410 513.4	571 095.36	981 608.76

纳税实务解析：

《国家税务总局关于营改增后土地增值税若干征管规定的公告》（国家税务总局公告2016年第70号）规定，为方便纳税人，简化土地增值税预征税款计算，房地产开发企业采取预收款方式销售自行开发的房地产项目的，可按照以下方法计算土地增值税预征的计征依据：

土地增值税预征的计征依据 = 预收款 − 应预缴增值税税款

1. 土地增值税预征

20×1年1月，东方房地产开发公司应预缴土地增值税：

（1）普通住宅

土地增值税预征的计征依据 = 13 288 000 − 13 288 000 ÷ (1 + 9%) × 3% = 12 922 275.23（元）

土地增值税预缴税额 = 12 922 275.23 × 1.5% = 193 834.13（元）

（2）非普通住宅

土地增值税预征的计征依据 = 14 355 000 − 14 355 000 ÷ (1 + 9%) × 3% = 13 959 908.26（元）

土地增值税预缴税额 = 13 959 908.26 × 3.5% = 488 596.79（元）

土地增值税预征纳税申报表如表5−4所示。

2. 土地增值税清算

东方房地产开发公司应分别计算普通住宅和非普通住宅土地增值税应纳税额。普通住宅应纳土地增值税计算过程如下：

（1）确定转让房地产的收入684 189 000元。

（2）确定转让房地产的扣除项目金额：

①取得土地使用权所支付的金额为126 166 700元。

②房地产开发成本
 =前期工程费+建安工程费+基础设施费+配套设施费+开发间接费
 =42 770 300 +186 879 000 +39 723 200 +21 063 550 +10 250 000
 =300 686 050(元)

③房地产开发费用
 =(土地取得成本+房地产开发成本)×10%
 =(126 166 700 +300 686 050)×10%
 =42 685 275(元)

④与转让房地产有关的税金
 =1 436 796.9 +615 770.1 +410 513.4
 =2 463 080.4(元)

⑤其他扣除项目金额
 =(126 166 700 +300 686 050)×20% =85 370 550(元)

扣除项目金额合计
 =126 166 700 +300 686 050 +42 685 275 +2 463 080.4 +85 370 550
 =557 371 655.4(元)

(3)转让房地产的增值额=684 189 000 −557 371 655.4
 =126 817 344.6(元)

(4)计算增值额与扣除项目金额之比：
126 817 344.6÷557 371 655.4×100% =22.75%
增值额未超过扣除项目金额的50%,适用税率30%。

(5)土地增值税应纳税额=126 817 344.6×30% =38 045 203.38(元)

(6)应补土地增值税税额=38 045 203.38 −11 083 861.8
 =26 961 341.58(元)

非普通住宅土地增值税应纳税额计算过程同普通住宅。非普通住宅应纳土地增值税税额为94 277 970.67元,应补土地增值税税额为58 298 962.99元。

土地增值税清算纳税申报表如表5−5所示。

表5-4

土地增值税纳税申报表(一)

(从事房地产开发的纳税人预征适用)

税款所属时间:20×1年1月1日至20×1年1月31日　　　填表日期:20×1年2月15日

项目名称:A地块住宅项目　　项目编号:略

纳税人识别号：□□□□□□□□□□□□□□□

金额单位:元至角分；面积单位:平方米

房产类型	房产类型子目	收入				预征率(%)	应纳税额	税款缴纳	
^	^	应税收入 1=2+3+4+5	货币收入 2	实物收入及其他收入 3	视同销售收入 4	^	5	本期已缴税额 6	本期应缴税额计算 7=2×6
普通住宅		12 922 275.23	12 922 275.23			1.5%	193 834.13		193 834.13
非普通住宅		13 959 908.26	13 959 908.26			3.5%	488 596.79		488 596.79
其他类型房地产									
合计	—	26 882 183.49	26 882 183.49			—	682 430.92		682 430.92

以下由纳税人填写：

纳税人声明	此纳税申报表是根据《中华人民共和国土地增值税暂行条例》及其实施细则和国家有关税收规定填报的,是真实的、可靠的、完整的。	
纳税人签章	代理人签章	代理人身份证号

以下由税务机关填写：

受理人	受理日期　年　月　日	受理税务机关签章

本表一式两份,一份纳税人留存,一份税务机关留存。

· 188 ·

表 5-5

土地增值税纳税申报表（二）
（从事房地产开发的纳税人清算适用）

税款所属时间：20×0年6月1日至20×3年11月15日　填表日期：20×3年11月15日　金额单位：元至角分；面积单位：平方米

纳税人识别号：□□□□□□□□□□□□□□□

纳税人名称	东方房地产开发公司	项目名称	略	项目地址	略
所属行业	房地产开发经营	登记注册类型	略	邮政编码	略
开户银行	略	银行账号	略	电话	略

总可售面积	246 008.00	自用和出租面积	108 162.00
已售面积	232 560.00	其中：普通住宅已售面积	124 398.00	其中：非普通住宅已售面积		其中：其他类型房地产已售面积	

项目	行次	金额				
		普通住宅	非普通住宅	其他类型房地产	合计	
一、转让房地产收入总额 1=2+3+4	1	684 189 000.00	951 825 600.00		1 636 014 600.00	
货币收入	2	684 189 000.00	951 825 600.00		1 636 014 600.00	
其中	实物收入及其他收入	3				
	视同销售收入	4				
二、扣除项目金额合计 5=6+7+14+17+21+22	5	557 371 655.40	637 565 697.78		1 194 937 353.18	
1. 取得土地使用权所支付的金额	6	126 166 700.00	142 560 000.00		268 726 700.00	
2. 房地产开发成本 7=8+9+10+11+12+13	7	300 686 050.00	345 239 327.40		645 925 377.40	

续表

项目	行次	金额 普通住宅	金额 非普通住宅	金额 其他类型房地产	合计
土地征用及拆迁补偿费	8				85 532 200.00
前期工程费	9	4 2770 300.00	42 761 900.00		405 559 000.00
建筑安装工程费	10	186 879 000.00	218 680 000.00		7 4261 927.40
基础设施费	11	39 723 200.00	34 538 727.40		59 602 250.00
公共配套设施费	12	21 063 550.00	38 538 700.00		20 970 000.00
开发间接费用	13	10 250 000.00	10 720 000.00		91 465 207.74
3. 房地产开发费用 14＝15＋16	14	42 685 275.00	48 779 932.74		91 465 207.74
利息支出	15				
其他房地产开发费用	16	42 685 275.00	48 779 932.74		5 889 652.56
4. 与转让房地产有关的税金等 17＝18＋19＋20	17	2 463 080.40	3 426 572.16		
营业税	18				
城市维护建设税	19	1 436 796.90	1 998 833.76		3 435 630.66
教育费附加	20	1 026 283.50	1 427 738.40		2 454 021.90
5. 财政部规定的其他扣除项目	21	85 370 550.00	97 559 865.48		182 930 415.48
6. 代收费用	22				
三、增值额 23＝1－5	23	126 817 344.60	314 259 902.22		441 077 246.82
四、增值额与扣除项目金额之比（%）24＝23÷5	24	22.75%	49.29%		36.91%
五、适用税率（%）	25	30%	30%		30%

· 190 ·

续表

项目	行次	金额 普通住宅	金额 非普通住宅	金额 其他类型房地产	合计
六、速算扣除系数（%）	26				
七、应缴土地增值税税额 27=23×25-5×26	27	38 045 203.38	94 277 970.67		132 323 174.05
八、减免税额 28=30+32+34	28				
其中 减免税(1) 减免性质代码(1)	29				
减免税额(1)	30				
减免税(2) 减免性质代码(2)	31				
减免税额(2)	32				
减免税(3) 减免性质代码(3)	33				
减免税额(3)	34				
九、已缴土地增值税税额	35	11 083 861.80	35 979 007.68		47 062 869.48
十、应补(退)土地增值税税额 36=27-28-35	36	26 961 341.58	58 298 962.99		85 260 304.57

以下由纳税人填写：

纳税人声明	此纳税申报表是根据《中华人民共和国土地增值税暂行条例》及其实施细则和国家有关税收规定填报的，是真实的、可靠的、完整的。	
纳税人签章	代理人签章	代理人身份证号

以下由税务机关填写：

受理人	受理日期	年 月 日	受理税务机关签章

本表一式两份，一份纳税人留存，一份税务机关留存。

第四节 企业所得税预缴纳税实务

企业所得税月(季)度预缴主要包括销售未完工开发产品和销售完工开发产品的月(季)度预缴。企业所得税月(季)度预缴纳税申报表的填报依据是《国家税务总局关于发布〈中华人民共和国企业所得税月(季)度预缴纳税申报表(2015年版)等报表〉的公告》(国家税务总局公告2015年第31号)。

一、销售未完工开发产品企业所得税月(季)度预缴

对于销售未完工开发产品取得的收入,根据《房地产开发经营业务企业所得税处理办法》(国税发〔2009〕31号)第九条,应先按预计计税毛利率分季(或月)计算出预计毛利额,计入当期应纳税所得额。而在会计上,由于销售未完工开发产品取得的收入一般不符合收入确认条件,不确认为营业收入,所以利润表的营业收入中并不包括销售未完工开发产品取得收入部分,应将其进行纳税调整。

销售未完工开发产品特定业务计算的纳税调整额 = 销售未完工开发产品取得的收入 × 预计计税毛利率 - 实际发生的土地增值税

房地产开发企业销售未完工开发产品的计税毛利率由各省、自治区、直辖市国家税务局、地方税务局按下列规定进行确定:(1)开发项目位于省、自治区、直辖市和计划单列市人民政府所在地城市城区及郊区的,不得低于15%;(2)开发项目位于地及地级市城区及郊区的,不得低于10%;(3)开发项目位于其他地区的,不得低于5%;(4)属于经济适用房、限价房和危改房的,不得低于3%。

二、销售完工开发产品的企业所得税月(季)度预缴

对于销售完工开发产品,可分以下两种情况处理:

1. 销售完工开发产品符合收入确认条件的,在会计处理上确认为营业收入,利润表的营业收入中已包含这部分收入,填表时可直接填列。

2. 销售完工开发产品不符合收入确认条件的,在会计处理上尚未确认为营业收入,利润表的营业收入中不包含本部分收入,但按照税法规定应缴纳企业所得税,对此,国税发〔2009〕31号并未进行明确规定。本书认为,此类收入可以参照销售未完工开发产品取得的收入进行月(季)度预缴。

三、结转以前期间销售、本期符合收入确认条件的收入

以前期间销售的未完工开发产品取得的收入,本期符合收入确认条件的,应结

转为本期营业收入。由于该部分收入在以前期间收款时已按税法规定将纳税调整额计入当期应纳税所得额,如果不进行纳税调减就会重复纳税,故应将其调整。

销售的未完工产品转完工产品特定业务计算的纳税调整额=销售的未完工产品转完工产品确认的销售收入×预计计税毛利率-转回实际发生的土地增值税

【例5-5】东方房地产开发公司(一般纳税人,新项目)A地块有一期、二期、三期项目。(1)一期项目已经于20×2年第一季度完工,完工后当期销售10 000万元(不含增值税①,下同),符合会计确认销售收入条件,会计上已确认为销售收入。当期结转以前期间预售、当期符合会计确认收入条件的销售收入11 000万元。(2)二期项目也于20×2年第一季度完工,完工后当期销售5 000万元,房款已收但尚不符合收入确认条件,会计上尚未将其确认为收入。(3)三期项目于20×2年第一季度符合预售条件开始预售,当期收到预售款项4 000万元。

20×2年第一季度该公司利润表中营业收入21 000万元,营业成本14 700万元,税金及附加900万元(其中土地增值税630万元,增值税附加税费120万元),期间费用750万元,利润总额4 650万元。一期可售总面积为42 000平方米,房屋开发成本3 500元/平方米。当地税务机关规定的销售未完工开发产品计税毛利率为15%,城市维护建设税税率为7%,教育费附加征收率为3%,地方教育附加征收率为2%,土地增值税预征率为3%,企业所得税按季度申报。

1.预缴纳税申报表填报分析

为了简化税收程序、减少纳税遵从成本,企业所得税月(季)度预缴纳税申报时的营业收入、营业成本、利润总额按照利润表数字直接填列,后面的项目再进行纳税调整。

(1)销售未完工开发产品取得收入的填报分析

三期项目20×2年第一季度销售未完工开发产品取得的收入4 000万元,会计处理时将其作为预收账款核算,利润表的营业收入中不包括这部分应纳税收入,因此在填列企业所得税月(季)度预缴纳税申报表时,应将本期取得的销售未完工开发产品收入按照税收规定计算的纳税调整额填入第5行"特定业务计算的应纳税所得额"。

纳税调整额=4 000×15% -4 000×3% =480(万元)

(2)销售完工开发产品取得收入的填报分析

一期项目已经于20×2年第一季度完工,完工后当期销售10 000万元,符合收入确认条件,会计上已确认为销售收入。这部分收入直接确认在营业收入中,无须

---

① 房地产开发企业的预售款为含增值税价,计算企业所得税时应将预售款转换为不含税销售额。本书为便于说明,预售款金额采用不含税销售额。

进行纳税调整。

二期项目也于 20×2 年第一季度完工,完工后当期销售 5 000 万元,房款已收但尚不符合收入确认条件,会计上尚未将其确认为销售收入。这部分收入未确认收入,须参照销售未完工开发产品进行纳税调整,填入第 5 行"特定业务计算的应纳税所得额"。

纳税调整额 = 5 000×15% - 5 000×3% = 600(万元)

(3)结转以前期间销售、本期符合收入确认条件的收入

一期项目于 20×2 年第一季度结转以前期间销售、当期符合收入确认条件的收入 11 000 万元。由于该部分收入在以前期间收款时已按照税收规定进行纳税调增计入当期应纳税所得额 1 320 万元(11 000×15% - 11 000×3%),本期结转以前期间收款、本期确认收入的 11 000 万元时,应调减应纳税所得额 1 320 万元,第 5 行"特定业务计算的应纳税所得额"填列 -1 320 万元。

2. 填报企业所得税月(季)度预缴纳税申报表

各项目填报数据如下:

(1)"营业收入"项目

第 1 行"营业收入"项目的"本年累计金额"栏,根据利润表"营业收入"数据直接填列 21 000 万元。

(2)"营业成本"项目

第 2 行"营业成本"项目的"本年累计金额"栏,根据利润表"营业成本"数据直接填列 14 700 万元。

(3)"利润总额"项目

第 3 行"利润总额"项目的"本年累计金额"栏,根据利润表"利润总额"数据直接填列 4 650 万元。

(4)"特定业务计算的应纳税所得额"项目

第 4 行"特定业务计算的应纳税所得额"项目的"本年累计金额"栏填列 -240 万元,即三期销售未完工开发产品特定业务计算的纳税调整额 480 万元、二期销售完工开发产品特定业务计算的纳税调整额 600 万元和一期销售未完工产品转完工产品特定业务计算的纳税调整额 -1 320 万元合计数。

(5)"实际利润额"项目

第 9 行"实际利润额"项目的"本年累计金额"栏填列 4 410 万元,即第 3 行"利润总额"4 650 万元和第 4 行"特定业务计算的应纳税所得额" -240 万元合计数。

(6)"应纳所得税额"项目

第 11 行"应纳所得税额"项目的"本年累计金额"栏填列 1 102.5 万元(4 410×25%)。

(7)"本期应补(退)所得税额"项目

第15行"本期应补(退)所得税额"项目的"本年累计金额"栏填列1 102.5万元。

表5-6　中华人民共和国企业所得税月(季)度预缴纳税申报表(A类)

税款所属期间:20×2年1月1日至20×2年3月31日

纳税人识别号(统一社会信用代码):□□□□□□□□□□□□□□□□□□

纳税人名称:东方房地产开发公司　　　　　　　金额单位:人民币元(列至角分)

预缴方式	☑按照实际利润额预缴	□按照上一纳税年度应纳税所得额平均额预缴	□按照税务机关确定的其他方法预缴
企业类型	☑一般企业	□跨地区经营汇总纳税企业总机构	□跨地区经营汇总纳税企业分支机构

预缴税款计算		
行次	项目	本年累计金额
1	营业收入	210 000 000.00
2	营业成本	147 000 000.00
3	利润总额	46 500 000.00
4	加:特定业务计算的应纳税所得额	-2 400 000.00
5	减:不征税收入	
6	减:免税收入、减计收入、所得减免等优惠金额(填写A201010)	
7	减:固定资产加速折旧(扣除)调减额(填写A201020)	
8	减:弥补以前年度亏损	
9	实际利润额(3+4-5-6-7-8)\按照上一纳税年度应纳税所得额平均额确定的应纳税所得额	44 100 000.00
10	税率(25%)	25%
11	应纳所得税额(9×10)	11 025 000.00
12	减:减免所得税额(填写A201030)	
13	减:实际已缴纳所得税额	—
14	减:特定业务预缴(征)所得税额	
15	本期应补(退)所得税额(11-12-13-14)\税务机关确定的本期应纳所得税额	11 025 000.00

· 195 ·

续表

汇总纳税企业总分机构税款计算			
16	总机构填报	总机构本期分摊应补(退)所得税额(17+18+19)	
17		其中:总机构分摊应补(退)所得税额(15×总机构分摊比例__%)	
18		财政集中分配应补(退)所得税额(15×财政集中分配比例__%)	
19		总机构具有主体生产经营职能的部门分摊所得税额(15×全部分支机构分摊比例__%×总机构具有主体生产经营职能部门分摊比例__%)	
20	分支机构填报	分支机构本期分摊比例	
21		分支机构本期分摊应补(退)所得税额	

附报信息			
高新技术企业	□是 ☑否	科技型中小企业	□是 ☑否
技术入股递延纳税事项	□是 ☑否		

按季度填报信息			
季初从业人数	* *	季末从业人数	* *
季初资产总额(万元)	* *	季末资产总额(万元)	* *
国家限制或禁止行业	□是 ☑否	小型微利企业	□是 ☑否

谨声明:此纳税申报表是根据《中华人民共和国企业所得税法》《中华人民共和国企业所得税法实施条例》以及有关税收政策和国家统一会计制度的规定填报的,是真实的、可靠的、完整的。

法定代表人(签章):　　　　　　　　　　　　　　　年　月　日

纳税人公章: 会计主管: 填表日期:　年　月　日	代理申报中介机构公章: 经办人: 经办人执业证件号码: 代理申报日期:　年　月　日	主管税务机关受理专用章: 受理人: 受理日期:　年　月　日

国家税务总局监制

第五节　转让及销售阶段会计实务

房地产开发企业在房地产转让及销售阶段会计核算的主要任务是对收入和预收账款、应收账款及其涉税业务进行核算。房地产开发企业的收入包括转让及销售房地产取得的收入和其他业务收入。转让及销售房地产取得的收入如土地使用权转让收入、商品房销售收入和配套设施销售收入等,其他业务收入是指房地产开发企业从事主营业务以外的其他业务取得的收入,如商品房售后服务收入、材料销售收入等。

一、土地使用权转让的会计实务

房地产开发企业向其他单位转让土地,应在土地使用权已经移交并将发票账单提交买方时,按其转让价格借记"银行存款""应收账款"等科目,同时确认收入和应交增值税,贷记"主营业务收入——土地转让收入"科目和"应交税费——应交增值税(销项税额)"科目。月份终了,应将转让土地的实际开发成本自"开发产品——商品性土地"科目的贷方转入"主营业务成本——土地转让成本"科目的借方。

【例5-6】东方房地产开发公司对外转让已开发完成的土地一块,开出的增值税专用发票上注明的销售价款为2 100万元,增值税税额为189万元。土地使用权实际取得成本为1 300万元,已办妥转让手续,价款已收讫并存入开户银行。东方房地产开发公司应进行如下会计处理:

(1)依据发票账单、收款证明,确认已实现的土地使用权转让收入。

借:银行存款　　　　　　　　　　　22 890 000
　　贷:主营业务收入——土地转让收入　　21 000 000
　　　　应交税费——应交增值税(销项税额)　1 890 000

(2)结转已转让土地使用权的实际成本。

借:主营业务成本——土地转让成本　　13 000 000
　　贷:开发产品——商品性土地　　　　　13 000 000

二、商品房销售的会计实务

房地产开发企业商品房销售包括商品房预售和现房销售。商品房预售的会计核算包括预售的会计核算和收入确认的会计核算。

(一)商品房预售的会计实务

房地产开发企业进行商品房预售,一般涉及意向金(诚意金)、订金、VIP入会费、定金、预售款以及代收的配套设施费、维修基金、办证费等的会计核算。

1.意向金(诚意金)、认筹金、VIP入会费、订金等的核算

房地产开发企业收取的意向金(诚意金)、认筹金、VIP入会费、订金等通过"其他应付款"核算。

2.定金的核算

预售商品房时承购人交纳的定金,可以通过"预收账款"科目核算,房地产开发企业收取定金应缴纳增值税及附加税费。

3.预售房款的核算

房地产开发企业按照合同或协议规定向承购人预售取得的购房款,通过"预收

账款"科目核算。企业收到的预交购房款,包括承购人按揭贷款的到账金额,应借记"库存现金"或"银行存款"科目,贷记"预收账款"科目。

4. 按揭保证金的核算

一般情况下,为便于按揭保证金的划转,开户银行会要求房地产开发企业同时开立一个一般结算户和一个按揭保证金户。按揭保证金户是不能随便动用的资金,企业在报建的时候,计委和建委都需要银行开具相应的资金证明,按揭保证金上的金额是不能计算在内的。

房地产开发企业向贷款银行交纳的按揭保证金,有的由贷款银行在放贷时从贷款额中直接扣收,有的是在银行发放贷款后由房地产开发企业从一般结算户转入按揭保证金专户。贷款银行直接扣收按揭贷款保证金的,借记"银行存款""其他货币资金——按揭保证金户"科目,贷记"预收账款"科目;房地产开发企业从一般结算户转入按揭贷款保证金时,借记"其他货币资金——按揭保证金户"科目,贷记"银行存款"科目。承购人违约,未及时还款时,贷款银行从按揭保证金专户中扣收承购人还贷本息时,借记"其他应收款——××(客户信息)"科目,贷记"其他货币资金——按揭保证金户"科目;承购人补交还款额时,做相反会计分录。按揭保证金解冻时,借记"银行存款"科目,贷记"其他货币资金——按揭保证金户"科目。

【例5-7】东方房地产开发公司采用银行按揭方式销售商品房一套,房屋价款180万元,承购人交纳首付款70万元,按揭贷款110万元。20×1年5月,该套商品房按揭贷款到账,贷款银行从按揭贷款额中直接收取10%的按揭保证金。放款次月起,承购人开始还贷款。20×1年12月5日还款日,承购人未及时还款,贷款银行从公司按揭保证金户扣款6 500元;12月底,承购人补交了还款额。20×2年5月该套商品房房产证书办理完毕,按揭贷款保证金解冻并转入对应的一般结算户。

(1)承购人支付首付款,应依据销售不动产发票记账联、收款收据记账联、现金缴款单或银行收账通知等收款证明进行会计处理:

借:银行存款　　　　　　　　　　　700 000
　　贷:预收账款　　　　　　　　　　　　700 000

(2)商品房按揭贷款到账,应依据银行收账通知等收款证明进行会计处理:

借:银行存款　　　　　　　　　　　990 000
　　其他货币资金——按揭保证金户　　110 000
　　贷:预收账款　　　　　　　　　　　　1 100 000

(3)承购人违约,贷款银行从按揭保证金户扣款,应依据贷款银行扣款证明进行会计处理:

借:其他应收款——××　　　　　　6 500

贷：其他货币资金——按揭保证金户　　　　　6 500

（4）承购人补交还款额，应依据银行收账通知等收款证明进行会计处理：

借：其他货币资金——按揭保证金户　　　　　6 500
　　贷：其他应收款——××　　　　　　　　　6 500

（5）按揭保证金解冻，应依据银行转款单据进行会计处理：

借：银行存款　　　　　　　　　　　　　　110 000
　　贷：其他货币资金——按揭保证金户　　　110 000

5.代收配套设施费、办证费、维修基金的核算

房地产开发企业在预收房款的同时会代收天然气初装费等配套设施费、房产证办证费以及住宅专项维修基金等。住宅专项维修资金，是指专项用于住宅共用部位、共用设施设备保修期满后的维修和更新、改造的资金。代收的配套设施费、办证费、维修基金应作为"其他应付款"核算。

【例5-8】东方房地产开发公司销售给承购人甲商品房一套，该套商品房价款55.5万元。具体情况如下：

（1）20×1年7月1日，东方房地产开发公司开发的东方家园开始认筹，承购人甲交纳意向金2 000元，收款方式为现金。依据收款收据记账联进行如下会计处理：

借：库存现金　　　　　　　　　　　　　　　2 000
　　贷：其他应付款——甲　　　　　　　　　　2 000

（2）20×1年10月2日，承购人甲通过POS机刷卡交纳购房定金18 000元，意向金转房款。依据收款收据记账联、POS机刷卡凭条进行如下会计处理：

借：银行存款　　　　　　　　　　　　　　　18 000
　　其他应付款——甲　　　　　　　　　　　2 000
　　贷：预收账款——甲　　　　　　　　　　20 000

（3）20×1年10月8日，承购人甲通过POS机刷卡交纳购房首付款235 000元。依据收款收据记账联、POS机刷卡凭条进行如下会计处理：

借：银行存款　　　　　　　　　　　　　　235 000
　　贷：预收账款——甲　　　　　　　　　235 000

（4）20×1年12月3日，承购人甲按揭贷款到账300 000元。依据银行收账通知进行如下会计处理：

借：银行存款　　　　　　　　　　　　　　300 000
　　贷：预收账款——甲　　　　　　　　　300 000

（5）20×1年12月5日，承购人甲以现金交纳有线电视初装费240元，维修基金4 600元，房产证办证费400元。依据收款收据记账联、现金缴款单进行如下会计处理：

借:库存现金　　　　　　　　　　　　　　　　　5 240
　　贷:其他应付款——甲(配套设施费)　　　　　　240
　　　　　　　　　——甲(维修基金)　　　　　　4 600
　　　　　　　　　——甲(办证费)　　　　　　　　400

(6)支付代收配套设施费、维修基金、办证费,依据维修基金缴存凭证代收单位留存联和支付维修基金、配套设施费、办证费的付款证明进行会计处理:

借:其他应付款——甲(配套设施费)　　　　　　240
　　　　　　　——甲(维修基金)　　　　　　　4 600
　　　　　　　——甲(办证费)　　　　　　　　　400
　　贷:银行存款　　　　　　　　　　　　　　　5 240

(二)商品房销售收入的会计实务

房地产开发企业应当依据会计准则确认销售商品收入的实现,并将已实现的收入及时入账。

1. 商品房销售收入的确认

房地产开发企业对外销售商品房的,按照《企业会计准则》中商品销售收入的确认原则处理。由于企业会计准则是以原则导向为主的,并没有针对房地产开发企业的收入确认作专门的规定,而是给出了收入确认的原则,需要会计人员根据《企业会计准则》及企业自身情况作出会计职业判断。《企业会计准则第14号——收入》第四条规定:"销售商品收入同时满足下列条件的,才能予以确认:(1)企业已将商品所有权上的主要风险和报酬转移给购货方;(2)企业既没有保留通常与所有权相联系的继续管理权,也没有对已售出的商品实施有效控制;(3)收入的金额能够可靠地计量;(4)相关的经济利益很可能流入企业;(5)相关的已发生或将发生的成本能够可靠地计量。"我们结合房地产开发企业的具体情况及经营特点对确认收入的条件进行逐条分析:

(1)企业已将商品所有权上的主要风险和报酬转移给购货方。

企业已将商品所有权上的主要风险和报酬转移给购货方,构成确认销售商品收入的重要条件,判断风险和报酬是否转移非常重要,判断时需考虑以下因素:

首先,企业已将商品所有权上的主要风险和报酬转移给购货方,是指与商品所有权有关的主要风险和报酬同时转移。与商品所有权有关的报酬,是指商品价值增值或通过使用商品等产生的经济利益。在商品房预售情况下,如果商品房实现价值增值,则增值收益一般归承购人所有。与商品所有权有关的风险,是指商品可能发生减值或毁损等形成的损失。在商品房预售情况下,如果商品房价值发生减值,价值减少的损失一般也由承购人承担;但是如果商品房发生毁损,毁损的损失就不一定由承购人承担。2003年4月28日发布的《最高人民法院关于审理商品房买卖合同纠纷案件适用法律若干问题的解释》第十一条规定："房屋毁损、灭失的风险,在交付使用前由出卖人承担,交付使用后由买受人承担;买受人接到出卖人的书面交房通知,无正当理由拒绝接收的,房屋毁损、灭失的风险自书面交房通知确定的交付使用之日起由买受人承担,但法律另有规定或者当事人另有约定的除外。"第一,除"法律另有规定"或者"当事人另有约定"或者"买受人接到出卖人的书面交房通知无正当理由拒绝接收"外,房屋毁损、灭失的风险,在交付使用前由出卖人承担,交付使用后由买受人承担。第二,商品房所有权上的主要风险和报酬转移并非一定是办理实物交付,有些房地产开发企业为了防止客户接到通知后不来收房,可能在销售合同里约定入伙通知发出的一段时间内不来收房的,风险视同转移,如约定发出入伙通知15日内不来收房,风险视为转移,在这种情况下,只要入伙通知发出15日内不来收房就视为风险转移。第三,"当事人另有约定"是指当事人通过销售合同对商品房所有权上的主要风险和报酬转移加以约定。根据《中华人民共和国合同法》的规定,所有权转移的时间标准依下列原则确定:(1)依合同约定时间。当事人可以在合同中约定标的物所有权转移的时间,约定的时间既可以是某一时间点,也可以是附转移条件,待条件成就时,所有权转移。(2)依交付完成时间。若合同未约定标的物所有权转移的时间,则所有权自标的物交付时转移。(3)依法律、法规规定的时间。法律、法规要求所有权转移须履行特殊手续的,则以该特殊手续办理完毕的时间为所有权转移时间。如果当事人在销售合同中约定的风险和报酬转移的时点为"房产完工并验收合格",那么房产完工并验收合格时则为商品房所有权上的主要风险和报酬转移的时点。可见,与商品房所有权相关的风险和报酬的转移不能一概而论,我们需要结合房地产开发企业的具体情况和销售合同的具体约定进行分析,并作出会计职业判断。

其次,判断企业是否已将商品所有权上的主要风险和报酬转移给购货方,应当关注交易的实质,并结合所有权凭证的转移进行判断。通常情况下,转移商品所有权凭证并交付实物后,商品所有权上的主要风险和报酬随之转移。某些情况下,转移商品所有权凭证但未交付实物,商品所有权上的主要风险和报酬随之转移,企业只保留了次要风险和报酬;有时已交付实物但未转移商品所有权凭证,商品所有权上的主要风险和报酬未随之转移。房地产开发企业需要从转移商品房所有权凭证和实物交付两个方面来进行分析,尽管商品房最终是以产权证上权利人主体的更替为所有权变更的主要标志,但由于买方取得商品房产权证的环节较为特殊,办理产权过户手续不仅受到房地产开发企业方面的影响,且产权证的办理涉及房地产管理、土地管理等政府有关部门,办妥产权证书的时间并非房地产开发企业所能控制的,如果待产权过户手续办理完毕后确认收入,会导致收入滞后,将不符合收入确认原则。所以,尽管房屋产权证书是房屋所有权的标志,但并非是确认收入的必要条件。

另外,在房地产销售中,房地产的法定所有权转移给买方,通常表明其所有权上的主要风险和报酬也已转移,企业应确认销售收入,但也可能出现法定所有权转移后,所有权上的主要风险和报酬尚未转移的情况。具体包括:(1)卖方根据合同规定,仍有责任实施重大行动,例如工程尚未完工。在这种情况下,企业应在实施的重大行动完工时确认收入。(2)合同存在重大不确定因素,如买方有退货选择权的销售,企业应在这些因素消失后确认收入。(3)房地产销售后,卖方仍有某种程度的继续涉入,如签订有销售回购协议、卖方保证买方在特定时期内获得既定投资报酬的协议等。在这些情况下,企业应分析交易的实质,确定是作为销售处理,还是作为筹资、租赁或利润分成处理,如作销售处理,卖方在继续涉入的期间不应确认收入。

(2)企业既没有保留通常与所有权相联系的继续管理权,也没有对已售出的商品实施有效控制。

对售出商品房继续实施管理,既可能源于仍拥有商品房的所有权,也可能与商品房的所有权没有关系。如果商品房售出后,企业仍保留与该商品房的所有权相联系的继续管理权,则说明此项销售商品房交易并没有完成,销售不能成立,不能确认收入。同样,如果商品房售出后,企业仍对售出的商品房实施有效控制,也说明此项销售没有完成,不能确认收入。房地产开发企业销售商品房后委托物业公司管理小区物业不属于保留通常与所有权相联系的继续管理权,也不属于对售出的商品房实施有效控制。

(3)收入的金额能够可靠地计量。

收入的金额能够可靠地计量,是确认收入的基本前提,收入不能可靠计量,则无法确认收入。企业在销售商品时,售价通常已经确定,但销售过程中由于某些不确定因素,也有可能出现售价变动的情况,则新的售价未确定前不应确认收入。收入的金额能够可靠地计量,是指收入的金额能够合理地估计。收入的金额不能够合理地估计就无法确认收入。企业销售商品满足收入确认条件时,应当按照已收或应收的合同或协议价款的公允价值确定销售商品收入金额。从购货方已收或应收的合同或协议价款,通常为公允价值。某些情况下,合同或协议明确约定销售商品需要延期收取价款,如分期收款销售商品,实质上具有融资性质的,应当按照应收的合同或协议价款的公允价值确定收入金额;已收或应收的价款不公允的,企业应按公允的交易价格确定收入金额。

(4)相关的经济利益很可能流入企业。

在销售商品的交易中,与交易相关的经济利益主要表现为销售商品的价款。销售商品的价款能够收回,是收入确认的一个重要条件。企业在销售商品时,如果估计价款收回的可能性不大,即使收入确认的其他条件均已满足,也不应当确认收入。通常情况下,"很可能"是指发生的概率超过 50%。销售商品的价款能否收回,主要根据企业以前和买方交往的直接经验,或从其他方面取得的信息,或政府的有关政策等进行判断。实务中,企业售出的商品符合合同或协议约定的要求,并已将发票账单交付买方,买方也承诺付款,即表明销售商品的价款能够收回。如果企业估计价款不能收回,不确认收入,应提供可靠的证据;已经收回部分价款的,只将收回的部分确认为收入。

(5)相关的已发生或将发生的成本能够可靠地计量。

根据收入和费用配比原则,与同一项销售有关的收入和成本应在同一会计期间予以确认。因此,如果成本不能可靠计量,即使其他条件均已满足,相关的收入也不能确认。一般情况下,所售商品房的开发项目完成竣工结算标志着成本能够可靠地计量,但也不尽然,这也要结合企业的具体情况加以判断。如果在施工过程中采用固定造价合同,则在合同签订后相关的成本就能够可靠计量;如果采用费率招标合同,则必须完成竣工结算才能够对成本可靠计量。

即使成本能够可靠计量,如果成本还没有发生,相关的收入也不能确认。有人认为签订合同时成本已经发生,而有人认为履行了合同约定的权利和义务后,成本才算已经发生,如房地产开发企业与施工单位签订了不可撤销的固定造价合同,在施工完成前因施工方没有履行完合同约定的义务,并不能说成本已经发生,这时即使成本可以可靠计量,其他收入确认条件均已满足,也不能确认收入。

2.商品房销售收入的计量

商品房的销售收入,应按企业与承购人签订的销售合同或协议金额或双方接受的金额确定。如果同时满足收入确认的五个条件,房地产开发企业应确认商品房销售收入实现,将预收的房款确认为主营业务收入,借记"银行存款"或"应收账款"(补交差额部分)、"预收账款"科目,贷记"主营业务收入"科目(全部房款),并同时结转相关的成本,将"开发产品"科目金额转入"主营业务成本"科目。

【例5-9】东方房地产开发公司 20×1 年 6 月将其正在开发的商品房预售,合同价款 18 000 万元,增值税税额 1 620 万元。20×2 年 4 月开发的商品房已全部办理竣工验收并交房,商品房实际开发成本为 11 520 万元,企业于当月确认商品房销售收入。

(1)商品房移交时,确认商品房销售收入:

借:预收账款　　　　　　　　　　　　180 000 000
　　贷:主营业务收入　　　　　　　　　　180 000 000

(2)月末,结转商品房销售成本:

借:主营业务成本　　　　　　　　　　115 200 000

　　　　贷:开发产品　　　　　　　　　　　　　　115 200 000
　　3.销售折扣、折让及退回的核算
　　房地产开发企业在销售过程中,由于各种原因会发生现金折扣、商业折扣、销售折让或销售退回等问题,应当分不同情况进行处理。现金折扣,是指房地产开发企业为鼓励承购人在规定的期限内付款而向承购人提供的债务扣除。销售商品房涉及现金折扣的,应当按照扣除现金折扣前的金额确定销售商品房收入金额,现金折扣在实际发生时计入财务费用。商业折扣,是指房地产开发企业为促进商品房销售而在商品房标价上给予的价格扣除。销售商品房涉及商业折扣的,应当按照扣除商业折扣后的金额确定销售商品房收入金额。销售折让,是指房地产开发企业因售出商品房的质量不合格等原因而在售价上给予的减让。房地产开发企业已经确认销售商品房收入的售出商品房发生销售折让的,应当在发生时冲减当期销售商品房收入,属于资产负债表日后事项的,适用《企业会计准则第 29 号——资产负债表日后事项》。销售退回,是指房地产开发企业售出的商品房由于质量、品种不符合要求等原因而发生的退货。销售退回应当分以下情况处理:(1)未确认收入的商品房退回,其会计处理比较简单,按照退回承购人的房款,借记"预收账款"科目,贷记"银行存款"科目。(2)已确认收入的商品房退回,一般情况下应直接冲减退回当月的销售收入、销售成本等。如果该项销售已发生现金折扣,应在退回当月一并处理,按已付或应付的余额冲减营业收入时,借记"主营业务收入"科目,贷记"银行存款""应付账款"等科目;按退回商品房的成本,借记"开发产品"科目,贷记"主营业务成本"科目。(3)资产负债表日及之前售出的商品房在资产负债表日至财务会计报告批准报出日之间发生退回的,应当作为资产负债表日后事项的调整事项处理,调整报告年度的收入、成本等。如果该项销售在资产负债表日及之前已经发生现金折扣的,还应同时冲减报告年度的现金折扣。

　　4.面积差的会计处理
　　房地产开发企业应根据面积差的处理方式采用相应的会计处理方法。
　　(1)按套(单元)计价
　　误差范围在合同约定范围内的,按合同约定总价款确定商品房计税销售收入,不必进行面积差账务处理。
　　误差范围超出合同约定范围,双方重新约定总价款的,按照双方约定的总价款确定商品房计税销售收入;承购人退房的,房地产开发企业可以冲减当期计税销售收入,开具红字冲销发票,借记"主营业务收入"科目,贷记"银行存款""库存现金""应付账款"等科目。房地产开发企业支付的违约金直接计入营业外支出,不能冲减计税销售收入。

(2)按套内建筑面积或者建筑面积计价
①面积误差比绝对值在3%以内的,据实结算房价款。

实测面积大于合同约定面积时,房地产开发企业向买受人收取面积差价,并向买受人就差价补开发票,借记"银行存款""应收账款"科目,贷记"主营业务收入"科目;实测面积小于合同约定面积时,房地产开发企业应退回承购人多交的房款,开具红字冲销发票,借记"主营业务收入"科目,贷记"银行存款""库存现金""应付账款"等科目。

②面积误差比绝对值超出3%,承购人可以选择退房或者不退房。

承购人退房,房地产开发企业支付承购人退房的房价款,开具红字冲销发票,借记"主营业务收入"科目,贷记"银行存款""库存现金""应付账款"等科目。房地产开发企业支付给承购人的利息相当于占用承购人资金支付的资金使用费,应计入财务费用,不能冲减计税销售收入。

承购人不退房,实测面积大于合同约定面积超出3%的部分,由房地产开发企业承担的房价款,房地产开发企业不进行账务处理,仍按照合同约定价款确定计税销售收入;实测面积小于合同约定面积超出3%的部分,房地产开发企业双倍返还给承购人的房价款,冲减当期计税销售收入,开具红字冲销发票,借记"主营业务收入"科目,贷记"银行存款""库存现金""应付账款"等科目。

【例5-10】东方房地产开发公司已销售的商品房中有18套商品房存在面积差,其中应向承购人收取的面积差价为16.35万元,应向承购人退回的面积差价为9.81万元。东方房地产开发公司应编制如下会计分录:

(1)收取面积差价,依据销售不动产发票记账联、收款证明:

借:银行存款　　　　　　　　　　　　　163 500
　　贷:主营业务收入　　　　　　　　　　150 000
　　　　应交税费——应交增值税(销项税额)　　13 500

(2)支付面积差价,依据销售不动产发票记账联(红字)、付款证明:

借:主营业务收入　　　　　　　　　　　　90 000
　　应交税费——应交增值税(销项税额)　　　8 100
　　贷:银行存款　　　　　　　　　　　　　98 100

三、销售其他建筑物的会计实务

房地产开发企业销售其他建筑物主要包括销售配套设施和销售周转房。

(一)销售配套设施

对于能有偿转让的配套设施,企业应单独核算其成本,其销售与商品房的销售处理是一样的,这里不再赘述。

(二)销售周转房的核算

周转房在改变用途将其对外销售时,应视同商品房销售加以处理。周转房在销售以前,往往要对其进行改装修复。在改装修复时发生的各项费用,应借记"销售费用"科目,贷记"应付账款""银行存款"等科目。周转房在改装修复后对外销售时,应办理房屋交接手续,并根据账单价款借记"应收账款""银行存款"等科目,贷记"主营业务收入——周转房销售收入"科目。同时应结转对外销售周转房的销售成本。在结转周转房销售成本时,借记"周转房——周转房摊销""主营业务成本——周转房销售成本"科目,贷记"周转房——在用周转房"科目。

四、其他业务的会计核算

房地产开发企业其他业务主要是销售材料。销售材料取得的价款,构成房地产开发企业的材料销售收入。取得销售材料价款时,借记"银行存款"等科目,贷记"其他业务收入""应交税费——应交增值税(销项税额)"科目;结转材料成本时,借记"其他业务成本"科目,贷记"原材料"科目。

【例5-11】东方房地产开发公司在开发项目结束后,将一批多余材料对外销售,价税合计33 900元已存入银行。该批材料实际成本为25 000元。增值税税率为13%,城市维护建设税税率为7%,教育费附加征收率为3%,地方教育附加征收率为2%。东方房地产开发公司应编制如下会计分录:

1. 确认材料销售收入:

借:银行存款　　　　　　　　　　　　　　　33 900
　　贷:其他业务收入——材料销售收入　　　　30 000
　　　　应交税费——应交增值税(销项税额)　 3 900

2. 结转材料销售成本:

借:其他业务成本——材料销售成本　　　　　25 000
　　贷:原材料　　　　　　　　　　　　　　　25 000

五、销售费用

房地产开发企业的销售费用是指房地产开发企业转让及销售土地、房屋、其他建筑物的过程中发生的各种费用。

1. 销售费用核算的内容

房地产开发企业的销售费用包括销售推广费、合同交易费、销售代理费等以及为销售本企业开发产品而专设的销售机构的职工薪酬、业务费、折旧费等经营费用。企业发生的与专设销售机构相关的固定资产修理费用等费用化后续支出,也在本科目核算。

销售推广费主要是与销售相关的媒体广告费、广告制作费、展位费及展台搭建费、户外发布费、围墙彩绘费、宣传费、灯箱制作费、展板制作费和楼书印刷费等。广告费包括媒体广告费、户外发布费,展位费及展台搭建费作为展览费,其他应归入业务宣传费。业务宣传费是企业开展业务宣传活动所支付的费用,主要是指未通过媒体的广告性支出,包括企业发放的印有企业标志的礼品、纪念品等;广告费则是企业通过媒体向公众介绍商品、劳务和企业信息等发生的相关费用。

合同交易费是签订预售合同或出售合同交易时房地产开发企业所需交纳的交易手续费用,而非代收代付客户部分的交易费;另外还包括付给交易中心的网上服务备案费等。

销售代理费是销售费用中的主要费用之一,是房地产开发企业委托代理公司进行销售所支付的佣金。一般房地产开发企业均和所指定的代理公司签订相关代理协议,根据合同中的有关条款支付销售代理费,该科目核算按代理合同计算的应付代理费,包括已付和已计提尚未支付的部分。

2. 销售费用的会计处理

房地产开发企业在销售开发产品的过程中发生的展览费、广告费、维修费等费用,借记"销售费用"科目,贷记"库存现金""银行存款"等科目。发生的为销售本企业开发产品而专设的销售机构的职工薪酬、业务费等经营费用,借记"销售费用"科目,贷记"应付职工薪酬""银行存款""累计折旧"等科目。期末,应将"销售费用"科目余额转入"本年利润"科目,结转后"销售费用"科目无余额。

【例 5-12】东方房地产开发公司 20×3 年 5 月发生的销售费用及应编制的会计分录如下:

(1)为推销商品房发布公交车体广告,取得增值税专用发票,增值税专用发票上注明价款 45 万元,增值税税额为 2.7 万元,款项未支付。

借:销售费用　　　　　　　　　　　　450 000
　　应交税费——应交增值税(进项税额)　27 000
　　贷:应付账款　　　　　　　　　　　477 000

(2)支付 12#～16#楼交易手续费 20.4 万元,款项已付。

借:销售费用　　　　　　　　　　　　204 000
　　贷:银行存款　　　　　　　　　　　204 000

(3)发生营销人员培训费,取得增值税专用发票,增值税专用发票上注明价款 3 万元,增值税为 0.18 万元,款项已付。

借:销售费用　　　　　　　　　　　　30 000

应交税费——应交增值税(进项税额)　　1 800

贷:应付账款　　　　　　　　　　　　　　　31 800

六、增值税会计实务

房地产开发企业应按照《财政部关于印发〈增值税会计处理规定〉的通知》(财会〔2016〕22号)进行增值税会计核算。

【例5-13】东方房地产开发公司是一般纳税人,其开发的东方家园项目适用一般计税方法。东方家园项目于20×1年5月开始预售,20×2年11月办理产权转移手续。东方家园项目发生以下与增值税相关的业务:

1. 20×1年5月收到预售款5 450万元。20×1年6月初,计算应预交增值税。

应预交增值税 = 5 450 ÷ (1 + 9%) × 3% = 150(万元)

依据完税凭证和付款证明,东方房地产开发公司应编制如下会计分录:

借:应交税费——预交增值税　　　　　　　1 500 000

贷:银行存款　　　　　　　　　　　　　　　1 500 000

2. 20×2年11月东方家园项目办理产权转移,发生增值税纳税义务,销售额(含税)19 620万元,应确认销项税额1 620万元。东方房地产开发公司应编制如下会计分录:

借:预收账款　　　　　　　　　　　　　　16 200 000

贷:应交税费——应交增值税(销项税额)　16 200 000

3. 东方家园项目允许扣除的土地价款为2 507万元,土地价款抵减的销项税额为:

2 507 ÷ (1 + 9%) × 9% = 207(万元)

借:应交税费——应交增值税(销项税额抵减)　2 070 000

贷:主营业务成本　　　　　　　　　　　　　2 070 000

4. 截至20×2年11月,东方家园项目累计已预交增值税540万元,结转东方家园项目已预交的增值税。

根据财会〔2016〕22号文件规定,房地产开发企业等在预缴增值税后,应直至纳税义务发生时方可从"应交税费——预交增值税"科目结转至"应交税费——未交增值税"科目。

借:应交税费——未交增值税　　　　　　　5 400 000

贷:应交税费——预交增值税　　　　　　　　5 400 000

5. 东方房地产开发公司同时兼有简易计税项目和一般计税项目。20×2年11月,"管理费用"科目本月发生的不得抵扣进项税额为20万元,月末应进行一次性调账。

借:管理费用   200 000
　　贷:应交税费——应交增值税(进项税额转出)   200 000

6.20×2年11月,"应交税费——应交增值税"科目的期初借方余额为342万元,各专栏本月发生额为:销项税额1 620万元,销项税额抵减207万元,进项税额586万元,进项税额转出20万元,"应交税费——应交增值税"科目期末贷方余额为505万元(-342+1 620-207-586+20)。20×2年11月30日,转出未交增值税,东方房地产开发公司应编制如下会计分录:

借:应交税费——应交增值税(转出未交增值税)   5 050 000
　　贷:应交税费——未交增值税   5 050 000

7.20×2年11月,"应交税费——未交增值税"科目期初余额为0,本期借方发生额540万元,本期贷方发生额505万元,期末贷方余额为-35万元。20×2年11月"应交税费——未交增值税"科目期末为贷方负数,即存在留抵增值税。东方房地产开发公司在20×2年12月无须缴纳增值税。

应交增值税 = 505 - 540 = -35(万元)

七、土地增值税会计实务

房地产开发企业按规定应交的土地增值税,在"应交税费"科目下增设"应交土地增值税"明细科目进行核算。

1.房地产开发企业在项目全部竣工结算前销售房地产取得的收入,按税法规定预交的土地增值税,借记"应交税费——应交土地增值税"科目,贷记"银行存款"等科目。

2.销售收入实现时,应由当期销售收入负担的土地增值税,借记"税金及附加"科目,贷记"应交税费——应交土地增值税"科目。

3.项目全部竣工、办理结算后进行清算,收到退回多交的土地增值税,借记"银行存款"等科目,贷记"应交税费——应交土地增值税"科目;补交的土地增值税则做相反的会计分录。

4.转让的国有土地使用权与其地上建筑物及其附着物一并在"固定资产"或"在建工程"科目核算的,转让时应交的土地增值税,借记"固定资产清理""在建工程"等科目,贷记"应交税费——应交土地增值税"等科目;土地使用权在"无形资产"科目核算的,按实际收到的金额,借记"银行存款"科目,按应交的土地增值税,贷记"应交税费——应交土地增值税"科目,同时冲销土地使用权的账面价值,贷记"无形资产"科目,按其差额,借记"营业外支出"科目或贷记"营业外收入"科目。

【例5-14】东方房地产开发公司20×1年4月销售商务楼取得预售收入8 720万元,土地增值税预征率为3.5%。20×2年7月,该项目确认销售收入30 000万元,应负担的土地增值税税额为 1 134 万元。20×3 年 2 月,主管税务机关要求该项目进行土地增值税清算,20×3 年 5 月,清算后应纳土地增值税税额为 1 580 万元,应补土地增值税税额为 446 万元,主管税务机关要求公司 20×3 年 5 月 22 日前补交土地增值税。

(1)20×1 年 4 月取得预售收入,预交土地增值税时,依据土地增值税完税凭证和付款证明编制如下会计分录:

应预缴土地增值税 = [8 720 − 8 720 ÷ (1 + 9%) × 3%] × 3.5% = 296.8(万元)

借:应交税费——应交土地增值税　　2 968 000
　　贷:银行存款　　　　　　　　　　2 968 000

(2)20×2 年 7 月确认销售收入,计算应由当期销售收入负担的土地增值税时:

借:税金及附加　　　　　　　　　　11 340 000
　　贷:应交税费——应交土地增值税　11 340 000

(3)20×3 年 5 月 22 日,补交土地增值税时,应同时补提税金及附加。依据土地增值税完税凭证和付款证明,东方房地产开发公司应编制如下会计分录:

借:税金及附加　　　　　　　　　　4 460 000
　　贷:应交税费——应交土地增值税　4 460 000
借:应交税费——应交土地增值税　　4 460 000
　　贷:银行存款　　　　　　　　　　4 460 000

第六章 投资性房地产

随着我国社会主义市场经济的发展和完善,房地产市场日益活跃,企业持有的房地产除了用作自身管理、生产经营活动场所和对外销售之外,还用于赚取租金或增值收益,甚至作为个别企业的主营业务。在纳税处理上,主要应纳税种有增值税、房产税、土地使用税、印花税等,纳税业务部分还涉及出租具备房屋功能的地下建筑、免租期等实务问题;在会计处理上,涉及投资性房地产的范围、确认和计量、处置、租赁收入等的会计核算。

第一节 投资性房地产业务概述

投资性房地产,是指为赚取租金或资本增值,或者两者兼有而持有的房地产。投资性房地产的主要形式是出租建筑物、出租土地使用权。这实质上属于一种让渡资产使用权行为。房地产租金就是让渡资产使用权取得的使用费收入,是企业为完成其经营目标所从事的经营性活动以及与之相关的其他活动形成的经济利益流入。投资性房地产的另一种形式是持有并准备增值后转让的土地使用权,尽管其增值收益通常与市场供求、经济发展等因素相关,但目的是增值后转让以赚取增值收益,也是企业为完成其经营目标所从事的经营性活动以及与之相关的其他活动形成的经济利益流入。

一、投资性房地产的范围

投资性房地产的范围包括已出租的土地使用权、持有并准备增值后转让的土地使用权、已出租的建筑物。

(一)已出租的土地使用权

已出租的土地使用权,是指企业通过出让或转让方式取得的以经营租赁方式出租的土地使用权。对于以经营租赁方式租入土地使用权再转租给其他单位的,不能确认为投资性房地产。

(二)持有并准备增值后转让的土地使用权

持有并准备增值后转让的土地使用权,是指企业取得的准备增值后转让的土地使用权。

按照国土资源部《闲置土地处置办法》认定的闲置土地,不属于持有并准备增值后转让的土地使用权。在我国实务中,持有并准备增值后转让的土地使用权这种情况较少。

(三)已出租的建筑物

已出租的建筑物,是指企业拥有产权的、以经营租赁方式出租的建筑物,包括自行建造或开发活动完成后用于出租的建筑物以及正在建造或开发过程中将来用于出租的建筑物。企业在判断和确认已出租的建筑物,应当把握以下要点:

1.用于出租的建筑物是指企业拥有产权的建筑物。企业以经营租赁方式租入再转租的建筑物不属于投资性房地产。

2.已出租的建筑物是企业已经与其他方签订了租赁协议,约定以经营租赁方式出租的建筑物。一般应自租赁协议规定的租赁期开始日起,经营出租的建筑物才属于已出租的建筑物。通常情况下,对企业持有以备经营出租的空置建筑物,如董事会或类似机构作出书面决议,明确表明将其用于经营出租且持有意图短期内不再发生变化的,即使尚未签订租赁协议,也应视为投资性房地产。这里的"空置建筑物",是指企业新购入、自行建造或开发完工但尚未使用的建筑物,以及不再用于日常生产经营活动且经整理后达到可经营出租状态的建筑物。

3.企业将建筑物出租,按租赁协议向承租人提供的相关辅助服务在整个协议中不重大的,应当将该建筑物确认为投资性房地产。例如,企业将其写字楼出租,同时向承租人提供维护、保安等日常辅助服务,企业应当将其确认为投资性房地产。

二、不属于投资性房地产的项目

自用房地产、作为存货的房地产不属于投资性房地产。

(一)自用房地产

自用房地产是指为生产商品、提供劳务或者经营管理而持有的房地产,如企业生产经营用的厂房和办公楼属于固定资产;企业生产经营用的土地使用权属于无形资产。自用房地产的特征在于服务于企业自身的生产经营,其价值将随着房地产的使用而逐渐转移到企业的产品或服务中去,通过销售商品或提供服务为企业带来经济利益,在产生现金流量的过程中与企业持有的其他资产密切相关。例如,企业出租给本企业职工居住的宿舍,虽然也收取租金,但间接为企业自身的生产经营服务,因此具有自用房地产的性质。又如,企业拥有并自行经营的旅馆饭店。旅馆饭店的经营者在向顾客提供住宿服务的同时,还提供餐饮、娱乐等其他服务,其经营目的主要是通过向客户提供服务取得服务收入,因此,企业自行经营的旅馆饭店是企业的经营场所,应当属于自用房地产。

(二)作为存货的房地产

作为存货的房地产通常是指房地产开发企业在正常经营过程中销售的或为销售而正在开发的商品房和土地。这部分房地产属于房地产开发企业的存货,其开发、销售构成企业的主营业务活动,产生的现金流量也与企业的其他资产密切相关。因此,具有存货性质的房地产不属于投资性房地产。

从事房地产经营开发的企业依法取得的用于开发后出售的土地使用权,属于房地产开发企业的存货,即使房地产开发企业决定待增值后再转让其开发的土地,也不得将其确认为投资性房地产。因此,房地产开发企业投资性房地产的范围包括已出租的土地使用权、已出租的建筑物。

实务中存在某项房地产部分自用或作为存货出售、部分用于赚取租金或资本增值的情形。如果某项投资性房地产不同用途的部分能够单独计量和出售,应当分别确认为固定资产、无形资产、存货和投资性房地产。例如,甲房地产开发企业建造了一栋商住两用楼盘,一层出租给一家大型超市,已签订经营租赁合同;其余楼层均为普通住宅,正在公开销售中。这种情况下,如果一层商铺能够单独计量和出售,应当确认为甲企业的投资性房地产,其余楼层为甲企业的存货,即开发产品。

第二节 投资性房地产纳税实务

房地产开发企业持有的投资性房地产,主要应纳税种有增值税及其相关的城市维护建设税、教育费附加和地方教育附加、印花税、房产税、城镇土地使用税等。

一、增值税及附加税费

房地产开发企业出租自行开发的房地产项目,适用《财政部 国家税务总局关于进一步明确全面推开营改增试点有关再保险、不动产租赁和非学历教育等政策的通知》(财税〔2016〕68号)。

纳税人以经营租赁方式出租其取得的不动产,适用《纳税人提供不动产经营租赁服务增值税征收管理暂行办法》(国家税务总局公告2016年第16号)。取得的不动产,包括以直接购买、接受捐赠、接受投资入股、自建以及抵债等各种形式取得的不动产。

1. 房地产开发企业中的一般纳税人,出租自行开发的房地产老项目,一般纳税人出租其2016年4月30日前取得的不动产,可以选择适用简易计税方法,按照

5%的征收率计算应纳税额。

2. 房地产开发企业中的一般纳税人出租其2016年5月1日后自行开发的房地产项目,一般纳税人出租其2016年5月1日后取得的不动产,适用一般计税方法计税。

3. 房地产开发企业中的小规模纳税人出租自行开发的房地产项目,小规模纳税人(不含个体工商户出租住房)出租其取得的不动产,按照5%的征收率计算应纳税额。

4. 房地产开发企业出租自行开发的房地产项目与其机构所在地不在同一县(市)的,纳税人出租其取得的不动产所在地与机构所在地不在同一县(市、区)的,应按照规定在不动产所在地主管国税机关预缴税款后,向机构所在地主管国税机关进行纳税申报。

(1)纳税人适用一般计税方法计税的,应预缴税款按照以下公式计算:

应预缴税款 = 含税销售额 ÷ (1 + 9%) × 3%

(2)纳税人出租不动产适用简易计税方法计税的,除个人出租住房外,应预缴税款按照以下公式计算:

应预缴税款 = 含税销售额 ÷ (1 + 5%) × 5%

【例6-1】东方房地产开发公司将开发的一栋商务楼共6 000平方米出租给甲公司使用,已确认为投资性房地产。经营租赁合同规定,租期1年,年租金为315万元。

假设城市维护建设税税率为7%,教育费附加征收率为3%,地方教育附加征收率为2%。东方房地产开发公司选择适用简易计税方法,每年应纳税费为:

应纳增值税 = 315 ÷ (1 + 5%) × 5% = 15(万元)

应纳城市维护建设税 = 15 × 7% = 1.05(万元)

应纳教育费附加 = 15 × 3% = 0.45(万元)

应纳地方教育附加 = 15 × 2% = 0.3(万元)

二、印花税

对房地产开发企业出租的投资性房地产签订的租赁合同,根据《中华人民共和国印花税暂行条例》及其相关规定,按照财产租赁合同征收印花税,按合同记载金额的1‰贴花,税额不足1元的,按1元贴花。

【例6-2】东方房地产开发公司与甲公司签订租赁合同,经营租赁合同规定,租期1年,年租金为315万元。东方房地产开发公司与甲公司签订租赁合同时,应纳印花税为:

应纳印花税 = 3 150 000 × 1‰ = 3 150(元)

三、房产税

房地产开发企业持有投资性房地产,根据《中华人民共和国房产税暂行条例》(以下简称《房产税暂行条例》)等相关规定,应当缴纳房产税。房产税实行按年征收、分期缴纳,在房产所在地主管税务机关申报纳税。具体纳税期限由省、自治区、直辖市人民政府确定。投资性房地产的计税依据分为从价计征和从租计征两种形式。

(一)从价计征

通常情况下,对房地产开发企业持有以备经营出租的空置建筑物,尚未出租时,应当采用从价计征的形式缴纳房产税,计税依据为房产原值一次减除10%～30%后的余值,按1.2%的税率计算缴纳。

关于房产原值如何确定的问题,①根据《财政部 国家税务总局关于房产税、城镇土地使用税有关问题的通知》(财税〔2008〕152号)规定,房屋原价应根据国家有关会计制度规定进行核算。对纳税人未按国家有关会计制度规定核算并记载的,应按规定予以调整或重新评估。②根据《财政部 国家税务总局关于安置残疾人就业单位城镇土地使用税等政策的通知》(财税〔2010〕121号)"关于将地价计入房产原值征收房产税问题"的规定,对按照房产原值计税的房产,无论会计上如何核算,房产原值均应包含地价,包括为取得土地使用权支付的价款、开发土地发生的成本费用等。宗地容积率低于0.5的,按房产建筑面积的2倍计算土地面积并据此确定计入房产原值的地价。③根据《国家税务总局关于进一步明确房屋附属设备和配套设施计征房产税有关问题的通知》(国税发〔2005〕173号)规定,为了维持和增加房屋的使用功能或使房屋满足设计要求,凡以房屋为载体,不可随意移动的附属设备和配套设施,如给排水、采暖、消防、中央空调、电气及智能化楼宇设备等,无论在会计核算中是否单独记账与核算,都应计入房产原值,计征房产税。对于更换房屋附属设备和配套设施的,在将其价值计入房产原值时,可扣减原来相应设备和设施的价值;对附属设备和配套设施中易损坏、需要经常更换的零配件,更新后不再计入房产原值。

【例6-3】东方房地产开发公司持有以备经营出租的空置房屋,原值为5 000万元,按照当地规定允许予以减除30%后的余值计税,适用税率为1.2%。东方房地产开发公司每年应纳房产税为:

应纳房产税 = 房产原值一次减除10%～30%后的余值 × 税率
         = 5 000 × (1 - 30%) × 1.2% = 42(万元)

(二)从租计征

《房产税暂行条例》规定,房产出租的,以房产租金收入为房产税的计税依据。

房地产开发企业向承租方出租用于经营的房产,以租金收入的12%计算缴纳房产税;按市场价格向个人出租用于居住的住房,根据《财政部 国家税务总局关于廉租住房、经济适用住房和住房租赁有关税收政策的通知》(财税〔2008〕24号)的规定,以租金收入的4%计算缴纳房产税。根据《关于营改增后契税、房产税、土地增值税、个人所得税计税依据问题的通知》(财税〔2016〕43号)规定,房产出租的,计征房产税的租金收入不含增值税。

【例6-4】东方房地产开发公司出租办公楼一栋,年租金收入为315万元(不含增值税),适用税率为12%。东方房地产开发公司每年应纳房产税为:

应纳房产税 = 租金收入 × 税率
$$= 315 \times 12\% = 37.8(万元)$$

房地产开发企业出租房产,自交付出租房产之次月起,缴纳房产税。未出租的投资性房地产的纳税义务发生时间,根据取得资产的方式来确定。外购的投资性房地产自房屋交付使用之次月起缴纳房产税;自行建造的投资性房地产自建成之次月起缴纳房产税。房产税纳税义务截止时间,《财政部 国家税务总局关于房产税、城镇土地使用税有关问题的通知》(财税〔2008〕152号)规定,纳税人因房产、土地的实物或权利状态发生变化而依法终止房产税、城镇土地使用税纳税义务的,其应纳税款的计算应截至房产、土地的实物或权利状态发生变化的当月末。

根据《财政部 国家税务总局关于对外资企业及外籍个人征收房产税有关问题的通知》(财税〔2009〕3号)规定,根据2008年12月31日国务院发布的第546号令,自2009年1月1日起,废止《中华人民共和国城市房地产税暂行条例》,外商投资企业、外国企业和组织以及外籍个人(包括港澳台资企业和组织以及华侨、港澳台同胞,以下统称外资企业及外籍个人)依照《中华人民共和国房产税暂行条例》(国发〔1986〕90号)缴纳房产税。对外资企业及外籍个人的房产征收房产税,在征税范围、计税依据、税率、税收优惠、征收管理等方面按照《中华人民共和国房产税暂行条例》(国发〔1986〕90号)及有关规定执行。以人民币以外的货币为记账本位币的外资企业及外籍个人在缴纳房产税时,均应将其根据记账本位币计算的税款按照缴款上月最后一日的人民币汇率中间价折合成人民币。

四、城镇土地使用税

房地产开发企业持有投资性房地产缴纳的城镇土地使用税与获取土地使用权阶段缴纳的城镇土地使用税的方法相同,这里不再赘述。

五、纳税实务问题解析

房地产开发企业出租具备房屋功能的地下建筑、免租期、房屋大修停用期间、无租使用其他单位房产、投资联营的房产等特殊情况的纳税处理,税法给出了特殊规定。

1. 出租具备房屋功能的地下建筑的房产税问题

具备房屋功能的地下建筑,是指有屋面和维护结构,能够遮风避雨,可供人们在其中生产、经营、工作、学习、娱乐、居住或储藏物资的场所。地下建筑分为三类:一是开发完成后作为开发产品对外出售;二是开发完成后对外出租赚取租金收入,符合投资性房地产确认条件,应确认为投资性房地产;三是地下人防设施,房地产开发企业拥有使用权和收益权,可以对外出租,但却没有处分权,不属于投资性房地产。

《财政部 国家税务总局关于具备房屋功能的地下建筑征收房产税的通知》(财税〔2005〕181号)规定,从2006年1月1日起,凡在房产税征收范围内的具备房屋功能的地下建筑,包括与地上房屋相连的地下建筑以及完全建在地面以下的建筑、地下人防设施等,均应当依照有关规定征收房产税。出租的地下建筑,按照出租地上房屋建筑的有关规定计算征收房产税。

《财政部 国家税务总局关于房产税、城镇土地使用税有关问题的通知》(财税〔2009〕128号)规定,对在城镇土地使用税征税范围内单独建造的地下建筑用地,按规定征收城镇土地使用税。其中,已取得地下土地使用权证的,按土地使用权证确认的土地面积计算应征税款;未取得地下土地使用权证或地下土地使用权证上未标明土地面积的,按地下建筑垂直投影面积计算应征税款。对上述地下建筑用地暂按应征税款的50%征收城镇土地使用税。

2. 免租期的涉税问题

免租期,就是免除房租的期限,厂房、写字楼或者商铺的租赁业务中,承租方在租赁后,都需要进行装饰装修,占用大量时间,为此承租方往往要求出租方在租赁合同中约定一定的免租期优惠。比如,如果签租用1年的合同,合同中明确规定免租期1个月(往往是第一个月),承租人实际只支付11个月的房租。

根据《财政部 国家税务总局关于安置残疾人就业单位城镇土地使用税等政策的通知》(财税〔2010〕121号)规定,对出租房产,租赁双方签订的租赁合同约定有免收租金期限的,免收租金期间由产权所有人按照房产原值缴纳房产税。

根据《国家税务总局关于土地价款扣除时间等增值税征管问题的公告》(国家税务总局公告2016年第86号)及其解读规定,纳税人出租不动产,租赁合同中约定免租期,是以满足一定租赁期限为前提的,并不是"无偿"赠送,不属于《营业税改征增值税试点实施办法》(财税〔2016〕36号文件印发)第十四条规定的视同销售服务。

3. 房屋大修停用期间的房产税问题

根据《财政部 国家税务总局关于房产税若干具体问题的解释和暂行规定》(财

税地字〔1986〕8号)规定,房屋大修停用在半年以上的,经纳税人申请,在大修期间可免征房产税。

4. 无租使用其他单位房产的房产税问题

《财政部 国家税务总局关于房产税、城镇土地使用税有关问题的通知》(财税〔2009〕128号)规定,无租使用其他单位房产的应税单位和个人,依照房产余值代缴纳房产税。

5. 投资联营的房产涉及的房产税问题

根据《房产税暂行条例》以及《国家税务总局关于安徽省若干房产税业务问题的批复》(国税函发〔1993〕368号)的规定,对于投资联营的房产,应根据投资联营的具体情况,在计征房产税时予以区别对待。

对于以房产投资联营,投资者参与投资利润分红、共担风险的情况,按房产原值作为计税依据计征房产税;对于以房产投资,收取固定收入,不承担联营风险的情况,实际上是以联营名义取得房产的租金,应根据《房产税暂行条例》的有关规定由出租方按租金收入计缴房产税。

6. 居民住宅区内业主共有的经营性房产的涉税问题

根据《财政部 国家税务总局关于房产税、城镇土地使用税有关政策的通知》(财税〔2006〕186号)第一条的规定,自2007年1月1日起,对居民住宅区内业主共有的经营性房产,由实际经营(包括自营和出租)的代管人或使用人缴纳房产税。其中自营的,依照房产原值减除10%~30%后的余值计征,没有房产原值或不能将业主共有房产与其他房产的原值准确划分开的,由房产所在地地方税务机关参照同类房产核定房产原值;出租的,依照租金收入计征。

第三节 投资性房地产会计实务

房地产开发企业将持有房地产用于赚取租金的活动,需要将投资性房地产单独作为一项资产核算和反映,与自用的办公楼等房地产和作为存货的房地产加以区别,从而更加清晰地反映企业所持有房地产的构成情况和盈利能力。投资性房地产的确认、计量和披露适用《企业会计准则第3号——投资性房地产》(以下简称投资性房地产准则)的规定,房地产租金收入的确认、计量和披露适用《企业会计准则第21号——租赁》的规定。

一、投资性房地产的确认和计量

投资性房地产只有在符合定义的前提下,并同时满足下列条件,才能予以确认:(1)与该投资性房地产有关的经济利益很可能流入企业;(2)该投资性房地产的成本能够可靠地计量。不满足投资性房地产确认条件的房地产,应当先作为固定资产(无形资产或存货)加以确认,待满足投资性房地产确认条件时,才能从固定资产(无形资产或存货)转换为投资性房地产。

对已出租的土地使用权、建筑物,其作为投资性房地产的确认时点一般为租赁期开始日,即土地使用权、建筑物进入出租状态,开始赚取租金的日期。

根据投资性房地产准则的规定,投资性房地产应当按照成本进行初始确认和计量。在后续计量时,通常应当采用成本模式,满足特定条件的情况下也可以采用公允价值模式。但是,同一企业只能采用一种模式对所有投资性房地产进行后续计量,不得同时采用两种计量模式。

二、采用成本模式计量的投资性房地产

(一)外购或自行建造的投资性房地产

外购采用成本模式计量的土地使用权或建筑物,按照取得时的实际成本进行初始计量,其实际成本包括购买价款、相关税费和可直接归属于该资产的其他支出。房地产开发企业购入的房地产,部分用于出租、部分自用,用于出租的部分应当予以单独确认的,应按照不同部分的公允价值占公允价值总额的比例将成本在不同部分之间进行分配。

自行建造的采用成本模式计量的投资性房地产,其成本由建造该项资产达到预定可使用状态前发生的必要支出构成,包括土地开发费、建安成本、应予以资本化的借款费用、支付的其他费用和分摊的间接费用等。建造过程中发生的非正常性损失直接计入当期损益,不计入建造成本。

【例6-5】20×6年3月,东方房地产开发公司计划购入两套商业房产用于对外出租。4月20日,东方房地产开发公司与甲公司签订了经营租赁合同,约定自两套商业房产购买日起将两套商业房产出租给甲公司,租赁期限3年。5月1日,东方房地产开发公司实际购入两套商业房产,取得的增值税专用发票注明的房屋价款为500万元,增值税税额为45万元,款项已通过银行存款支付。(假设不考虑其他因素,采用成本模式进行后续计量,下同)。东方房地产开发公司应编制如下会计分录:

借:投资性房地产   5 000 000
   应交税费——应交增值税(进项税额)   450 000
    贷:银行存款   5 450 000

【例6-6】20×3年6月,东方房地产开发公司以出让方式取得一宗土地使用权用于商品房的开发。为利于房屋的销售,东方房地产开发公司计划在该宗土地

上建造一幢综合性的商场对外出租。20×6年2月,东方房地产开发公司预计商场即将完工,与甲公司签订了经营租赁合同,将该商场租赁给甲公司使用。合同约定,该商场于完工(达到预定可使用状态)时开始起租。20×6年3月28日,该商场完工(达到预定可使用状态)。商场应分配的土地成本为950万元,商场的实际造价为2 600万元,能够单独出售。东方房地产开发公司应编制如下会计分录:

借:投资性房地产——成本(商场) 26 000 000
　　贷:在建工程 26 000 000
借:投资性房地产——成本(已出租土地使用权) 9 500 000
　　贷:无形资产——土地使用权 9 500 000

(二)非投资性房地产转换为投资性房地产

房地产的转换,是因房地产用途发生改变而对房地产进行的重新分类。企业必须有确凿证据表明房地产用途发生改变,才能将投资性房地产转换为非投资性房地产或者将非投资性房地产转换为投资性房地产。这里的"确凿证据"包括两个方面:一是企业董事会或类似机构应当就改变房地产用途形成正式的书面决议;二是房地产因用途改变而发生实际状态上的改变,如从自用状态改为出租状态。

1. 作为存货的房地产转换为投资性房地产

作为存货的房地产转换为投资性房地产,通常指房地产开发企业将其持有的开发产品以经营租赁的方式出租,存货相应地转换为投资性房地产。企业自行建造或开发完成但尚未使用的建筑物,如果董事会或类似机构已作出正式书面决议,明确表明将其用于经营出租且持有意图短期内不再发生变化的,可视为存货转换为投资性房地产,转换日为董事会或类似机构作出正式书面决议的日期。

企业将作为存货的房地产转换为采用成本模式计量的投资性房地产,应当按该项存货在转换日的账面价值,借记"投资性房地产"科目,原已计提跌价准备的,借记"存货跌价准备"科目,按其账面余额,贷记"开发产品"等科目。

【例6-7】20×5年2月10日,东方房地产开发公司与甲公司签订了租赁协议,将其开发的一栋写字楼出租给甲公司使用,租赁期开始日为20×5年4月1日。20×5年4月1日,该写字楼的账面价值1 200万元,已计提跌价准备300万元。东方房地产开发公司应编制如下会计分录:

借:投资性房地产——写字楼 12 000 000
　　存货跌价准备 3 000 000
　　贷:开发产品 15 000 000

2. 自用房地产转换为投资性房地产

企业将原本用于生产商品、提供劳务或者经营管理的房地产改用于出租,应于租赁期开始日,将相应的固定资产或无形资产转换为投资性房地产。对不再用于日常生产经营活动且经整理后达到可经营出租状态的房地产,如果企业董事会或类似机构作出正式书面决议,明确表明其自用房地产用于经营出租且持有意图短期内不再发生变化的,应视为自用房地产转换为投资性房地产,转换日为企业董事会或类似机构作出正式书面决议的日期。

企业将自用土地使用权或建筑物转换为以成本模式计量的投资性房地产时,应当将该项建筑物或土地使用权在转换日的原价、累计折旧、减值准备等,分别转入"投资性房地产""投资性房地产累计折旧(摊销)""投资性房地产减值准备"科目,按其账面余额,借记"投资性房地产"科目,贷记"固定资产"或"无形资产"科目,按已计提的折旧或摊销,借记"累计摊销"或"累计折旧"科目,贷记"投资性房地产累计折旧(摊销)"科目,原已计提减值准备的,借记"固定资产减值准备"或"无形资产减值准备"科目,贷记"投资性房地产减值准备"科目。

【例6-8】20×5年3月10日,东方房地产开发公司与甲公司签订了经营租赁协议,将其自用的一栋写字楼出租给甲公司使用,租赁期开始日为20×5年4月1日,租期6年。20×5年4月1日,这栋写字楼的账面余额为1 500万元,已计提折旧250万元。东方房地产开发公司应编制如下会计分录:

借:投资性房地产——写字楼　　　　　15 000 000
　　累计折旧　　　　　　　　　　　　 2 500 000
　贷:固定资产　　　　　　　　　　　　15 000 000
　　投资性房地产累计折旧　　　　　　 2 500 000

(三)投资性房地产的后续计量

采用成本模式进行后续计量的投资性房地产,应当按照《企业会计准则第4号——固定资产》或《企业会计准则第6号——无形资产》的有关规定,按期(月)计提折旧或摊销,借记"主营业务成本"等科目,贷记"投资性房地产累计折旧(摊销)"科目。

投资性房地产存在减值迹象的,还应当按照《企业会计准则第8号——资产减值》的有关规定进行减值测试,经减值测试后确定发生减值的,应当计提减值准备,借记"资产减值损失"科目,贷记"投资性房地产减值准备"科目。已经计提减值准备的投资性房地产,其减值损失在以后的会计期间不得转回。

【例6-9】20×5年1月,东方房地产开发公司计划购入一栋写字楼用于对外出租。20×5年2月9日,东方房地产开发公司与甲公司签订了经营租赁合同,约定自办公楼购买日起将这栋写字楼出租给甲公司,租期2年。3月10日,东方房地产开发公司实际购入写字楼,支付价款1 560万元。该写字楼预计使用年限25年,预计净残值60万元,采用平均年限法计提折旧。20×5年12月31日,该栋写字楼发生减值30万元。东方房地产开发公司对出租的不动产选择简易计税方法,会计

处理如下:

(1)20×5年3月10日,东方房地产开发公司购入写字楼:

借:投资性房地产——写字楼　　　　15 600 000
　　贷:银行存款　　　　　　　　　　　　　　15 600 000

(2)20×5年4月~12月,东方房地产开发公司每月计提折旧:

借:主营业务成本　　　　　　　　　50 000
　　贷:投资性房地产累计折旧　　　　　　　　50 000

(3)20×5年年末,计提投资性房地产减值准备:

借:资产减值损失　　　　　　　　　300 000
　　贷:投资性房地产减值准备　　　　　　　　300 000

(四)与投资性房地产有关的后续支出

与投资性房地产有关的后续支出,满足投资性房地产确认条件的,应当计入投资性房地产成本;不满足投资性房地产确认条件的,应当在发生时计入当期损益。

1.资本化的后续支出

房地产开发企业为了提高投资性房地产的使用效能,往往需要对投资性房地产进行改建、扩建而使其更加坚固耐用,或者通过装修而改善其室内装潢,改扩建或装修支出满足确认条件的,应当将其资本化。房地产开发企业对某项投资性房地产进行改扩建等再开发且将来仍作为投资性房地产的,在再开发期间应继续将其作为投资性房地产,再开发期间不计提折旧或摊销。

【例6-10】20×5年2月,东方房地产开发公司与甲公司的一项商场经营租赁合同即将到期,双方协商,租赁期满后由东方房地产开发公司对该商场进行改扩建,并重新签订租赁合同,约定自改扩建工程完工时将商场出租给甲公司。该商场按成本模式进行后续计量,原价为3 000万元,已计提折旧700万元。4月2日,租赁合同到期,商场随即转入改扩建工程。12月20日,商场改扩建工程完工,共发生支出400万元,即日按照租赁合同重新出租给甲公司。东方房地产开发公司对出租的不动产选择简易计税方法。

本例中,改扩建支出属于资本化的后续支出,应当计入投资性房地产的成本。

东方房地产开发公司的会计处理如下:

(1)20×5年4月2日,投资性房地产转入改扩建工程:

借:投资性房地产——商场(在建)　　23 000 000
　　投资性房地产累计折旧　　　　　　7 000 000
　　贷:投资性房地产——商场　　　　　　　　30 000 000

（2）20×5年4月2日~12月20日，商场发生改扩建支出时：
借：投资性房地产——商场（在建）　　4 000 000
　　贷：银行存款等　　　　　　　　　　　　4 000 000
（3）20×5年12月20日，改扩建工程完工：
借：投资性房地产——商场　　　　　27 000 000
　　贷：投资性房地产——商场（在建）　　27 000 000

2. 费用化的后续支出

与投资性房地产有关的后续支出，不满足投资性房地产确认条件的，应当在发生时计入当期损益。例如，企业对投资性房地产进行日常维护所发生的支出。企业在发生投资性房地产费用化的后续支出时，借记"主营业务成本"等科目，贷记"银行存款"等科目。

【例6-11】20×5年5月，东方房地产开发公司对其对外出租的商场进行日常维修，发生维修支出2万元。东方房地产开发公司对出租的不动产选择简易计税方法。

本例中，日常维修支出属于费用化的后续支出，应当计入当期损益。

东方房地产开发公司应编制如下会计分录：
借：主营业务成本　　　　　　　　　　20 000
　　贷：银行存款等　　　　　　　　　　　20 000

（五）投资性房地产转换为非投资性房地产

1. 投资性房地产转换为自用房地产

企业将采用成本模式计量的投资性房地产转换为自用房地产时，应当将房地产转换前的账面价值作为转换后的入账价值。转换日，将该项投资性房地产的账面余额、累计折旧或摊销、减值准备等，分别转入"固定资产""累计折旧""固定资产减值准备"等科目；按投资性房地产的账面余额，借记"固定资产"或"无形资产"科目，贷记"投资性房地产"科目；按已计提的折旧或摊销，借记"投资性房地产累计折旧（摊销）"科目，贷记"累计折旧"或"累计摊销"科目；原已计提减值准备的，借记"投资性房地产减值准备"科目，贷记"固定资产减值准备"或"无形资产减值准备"科目。

【例6-12】20×5年5月9日，东方房地产开发公司将出租在外的1 000平方米办公楼收回，开始用于本公司办公自用。该办公楼的账面价值为2 000万元，其中，原价2 600万元，已计提折旧600万元。假设东方房地产开发公司采用成本模式计量。

转换日，东方房地产开发公司的会计处理如下：

借:固定资产	26 000 000	
投资性房地产累计折旧	6 000 000	
贷:投资性房地产		26 000 000
累计折旧		6 000 000

2. 投资性房地产转换为存货

房地产开发企业将用于经营出租的投资性房地产重新开发用于对外销售的,从投资性房地产转换为存货。这种情况下,转换日为租赁期届满,企业董事会或类似机构作出正式书面决议明确表明将其重新开发用于对外销售的日期。

企业将投资性房地产转换为存货时,应当按照该项房地产在转换日的账面价值,借记"开发产品"科目,按照已计提的折旧或摊销,借记"投资性房地产累计折旧(摊销)"科目,原已计提减值准备的,借记"投资性房地产减值准备"科目,按其账面余额,贷记"投资性房地产"科目。

【例6-13】东方房地产开发公司将其开发的部分商铺用于对外经营租赁。20×5年5月9日,因租赁期满,东方房地产开发公司将出租的商铺收回,并作出书面决议,将该写字楼重新开发用于对外销售,即由投资性房地产转换为存货。写字楼在转换前采用成本模式计量,原价3 500万元,已计提折旧600万元,已计提减值准备30万元。

转换日,东方房地产开发公司的会计处理如下:

借:开发产品	28 700 000	
投资性房地产累计折旧	6 000 000	
投资性房地产减值准备	300 000	
贷:投资性房地产		35 000 000

(六)投资性房地产的处置

当投资性房地产被处置,或者永久退出使用且预计不能从其处置中取得经济利益时,应当终止确认该项投资性房地产。

企业可以通过对外出售或转让的方式处置投资性房地产,对于那些由于使用而不断磨损直到最终报废,或者由于遭受自然灾害等原因而毁损的投资性房地产应当及时进行清理。此外,企业因其他原因,如非货币性交易等而减少投资性房地产也属于投资性房地产的处置。企业出售、转让、报废投资性房地产或者发生投资性房地产毁损,应当将处置收入扣除其账面价值和相关税费后的金额计入当期损益。

出售、转让按成本模式进行后续计量的投资性房地产时,应当按实际收到的金额,借记"银行存款"等科目,贷记"其他业务收入"科目;按该项投资性房地产的账面价值,借记"其他业务成本"科目,按其账面余额,贷记"投资性房地产"科目;按照已计提的折旧或摊销,借记"投资性房地产累计折旧(摊销)"科目;原已计提减值准备的,借记"投资性房地产减值准备"科目。

【例6-14】20×2年5月,东方房地产开发公司将其自购的写字楼出租给甲公司,并确认为投资性房地产,采用成本模式计量。租赁期届满后,东方房地产开发公司将该写字楼出售给乙公司,合同价款为1 920万元,乙公司已用银行存款付清。出售时,该栋写字楼的购置原价为1 500万元,已计提折旧300万元,未计提减值准备。东方房地产开发公司选择适用简易计税方法,不考虑处置投资性房地产应交纳的土地增值税。

东方房地产开发公司的会计处理如下:

(1)销售投资性房地产,应交增值税为:

$(1\ 920 - 1\ 500) \div (1 + 5\%) \times 5\% = 20$(万元)

借:银行存款	19 200 000
贷:其他业务收入	19 000 000
应交税费——简易计税	200 000

(2)投资性房地产转出:

借:其他业务成本	12 000 000
投资性房地产累计折旧	3 000 000
贷:投资性房地产——写字楼	15 000 000

(3)月末计算应交纳的附加税费:

借:税金及附加	24 000
贷:应交税费——应交城市维护建设税	14 000
——应交教育费附加	6 000
——应交地方教育附加	4 000

(4)实际交纳增值税及附加税费:

借:应交税费——简易计税	200 000
——应交城市维护建设税	14 000
——应交教育费附加	6 000
——应交地方教育附加	4 000
贷:银行存款	224 000

三、采用公允价值模式计量的投资性房地产

在有确凿证据表明投资性房地产的公允价值能够持续可靠取得的情况下,可

以对投资性房地产均采用公允价值模式进行后续计量。采用公允价值模式计量的,应当同时满足以下两个条件:(1)投资性房地产所在地有活跃的房地产交易市场;(2)企业能够从房地产交易市场上取得同类或类似房地产的市场价格及其他相关信息,从而对投资性房地产的公允价值作出合理的估计。同类或类似的房地产,对建筑物而言,是指所处地理位置和地理环境相同、性质相同、结构类型相同或相近、新旧程度相同或相近、可使用状况相同或相近的建筑物;对土地使用权而言,是指同一位置区域、所处地理环境相同或相近、可使用状况相同或相近的土地。

投资性房地产的公允价值,是指市场参与者在计量日发生的有序交易中,出售一项资产所能收到或者转移一项负债所需支付的价格。确定投资性房地产的公允价值时,应当参照活跃市场上同类或类似房地产的现行市场价格(市场公开报价);无法取得同类或类似房地产现行市场价格的,应当参照活跃市场上同类或类似房地产的最近交易价格,并考虑交易情况、交易日期、所在区域等因素;也可以基于预计未来获得的租金收益和相关现金流量的现值计量。

企业选择公允价值模式,就应当对其所有投资性房地产采用公允价值模式进行后续计量,不得对一部分投资性房地产采用成本模式进行后续计量,对另一部分投资性房地产采用公允价值模式进行后续计量。在极少数情况下,已经采用公允价值模式对投资性房地产进行后续计量的企业,有证据表明某项房地产在完成建造或开发活动后或改变用途后首次成为投资性房地产时,该投资性房地产的公允价值不能持续可靠取得的,应当对该投资性房地产采用成本模式计量直至处置,并且假设无残值。但是,采用成本模式对投资性房地产进行后续计量的企业,即使有证据表明,企业首次取得某项投资性房地产时,该投资性房地产公允价值能够持续可靠取得,该企业仍应对该项投资性房地产采用成本模式进行后续计量。

(一)外购或自行建造的投资性房地产

外购或自行建造的采用公允价值模式计量的投资性房地产,应当按照取得时的实际成本进行初始计量。其实际成本的确定与外购或自行建造的采用成本模式计量的投资性房地产一致。企业应当在"投资性房地产"科目下设置"成本"和"公允价值变动"两个明细科目,外购或自行建造时发生的实际成本,记入"投资性房地产(成本)"科目。

(二)非投资性房地产转换为投资性房地产

1.作为存货的房地产转换为投资性房地产

企业将作为存货的房地产转换为采用公允价值模式计量的投资性房地产,应当按该项房地产在转换日的公允价值入账,借记"投资性房地产——成本"科目,原已计提跌价准备的,借记"存货跌价准备"科目;按其账面余额,贷记"开发产品"等科目。同时,转换日的公允价值小于账面价值的,按其差额,借记"公允价值变动损益"科目;转换日的公允价值大于账面价值的,按其差额,贷记"其他综合收益"科目。

【例6-15】20×5年6月1日,东方房地产开发公司与甲公司签订了租赁协议,将其开发的一栋写字楼出租给甲公司。租赁期开始日为20×5年6月23日。20×5年6月23日,该写字楼的账面余额为5 000万元,公允价值为4 900万元。20×5年12月31日,该项投资性房地产的公允价值为4 700万元。假定东方房地产开发公司对投资性房地产采用公允价值模式计量。

东方房地产开发公司的会计处理如下:
20×5年6月23日转换日:
借:投资性房地产——成本　　　　　　　　49 000 000
　　公允价值变动损益　　　　　　　　　　 1 000 000
　　贷:开发产品　　　　　　　　　　　　　　50 000 000
20×5年12月31日,确认公允价值变动损益:
借:公允价值变动损益　　　　　　　　　　 2 000 000
　　贷:投资性房地产——公允价值变动　　　　2 000 000

2. 自用房地产转换为投资性房地产

企业将自用房地产转换为采用公允价值模式计量的投资性房地产,应当按该项土地使用权或建筑物在转换日的公允价值,借记"投资性房地产——成本"科目,按已计提的累计摊销或累计折旧,借记"累计摊销"或"累计折旧"科目;原已计提减值准备的,借记"无形资产减值准备"或"固定资产减值准备"科目;按其账面余额,贷记"无形资产"或"固定资产"科目。同时,转换日的公允价值小于账面价值的,按其差额,借记"公允价值变动损益"科目;转换日的公允价值大于账面价值的,按其差额,贷记"其他综合收益"科目。

【例6-16】20×5年3月10日,东方房地产开发公司与甲公司签订了经营租赁协议,将其自用的一栋写字楼出租给甲公司使用,租赁期开始日为20×5年4月1日,租期6年。20×5年4月1日,这栋写字楼的账面余额为1 500万元,已计提折旧250万元,公允价值为1 600万元。假设东方房地产开发公司对投资性房地产采用公允价值模式计量。

借:投资性房地产——写字楼　　　　　　　16 000 000
　　累计折旧　　　　　　　　　　　　　　 2 500 000
　　贷:固定资产　　　　　　　　　　　　　　15 000 000
　　　 其他综合收益　　　　　　　　　　　　 3 500 000

(三)投资性房地产的后续计量

投资性房地产采用公允价值模式进行后续计量的,不对投资性房地产计提折旧或进行摊销,应当以资产负债表日投资性房地产的公允价值为基础调整其账面价值,公允价值与原账面价值之间的差额计入当期损益。投资性房地产的公允价值高于其账面余额的差额,借记"投资性房地产——公允价值变动"科目,贷记"公允价值变动损益"科目;公允价值低于其账面余额的差额做相反的会计分录。

【例6-17】20×5年1月,东方房地产开发公司计划购入一栋写字楼用于对外出租。2月9日,东方房地产开发公司与甲公司签订了经营租赁合同,约定自办公楼购买日起将这栋写字楼出租给甲公司,租期2年。3月10日,东方房地产开发公司实际购入写字楼,取得的增值税专用发票注明的房屋价款为1 500万元,增值税税额为135万元,款项已通过银行支付。20×5年12月31日,该写字楼的公允价值为1 360万元。假设不考虑其他因素,采用公允价值模式计量,对出租的不动产选择一般计税方法。

东方房地产开发公司的会计处理如下:

(1)20×5年3月10日,东方房地产开发公司购入写字楼:

借:投资性房地产——成本　　　　　　　15 000 000
　　应交税费——应交增值税(进项税额)　1 350 000
　　贷:银行存款　　　　　　　　　　　　　　16 350 000

(2)20×5年12月31日,以公允价值为基础调整其账面价值,公允价值与原账面价值之间的差额计入当期损益:

借:公允价值变动损益　　　　　　　　　1 400 000
　　贷:投资性房地产——公允价值变动　　　　1 400 000

(四)与投资性房地产有关的后续支出

1. 资本化的后续支出

与投资性房地产有关的后续支出,满足投资性房地产确认条件的,应当计入投资性房地产成本。

【例6-18】20×5年2月,东方房地产开发公司与甲公司的一项商场经营租赁合同即将到期,双方协商,租赁期满后由东方房地产开发公司对该商场进行改扩建,并重新签订租赁合同,约定自改扩建工程完工时将商场出租给甲公司。4月2日,租赁合同到期,商场随即转入改扩建工程。12月20日,商场改扩建工程完工,共发生支出400万元,即日按照租赁合同重新出租给甲公司。4月2日,商场账面价值为3 200万元,其中成本3 000万元,累计公允价值变动(借方)200万元。假设东方房地产开发公司采用公允价值模式计量,对出租的不动产选择简易计税方法。

东方房地产开发公司的会计处理如下：

(1)20×5年4月2日，投资性房地产转入改扩建工程：

借：投资性房地产——商场(在建)　　32 000 000
　　贷：投资性房地产——成本　　　　　　30 000 000
　　　　　　　　　　——公允价值变动　　 2 000 000

(2)20×5年4月2日~12月20日，商场发生改扩建支出时：

借：投资性房地产——商场(在建)　　 4 000 000
　　贷：银行存款等　　　　　　　　　　　 4 000 000

(3)20×5年12月20日，改扩建工程完工：

借：投资性房地产——成本　　　　　 36 000 000
　　贷：投资性房地产——商场(在建)　　　36 000 000

2. 费用化的后续支出

与投资性房地产有关的后续支出，不满足投资性房地产确认条件的，应当在发生时计入当期损益。

(五)投资性房地产转换为非投资性房地产

1. 投资性房地产转为自用房地产

企业将采用公允价值模式计量的投资性房地产转换为自用房地产时，应当以其转换当日的公允价值作为自用房地产的账面价值，公允价值与原账面价值的差额计入当期损益。

转换日，按该项投资性房地产的公允价值，借记"固定资产"或"无形资产"科目，按该项投资性房地产的成本，贷记"投资性房地产——成本"科目，按该项投资性房地产的累计公允价值变动，贷记或借记"投资性房地产——公允价值变动"科目，按其差额，贷记或借记"公允价值变动损益"科目。

2. 投资性房地产转换为存货

企业将采用公允价值模式计量的投资性房地产转换为存货时，应当以其转换当日的公允价值作为存货的账面价值，公允价值与原账面价值的差额计入当期损益。

转换日，按该项投资性房地产的公允价值，借记"开发产品"等科目，按该项投资性房地产的成本，贷记"投资性房地产——成本"科目，按该项投资性房地产的累计公允价值变动，贷记或借记"投资性房地产——公允价值变动"科目，按其差额，贷记或借记"公允价值变动损益"科目。

【例6-19】东方房地产开发公司将其开发的部分商铺用于对外经营租赁。20×5年5月9日,因租赁期满,东方房地产开发公司将出租的商铺收回,并作出书面决议,将该写字楼重新开发用于对外销售,即由投资性房地产转换为存货。当日写字楼的公允价值为4 000万元。写字楼在转换前采用公允价值模式计量,原账面价值为3 800万元,其中成本为3 500万元,公允价值变动(借方)为300万元。

东方房地产开发公司的会计处理如下:

借:开发产品　　　　　　　　　　　　　40 000 000
　　贷:投资性房地产——成本　　　　　　　35 000 000
　　　　　　　　　　——公允价值变动　　　3 000 000
　　　　公允价值变动损益　　　　　　　　　2 000 000

(六)投资性房地产的处置

出售、转让采用公允价值模式计量的投资性房地产,应当按实际收到的金额,借记"银行存款"等科目,贷记"其他业务收入"科目;按该项投资性房地产的账面余额,借记"其他业务成本"科目,按其成本,贷记"投资性房地产——成本"科目,按其累计公允价值变动,贷记或借记"投资性房地产——公允价值变动"科目。同时,结转投资性房地产累计公允价值变动。若存在原转换日计入其他综合收益的金额,也一并结转。

【例6-20】20×4年5月5日,东方房地产开发公司与甲公司签订了租赁协议,将其开发的一栋写字楼出租给甲公司使用,租赁期开始日为20×4年6月1日。20×4年6月1日,该写字楼的账面余额3 000万元,公允价值为3 500万元。20×4年12月31日,该项投资性房地产的公允价值为3 300万元。20×5年8月租赁期届满,企业收回该项投资性房地产,并以3 200万元出售,出售款项已收讫。假设东方房地产开发公司对投资性房地产采用公允价值模式计量。假设不考虑相关税费。

东方房地产开发公司的会计处理如下:

(1)20×4年6月1日,存货转换为投资性房地产:

借:投资性房地产——成本　　　　　　　35 000 000
　　贷:开发产品　　　　　　　　　　　　　30 000 000
　　　　其他综合收益　　　　　　　　　　　5 000 000

(2)20×4年12月31日,公允价值变动:

借:公允价值变动损益　　　　　　　　　　2 000 000

贷:投资性房地产——公允价值变动　　　　2 000 000
(3)20×5年8月,出售投资性房地产:
借:银行存款　　　　　　　　　　　　　　　32 000 000
　　其他业务成本　　　　　　　　　　　　　30 000 000
　　投资性房地产——公允价值变动　　　　　2 000 000
　　其他综合收益　　　　　　　　　　　　　5 000 000
　　贷:投资性房地产——成本　　　　　　　 35 000 000
　　　　公允价值变动损益　　　　　　　　　2 000 000
　　　　其他业务收入　　　　　　　　　　　32 000 000

四、投资性房地产后续计量模式的变更

　　为保证会计信息的可比性,企业对投资性房地产的计量模式一经确定,不得随意变更。只有在房地产市场比较成熟、能够满足采用公允价值模式条件的情况下,才允许企业对投资性房地产从成本模式计量变更为公允价值模式计量。

　　成本模式转为公允价值模式的,应当作为会计政策变更处理,并按计量模式变更时公允价值与账面价值的差额调整期初留存收益。已采用公允价值模式计量的投资性房地产,不得从公允价值模式转为成本模式。

　　【例6-21】20×5年3月,东方房地产开发公司将一栋写字楼对外出租,采用成本模式进行后续计量。20×6年1月1日,假设东方房地产开发公司对外出租的写字楼满足采用公允价值模式条件,东方房地产开发公司决定改用公允价值模式对该写字楼进行后续计量。20×6年1月1日,该写字楼原价1 560万元,已计提折旧45万元,已提减值准备30万元,账面价值为1 485万元,公允价值为1 425万元。东方房地产开发公司按净利润的10%计提盈余公积。

　　后续计量模式变更时,东方房地产开发公司的会计处理如下:
借:投资性房地产——成本　　　　　　　　　14 250 000
　　投资性房地产累计折旧　　　　　　　　　450 000
　　投资性房地产减值准备　　　　　　　　　300 000
　　利润分配——未分配利润　　　　　　　　540 000
　　盈余公积　　　　　　　　　　　　　　　60 000
　　贷:投资性房地产　　　　　　　　　　　　15 600 000

五、投资性房地产的租赁

　　投资性房地产的租赁服务收入是指企业将取得的土地使用权、建筑物以经营租赁方式出租所取得的租金收入。就某些企业而言,投资性房地产属于日常经营性活动,形成的租金收入确认为企业的主营业务收入,但对于大部分企业而言,是与经营性活动相关的其他经营活动,形成的租金收入构成企业的其他业务收入。

(一)租金的处理

企业出租投资性房地产收取的租金,应当在租赁期内的各个期间按直线法确认为收入;如有其他方法更合理,也可以采用其他方法。企业应当根据应确认的租金收入,借记"银行存款"等科目,贷记"主营业务收入""其他业务收入"等科目。

(二)初始直接费用的处理

初始直接费用,是指在租赁谈判和签订租赁合同的过程中发生的可归属于租赁项目的手续费、律师费、差旅费、印花税等,应当计入当期损益。金额较大的,应当资本化,在整个经营租赁期内按照与确认租金收入相同的基础分期计入损益。

(三)或有租金的处理

或有租金,是指金额不固定、以时间长短以外的其他因素(如销售量、使用量、物价指数等)为依据计算的租金。或有租金在实际发生时计入当期损益。

(四)提供激励措施的处理

某些情况下,出租人可能对经营租赁提供激励措施,如免租期、承担承租人某些费用等。出租人提供免租期的,出租人应将租金总额在不扣除免租期的整个租赁期内,按直线法或其他合理的方法进行分配,免租期内出租人应当确认租金收入。出租人承担了承租人某些费用的,出租人应将该费用自租金收入总额中扣除,按扣除后的租金收入余额在租赁期内进行分配。

【例6-22】20×2年10月9日,东方房地产开发公司与东方商贸有限公司签订租赁合同,将29号沿街商业楼出租,开办东方家园超市,建筑面积982.78平方米,租赁期自20×3年1月1日起至20×6年9月30日,考虑到装修改造期,20×3年1月1日至20×3年9月30日为免租期。年租金42万元,按年支付,每租赁期到期前15日支付下期租金。签订合同后10日内预付房租10.5万元,预付房租在免租期满支付第一期租金时冲抵租金。

20×2年10月18日,预收租金10.5万元。20×3年9月15日,收到20×3年10月至20×4年9月租金31.5万元,预收租金10.5万元冲抵租金。

29号沿街商业楼房产原值为820万元,占地面积为480平方米,土地使用税5元/平方米,假设城市维护建设税税率为7%,教育费附加征收率为3%,地方教育附加征收率为2%,东方房地产开发公司对出租房产选择适用简易计税方法。

东方房地产开发公司的会计处理如下:

(1) 20×2年10月9日签订租赁合同,应交印花税 = 420 000 × 3 × 1‰ = 1 260(元)。

借:税金及附加　　　　　　　　　　　　　　1 260
　　贷:银行存款　　　　　　　　　　　　　　　　　1 260

(2) 20×2年10月18日,预收租金10.5万元。

借:银行存款　　　　　　　　　　　　　　105 000
　　贷:预收账款　　　　　　　　　　　　　　　　105 000

(3) 纳税人提供租赁服务采取预收款方式的,其纳税义务发生时间为收到预收款的当天。预收租金,应交纳增值税及附加税费。

借:应交税费——简易计税　　　　　　　　　5 000
　　　　　　——应交城市维护建设税　　　　　350
　　　　　　——应交教育费附加　　　　　　　150
　　　　　　——应交地方教育附加　　　　　　100
　　贷:银行存款　　　　　　　　　　　　　　　　　5 600

(4) 对出租房产,租赁双方签订的租赁合同约定有免收租金期限的,免收租金期间由产权所有人按照房产原值交纳房产税。20×3年第一季度、第二季度、第三季度应按房产原值交纳房产税。

每年应交房产税 = 8 200 000 × (1 - 30%) × 1.2% = 68 880(元)

每季应交房产税 = 68 880 ÷ 4 = 17 220(元)

每季应交土地使用税 = 480 × 5 ÷ 4 = 600(元)

每季末计提应交房产税、土地使用税:

借:税金及附加　　　　　　　　　　　　　　17 820
　　贷:应交税费——应交房产税　　　　　　　　　17 220
　　　　　　　　——应交土地使用税　　　　　　　600

实际交纳房产税、土地使用税时:

借:应交税费——应交房产税　　　　　　　　17 220
　　　　　　——应交土地使用税　　　　　　600
　　贷:银行存款　　　　　　　　　　　　　　　　　17 820

(5) 20×3年9月15日,收到20×3年10月至20×4年9月租金31.5万元。

借:银行存款　　　　　　　　　　　　　　315 000
　　贷:预收账款　　　　　　　　　　　　　　　　315 000

(6)20×3年10月15日,交纳增值税及附加税费:

借:应交税费——简易计税　　　　　　　　15 000
　　　　　——应交城市维护建设税　　　　1 050
　　　　　——应交教育费附加　　　　　　450
　　　　　——应交地方教育附加　　　　　300
　　贷:银行存款　　　　　　　　　　　　　　16 800

(7)20×3年12月末,确认20×3年房产租金收入,计算应承担的增值税及附加税费。

20×3年应确认租金收入=420 000×3÷(36+9)×12=336 000(元)

借:预收账款　　　　　　　　　　　　　　336 000
　　贷:主营业务收入　　　　　　　　　　　　320 000
　　　　应交税费——简易计税　　　　　　　16 000
借:税金及附加　　　　　　　　　　　　　1 920
　　贷:应交税费——应交城市维护建设税　　1 120
　　　　　　　　——应交教育费附加　　　　480
　　　　　　　　——应交地方教育附加　　　320

(8)免租期已过,企业应按房产租金收入交纳房产税。20×3年12月末,计算20×3年第四季度应交房产税、土地使用税。

应交房产税=420 000×12%÷4=12 600(元)

借:税金及附加　　　　　　　　　　　　　13 200
　　贷:应交税费——应交房产税　　　　　　12 600
　　　　　　　　——应交土地使用税　　　　600

(9)20×4年1月,交纳20×3年第四季度房产税、土地使用税。

借:应交税费——应交房产税　　　　　　　12 600
　　　　　——应交土地使用税　　　　　　600
　　贷:银行存款　　　　　　　　　　　　　　13 200

第七章 利润形成及分配

房地产开发企业经营的主要目的是获取利润。房地产开发企业当年实现的净利润,需按照《中华人民共和国公司法》(以下简称《公司法》)等有关法规及其股东约定进行分配。会计处理上不仅要进行本年利润的核算,还要进行利润分配的核算。

第一节 利润形成及分配业务概述

房地产开发企业作为独立的经济实体,应当以自己的经营收入抵补其成本费用,计算盈利。企业盈利的大小在很大程度上反映企业生产经营的经济效益,表明企业在每一会计期间的最终经营成果。

一、利润

利润是指企业在一定会计期间的经营成果。利润包括收入减去费用后的净额、直接计入当期利润的利得和损失等。直接计入当期利润的利得和损失,是指应当计入当期损益、会导致所有者权益发生增减变动的、与所有者投入资本或者向所有者分配利润无关的利得或者损失。利润按其构成的不同层次可划分为营业利润、利润总额和净利润。

(一)营业利润

营业利润是企业利润的主要来源。房地产开发企业的营业利润是指房地产开发企业一定时期内从事房地产开发生产经营活动实现的利润,按经营业务的主次可以划分为主营业务利润、其他业务利润。其计算公式如下:

营业利润 = 主营业务利润 + 其他业务利润 - 期间费用 - 资产减值损失 + 公允价值变动收益(- 公允价值变动损失) + 投资收益(- 投资损失) + 资产处置收益(- 资产处置损失) + 其他收益

1. 主营业务利润

主营业务利润是指房地产开发企业从事房地产开发业务所实现的利润,包括转让土地使用权利润、商品房销售利润、配套设施销售利润、转让其他建筑物利润及投资性房地产出租利润等。它在数量上等于主营业务收入减去主营业务成本和主营业务应负担的相关税费后的余额。其计算公式如下：

主营业务利润＝主营业务收入－主营业务成本－相关税金及附加

2. 其他业务利润

其他业务利润是指房地产开发企业因从事房地产开发业务以外的其他业务而实现的利润，包括固定资产出租利润、商品房售后服务利润、材料销售利润、无形资产转让利润等。它在数量上等于其他业务收入减去其他业务成本和其他业务应负担的相关税费后的余额。其计算公式如下：

其他业务利润＝其他业务收入－其他业务成本－相关税金及附加

3. 期间费用

期间费用是企业当期发生的费用的重要组成部分，是指本期发生的、不能直接或间接归入某种产品成本的、直接计入损益的各项费用，包括管理费用、销售费用和财务费用。

4. 资产减值损失

资产减值损失是指企业计提各项资产减值准备所形成的损失。

5. 公允价值变动收益（或损失）

公允价值变动收益（或损失）是指企业交易性金融资产等的公允价值变动形成的应计入当期损益的利得（或损失）。企业的交易性金融资产、采用公允价值模式计量的投资性房地产等以公允价值计量的资产，公允价值高于其账面余额的，形成公允价值变动收益；公允价值低于其账面余额的，形成公允价值变动损失。

6. 投资收益（或损失）

投资收益（或损失）是指企业以各种方式对外投资所取得的收益（或发生的损失）。投资收益（或损失）包括对外投资所分得的股利和收到的债券利息，以及投资转让利得或损失。投资收益减去投资损失即为投资净收益。

7. 资产处置收益（或损失）

资产处置收益反映企业出售划分为持有待售的非流动资产（金融工具、长期股权投资和投资性房地产除外）或处置组时确认的处置利得或损失，以及处置未划分为持有待售的固定资产、在建工程、生产性生物资产及无形资产而产生的处置利得或损失。债务重组中因处置非流动资产产生的利得或损失和非货币性资产交换产生的利得或损失也包括在本项目内。

8. 其他收益

其他收益反映企业收到的、与日常经营活动有关的政府补助等。

(二) 利润总额

房地产开发企业的利润总额是由营业利润和营业外收支净额组成的。其中，营业外收支净额是指营业外收入总额和营业外支出总额之间的差额。其计算公式如下：

利润总额＝营业利润＋营业外收入－营业外支出

其中，营业外收入（或支出）是指企业发生的与日常活动无直接关系的各项利得（或损失）。

（三）净利润

净利润＝利润总额－所得税费用

其中，所得税费用是指企业确认的应从当期利润总额中扣除的所得税费用。

二、利润分配

除国家另有规定者外，根据《公司法》等有关法规的规定，企业当年实现的净利润应进行利润分配。企业的利润一般应当按照如下顺序进行分配：

（一）弥补以前年度亏损

企业发生的年度亏损，可以用下一年度的税前利润弥补；下一年度利润不足弥补的，可以在5年内延续弥补，即税前利润弥补亏损的期间为5年。5年内弥补不完的，用税后利润弥补。

（二）提取盈余公积

盈余公积是指企业按照规定从净利润中提取的各种积累资金。公司制企业的盈余公积分为法定盈余公积和任意盈余公积。两者的区别就在于其各自计提的依据不同：前者以国家的法律或行政规章为依据提取；后者则由企业自行决定提取。

1. 盈余公积的种类

（1）法定盈余公积

公司制企业的法定公积金按照当年税后利润的10%提取（非公司制企业也可按照超过10%的比例提取）。在计算提取法定盈余公积的基数时，不应包括企业年初未分配利润。公司法定公积金累计额为公司注册资本的50%以上时，可以不再提取法定公积金。

（2）任意盈余公积

从税后利润中提取法定公积金后，经股东会或股东大会决议，还可以从税后利润中提取任意公积金。非公司制企业经类似权力机构批准，也可提取任意盈余公积。

2. 盈余公积的用途

企业提取的盈余公积主要用于以下几个方面：

（1）弥补亏损

企业发生的亏损，除用以后年度税前利润、税后利润弥补两种渠道外，还可以用盈余公积弥补。企业以提取的盈余公积弥补亏损的，应当由公司董事会提议，并经股东大会批准。

企业的法定公积金不足以弥补以前年度亏损的,在提取法定公积金之前,应当先用当年利润弥补亏损。

(2)转增资本

企业将盈余公积转增资本时,必须经股东大会审议批准。在实际将盈余公积转增资本时,要按股东原有持股比例结转。法定公积金转为资本时,所留存的该项公积金不得少于转增前公司注册资本的25%。

企业提取的盈余公积,无论是用于弥补亏损,还是用于转增资本,只不过是在企业所有者权益内部作结构上的调整,比如企业以盈余公积弥补亏损时,实际是减少盈余公积留存的数额,以此来抵补未弥补亏损的数额,并不引起企业所有者权益总额的变动;企业以盈余公积转增资本时,也只是减少盈余公积结存的数额,但同时增加企业实收资本或股本的数额,也并不引起所有者权益总额的变动。

(3)扩大企业生产经营

盈余公积的用途,并不是指其实际占用形态,提取盈余公积也并不是单独将这部分资金从企业资金周转过程中抽出。企业盈余公积的结存数,实际只表现为企业所有者权益的一个组成部分,表明企业生产经营资金的一个来源。其形成的资金可能表现为一定的货币资金,也可能表现为一定的实物资产,如存货和固定资产等,随同企业的其他来源所形成的资金进行循环周转,用于企业的生产经营。

(三)向投资者分配利润

公司弥补亏损和提取公积金后所余税后利润,有限责任公司按股东实缴的出资比例分配,全体股东约定不按照出资比例分配的除外;股份有限公司按照股东持有的股份比例分配,公司章程规定不按持股比例分配的除外。

股东会、股东大会或者董事会违反相关规定,在公司弥补亏损或提取法定公积金之前向股东分配利润的,股东必须将违反规定分配的利润退还公司。公司持有的本公司股份不得分配利润。

可供股东分配的利润是期初未分配利润加上本期实现的利润,减去提取的盈余公积后的余额。为了充分保护投资者的利益,企业必须在有可供分配利润的情况下,才能进行利润分配;在没有结存利润时,不能用资本发放股利。

第二节 利润形成及分配会计实务

一、损益的核算

损益的核算包括主营业务收入、其他业务收入、主营业务成本、其他业务成本、税金及附加、投资收益、营业外收入、营业外支出、本年利润等的核算。

(一)主营业务收入的核算

房地产开发企业经营收入包括土地转让收入和商品房销售收入、代建房屋和代建工程结算收入、配套设施销售收入。对于实现的房地产经营收入,应在"主营业务收入"科目下按收入类别设置"土地转让收入""商品房销售收入""配套设施销售收入""代建工程结算收入"等二级科目进行核算。房地产开发企业实现的房地产经营收入,应按实际收到或应收价款记入"银行存款""应收账款""预收账款"等科目的借方和"主营业务收入"科目的贷方。

(二)主营业务成本的核算

根据《企业会计准则——基本准则》的规定,房地产开发企业为生产开发产品、提供劳务等发生的可归属于开发产品成本、劳务成本等的费用,应当在确认开发产品销售收入、劳务收入等时,将已销售开发产品、已提供劳务的成本等计入当期损益。根据营业收入应与其相关的成本、费用配比的原则,房地产开发企业在将各个月份实现的房地产经营收入入账时,应同时将其相关的营业成本结转入账。

对于销售的商品房,应于月终将销售商品房的实际开发成本自"开发产品——商品房"科目的贷方转入"主营业务成本——商品房销售成本"科目的借方。

对于转让的商品性用地,应于月终将转让土地的实际开发成本自"开发产品——商品性土地"科目的贷方转入"主营业务成本——土地转让成本"科目的借方。

对于对外销售的周转房,应按周转房的原值减去已提累计摊销额后的净值,转入"主营业务成本——周转房销售成本"科目的借方,同时注销周转房的原值和累计摊销额。

对于移交结算的代建工程,应于月终将移交代建工程的实际开发成本自"开发产品——代建工程"科目的贷方转入"主营业务成本——代建工程结算成本"科目的借方。

(三)税金及附加的核算

月末,企业应将按规定计算确定的与当期经营活动相关的税费,记入"税金及附加"科目的借方和"应交税费"科目的贷方。

(四)资产减值损失的核算

当企业资产的可收回金额低于其账面价值时,即表明资产发生了减值,企业应将资产的账面价值减记至可收回金额,减记的金额确认为资产减值损失,计入当期损益,同时,计提相应的资产减值准备。企业当期确认的资产减值损失反映在其利润表中,而计提的资产减值准备作为相关资产的备抵项目,反映于资产负债表中,从而夯实企业资产价值,避免利润虚增,如实反映企业的财务状况和经营成果。资产减值损失包括企业的应收款项、存货、长期股权投资、持有至到期投资、固定资产、无形资产、在建工程、工程物资、商誉及采用成本模式计量的投资性房地产等资产发生减值计提减值准备所形成的损失。

固定资产、无形资产、采用成本模式计量的投资性房地产等资产发生减值计提的资产减值准备,在以后会计期间不得转回。以前期间计提的资产减值准备,在资产处置、出售、对外投资、以非货币性资产交换方式换出、在债务重组中抵偿债务等时,才可予以转出。坏账准备、存货跌价准备及持有至到期投资减值准备等可以转回,相关资产的价值又得以恢复的,应在原已计提的减值准备金额内,按恢复增加的金额,冲减资产减值损失。

【例7-1】20×4年12月31日,东方房地产开发公司在建开发产品5#~6#楼账面成本为2 900万元,公司按照目前市场价格和项目实际销售情况,对5#~6#楼进行减值测试后,预计5#~6#楼的可变现净值为2 500万元。

20×5年6月30日,5#~6#楼完工,开发产品账面成本为4 750万元。20×5年房地产市场行情有所好转,东方房地产开发公司对5#~6#楼进行减值测试,预计5#~6#楼的可变现净值为4 600万元。

20×6年5月8日,5#~6#楼交付业主,东方房地产开发公司确认销售收入,结转销售成本。东方房地产开发公司应编制如下会计分录:

(1)20×4年12月31日,计提存货跌价准备。

借:资产减值损失　　　　　　　4 000 000
　　贷:存货跌价准备　　　　　　　　4 000 000

(2)20×5年6月30日,5#~6#楼的可变现净值有所恢复,应计提的存货跌价准备为150万元,则当期应冲减已计提的存货跌价准备250万元(400-150),应转回的存货跌价准备为250万元。

借:存货跌价准备　　　　　　　2 500 000
　　贷:资产减值损失　　　　　　　　2 500 000

(3)20×6年5月8日,东方房地产开发公司结转销售成本时,应同时结转已计提的存货跌价准备。

借:主营业务成本　　　　　　　46 000 000
　　存货跌价准备　　　　　　　 1 500 000
　　贷:开发产品　　　　　　　　　47 500 000

(五)营业外收支的核算

营业外收支是指企业发生的与日常活动无直接关系的各项收支。营业外收支虽然与企业生产经营活动无直接关系,但从企业主体来考虑,同样带来收入或形成企业的支出,也是增加或减少利润的因素,影响企业的利润总额及净利润。

营业外收入和营业外支出应当分别核算。在具体核算时,不得以营业外支出直接冲减营业外收入,也不得以营业外收入冲减营业外支出,即企业在会计核算时,应当区别营业外收入和营业外支出进行核算。

1. 营业外收入的核算

营业外收入是指企业发生的与其日常活动无直接关系的各项收入。营业外收入并不是由企业经营资金耗费所产生的,不需要企业付出代价,实际上是一种纯收入,不可能也不需要与有关费用进行配比。因此,在会计核算上,应当严格区分营业外收入与营业收入。房地产开发企业的营业外收入主要包括债务重组利得、与企业日常活动无关的政府补助、盘盈利得、捐赠利得等。

债务重组利得,指重组债务的账面价值超过清偿债务的现金、非现金资产的公允价值、所转股份的公允价值或者重组后债务账面价值之间的差额。

政府补助,指企业从政府无偿取得的,与企业日常经营活动无关的货币性资产或非货币性资产形成的利得。

盘盈利得,指企业对于资产清查盘点中盘盈的现金等,报经批准后计入营业外收入的金额。

捐赠利得,指企业接受捐赠产生的利得。

【例7-2】东方房地产开发公司本月发生的与营业外收入有关的经济业务及其会计处理如下:

收到某施工单位工程质量罚款20 000元,存入银行。

依据罚款单和收款证明,东方房地产开发公司应编制如下会计分录:

借:银行存款　　　　　　　　　　　20 000
　　贷:营业外收入　　　　　　　　　　　20 000

2. 营业外支出的核算

营业外支出是指企业发生的与日常活动无直接关系的各项支出。房地产开发企业的营业外支出主要包括非流动资产损毁报废损失、债务重组损失、公益性捐赠支出、非常损失、盘亏损失等。

非流动资产损毁报废损失,指非流动资产因自然灾害发生毁损、已丧失使用功能等原因而报废清理产生的损失。企业在不同交易中形成的非流动资产毁损报废利得和损失不得相互抵销,应分别在"营业外收入"和"营业外支出"进行列报。

债务重组损失,指重组债权的账面价值与受让资产的公允价值、所转股份的公允价值或者重组后债权的账面价值之间的差额。

公益性捐赠支出,指企业对外进行公益性捐赠发生的支出。

非常损失,指企业对于因客观因素(如自然灾害等)造成的损失,在扣除保险公司赔偿后形成的净损失。

【例 7-3】东方房地产开发公司本月向希望工程捐款 300 万元。

依据财政部门印制的捐赠票据和付款证明,东方房地产开发公司应编制如下会计分录:

借:营业外支出　　　　　　　　　3 000 000
　　贷:银行存款　　　　　　　　　　　3 000 000

(六)本年利润的核算

本年利润的核算可能在月末进行,也可能在年末进行,据此可将"本年利润"的核算分为月结法和年结法。

月结法又称账结法,就是每月月末将各损益类科目的余额转入"本年利润"科目,通过"本年利润"科目结出本月份利润或亏损总额以及本年累计利润或亏损总额的方法。采用账结法时,"本年利润"科目每月都要使用,各损益类科目的余额每月月末都要结清,"本年利润"科目的余额在年末一次转入"利润分配——未分配利润"科目。

年结法又称表结法,是指每月结账时,不需要将各损益类科目的余额结转到"本年利润"科目,只需要结出各损益类科目的本年累计余额,计算出从年初起至本月月末止的累计利润额,然后减去截至上月月末的累计利润额,求得该月的利润额;年末进行决算时,再将各损益类科目的全年累计余额转入"本年利润"科目,计算出本年的利润总额或亏损总额。采用年结法时,平时(1~11月)"本年利润"科目不记录,只在年终(12月月末)将各损益类科目的余额转入时才使用该科目;各损益类科目平时有余额,年末才结清;"本年利润"科目的余额在年度终了时同账结法下一样,需要一次转入"利润分配——未分配利润"科目。

1. 月末的会计处理

房地产开发企业期(月)末结转利润时,应将各损益类科目的金额转入"本年利润"科目,结平各损益类科目。主营业务收入、其他业务收入、营业外收入和投资净收益等收益的余额转入"本年利润"科目的贷方;主营业务成本、其他业务成本、税金及附加、销售费用、管理费用、财务费用、资产减值损失、营业外支出、投资净损失和所得税费用等成本、费用的余额转入"本年利润"科目的借方;结转后,"本年利润"科目的贷方余额为当期实现的净利润,借方余额为当期发生的净亏损。

2. 年末的会计处理

年度终了,应将本年收入和支出相抵后结出的本年实现的净利润,转入"利润分配"科目,借记"本年利润"科目,贷记"利润分配——未分配利润"科目;如为净亏损做相反的会计分录。结转后"本年利润"科目应无余额。

【例 7-4】东方房地产开发公司 20×5 年 11 月 30 日"本年利润"科目贷方余额为 3 030 000 元,20×5 年 12 月末,各损益类科目的余额如表 7-1 所示。

表 7-1　　　　　　　东方房地产开发公司科目余额表

单位:元

会计科目	借方余额	贷方余额
主营业务收入		32 000 000.00
主营业务成本	21 000 000.00	
税金及附加	1 150 000.00	
其他业务收入		80 000.00
其他业务成本	45 000.00	
销售费用	570 000.00	
管理费用	336 000.00	
财务费用	144 000.00	
投资收益		150 000.00
营业外收入		160 000.00
营业外支出	80 000.00	
所得税费用	2 548 000.00	

东方房地产开发公司采用账结法核算本年利润,应编制如下会计分录:
(1)月末,将各收益类科目的余额转入"本年利润"科目。

借:主营业务收入	32 000 000
其他业务收入	80 000
投资收益	150 000
营业外收入	160 000
贷:本年利润	32 390 000

(2)将各成本、费用类科目的余额转入"本年利润"科目。

借:本年利润	25 873 000
贷:主营业务成本	21 000 000
税金及附加	1 150 000
其他业务成本	45 000
销售费用	570 000
管理费用	336 000
财务费用	144 000

营业外支出　　　　　　　　　　　　80 000
　　所得税费用　　　　　　　　　　　2 548 000
（3）年末，结转"本年利润"科目的贷方余额9 547 000元。
借：本年利润　　　　　　　　　　　9 547 000
　　贷：利润分配——未分配利润　　　9 547 000

二、利润分配的核算

利润分配的核算包括弥补亏损、提取盈余公积、分配股利或利润以及未分配利润等的核算。

（一）弥补亏损的核算

房地产开发企业在生产经营过程中既有可能发生盈利，也有可能出现亏损。企业在当年发生亏损的情况下，与实现盈利的情况相同，应当将本年发生的亏损自"本年利润"科目转入"利润分配——未分配利润"科目，借记"利润分配——未分配利润"科目，贷记"本年利润"科目，结转后"利润分配"科目的借方余额，即为未弥补亏损的数额。然后通过"利润分配"科目核算有关亏损的弥补情况。

1. 以税前利润弥补亏损

以当年实现的利润弥补以前年度结转的未弥补亏损，不需要进行专门的会计处理。企业应将当年实现的利润自"本年利润"科目的借方转入"利润分配——未分配利润"科目的贷方，"利润分配——未分配利润"的贷方发生额与其借方余额自然抵补。

2. 以税后利润弥补亏损

以税后利润弥补亏损，其会计处理方法与以税前利润弥补亏损相同，但两者对计算交纳所得税的处理是不同的。在以税前利润弥补亏损的情况下，其弥补的数额可以抵减当期企业应纳税所得额，而以税后利润弥补的数额，则不能作纳税所得扣除处理。

3. 盈余公积补亏

企业在亏损年度按规定用盈余公积弥补亏损，借记"盈余公积"科目，贷记"利润分配——盈余公积补亏"科目。

（二）提取盈余公积的核算

企业提取盈余公积时，借记"利润分配——提取法定盈余公积""利润分配——提取任意盈余公积"科目，贷记"盈余公积——法定盈余公积""盈余公积——任意盈余公积"科目。

企业用盈余公积转增资本时，借记"盈余公积"科目，贷记"实收资本"或"股本"科目。经股东大会决议,用盈余公积派送新股,按派送新股计算的金额,借记"盈余公积"科目,按股票面值和派送新股总数计算的股票面值总额,贷记"股本"科目。

(三)分配股利或利润的核算

经股东大会或类似权力机构决议,分配给股东或投资者的现金股利或利润,借记"利润分配——应付现金股利或利润"科目,贷记"应付股利"科目。经股东大会或类似权力机构决议,分配给股东的股票股利,应在办理增资手续后,借记"利润分配——转作股本的股利"科目,贷记"股本"科目。

(四)未分配利润的核算

未分配利润是企业留待以后年度进行分配的结存利润,也是企业所有者权益的组成部分之一。相对于所有者权益的其他部分来讲,企业对于未分配利润的使用分配有较大的自主权。从数量上来讲,未分配利润是期初未分配利润加上本期实现的净利润,减去提取的各种盈余公积和分出利润后的余额。

在会计处理上,未分配利润是通过"利润分配"科目进行核算的。年度终了,企业应将本年实现的净利润或净亏损转入"利润分配——未分配利润"科目,同时,将"利润分配"科目所属的其他明细科目的余额转入"未分配利润"明细科目。结转后,"未分配利润"明细科目的贷方余额,就是未分配利润的金额;如出现借方余额,则表示未弥补亏损的金额。"利润分配"科目所属的其他明细科目应无余额。

【例7-5】东方房地产开发公司的股本为72 000 000元,每股面值1元。20×5年年初未分配利润为贷方8 000 000元,20×5年实现净利润20 000 000元。

假定公司按照20×5年实现净利润的10%提取法定盈余公积,5%提取任意盈余公积,并向股东按每股0.1元派发现金股利,按每10股送2股的比例派发股票股利。20×6年5月20日,公司以银行存款支付了全部现金股利,新增股本也已经办理完股权登记和相关增资手续。东方房地产开发公司的会计处理如下:

(1)20×5年度终了,结转本年实现的净利润:

借:本年利润　　　　　　　　　　20 000 000
　　贷:利润分配——未分配利润　　　　20 000 000

(2)提取法定盈余公积和任意盈余公积:

借:利润分配——提取法定盈余公积　2 000 000
　　　　　　——提取任意盈余公积　1 000 000
　　贷:盈余公积——法定盈余公积　　　2 000 000
　　　　　　　——任意盈余公积　　　1 000 000

(3)结转"利润分配"的明细科目：

借：利润分配——未分配利润　　　　3 000 000
　　贷：利润分配——提取法定盈余公积　2 000 000
　　　　　　　　——提取任意盈余公积　1 000 000

20×5年年底"利润分配——未分配利润"科目的余额为：

8 000 000 + 20 000 000 - 3 000 000 = 25 000 000(元)

即贷方余额为25 000 000元，反映企业的累计未分配利润为25 000 000元。

(4)批准发放现金股利：

72 000 000 × 0.1 = 7 200 000(元)

借：利润分配——应付现金股利　　　7 200 000
　　贷：应付股利　　　　　　　　　　7 200 000

20×6年5月20日，实际发放现金股利：

借：应付股利　　　　　　　　　　　7 200 000
　　贷：银行存款　　　　　　　　　　7 200 000

(5)20×6年5月20日，发放股票股利：

72 000 000 × 1 × 20% = 14 400 000(元)

借：利润分配——转作股本的股利　　14 400 000
　　贷：股本　　　　　　　　　　　　14 400 000

(6)利润分配结束后，累计未分配利润为：

25 000 000 - 7 200 000 - 14 400 000 = 3 400 000(元)

第八章　企业所得税

房地产开发企业当期发生的交易或事项，在确定当期应交所得税时，会计处理与税务处理是不同的，会计处理是依据《企业会计准则》进行的，而税务处理是依据企业所得税相关法律法规进行的，两者之间因依据不同会存在一定的差异。企业所得税税务处理主要涉及销售未完工开发产品取得的收入按预计计税毛利率分月（或季）计算预计毛利额，计入当期应纳税所得额，按规定的税率缴纳企业所得税，并在年度纳税申报时完成所得税汇算清缴。销售开发产品月（季）度预缴企业所得税已经在第五章中介绍，本章主要介绍企业所得税年度汇算清缴。所得税会计主要涉及确定资产负债表中的递延所得税资产项目和递延所得税负债项目的余额、利润表中的所得税费用的发生额，以及对企业所得税业务进行会计处理。

第一节　企业所得税汇算清缴

企业所得税汇算清缴，是指房地产开发企业自纳税年度终了之日起 5 个月内或实际经营终止之日起 60 日内，依照税收法律、法规、规章及其他有关企业所得税的规定，自行计算本纳税年度应纳税所得额和应纳所得税额，根据月（或季）预缴企业所得税的数额，确定该纳税年度应补或者应退税额，并填写企业所得税年度纳税申报表，向主管税务机关办理企业所得税年度纳税申报、提供税务机关要求提供的有关资料、结清全年企业所得税税款的行为。

根据《中华人民共和国企业所得税法》（以下简称《企业所得税法》）的规定，企业的应纳税所得额为每一纳税年度的收入总额，减除不征税收入、免税收入、各项扣除以及允许弥补的以前年度亏损后的余额。企业的应纳所得税额为应纳税所得额乘以适用所得税税率，减除依照《企业所得税法》关于税收优惠的规定减免和抵免的税额后的余额。这种计算方法为直接法，而在实务中，房地产开发企业通常在会计利润的基础上，按照企业所得税相关法律法规的规定进行纳税调整，计算出当期应纳所得税额，这种方法为间接法。

实行查账征收方式和实行核定应税所得率方式征收企业所得税的企业，无论是否在减税、免税期间,也无论盈利还是亏损,都应进行汇算清缴。实行核定应纳税所得额方式征收企业所得税的企业,不进行汇算清缴。

一、企业所得税汇算清缴的一般程序

根据《企业所得税法》及其实施条例、《税收征收管理法》及其实施细则、《国家税务总局关于印发〈房地产开发经营业务企业所得税处理办法〉的通知》(国税发〔2009〕31号)及《国家税务总局关于印发〈企业所得税汇算清缴管理办法〉的通知》(国税发〔2009〕79号)等法律法规的规定,企业所得税的汇算清缴应按以下程序进行:

(一)进行纳税调整

房地产开发企业以财务报表的会计利润为基础,按照《企业所得税法》及其实施条例、国税发〔2009〕31号等相关的税收法律法规进行纳税调整后计算出当期应纳税所得额,按照当期应纳税所得额与适用所得税税率计算确定当期应纳所得税额。

(二)填写纳税申报表

房地产开发企业在纳税调整的基础上,根据《关于发布〈中华人民共和国企业所得税年度纳税申报表(A类,2017年版)〉的公告》(国家税务总局公告2017年第54号)等税收法律法规自行填写年度纳税申报表及附表。

(三)进行年度纳税申报

房地产开发企业填写企业所得税年度纳税申报表及附表后,应向主管税务机关办理年度纳税申报。房地产开发企业除提供企业所得税年度纳税申报表及附表外,还应当附送以下相关资料:(1)财务报表。(2)备案事项相关资料:房地产开发企业应报送房地产开发产品实际毛利额与预计毛利额之间差异调整情况的报告;应报送依据计税成本对象确定原则确定的已完工开发产品成本对象、确定原则、依据,共同成本分配原则、方法,以及开发项目基本情况、开发计划等专项报告;存在税前资产损失扣除情况的应报送资产损失申报材料和纳税资料。(3)总机构及分支机构基本情况、分支机构征税方式、分支机构的预缴税情况。(4)涉及关联方业务往来的,同时报送《中华人民共和国企业年度关联业务往来报告表》。(5)委托中介机构代理纳税申报的,应出具双方签订的代理合同,并附送中介机构出具的包括纳税调整的项目、原因、依据、计算过程、调整金额等内容的报告。(6)主管税务机关要求报送的其他有关资料。

采用电子方式办理企业所得税年度纳税申报的,应按照有关规定保存有关资料或附报纸质纳税申报资料。

(四)税务机关受理申请,并审核所报送资料

主管税务机关接到房地产开发企业报送的纳税申报资料后,应对其进行审

核。审核中如发现房地产开发企业未按规定报齐有关资料或填报项目不完整、计算错误的,应及时通知房地产开发企业在汇算清缴期内补齐补正,审核无误的即时办结。

(五)纠正申报错误,结清税款

房地产开发企业在汇算清缴期内发现当年企业所得税申报有误的,可在汇算清缴期内重新办理企业所得税年度纳税申报,税务机关据此调整其全年应纳所得税额及应补或者应退税额。房地产开发企业在纳税年度内预缴企业所得税税款少于应缴企业所得税税款的,应在汇算清缴期内结清应补缴的企业所得税税款;预缴企业所得税税款超过应缴企业所得税税款的,办理抵缴其下一年度应缴企业所得税税款或退税手续。

二、企业所得税汇算清缴的期间

房地产开发企业12月份或者第四季度的企业所得税预缴纳税申报,应在纳税年度终了后15日内完成,预缴申报后开始进行当年企业所得税汇算清缴。企业所得税汇算清缴应当自纳税年度终了之日起5个月内进行,并结清应缴应退企业所得税税款。

房地产开发企业在年度中间发生解散、破产或撤销等终止生产经营情形,需进行企业所得税清算的,应在清算前报告主管税务机关,并自实际经营终止之日起60日内进行汇算清缴,结清应缴应退企业所得税税款;企业有其他情形依法终止纳税义务的,应当自停止生产、经营之日起60日内,向主管税务机关办理当期企业所得税汇算清缴。

三、纳税调整项目

由于企业所得税相关的法律法规与企业会计准则规定不完全一致,因此在所得税汇算清缴中会遇到大量的纳税调整项目。房地产开发企业的纳税调整事项主要有收入类调整项目、扣除类调整项目、资产类调整项目、特殊事项调整项目、特别纳税调整应税所得及其他等六大类纳税调整项目。我们按会计上规定、税务上规定,是否存在差异、存在什么差异及原因,是否需要纳税调整以及如何纳税调整进行分析。

(一)收入类调整项目

在房地产开发企业收入确认的时间和范围上,会计与税务相关规定存在较大差异。

1. 收入确认的时间差异

根据《企业会计准则》的规定,销售商品收入的确认标准为同时满足以下五个条件:(1)企业已将商品所有权上的主要风险和报酬转移给购货方;(2)企业既没有保留通常与所有权相联系的继续管理权,也没有对已售出的商品实施有效控制;(3)收入的金额能够可靠地计量;(4)相关的经济利益很可能流入企业;(5)相关的已发生或将发生的成本能够可靠地计量。

而根据国税发〔2009〕31号第六条规定,企业通过正式签订《房地产销售合同》或《房地产预售合同》所取得的收入,应确认为销售收入的实现,具体按以下规定确认:

(1)采取一次性全额收款方式销售开发产品的,应于实际收讫价款或取得索取价款凭据(权利)之日,确认收入的实现。

(2)采取分期收款方式销售开发产品的,应按销售合同或协议约定的价款和付款日确认收入的实现。付款方提前付款的,在实际付款日确认收入的实现。

(3)采取银行按揭方式销售开发产品的,应按销售合同或协议约定的价款确定收入额,其首付款应于实际收到日确认收入的实现,余款在银行按揭贷款办理转账之日确认收入的实现。

(4)采取委托方式销售开发产品的,应按以下原则确认收入的实现:①采取支付手续费方式委托销售开发产品的,应按销售合同或协议中约定的价款于收到受托方已销开发产品清单之日确认收入的实现。②采取视同买断方式委托销售开发产品的,属于企业与购买方签订销售合同或协议,或企业、受托方、购买方三方共同签订销售合同或协议的,如果销售合同或协议中约定的价格高于买断价格,则应按销售合同或协议中约定的价格计算的价款于收到受托方已销开发产品清单之日确认收入的实现;如果属于前两种情况中销售合同或协议中约定的价格低于买断价格,以及属于受托方与购买方签订销售合同或协议的,则应按买断价格计算的价款于收到受托方已销开发产品清单之日确认收入的实现。③采取基价(保底价)并实行超基价双方分成方式委托销售开发产品的,属于由企业与购买方签订销售合同或协议,或企业、受托方、购买方三方共同签订销售合同或协议的,如果销售合同或协议中约定的价格高于基价,则应按销售合同或协议中约定的价格计算的价款于收到受托方已销开发产品清单之日确认收入的实现,企业按规定支付受托方的分成额,不得直接从销售收入中减除;如果销售合同或协议约定的价格低于基价的,则应按基价计算的价款于收到受托方已销开发产品清单之日确认收入的实现。属于由受托方与购买方直接签订销售合同的,则应按基价加上按规定支付的分成额于收到受托方已销开发产品清单之日确认收入的实现。④采取包销方式委托销售开发产品的,包销期内可根据包销合同的有关约定,参照上述①至③项规定确认收入的实现;包销期满后尚未出售的开发产品,企业应根据包销合同或协议约定的价款和付款方式确认收入的实现。

由此可见,会计与税务在收入确认的时间上存在明显的差异,具体如下:

(1)通过正式签订房地产预售合同,销售未完工开发产品取得的收入,会计处理中作为预收账款反映,而税务上由于国税发〔2009〕31号完全取消了预售收入的概念,销售未完工开发产品取得的收入,应确认为销售收入的实现,按照国税发〔2009〕31号第九条规定进行税务处理。在此,税法上确认收入的时间比会计上确认收入的时间要早。

值得注意的是,对于未正式签订房地产销售合同或房地产预售合同所取得的收入,如签订合同前承购人交纳的各种促销活动的办卡款、诚意金,则不作为销售未完工开发产品取得的收入处理。

(2)会计上按照收入确认原则来确认收入,而税务上一般是在实际收讫价款或取得索取价款凭据(权利)之日,或者是销售合同或协议约定的付款日确认收入的实现。在此,要结合具体业务对税法规定的收入确认时间与会计规定的收入确认时间进行认真分析,按照确认的时间差异进行相应的纳税调整。

2. 收入确认的范围差异

房地产开发企业在收入确认的范围上,会计与税务存在代收费用、视同销售收入、免税收入、销售折扣和折让、公允价值变动损益等方面的差异。

(1)代收费用

根据《国家计委 财政部关于全面整顿住房建设收费取消部分收费项目的通知》(计价格〔2001〕585号)中关于"整顿城市基础设施配套费"的要求,各地相继出台城市基础设施配套费收费标准,取消了与城市基础设施配套费重复收取的水、电、气、热、道路以及其他各种名目的专项配套费。因各地具体政策不同,对于暖气(热力)、天然气、有线电视入网费等配套性收费,有些地区房地产开发企业不再向承购人收取,有些地区房地产开发企业向承购人收取部分配费用。

房地产开发企业代承购人办理房产证的,涉及代收产权登记费、权证工本费等办证费用。

国税发〔2009〕31号第五条规定,开发产品销售收入的范围为销售开发产品过程中取得的全部价款,包括现金、现金等价物及其他经济利益。企业代有关部门、单位和企业收取的各种基金、费用和附加等,凡纳入开发产品价内或由企业开具发票的,应按规定全部确认为销售收入;未纳入开发产品价内并由企业之外的其他收取部门、单位开具发票的,可作为代收代缴款项进行管理。

对于配套性收费,实务中通常由收取部门向房地产开发企业开具发票,房地产开发企业向承购人开具收款收据,会计上一般作为代收代缴款项进行核算,税务上应确认为销售收入,会计与税务存在差异,应进行纳税调整。由承购人承担的产权登记费、权证工本费等办证费用,属于行政事业性收费,由房管部门直接向承购人开具行政事业性专用票据,税务上不确认销售收入,会计与税务不存在差异。

(2)视同销售收入

国税发〔2009〕31号第七条规定,房地产开发企业将开发产品用于捐赠、赞助、职工福利、奖励、对外投资、分配给股东或投资人、抵偿债务、换取其他企事业单位和个人的非货币性资产等行为,应视同销售,于开发产品所有权或使用权转移,或于实际取得利益权利时确认收入(或利润)的实现。确认收入(或利润)的方法和顺序为:①按本企业近期或本年度最近月份同类开发产品市场销售价格确定。②由主管税务机关参照当地同类开发产品市场公允价值确定。③按开发产品的成本利润率确定。开发产品的成本利润率不得低于15%,具体比例由主管税务机关确定。

会计上,有些业务要视同销售进行会计处理,而有些业务则不作收入核算。会计上视同销售确认销售收入的,会计确认收入的范围与税务上不存在差异;会计上不作收入核算的,就会导致会计上确认收入的范围与税务上存在差异。具体而言:

第一,《企业会计准则第9号——职工薪酬》应用指南规定,企业以自产的产品作为非货币性福利提供给职工的,应当按照该产品的公允价值和相关税费,计量计入成本费用的职工薪酬金额,并确认为主营业务收入,其销售成本的结转和相关税费的处理,与正常商品销售相同。所以会计与税务不存在差异,不需要进行纳税调整。

第二,将开发产品用于对外投资或用于交换非货币性资产,这两类业务在会计处理上都适用非货币性资产交换准则。对于非货币性资产交换,投资或者换入资产的初始计量有两种模式,一种是以换出资产公允价值加应支付的相关税费计量,另一种是以换出资产账面价值加应支付的相关税费计量。①以换出资产公允价值加应支付的相关税费计量的,换出资产为开发产品的,应当视同销售处理,按照公允价值确认销售收入,同时结转销售成本。会计与税务不存在差异,不需要进行纳税调整。②以换出资产账面价值加应支付的相关税费计量的,换出开发产品不视同销售,但在税法下,投资和换入资产的计税成本需要以投资和换出的开发产品的市价或公允价值为基础确定,由此导致的差异可在投资和换入资产处置时转回。会计与税务存在差异,应进行纳税调整。

第三,将开发产品用于捐赠、赞助等费用性支出属于永久性差异,捐赠支出存在税前扣除限额,其超过税前扣除限额视同销售部分将会增加应纳税所得额,需要进行纳税调整;赞助支出不允许税前扣除,其视同销售将会增加应纳税所得额,需要进行纳税调整。

第四,将开发产品用于对投资者分配、抵偿债务等,会计上参照债务重组准则进行会计处理,会计与税务上均以开发产品的公允价值确认收入,不需要进行纳税调整。

（3）免税收入

会计上将国债利息收入、地方政府债券利息收入、股息、红利等权益性投资收益等计入企业的利润总额。

《企业所得税法》第二十六条规定，企业的国债利息收入，符合条件的居民企业之间的股息、红利等权益性投资收益，在中国境内设立机构、场所的非居民企业从居民企业取得与该机构、场所有实际联系的股息、红利等权益性投资收益，符合条件的非营利组织的收入等为免税收入。《中华人民共和国企业所得税法实施条例》（以下简称《企业所得税法实施条例》）第八十三条规定，符合条件的居民企业之间的股息、红利等权益性投资收益，是指居民企业直接投资于其他居民企业取得的投资收益。股息、红利等权益性投资收益，不包括连续持有居民企业公开发行并上市流通的股票不足 12 个月取得的投资收益。《国家税务总局关于企业国债投资业务企业所得税处理问题的公告》（国家税务总局公告 2011 年第 36 号）规定，企业从发行者直接投资购买的国债持有至到期，其从发行者取得的国债利息收入，全额免征企业所得税。企业到期前转让国债或者从非发行者投资购买的国债，其持有期间尚未兑付的国债利息收入，免征企业所得税。

《财政部 国家税务总局关于地方政府债券利息免征所得税问题的通知》（财税〔2013〕5 号）、《财政部 国家税务总局关于地方政府债券利息所得免征所得税问题的通知》（财税〔2011〕76 号）规定，对企业和个人取得的 2009 年及以后年度发行的地方政府债券利息收入，免征企业所得税和个人所得税。地方政府债券是指经国务院批准同意，以省、自治区、直辖市和计划单列市政府为发行和偿还主体的债券。

由此可见，会计与税务存在的差异在纳税调整时需要对免税收入进行纳税调整，调减当期应纳税所得额。

（4）销售折扣和折让

企业为促进商品销售而在商品价格上给予的价格扣除属于商业折扣，债权人为鼓励债务人在规定的期限内付款而向债务人提供的债务扣除属于现金折扣，企业因售出商品的质量不合格等原因而在售价上给予的减让属于销售折让，企业因售出商品质量、品种不符合要求等原因而发生的退货属于销售退回。会计上，企业发生的商业折扣，应当按照扣除商业折扣后的金额确定销售商品收入金额；现金折扣在实际发生时计入当期损益；销售折让和销售退回应当在发生时冲减当期销售商品收入；企业报告年度或以前年度销售的商品，在资产负债表日后至年度财务报告批准报出前发生的销售折让和销售退回，应当作为资产负债表日后调整事项处理，调整报告年度的收入、成本等。

税务上，对于企业日常发生的商业折扣、现金折扣、销售折让与销售退回，根据

《国家税务总局关于确认企业所得税收入若干问题的通知》(国税函〔2008〕875号)规定,会计和税务处理一致,不需要进行纳税调整。但对于属于资产负债表日后调整事项的销售折让和销售退回,会计和税务处理不同。税务不考虑资产负债表日后事项,企业已经确认销售收入的售出商品发生销售折让和销售退回,无论是否属于资产负债表日后调整事项,都应当在发生当期冲减当期销售商品收入。

(5)公允价值变动损益

会计上,采用公允价值模式计量的金融资产、金融负债以及投资性房地产等,以资产负债表日的公允价值为基础调整其账面价值,公允价值与账面价值之间的差额计入公允价值变动损益。《企业所得税法实施条例》第五十六规定,企业持有各项资产期间资产增值或减值,除国务院财政、税务主管部门规定可以确认损益外,不得调整该资产的计税基础。因此,对于金融资产、金融负债以及投资性房地产计入当期损益的公允价值变动金额应进行纳税调整。

另外,房地产开发企业还可能存在按权益法核算长期股权投资对初始投资成本调整确认收益、交易性金融资产初始投资调整、不征税收入等收入类纳税调整项目。

(二)扣除类调整项目

《企业会计准则——基本准则》规定,企业为生产产品、提供劳务等发生的可归属于产品成本、劳务成本等的费用,应当在确认产品销售收入、劳务收入等时,将已销售产品、已提供劳务的成本等计入当期损益。国税发〔2009〕31号第十二条规定,企业发生的期间费用、已销开发产品计税成本、营业税金及附加、土地增值税准予当期按规定扣除。但是会计处理中在计算会计利润时计入的成本费用,与税法准予在税前扣除的成本费用存在一定的差异。

1.已销售完工开发产品会计成本与计税成本

会计上,房地产开发企业在开发建设过程中发生的成本费用,除计入期间费用外都计入开发对象的开发成本,开发完成后转入开发产品,而国税发〔2009〕31号对房地产开发产品计税成本有明确规定,两者之间产生的差异,需要进行纳税调整,具体内容见本节"五、开发产品会计成本与计税成本纳税调整的特别说明"。

所得税汇算应进行纳税调整的仅为已销售完工开发产品会计成本与计税成本差异,未销售开发产品以及已销售未完工开发产品会计成本与计税成本差异当期不需要调整。

2.视同销售成本

与视同销售收入相对应,房地产开发企业进行纳税调整时,视同销售成本也应该进行相应的纳税调整。如投资或者换入资产以换出资产的公允价值加应支付的相关税费计量,税务上视同销售开发产品,在调增视同销售收入的同时,应相应调增视同销售成本。

3. 工资、薪金支出

工资、薪金支出是指企业每一纳税年度支付给在本企业任职或者受雇的员工的所有现金形式或者非现金形式的劳动报酬,包括基本工资、奖金、津贴、补贴、年终加薪、加班工资以及与员工任职或者受雇有关的其他支出。

会计上,企业发生的工资、薪金支出计入成本费用。

《企业所得税法实施条例》第三十四条规定,企业发生的合理的工资薪金支出,准予扣除。《国家税务总局关于企业工资薪金及职工福利费扣除问题的通知》(国税函〔2009〕3号)规定,"合理工资薪金"是指企业按照股东大会、董事会、薪酬委员会或相关管理机构制定的工资薪金制度规定实际发放给员工的工资薪金。税务机关在对工资薪金进行合理性确认时,可按以下原则掌握:(1)企业制定了较为规范的员工工资薪金制度;(2)企业所制定的工资薪金制度符合行业及地区水平;(3)企业在一定时期所发放的工资薪金是相对固定的,工资薪金的调整是有序进行的;(4)企业对实际发放的工资薪金,已依法履行了代扣代缴个人所得税义务;(5)有关工资薪金的安排,不以减少或逃避税款为目的。

如果企业有不合理的工资薪金支出,应进行纳税调整,调增当年应纳税所得额。

《国家税务总局关于企业所得税应纳税所得额若干税务处理问题的公告》(国家税务总局公告2012年第15号)规定,企业因雇用季节工、临时工、实习生,返聘离退休人员所实际发生的费用,应区分为工资薪金支出和职工福利费支出,并按《企业所得税法》规定在企业所得税税前扣除。其中属于工资薪金支出的,准予计入企业工资薪金总额的基数,作为计算其他各项相关费用扣除的依据。

4. 职工福利费、工会经费、职工教育经费

会计上,企业发生的职工福利费、工会经费、职工教育经费按照规定计入成本费用,而税务上企业发生的职工福利费、工会经费、职工教育经费按标准扣除,未超过标准的,按实际发生数扣除,超过标准的,只能按标准扣除。具体标准为:

(1)企业发生的职工福利费支出,不超过工资薪金总额14%的部分准予扣除。

根据《国家税务总局关于企业工资薪金及职工福利费扣除问题的通知》(国税函〔2009〕3号)规定,企业职工福利费,包括以下内容:①尚未实行分离办社会职能的企业,其内设福利部门所发生的设备、设施和人员费用,包括职工食堂、职工浴室、理发室、医务所、托儿所、疗养院等集体福利部门的设备、设施及维修保养费用和福利部门工作人员的工资薪金、社会保险费、住房公积金、劳务费等;②为职工卫生保健、生活、住房、交通等所发放的各项补贴和非货币性福利,包括企业向职工发

放的因公外地就医费用、未实行医疗统筹企业职工医疗费用、职工供养直系亲属医疗补贴、供暖费补贴、职工防暑降温费、职工困难补贴、救济费、职工食堂经费补贴、职工交通补贴等;③按照其他规定发生的其他职工福利费,包括丧葬补助费、抚恤费、安家费、探亲假路费等。企业发生的职工福利费,应该单独设置账册,进行准确核算。没有单独设置账册准确核算的,税务机关应责令企业在规定的期限内进行改正。逾期仍未改正的,税务机关可对企业发生的职工福利费进行合理的核定。

（2）企业拨缴的工会经费,不超过工资薪金总额2%的部分准予扣除。

《国家税务总局关于工会经费企业所得税税前扣除凭据问题的公告》（国家税务总局公告2010年第24号）规定,自2010年7月1日起,企业拨缴的职工工会经费,不超过工资薪金总额2%的部分,凭工会组织开具的工会经费收入专用收据在企业所得税税前扣除。《国家税务总局关于税务机关代收工会经费企业所得税税前扣除凭据问题的公告》（国家税务总局公告2011年第30号）规定,自2010年1月1日起,在委托税务机关代收工会经费的地区,企业拨缴的工会经费,也可凭合法、有效的工会经费代收凭据依法在税前扣除。

（3）除国务院财政、税务主管部门另有规定外,企业发生的职工教育经费支出,不超过工资薪金总额8%的部分,准予扣除;超过部分,准予在以后纳税年度结转扣除。

《国家税务总局关于企业工资薪金及职工福利费扣除问题的通知》（国税函〔2009〕3号）规定,作为职工福利费、工会经费、职工教育经费计算基数的工资薪金总额,是指企业发放的合理的工资薪金总和,不包括企业的职工福利费、职工教育经费、工会经费以及养老保险费、医疗保险费、失业保险费、工伤保险费、生育保险费等社会保险费和住房公积金。属于国有性质的企业,其工资薪金,不得超过政府有关部门给予的限定数额;超过部分,不得计入企业工资薪金总额,也不得在计算企业应纳税所得额时扣除。

企业发生的职工福利费、工会经费和职工教育经费超过税前扣除标准的部分,会计与税务存在差异,应进行纳税调整,调增应纳税所得额;本年度扣除的以前年度职工教育经费的结转额,应调减应纳税所得额。

5. 业务招待费

会计上,企业发生的业务招待费按实际发生额计入当期损益。税务上,《企业所得税法实施条例》第四十三条规定,企业发生的与生产经营活动有关的业务招待费支出,按照发生额的60%扣除,但最高不得超过当年销售（营业）收入的5‰。《国家税务总局关于企业所得税应纳税所得额若干税务处理问题的公告》（国家税务总局公告2012年第15号）规定,企业在筹建期间发生的与筹办活动有关的业务招待费支出,可按实际发生额的60%计入企业筹办费,并按有关规定在税前扣除。

会计与税务存在差异在于税法规定了业务招待费支出的扣除限额,业务招待费实际发生额超过税前扣除限额部分,应调增应纳税所得额。

房地产开发企业当年销售(营业)收入包括营业收入和视同销售收入,营业收入包括主营业务收入和其他业务收入。对于当年销售(营业)收入是否包括销售未完工产品取得的收入,2009年4月24日时任国家税务总局所得税司副司长的缪慧频在在线访谈《企业所得税相关问题解答》中明确,销售未完工产品的收入作为业务招待费、广告费的扣除基数,其理由为:国税发〔2009〕31号文件规定企业通过正式签订房地产销售合同或房地产预售合同所取得的收入,应确认为销售收入,应当作为业务招待费、广告费的扣除基数。在江苏省国家税家税务局转发国税发〔2009〕31号的苏国税发〔2009〕79号文件中也明确规定,房地产开发企业在2008年1月1日以后销售未完工开发产品取得的收入,可以作为计提业务招待费、广告费和业务宣传费的基数,但开发产品完工时会计核算将预收账款转入销售收入时,已经作为计提基数的未完工开发产品的销售收入不得重复作为计提业务招待费、广告费和业务宣传费的基数。

6. 广告费和业务宣传费

会计上,企业发生的广告费和业务宣传费按实际发生额计入当期损益。税务上,《企业所得税法实施条例》第四十四条规定,企业发生的符合条件的广告费和业务宣传费支出,除国务院财政、税务主管部门另有规定外,不超过当年销售(营业)收入15%的部分,准予扣除;超过部分,准予在以后纳税年度结转扣除。

《国家税务总局关于企业所得税应纳税所得额若干税务处理问题的公告》(国家税务总局公告2012年第15号)规定,企业在筹建期间发生的广告费和业务宣传费,可按实际发生额计入企业筹办费,并按有关规定在税前扣除。

《财政部 国家税务总局关于广告费和业务宣传费支出税前扣除政策的通知》(财税〔2017〕41号)规定,自2016年1月1日至2020年12月31日,对签订广告费和业务宣传费分摊协议(以下简称分摊协议)的关联企业,其中一方发生的不超过当年销售(营业)收入税前扣除限额比例内的广告费和业务宣传费支出可以在本企业扣除,也可以将其中的部分或全部按照分摊协议归集至另一方扣除。另一方在计算本企业广告费和业务宣传费支出企业所得税税前扣除限额时,可将按照上述办法归集至本企业的广告费和业务宣传费不计算在内。企业申报扣除的广告费支出应与赞助支出严格区分。广告费支出,是指企业以推销或者提高其产品、服务等的知名度和认可度为目的,通过一定的媒介,公开地对不特定公众所进行的宣传活动所发生的支出,与企业的生产经营活动密切相关;而赞助支出,是指企业发生的与生产经营活动无关的各种非广告性质支出。企业发生的广告性质的赞助支出,可按照广告费和业务宣传费扣除标准税前扣除。

企业发生的不符合条件的广告费和业务宣传费支出,不允许税前扣除,应调增应纳税所得额;符合条件的广告费和业务宣传费支出,超过税法扣除限额的部分应调增应纳税所得额,超过部分,准予在以后纳税年度结转扣除;企业本年度扣除的以前年度结转额,应调减应纳税所得额。

综上所述,视同销售和销售未完工开发产品取得的收入作为计算广告费和业务宣传费支出扣除限额的计算基数。

7. 捐赠支出

会计上,企业发生的捐赠支出,按实际发生额计入营业外支出。税务上,捐赠支出分不同情况进行扣除:(1)非公益性捐赠支出,在计算应纳税所得额时,不得扣除。(2)公益性捐赠支出,在年度利润总额12%以内的部分,准予在计算应纳税所得额时扣除;超过年度利润总额12%的部分,准予结转以后3年内在计算应纳税所得额时扣除。年度利润总额,是指企业依照国家统一会计制度的规定计算的年度会计利润。(3)全额税前扣除的公益性捐赠。如《财政部 国家税务总局关于教育税收政策的通知》(财税〔2004〕39号)规定,纳税人通过中国境内非营利的社会团体、国家机关向教育事业的捐赠,准予在企业所得税和个人所得税前全额扣除。

公益性捐赠,是指企业通过公益性社会团体或者县级以上人民政府及其部门,用于《中华人民共和国公益事业捐赠法》规定的公益事业的捐赠。

(1)用于公益事业的捐赠支出,是指符合《中华人民共和国公益事业捐赠法》规定的公益事业的捐赠支出,具体范围包括:①救助灾害、救济贫困、扶助残疾人等困难的社会群体和个人的活动;②教育、科学、文化、卫生、体育事业;③环境保护、社会公共设施建设;④促进社会发展和进步的其他社会公共和福利事业。

(2)公益性社会团体,是指同时符合下列条件的基金会、慈善组织等社会团体:①依法登记,具有法人资格;②以发展公益事业为宗旨,且不以营利为目的;③全部资产及其增值为该法人所有;④收益和营运结余主要用于符合该法人设立目的的事业;⑤终止后的剩余财产不归属任何个人或者营利组织;⑥不经营与其设立目的无关的业务;⑦有健全的财务会计制度;⑧捐赠者不以任何形式参与社会团体财产的分配;⑨国务院财政、税务主管部门会同国务院民政部门等登记管理部门规定的其他条件。

(3)公益性社会团体和县级以上人民政府及其组成部门和直属机构在接受捐赠时,捐赠资产的价值,按以下原则确定:①接受捐赠的货币性资产,应当按照实际收到的金额计算;②接受捐赠的非货币性资产,应当以其公允价值计算。捐赠方在向公益性社会团体或者县级以上人民政府及其部门捐赠时,应当提供注明捐赠非货币性资产公允价值的证明,如果不能提供上述证明,公益性社会团体和县级以上人民政府及其部门不得向其开具公益性捐赠票据或者非税收入一般缴款书收据联。

(4)捐赠扣除应取得合法票据。

企业或个人应提供省级以上(含省级)财政部门印制并加盖接受捐赠单位印章的公益性捐赠票据,或加盖接受捐赠单位印章的非税收入一般缴款书收据联,方可按规定进行税前扣除。

会计与税务差异:非公益性捐赠支出不允许在税前扣除,应调增应纳税所得额;公益性捐赠支出实际发生额超过税前扣除限额时,应调增应纳税所得额,超过部分,准予结转以后3年内扣除;企业本年度扣除的以前年度结转额,应调减应纳税所得额;税法予以全额税前扣除的公益性捐赠不存在纳税差异。

8. 利息支出

会计上,企业在生产经营过程中支付的利息支出,符合资本化条件的予以资本化,不符合资本化条件的计入财务费用。

《企业所得税法实施条例》第三十七条规定,企业在生产经营中发生的合理的不需要资本化的借款费用,准予扣除。企业为购置、建造固定资产、无形资产和经过12个月以上的建造才能达到预定可销售状态的存货发生借款的,在有关资产购置、建造期间发生的合理的借款费用,应当作为资本性支出计入有关资产的成本,并依照本条例的规定扣除。国税发〔2009〕31号第二十一条规定,企业的利息支出按以下规定进行处理:(1)企业为建造开发产品借入资金而发生的符合税收规定的借款费用,可按企业会计准则的规定进行归集和分配,其中属于财务费用性质的借款费用,可直接在税前扣除。(2)企业集团或其成员企业统一向金融机构借款分摊集团内部其他成员企业使用的,借入方凡能出具从金融机构取得借款的证明文件,可以在使用借款的企业间合理地分摊利息费用,使用借款的企业分摊的合理利息准予在税前扣除。

企业在生产经营活动中发生的利息支出,按下列规定扣除:

(1)非金融企业向金融企业借款的利息支出、企业经批准发行债券的利息支出可据实扣除。

(2)非金融企业向非金融机构借款的利息支出,不超过按照金融企业同期同类贷款利率计算的数额部分可据实扣除,超过部分不许扣除。

关于金融企业同期同类贷款利率确定问题,根据《国家税务总局关于企业所得税若干问题的公告》(国家税务总局公告2011年第34号)规定,鉴于目前我国对金融企业利率要求的具体情况,企业在按照合同要求首次支付利息并进行税前扣除时,应提供"金融企业的同期同类贷款利率情况说明",以证明其利息支出的合理性。"金融企业的同期同类贷款利率情况说明"中,应包括在签订该借款合同当时,本省任何一家金融企业提供同期同类贷款利率情况。该金融企业应为经政府有关部门批准成立的可以从事贷款业务的企业,包括银行、财务公司、信托公司等金融机构。"同期同类贷款利率"是指在贷款期限、贷款金额、贷款担保以及企业信誉等条件基本相同下,金融企业提供贷款的利率,既可以是金融企业公布的同期同类平均利率,也可以是金融企业对某些企业提供的实际贷款利率。

(3)企业接受关联方债权性投资利息支出企业所得税税前扣除问题。

《企业所得税法》第四十六条规定,企业从其关联方接受的债权性投资与权益性投资的比例超过规定标准而发生的利息支出,不得在计算应纳税所得额时扣除。

《财政部 国家税务总局关于企业关联方利息支出税前扣除标准有关税收政策问题的通知》(财税〔2008〕121号)规定,企业接受关联方债权性投资利息支出税前扣除的政策问题明确如下:

①在计算应纳税所得额时,企业实际支付给关联方的利息支出,不超过以下规定比例和税法及其实施条例有关规定计算的部分,准予扣除,超过的部分不得在发生当期和以后年度扣除。

企业实际支付给关联方的利息支出,除符合本通知第②条规定外,其接受关联方债权性投资与其权益性投资比例为:金融企业为5:1;其他企业为2:1。

②企业如果能够按照税法及其实施条例的有关规定提供相关资料,并证明相关交易活动符合独立交易原则的;或者该企业的实际税负不高于境内关联方的,其实际支付给境内关联方的利息支出,在计算应纳税所得额时准予扣除。

③企业同时从事金融业务和非金融业务,其实际支付给关联方的利息支出,应按照合理方法分开计算;没有按照合理方法分开计算的,一律按第①条有关其他企业的比例计算准予税前扣除的利息支出。

④企业自关联方取得的不符合规定的利息收入应按照有关规定缴纳企业所得税。

(4)企业向自然人借款的利息支出企业所得税税前扣除问题。

《国家税务总局关于企业向自然人借款的利息支出企业所得税税前扣除问题的通知》(国税函〔2009〕777号)规定:①企业向股东或其他与企业有关联关系的自然人借款的利息支出,应根据《企业所得税法》第四十六条及《财政部 国家税务总局关于企业关联方利息支出税前扣除标准有关税收政策问题的通知》(财税〔2008〕121号)规定的条件,计算企业所得税扣除额。②企业向除第①项规定以外的内部职工或其他人员借款的利息支出,其借款情况同时符合以下条件的,其利息支出不超过按照金融企业同期同类贷款利率计算的数额的部分,准予扣除:

条件一:企业与个人之间的借贷是真实、合法、有效的,并且不具有非法集资目的或其他违反法律、法规的行为;

条件二:企业与个人之间签订了借款合同。

由上可知,企业向金融企业借款的利息支出、企业经批准发行债券的利息支出,会计与税法不存在差异,不进行纳税调整;企业向非金融企业借款超过金融企业同期同类贷款利率计算的数额部分,会计与税法存在差异,应调增应纳税所得额;企业从其关联方接受的债权性投资与权益性投资的比例超过规定比例而发生的利息支出,会计与税法存在差异,应调增应纳税所得额;企业向自然人借款不符合税法规定条件的利息支出,会计与税法存在差异,应调增应纳税所得额。

9. 社会保险费

会计上,企业实际发生的社会保险费按规定计入成本费用,而税法上按保险类别进行了不同的规定:(1)企业依照国务院有关主管部门或者省级人民政府规定的范围和标准为职工缴纳的"五险一金",即基本养老保险费、基本医疗保险费、失业保险费、工伤保险费和生育保险费等基本社会保险费和住房公积金,准予扣除。(2)企业为投资者或者职工支付的补充养老保险费、补充医疗保险费,在国务院财政、税务主管部门规定的范围和标准内,准予扣除。《财政部 国家税务总局关于补充养老保险费、补充医疗保险费有关企业所得税政策问题的通知》(财税〔2009〕27号)规定,自2008年1月1日起,企业根据国家有关政策规定,为在本企业任职或者受雇的全体员工支付的补充养老保险费、补充医疗保险费,分别在不超过职工工资总额5%标准内的部分,在计算应纳税所得额时准予扣除;超过的部分,不予扣除。(3)企业为职工因公出差乘坐交通工具发生的人身意外保险费支出,准予在计算应纳税所得额时扣除。(4)除企业依照国家有关规定为特殊工种职工支付的人身安全保险费和国务院财政、税务主管部门规定可以扣除的其他商业保险费外,企业为投资者或者职工支付的商业保险费,不得扣除。(5)企业参加财产保险,按照规定缴纳的保险费,准予扣除。

企业为职工缴纳的社会保险费,符合税法规定的范围和标准的,会计与税法不存在差异,不进行纳税调整;企业为投资者或者职工支付的商业保险费,会计与税法存在差异,应进行纳税调整,调增应纳税所得额。

10. 罚金、罚款和被没收财物的损失

罚金、罚款和被没收财物的损失,不允许税前扣除。罚金、罚款和被没收财物的损失,是指企业违反国家有关法律、法规规定,被有关部门处以罚款以及被司法机关处以罚金和被没收财物,不包括企业按照经济合同规定支付的违约金(包括银行罚息)、罚款和诉讼费。企业实际发生的罚金、罚款和被没收财物的损失应进行纳税调整,调增应纳税所得额。

11. 税收滞纳金、加收利息

税收滞纳金、加收利息不允许税前扣除。税收滞纳金,是指企业违反税收法规,被税务机关处以的滞纳金。企业实际发生的税收滞纳金、加收利息应进行纳税调整,调增应纳税所得额。

12. 赞助支出

赞助支出是指企业发生的不符合税收规定的公益性捐赠的赞助支出,包括直接向受赠人的捐赠、非广告性的赞助支出。赞助支出不允许税前扣除,应调增应纳税所得额。

13. 与取得收入无关的支出

与取得收入无关的支出,不允许税前扣除,应按账面金额调增应纳税所得额。房地产开发企业与取得收入无关的主要支出如下:

(1)企业代替他人负担的税款,不得扣除。

(2)房地产开发企业采取银行按揭方式销售开发产品的,企业为购买方的按揭贷款提供担保的,其销售开发产品时向银行提供的保证金(担保金)在会计上一般作为其他应收款或其他货币资金核算,并根据《企业会计准则第 13 号——或有事项》的有关规定计提预计负债或者坏账准备并计入当期损益。但税法规定,凡约定企业为购买方的按揭贷款提供担保的,其销售开发产品时向银行提供的保证金(担保金)不得从销售收入中减除,也不得作为费用在当期税前扣除,但实际发生损失时可据实扣除。

(3)为股东或其他个人购买的车辆等消费支出,一律不得扣除。

(4)回扣、贿赂等非法支出,不得扣除。

(5)因个人原因支付的诉讼费,不得扣除。

(6)企业之间支付的管理费,不得扣除。

(7)为雇员负担的个人所得税,凡单独作为企业管理费列支的,不得扣除。《国家税务总局关于雇主为雇员承担全年一次性奖金部分税款有关个人所得税计算方法问题的公告》(国家税务总局公告2011年第28号)规定,雇主为雇员负担的个人所得税税款,应属于个人工资薪金的一部分。凡单独作为企业管理费列支的,在计算企业所得税时不得税前扣除。

14. 不征税收入用于支出所形成的费用

企业的不征税收入用于支出所形成的费用或者财产,不得扣除或者计算对应的折旧、摊销扣除。不征税收入用于支出所形成的费用化支出,应调增应纳税所得额。

值得注意的是,《国家税务总局关于贯彻落实企业所得税法若干税收问题的通知》(国税函〔2010〕79 号)规定,企业取得的各项免税收入所对应的各项成本费用,除另有规定者外,可以在计算企业应纳税所得额时扣除。

15. 其他

除以上扣除类调整项目外,房地产开发企业存在的会计处理与税法规定不一致,需要进行纳税调整的其他扣除类项目,应根据会计与税法的相关规定进行分析调整。

(三)资产类调整项目

企业发生各项资产损失、计提的固定资产折旧、无形资产和递延资产摊销,以及转让各类固定资产发生的费用在会计处理上都允许作为成本费用,但税法规定这些费用支出在税前扣除需要符合一定的条件和标准,两者之间存在一定差异。

1. 固定资产折旧

固定资产初始计量会计处理与税法规定一般相同,固定资产的初始入账价值对固定资产折旧一般没有影响。

固定资产的折旧政策,在会计上,企业可供选择的空间较大,由企业根据固定资产的性质和使用情况合理确定固定资产的使用寿命和预计净残值,根据与固定资产有关的经济利益的预期实现方式合理选择折旧方法;而税法则对折旧年限、折旧方法等进行了明确的规定,企业按照税法规定计算的固定资产折旧,准予扣除。固定资产折旧会计与税务的差异主要体现在固定资产的折旧范围、折旧的计提方法、折旧的计提年限和计提固定资产减值准备对折旧的影响四个方面。

(1)固定资产的折旧范围

会计上,除已提足折旧仍继续使用的固定资产和单独计价入账的土地外,企业应当对所有的固定资产计提折旧。

税务上,下列固定资产不得计算折旧扣除:①房屋、建筑物以外未投入使用的固定资产;②以经营租赁方式租入的固定资产;③以融资租赁方式租出的固定资产;④已足额提取折旧仍继续使用的固定资产;⑤与经营活动无关的固定资产;⑥单独估价作为固定资产入账的土地;⑦其他不得计算折旧扣除的固定资产。国税发〔2009〕31号第二十四条规定,企业开发产品转为自用的,其实际使用时间累计未超过12个月又销售的,不得在税前扣除折旧费用。

从上述会计与税法对固定资产折旧范围的不同规定可以看出,两者的差异主要在于房屋、建筑物以外未投入使用的固定资产,与经营活动无关的固定资产以及房地产开发企业开发产品转为自用且其实际使用时间未超过12个月又销售的,计提的折旧不允许税前扣除,应调增应纳税所得额。

(2)固定资产的折旧的计提方法

会计上,企业应当根据与固定资产有关的经济利益的预期实现方式,合理选择折旧方法。可选用的折旧方法包括年限平均法(又称直线法)、工作量法、双倍余额递减法和年数总和法等。

税务上,固定资产按照直线法计算的折旧,准予扣除。由于技术进步,产品更新换代较快的固定资产和常年处于强震动、高腐蚀状态的固定资产,确需加速折旧的,可以缩短折旧年限或者采取加速折旧的方法。采取加速折旧方法的,可以采取双倍余额递减法或者年数总和法。为促进企业技术改造,支持创业创新,《财政部 国

· 263 ·

家税务总局关于完善固定资产加速折旧企业所得税政策的通知》（财税〔2014〕75号）规定，对所有行业企业2014年1月1日后新购进的专门用于研发的仪器、设备，单位价值不超过100万元的，允许一次性计入当期成本费用在计算应纳税所得额时扣除，不再分年度计算折旧；单位价值超过100万元的，可缩短折旧年限或采取加速折旧的方法。对所有行业企业持有的单位价值不超过5 000元的固定资产，允许一次性计入当期成本费用在计算应纳税所得额时扣除，不再分年度计算折旧。

此外，根据《国家税务总局关于设备 器具扣除有关企业所得税政策执行问题的公告》（国家税务总局公告2018年第46号）规定，企业在2018年1月1日至2020年12月31日期间新购进的设备、器具，单位价值不超过500万元的，允许一次性计入当期成本费用在计算应纳税所得额时扣除；所称设备、器具，是指除房屋、建筑物以外的固定资产。

企业可选择按税收一般规定计算税前扣除折旧额，也可以选择按加速折旧政策计算税前扣除折旧额。如果企业选择按税收一般规定计算，会计上采用直接法，会计与税务不存在差异；如果企业选择按加速折旧计算，由于税法规定了加速折旧方法的适用范围限制和资产可以采用缩短折旧年限的方法，会计与税务可能存在差异。

（3）固定资产折旧的计提年限

会计上，企业根据固定资产的性质和使用情况合理确定固定资产的使用寿命和预计净残值，并至少应当于每年年度终了，对固定资产的使用寿命、预计净残值和折旧方法进行复核，如果固定资产使用寿命预计数与原先估计数有差异，应当调整固定资产使用寿命。

税收法律、法规对固定资产的最低折旧年限作出限制。《企业所得税法实施条例》规定，除国务院财政、税务主管部门另有规定外，固定资产计算折旧的最低年限如下：房屋、建筑物，为20年；飞机、火车、轮船、机器、机械和其他生产设备，为10年；与生产经营活动有关的器具、工具、家具等，为5年；飞机、火车、轮船以外的运输工具，为4年；电子设备，为3年。确需加速折旧的固定资产，采取缩短折旧年限方法的，最低折旧年限不得低于上述规定折旧年限的60%。

《国家税务总局关于企业所得税应纳税所得额若干问题的公告》（国家税务总局公告2014年第29号）规定，企业固定资产会计折旧年限如果短于税法规定的最低折旧年限，其按会计折旧年限计提的折旧高于按税法规定的最低折旧年限计提的折旧部分，应调增当期应纳税所得额；企业固定资产会计折旧年限已期满且会计折旧已提足，但税法规定的最低折旧年限尚未到期且税收折旧尚未足额扣除，其未足额扣除的部分准予在剩余的税收折旧年限继续按规定扣除。企业固定资产会计折旧年限如果长于税法规定的最低折旧年限，其折旧应按会计折旧年限计算扣除，税法另有规定的除外。因此,当会计折旧年限低于税法规定的最低年限时,应进行纳税调整。

(4)计提固定资产减值准备

会计上,已计提减值准备的固定资产,计算固定资产折旧时应当扣除已计提减值准备累计金额。企业应当在固定资产剩余使用寿命内根据调整后的固定资产账面价值(固定资产账面余额扣减累计折旧和累计减值准备后的金额)和预计净残值,重新计算确定折旧率和折旧额。而在税务处理上,固定资产以历史成本为计税基础,企业按会计规定提取的固定资产减值准备,不得在税前扣除,其折旧仍按税法确定的固定资产计税基础计算扣除。

固定资产计提减值准备后,因资产账面价值的调整引起资产计提折旧金额发生变化,从而造成会计与税务的差异,应进行纳税调整。

综上所述,企业按照会计准则、会计制度规定计算的本纳税年度折旧额与按照税法规定计算的税前扣除折旧额不同的,应进行纳税调整。会计上计提的折旧额大于税法允许扣除的折旧额,应调增应纳税所得额;反之,应视情况调减应纳税所得额。

2. 无形资产摊销

无形资产会计与税务的差异主要体现在无形资产的摊销范围、摊销方法、摊销年限三个方面。

(1)无形资产的摊销范围

会计上,企业应当于取得无形资产时分析判断其使用寿命。使用寿命有限的无形资产,其应摊销金额应当在使用寿命内系统合理摊销。使用寿命不确定的无形资产不应摊销,但应当在每个会计期间进行减值测试;如经减值测试表明已发生减值,则需要计提相应的减值准备。

税务上,计算应纳税所得额时,企业按照规定计算的无形资产摊销费用,准予扣除。下列无形资产不得计算摊销费用扣除:自行开发的支出已在计算应纳税所得额时扣除的无形资产;自创商誉;与经营活动无关的无形资产;其他不得计算摊销费用扣除的无形资产。

会计准则规定使用寿命不确定的无形资产不进行摊销,无形资产减值时要计提减值准备,与税法不同,产生纳税差异,应进行纳税调整;与经营活动无关的无形资产计提的摊销额,属于与取得收入无关的支出,不允许税前扣除,应调增应纳税所得额。

(2)无形资产的摊销方法

会计上,企业选择的无形资产摊销方法,应当能够反映与该项无形资产有关的经济利益的预期实现方式,并一贯地运用于不同会计期间。如受技术陈旧因素影响较大的专利权和专有技术等无形资产,可采用类似固定资产加速折旧的方法进行摊销;有特定产量限制的特许经营权或专利权,应采用产量法进行摊销;无法可靠确定其经济利益预期实现方式的,应当采用直线法进行摊销。

税务上,无形资产按照直线法计算的摊销费用,准予扣除。

会计采用直线法摊销,会计与税务不存在差异;会计采用直线法以外的摊销方法,会计与税务存在差异,应进行纳税调整。

(3)无形资产的摊销年限

会计上,无形资产的摊销期自其可供使用(即其达到预定用途)时起至终止确认时止。某些无形资产的取得源自合同性权利或其他法定权利,其使用寿命不应超过合同性权利或其他法定权利的期限。但如果企业使用资产的预期期限短于合同性权利或其他法定权利规定的期限的,则应当按照企业预期使用的期限确定其使用寿命。

税务上,无形资产的摊销年限不得低于10年。作为投资或者受让的无形资产,有关法律规定或者合同约定了使用年限的,可以按照规定或者约定的使用年限分期摊销。外购商誉的支出,在企业整体转让或者清算时准予扣除。

会计摊销年限低于10年的,会计与税务存在差异,应进行纳税调整。

值得注意的是,会计上,企业至少应当于每年年度终了,对无形资产的使用寿命及摊销方法进行复核,如果有证据表明无形资产的使用寿命及摊销方法不同于以前的估计,如由于合同的续约或无形资产应用条件的改善,延长了无形资产的使用寿命,则对于使用寿命有限的无形资产,应改变其摊销年限及摊销方法,并按照会计估计变更进行处理。税务上,无形资产的摊销方法和摊销年限一经确定,不得随意变更。会计上计入成本费用的摊销额大于税法允许扣除的摊销额,应调增应纳税所得额;反之,应调减应纳税所得额。

3. 投资性房地产

投资性房地产在初始计量时会计处理与税务处理是一致的,而在后续计量过程中,以成本模式进行后续计量的建筑物,纳税调整同固定资产;以成本模式进行后续计量的土地使用权,纳税调整同无形资产。以公允价值模式进行后续计量的投资性房地产,会计上不计提折旧或摊销,以资产负债表日投资性房地产的公允价值调整其账面价值,差额计入损益,而税务上对投资性房地产计提折旧或摊销,不确认公允价值变化所产生的损益,会计处理与税收法规存在差异,应进行纳税调整。

4. 长期待摊费用的摊销

长期待摊费用会计与税法的差异在于长期待摊费用的确认和摊销期限两个方面。

(1)长期待摊费用的确认

会计上,企业已经发生但应由本期和以后各期负担的分摊期限在1年以上的各项费用,如以经营租赁方式租入的固定资产发生的改良支出等属于长期待摊费用。与固定资产有关的更新改造等后续支出,符合固定资产确认条件的,应当计入固定资产成本,同时将被替换部分的账面价值扣除;与固定资产有关的修理费用等后续支出,不符合固定资产确认条件的,应当计入当期损益。

《企业所得税法》第十三条规定,在计算应纳税所得额时,企业发生的下列支出作为长期待摊费用,按照规定摊销的,准予扣除:已足额提取折旧的固定资产的改建支出;租入固定资产的改建支出;固定资产的大修理支出;其他应当作为长期待摊费用的支出。固定资产的改建支出,是指改变房屋或者建筑物结构、延长使用年限等发生的支出。固定资产的大修理支出,是指同时符合下列条件的支出:修理支出达到取得固定资产时的计税基础50%以上;修理后固定资产的使用年限延长2年以上。

(2)长期待摊费用的摊销期限

会计上对长期待摊费用的摊销年限没有明确限定。税务上,已足额提取折旧的固定资产的改建支出,按照固定资产预计尚可使用年限分期摊销;租入固定资产的改建支出,按照合同约定的剩余租赁期限分期摊销;固定资产的大修理支出,按照固定资产尚可使用年限分期摊销;其他应当作为长期待摊费用的支出,自支出发生月份的次月起,分期摊销,摊销年限不得低于3年。

企业按照会计准则计算本纳税年度长期待摊费用的摊销额与按照税法规定计算税前扣除的摊销额不同的,应进行纳税调整。会计上计入成本费用的摊销额大于税法允许扣除的摊销额,应调增应纳税所得额;反之,应调减应纳税所得额。

5.资产减值准备金

会计上,为如实反映企业的财务状况和经营成果,使财务报表上列示的各项资产符合资产的定义,企业要合理地预计各项资产可能发生的损失,资产的可收回金额低于其账面价值的,应当将资产的账面价值减计至可收回金额,按减计的金额提取准备金。

而根据《企业所得税法》第十条规定,未经核定的准备金支出,在计算应纳税所得额时不得扣除。《企业所得税法实施条例》第五十五条规定,未经核定的准备金支出,是指不符合国务院财政、税务主管部门规定的各项资产减值准备、风险准备等准备金支出。资产发生减值,而没有实际发生资产的损失时,在计算应纳税所得额时不得扣除,只有资产实际发生了损失,在税法上经批准认定为损失时,其损失金额才允许在计算应纳税所得额时税前扣除。

计提资产减值准备时,应调增应纳税所得额;资产减值损失实际发生时,应调减应纳税所得额。会计上规定存货跌价准备和坏账准备可以转回,存货跌价准备和坏账准备转回时,应调增应纳税所得额。

6.资产损失

资产损失包括现金损失、存款损失、坏账损失、投资损失、固定资产和存货的盘亏、毁损、报废、被盗损失、自然灾害等不可抗力因素造成的损失以及其他损失。企业资产因出售、处置、报废、毁损、盘亏等原因发生的净损失,会计处理时应当计入当期损益。处置长期股权投资,其账面价值与实际取得价款之间的差额,应当计入当期损益。

《国家税务总局关于发布〈企业资产损失所得税税前扣除管理办法〉的公告》(国家税务总局公告2011年第25号)规定,企业实际资产损失,应当在其实际发生且会计上已作损失处理的年度申报扣除;法定资产损失,应当在企业向主管税务机关提供证据资料证明该项资产已符合法定资产损失确认条件,且会计上已作损失处理的年度申报扣除。企业在进行企业所得税年度汇算清缴申报时,可将资产损失申报材料和纳税资料作为企业所得税年度纳税申报表的附件一并向税务机关报送。《财政部 国家税务总局关于企业资产损失税前扣除政策的通知》(财税〔2009〕57号)规定,企业对其扣除的各项资产损失,应当提供能够证明资产损失确属已实际发生的合法证据,包括具有法律效力的外部证据、具有法定资质的中介机构的经济鉴证证明、具有法定资质的专业机构的技术鉴定证明等。

(1)国税发〔2009〕31号规定,企业因国家无偿收回土地使用权而形成的损失,可作为财产损失按有关规定在税前扣除。企业开发产品(以成本对象为计量单位)整体报废或毁损,其净损失按有关规定审核确认后准予在税前扣除。

(2)《国家税务总局关于企业股权投资损失所得税处理问题的公告》(国家税务总局公告2010年第6号)规定,自2010年1月1日起,企业对外进行权益性投资所发生的损失,在经确认的损失发生年度,作为企业损失在计算企业应纳税所得额时一次性扣除。

(3)《国家税务总局关于发布〈企业资产损失所得税税前扣除管理办法〉的公告》(国家税务总局公告2011年第25号)规定,下列股权和债权不得作为损失在税前扣除:债务人或者担保人有经济偿还能力,未按期偿还的企业债权;违反法律、法规的规定,以各种形式、借口逃废或悬空的企业债权;行政干预逃废或悬空的企业债权;企业未向债务人和担保人追偿的债权;企业发生非经营活动的债权;其他不应当核销的企业债权和股权。

对于符合资产损失税前扣除条件,但会计上未进行账务处理的,不得在税前扣除;会计上已进行账务处理,但未进行纳税申报的,也不得在税前扣除。

(四)特殊事项调整项目

会计上,房地产开发企业销售未完工开发产品取得的预售收入作为预收账款进行核算,待符合收入确认条件时,再确认为销售收入。

国税发〔2009〕31号规定,房地产开发企业销售未完工开发产品取得的收入,应先按预计计税毛利率分季(或月)计算出预计毛利额,计入当期应纳税所得额。开发产品完工后,企业应及时结算其计税成本并计算此前销售收入的实际毛利额,同时将其实际毛利额与其对应的预计毛利额之间的差额,计入当年度企业本项目与其他项目合并计算的应纳税所得额。

房地产开发企业经营业务包括土地的开发,建造、销售住宅、商业用房以及其他建筑物、附着物、配套设施等开发产品。除土地开发之外,其他开发产品符合下列条件之一的,应视为已经完工:(1)开发产品竣工证明材料已报房地产管理部门备案;(2)开发产品已开始投入使用;(3)开发产品已取得了初始产权证明。《国家税务总局关于房地产开发企业开发产品完工条件确认问题的通知》(国税函〔2010〕201号)规定,房地产开发企业建造、开发的开发产品,无论工程质量是否通过验收合格,或是否办理完工(竣工)备案手续以及会计决算手续,当企业开始办理开发产品交付手续(包括入住手续)或已开始实际投入使用时,为开发产品开始投入使用,应视为开发产品已经完工。房地产开发企业应按规定及时结算开发产品计税成本,并计算企业当年度应纳税所得额。

根据会计与税务的不同规定,房地产开发企业销售未完工开发产品,需要对销售未完工开发产品取得的收入进行纳税调整,开发产品完工时,因会计上收入确认时间与税务上开发产品完工的确认时间不同,需要分别不同情形对会计与税务的差异进行纳税调整。具体有以下四种情况:

1. 销售未完工开发产品取得收入的纳税调整

(1)计算销售未完工开发产品取得的收入。

(2)计算销售未完工开发产品预计毛利额。

销售未完工开发产品预计毛利额 = 销售未完工开发产品取得的收入 × 预计计税毛利率

(3)计算销售未完工开发产品实际发生的土地增值税。

(4)调增应纳税所得额。

调增应纳税所得额 = 销售未完工开发产品预计毛利额 − 实际发生的土地增值税

2. 销售未完工产品转完工产品,完工当年会计确认销售收入的纳税调整

(1)计算销售未完工产品转完工产品会计确认的销售收入。

(2)计算转回的销售未完工开发产品预计毛利额。

转回的销售未完工开发产品预计毛利额 = 销售未完工产品转完工产品确认的销售收入 × 预计计税毛利率

(3)计算转回实际发生的土地增值税。

(4)计算完工产品的计税成本。

(5)调减应纳税所得额。

调减应纳税所得额＝转回的销售未完工开发产品预计毛利额－转回实际发生的土地增值税

同时,对会计成本与计税成本的差异进行调整。

调增应纳税所得额＝会计成本－计税成本

3.销售未完工产品转完工产品,完工当年会计未确认销售收入的纳税调整

开发产品完工当年,会计上不符合收入确认条件的销售额,未确认销售收入,而按照税法规定,完工产品应及时结算其计税成本,并对预计毛利额与实际毛利额的差额进行纳税调整。

(1)计算开发产品完工当年会计上不符合收入确认条件,未确认收入部分的销售额。

(2)计算会计未确认收入部分的销售额的预计毛利额。

会计未确认收入部分的销售额的预计毛利额＝会计未确认收入部分的销售额×预计计税毛利率

(3)计算完工产品的计税成本。

(4)计算完工产品的实际毛利额。

完工产品的实际毛利额＝会计未确认收入部分的销售额－计税成本

(5)调增应纳税所得额。

调增应纳税所得额＝实际毛利额－预计毛利额

4.销售未完工产品转完工产品,完工当年会计未确认收入,会计确认收入年度的纳税调整

开发产品完工当年,已按税法规定对完工产品预计毛利额与实际毛利额的差额进行了纳税调整,以后年度会计确认收入时,应对利润表中包含的开发产品的利润(营业收入－营业成本－税金及附加中的土地增值税)进行纳税调减。

(1)计算会计确认的销售收入。

(2)计算会计结转的销售成本。

(3)计算会计确认的税金及附加中的土地增值税。

(4)调减应纳税所得额。

调减应纳税所得额＝会计确认的销售收入－会计结转的销售成本－会计确认的税金及附加中的土地增值税

因房地产开发企业利润总额是按年度计算的,不是按房地产开发项目分别计算的,房地产开发企业存在多个项目连续滚动开发的情况,企业所得税的计算就比较复杂。因此,在必要情况下,房地产开发企业可单独设置"销售未完工开

发产品预计毛利额调整备查簿",分项目登记每一笔预计毛利额产生、转回的时间及金额。根据税法规定,在年度纳税申报时,企业须出具对该项开发产品实际毛利额与预计毛利额之间差异调整情况的报告以及税务机关需要的其他相关资料。

(五)特别纳税调整应税所得

纳税人与其关联方之间的业务往来,不符合独立交易原则而减少企业或者关联方应纳税收入或者所得额的,应当按照独立交易原则进行纳税调整。

企业与其关联方共同开发、受让无形资产或者共同提供接受劳务,在计算应纳税所得额时应当按照独立交易原则进行分摊;不符合独立交易原则的,应当按照交易原则进行纳税调整。

(六)其他

除以上五大类调整项目外,房地产开发企业存在的会计处理与税法规定不一致,需要进行纳税调整的其他项目,应根据会计与税法的相关规定进行分析调整。

四、企业所得税年度纳税申报表的层次及填报

《企业所得税年度纳税申报表(A类,2017年版)》以纳税人为主体,在会计利润总额的基础上,通过调整相关项目的方式计算应纳税所得额,进而计算出应纳所得税额。从表内数据填报方式看,可以分为表内计算、依据附表填报和直接填报三种方式。

(一)年度纳税申报表的层次

企业所得税年度纳税申报表共37张,包括1张企业基础信息表,1张主表,6张收入费用明细表,13张纳税调整表,1张弥补亏损表,9张税收优惠表,4张境外所得抵免表,2张汇总纳税申报表。由于许多表格是选填项,房地产开发企业应当根据企业的涉税业务选填。有此业务的,可以选择填报;没有此业务的,可以不填报。对选择不填报的表格,可以不上报税务机关。主表和附表之间分三个层次,通常情况下,房地产开发企业填报以下表格:

第一层次的表包括企业基础信息表(A000000)、主表(A100000);

第二层次的表包括一般企业收入明细表(A101010),一般企业成本支出明细表(A102010),期间费用明细表(A104000),纳税调整项目明细表(A105000),企业所得税弥补亏损明细表(A106000),免税、减计收入及加计扣除优惠明细表(A107010)等;

第三层次的表包括视同销售和房地产开发企业特定业务纳税调整明细表(A105010),未按权责发生制确认收入纳税调整明细表(A105020),投资收益纳税调整明细表(A105030),职工薪酬支出及纳税调整明细表(A105050),广告费和业

务宣传费跨年度纳税调整明细表（A105060），捐赠支出及纳税调整明细表（A105070），资产折旧、摊销情况及纳税调整明细表（A105080），资产损失税前扣除及纳税调整明细表（A105090）（是指企业发生的不符合税收规定的公益性捐赠的赞助支出等）。

企业所得税年度纳税申报表层次如图8-1所示：

```
                  企业所得税年度纳税申请表（主表）（A100000）
        ┌──────┬──────┬──────┬──────┬──────┬──────┐
     A101010 A102010 A104000 A105000 A106000 A107010
                          │                    │
   ┌────┬────┬────┬────┬────┬────┬────┬────┐   │
A105010 A105020 A105030 A105050 A105060 A105070 A105080 A105090  A107011
```

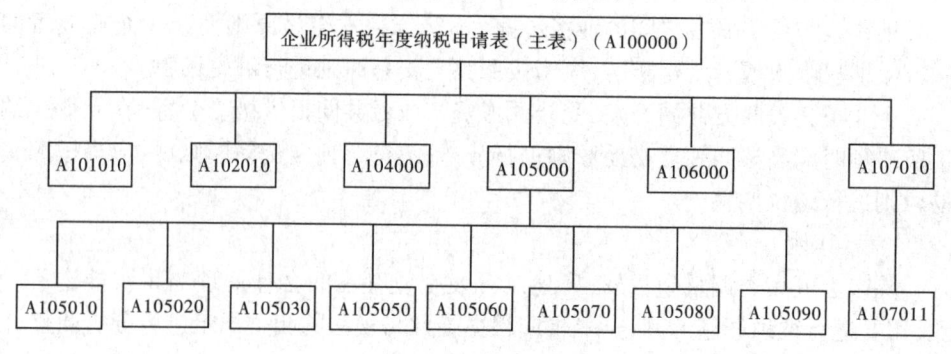

图8-1　企业所得税年度纳税申报表层次

（二）年度纳税申报表的填报顺序

第一，填报企业基础信息表（A000000）。

第二，将利润表的数据填入主表（A100000）和一般企业收入明细表（A101010）、一般企业成本支出明细表（A102010）、期间费用明细表（A104000）。

第三，填报纳税调整表，纳税调整是企业所得税年度纳税申报表填报的重点和难点。

首先填报第三层次的纳税调整明细表，然后填报第二层次的纳税调整项目明细表（A105000）。

第四，填报税收优惠表。

填报第三层次的符合条件的居民企业之间的股息、红利等权益性投资收益优惠明细表（A107011）和第二层次的免税、减计收入及加计扣除优惠明细表（A107010）。

第五，根据第二层次的纳税调整项目明细表（A105000），免税、减计收入及加计扣除优惠明细表（A107010）填报主表，并计算主表"四、纳税调整后所得"。

第六，填报第二层次的企业所得税弥补亏损明细表（A106000）。

第七，填报主表，最终计算"九、本年应补（退）所得税额"。

五、开发产品会计成本与计税成本纳税调整的特别说明

开发产品完工后，需要在开发产品会计成本的基础上，根据国税发〔2009〕31

号对房地产开发产品计税成本的规定将开发产品会计成本调整为计税成本。

(一)会计成本的核算

因现行企业会计准则的原则导向性,它并没有对房地产开发企业的开发成本进行明确的规定,较明确的规定为《企业产品成本核算制度(试行)》及其讲解。开发产品会计成本具体内容详见本书第四章第二节"房地产开发企业成本核算"。

(二)计税成本的税法规定

计税成本是指企业在开发、建造开发产品(包括固定资产)过程中所发生的按照税法规定进行核算与计量的应归入某项成本对象的各项费用。国税发〔2009〕31号对成本对象的确定、计税成本支出的内容、计税成本核算的一般程序、共同成本和间接成本的分配方法以及预提费用等进行了明确规定。

1. 成本对象的确定

成本对象是指为归集和分配开发产品开发、建造过程中的各项耗费而确定的费用承担项目。计税成本对象的确定原则如下:

(1)可否销售原则。开发产品能够对外经营销售的,应作为独立的计税成本对象进行成本核算;不能对外经营销售的,可先作为过渡性成本对象进行归集,然后再将其相关成本摊入能够对外经营销售的成本对象。

(2)分类归集原则。对同一开发地点、竣工时间相近、产品结构类型没有明显差异的群体开发的项目,可作为一个成本对象进行核算。

(3)功能区分原则。开发项目某组成部分相对独立,且具有不同使用功能时,可以作为独立的成本对象进行核算。

(4)定价差异原则。开发产品因其产品类型或功能不同等而导致其预期售价存在较大差异的,应分别作为成本对象进行核算。

(5)成本差异原则。开发产品因建筑上存在明显差异可能导致其建造成本出现较大差异的,要分别作为成本对象进行核算。

(6)权益区分原则。开发项目属于受托代建的或多方合作开发的,应结合上述原则分别划分成本对象进行核算。

《国家税务总局关于房地产开发企业成本对象管理问题的公告》(国家税务总局公告2014年第35号)规定,房地产开发企业应依据计税成本对象确定原则确定已完工开发产品的成本对象,并就确定原则、依据,共同成本分配原则、方法,以及开发项目基本情况、开发计划等出具专项报告,在开发产品完工当年企业所得税年度纳税申报时,随同《企业所得税年度纳税申报表》一并报送主管税务机关。房地产开发企业将已确定的成本对象报送主管税务机关后,不得随意调整或相互混淆。如确需调整成本对象的,应就调整的原因、依据和调整前后成本变化情况等出具专项报告,在调整当年企业所得税年度纳税申报时报送主管税务机关。

企业单独建造的停车场所,应作为成本对象单独核算;利用地下基础设施形成的停车场所,作为公共配套设施进行处理。

2. 计税成本支出的内容

开发产品计税成本支出的内容如下:

(1)土地征用费及拆迁补偿费,指为取得土地开发使用权(或开发权)而发生的各项费用,主要包括土地买价或出让金、大市政配套费、契税、耕地占用税、土地使用费、土地闲置费、土地变更用途和超面积补交的地价及相关税费、拆迁补偿支出、安置及动迁支出、回迁房建造支出、农作物补偿费、危房补偿费等。

(2)前期工程费,指项目开发前期发生的水文地质勘察、测绘、规划、设计、可行性研究、筹建、场地通平等前期费用。

(3)建筑安装工程费,指开发项目开发过程中发生的各项建筑安装费用,主要包括开发项目建筑工程费和开发项目安装工程费等。

(4)基础设施建设费,指开发项目在开发过程中所发生的各项基础设施支出,主要包括开发项目内道路、供水、供电、供气、排污、排洪、通信、照明等社区管网工程费和环境卫生、园林绿化等园林环境工程费。

(5)公共配套设施费,指开发项目内发生的独立的、非营利性的,且产权属于全体业主的,或无偿赠与地方政府、政府公用事业单位的公共配套设施支出。

(6)开发间接费,指企业为直接组织和管理开发项目所发生的,且不能将其归属于特定成本对象的成本费用性支出,主要包括管理人员工资、职工福利费、折旧费、修理费、办公费、水电费、劳动保护费、工程管理费、周转房摊销以及项目营销设施建造费等。

(7)借款费用,指企业为建造开发产品借入资金而发生的符合税收规定的借款费用,可按企业会计准则的规定进行归集和分配,其中属于开发产品建造期间发生的合理的借款费用,应当作为资本性支出计入开发产品的成本。

3. 计税成本核算的一般程序

企业计税成本核算的一般程序如下:

(1)对当期实际发生的各项支出,按其性质,经济用途及发生的地点、时间进行整理、归类,并将其区分为应计入成本对象的成本和应在当期税前扣除的期间费用。同时还应按规定对有关预提费用和待摊费用进行计量与确认。

(2)对应计入成本对象中的各项实际支出、预提费用、待摊费用等合理地划分为直接成本、间接成本和共同成本,并按规定将其合理地归集、分配至已完工成本对象、在建成本对象和未建成本对象。

(3)对前期已完工成本对象应负担的成本费用按已销开发产品、未销开发产品和固定资产进行分配,其中应由已销开发产品负担的部分,在当期纳税申报时进行扣除,未销开发产品应负担的成本费用待其实际销售时再予扣除。

(4)对本期已完工成本对象分类为开发产品和固定资产并对其计税成本进行结算。其中属于开发产品的,应按可售面积计算其单位工程成本,据此再计算已销开发产品计税成本和未销开发产品计税成本。对本期已销开发产品的计税成本,准予在当期扣除,未销开发产品计税成本待其实际销售时再予扣除。

(5)对本期未完工和尚未建造的成本对象应当负担的成本费用,应分别建立明细台账,待开发产品完工后再予结算。

4.共同成本和间接成本的分配方法

企业开发、建造的开发产品应按制造成本法进行计量与核算。其中,应计入开发产品成本中的费用属于直接成本和能够分清成本对象的间接成本,直接计入成本对象;共同成本和不能分清负担对象的间接成本,应按受益的原则和配比的原则分配至各成本对象。具体分配方法可按以下规定选择其一:

(1)占地面积法,指按已动工开发成本对象占地面积占开发用地总面积的比例进行分配。一次性开发的,按某一成本对象占地面积占全部成本对象占地总面积的比例进行分配。分期开发的,首先按本期全部成本对象占地面积占开发用地总面积的比例进行分配,然后再按某一成本对象占地面积占期内全部成本对象占地总面积的比例进行分配。期内全部成本对象应负担的占地面积为期内开发用地占地面积减除应由各期成本对象共同负担的占地面积。

(2)建筑面积法,指按已动工开发成本对象建筑面积占开发用地总建筑面积的比例进行分配。一次性开发的,按某一成本对象建筑面积占全部成本对象建筑面积的比例进行分配;分期开发的,首先按期内成本对象建筑面积占开发用地计划建筑面积的比例进行分配,然后再按某一成本对象建筑面积占期内成本对象总建筑面积的比例进行分配。

(3)直接成本法,指按期内某一成本对象的直接开发成本占期内全部成本对象直接开发成本的比例进行分配。

(4)预算造价法,指按期内某一成本对象预算造价占期内全部成本对象预算造价的比例进行分配。

房地产开发企业土地成本等成本的分配方法如下:

(1)土地成本,一般按占地面积法进行分配。如果确需结合其他方法进行分配的,应商税务机关同意。

土地开发同时联结房地产开发的,属于一次性取得土地分期开发房地产的情况,其土地开发成本经商税务机关同意后可先按土地整体预算成本进行分配,待土地整体开发完毕再行调整。

(2)单独作为过渡性成本对象核算的公共配套设施开发成本,应按建筑面积法进行分配。

(3)借款费用属于不同成本对象共同负担的,按直接成本法或按预算造价法进行分配。

(4)其他成本项目的分配法由企业自行确定。

5. 预提费用的特别规定

除以下几项预提(应付)费用外,计税成本均应为实际发生的成本。

(1)出包工程未最终办理结算而未取得全额发票的,在证明资料充分的前提下,其发票不足金额可以预提,但最高不得超过合同总金额的10%。

(2)公共配套设施尚未建造或尚未完工的,可按预算造价合理预提建造费用。此类公共配套设施必须符合已在售房合同、协议或广告、模型中明确承诺建造且不可撤销,或按照法律法规规定必须配套建造的条件。

(3)应向政府上交但尚未上交的报批报建费用、物业完善费用可以按规定预提。物业完善费用是指按规定应由企业承担的物业管理基金、公建维修基金或其他专项基金。

另外,国税发〔2009〕31号还规定,企业在结算计税成本时其实际发生的支出应当取得但未取得合法凭据的,不得计入计税成本,待实际取得合法凭据时,再按规定计入计税成本。开发产品完工以后,企业可在完工年度企业所得税汇算清缴前选择确定计税成本核算的终止日,不得滞后。凡已完工开发产品在完工年度未按规定结算计税成本,主管税务机关有权确定或核定其计税成本,据此进行纳税调整,并按《中华人民共和国税收征收管理法》的有关规定对其进行处理。

(三)会计成本与计税成本的差异

企业会计准则赋予了会计人员更大的职业判断空间,对成本计算的方法没有进行明确的规定,而国税发〔2009〕31号对开发产品计税成本的计算方法规定得比较详细,如果会计处理选用的计算方法与税法规定的方法不一致,则可能会导致计税成本与开发成本存在差异。如对于共同费用、间接费用的分配,税务上对分配标准的选择空间较小,而会计上赋予了会计人员更大的职业判断空间,对分配方法没有强制性的规定,如果会计处理选用的分配标准与税法规定的标准不一致可能会导致计税成本与会计成本存在差异。

六、土地增值税清算导致的企业所得税退税问题

实务中,房地产开发企业存在因土地增值税清算导致多缴企业所得税的退税问题。对此,国家税务总局发布了《国家税务总局关于房地产开发企业土地增值税清算涉及企业所得税退税有关问题的公告》(国家税务总局公告2016年第81号),对房地产开发企业由于土地增值税清算导致多缴企业所得税的退税处理政策进行了完善。

(一)房地产开发企业申请退税时间

企业按规定对开发项目进行土地增值税清算后,当年企业所得税汇算清缴出现亏损且有其他后续开发项目的,该亏损应按照税法规定向以后年度结转,用以后年度所得弥补。后续开发项目,是指正在开发以及中标的项目。

企业按规定对开发项目进行土地增值税清算后,当年企业所得税汇算清缴出现亏损,且没有后续开发项目的,可申请退税。

(二)多缴企业所得税税款计算方法

房地产开发企业可以按照以下方法,计算出开发项目由于土地增值税原因导致的项目开发各年度多缴企业所得税税款,并申请退税:

1. 该项目缴纳的土地增值税总额,应按照该项目开发各年度实现的项目销售收入占整个项目销售收入总额的比例,在项目开发各年度进行分摊,具体按以下公式计算:

各年度应分摊的土地增值税 = 土地增值税总额 ×(项目年度销售收入÷整个项目销售收入总额)

销售收入包括视同销售房地产的收入,但不包括企业销售的增值额未超过扣除项目金额20%的普通标准住宅的销售收入。

2. 该项目开发各年度应分摊的土地增值税减去该年度已经在企业所得税税前扣除的土地增值税后,余额属于当年应补充扣除的土地增值税;企业应调整当年度的应纳税所得额,并按规定计算当年度应退的企业所得税税款;当年度已缴纳的企业所得税税款不足退税的,应作为亏损向以后年度结转,并调整以后年度的应纳税所得额。

3. 按照上述方法进行土地增值税分摊调整后,导致相应年度应纳税所得额出现正数的,应按规定计算缴纳企业所得税。

4. 企业按上述方法计算的累计退税额,不得超过其在该项目开发各年度累计实际缴纳的企业所得税;超过部分作为项目清算年度产生的亏损,向以后年度结转。

(三)报送资料

企业在申请退税时,应向主管税务机关提供书面材料说明应退企业所得税税款的计算过程,包括该项目缴纳的土地增值税总额、项目销售收入总额、项目年度销售收入额、各年度应分摊的土地增值税和已经税前扣除的土地增值税、各年度的适用税率,以及是否存在后续开发项目等情况。

【例8-1】东方房地产开发公司20×4年1月开始开发某房地产项目,20×6年10月项目全部竣工并销售完毕。20×6年12月进行土地增值税清算,整个项目共缴纳土地增值税 1 100 万元,其中 20×4~20×6 年预缴土地增值税分别为 240 万元、300 万元、60 万元,20×6 年清算后补缴土地增值税 500 万元。20×4~20×6 年实现的项目销售收入分别为 12 000 万元、15 000 万元、3 000 万元,缴纳的企业所得税分别为 45 万元、310 万元、0 万元。东方房地产开发公司 20×6 年度汇算清缴出现亏损,应纳税所得额为 -400 万元。东方房地产开发公司没有后续开发项目,拟申请退税,具体计算如表 8-1 所示:

表 8-1　　　　　　　　　应税企业所得税计算表　　　　　　　　　单位:万元

	20×4 年	20×5 年	20×6 年
预缴土地增值税	240	300	60
补缴土地增值税	—	—	500
分摊土地增值税	440[1 100×(12 000÷30 000)]	550[1 100×(15 000÷30 000)]	110[1 100×(3 000÷30 000)]
应纳税所得额调整	-200 (240-440)	-270 (300-550-20)	450 (60+500-110)
调整后应纳税所得额	—	—	50(-400+450)
应退企业所得税	50(200×25%)	67.5(270×25%)	—
已缴纳企业所得税	45	310	0
实退企业所得税	45	67.5	—
亏损结转(调整后)	-20 [(45-50)÷25%]	—	—
应补企业所得税	—	—	12.5(50×25%)
累计退税额	—	—	100 (45+67.5-12.5)

注:本案例资料来源为《国家税务总局办公厅关于〈国家税务总局关于房地产开发企业土地增值税清算涉及企业所得税退税有关问题的公告〉的解读》。

第二节　企业所得税汇算举例

【例 8-2】东方房地产开发公司是一家内资房地产开发企业,成立于 20×0 年 1 月,企业所得税实行查账征收,目前开发的项目有东方家园一期和二期。假设销售未完工开发产品的计税毛利率为20%,城市维护建设税税率为7%,教育费附加征收率为3%,地方教育附加征收率为2%,土地增值税住宅预征率为3.5%,商业用房预征率为4.5%。20×1年度利润表如表8-2所示:

表8-2　　　　　　　　　　　利润表

编制单位:东方房地产开发公司　　20×1年度　　　　　　　　单位:元

项目	本期金额	上期金额(略)
一、营业收入	350 000 000.00	
减:营业成本	196 000 000.00	
税金及附加	17 139 200.00	
销售费用	12 750 000.00	
管理费用	7 230 000.00	
研发费用		
财务费用	738 572.38	
其中:利息费用	798 832.50	
利息收入	-60 260.12	
加:其他收益		
投资收益(损失以"-"号填列)	500 000.00	
其中:对联营企业和合营企业的投资收益		
公允价值变动收益(损失以"-"号填列)		
资产减值损失(损失以"-"号填列)		
资产处置收益(损失以"-"号填列)		
二、营业利润(亏损以"-"号填列)	116 642 227.62	
加:营业外收入		
减:营业外支出	9 852 000.00	
三、利润总额(亏损总额以"-"号填列)	106 790 227.62	

其他资料如下:

1.销售情况:

(1)一期

多层住宅20×0年7月预售,20×0年预售房款18 200万元(不含增值税金额①,下同),20×1年预售房款16 800万元,20×1年9月竣工验收,20×1年12月交付,20×1年会计确认收入35 000万元。

---

① 实务中,房地产开发企业的预售款为含增值税价,计算企业所得税时应将其转换为不含税销售额。本书为便于说明,预售款金额采用不含税销售额。

高层住宅20×0年11月预售,20×0年预售房款11 500万元,20×1年预售房款27 000万元,20×2年2月竣工验收,计划20×2年7月交付。

商业用房20×1年1月预售,20×1年预售房款5 400万元,20×1年12月投入使用,20×2年1月竣工验收。

(2)二期

多层住宅20×1年10月预售,20×1年预售房款16 000万元。

高层住宅20×1年8月预售,20×1年预售房款12 000万元。

2.20×1年取得国债利息收入50万元。

3.一期多层住宅会计成本19 600万元,按照税法规定纳税调整后的计税成本为18 690万元;商业用房会计成本2 650万元,按照税法规定纳税调整后的计税成本为2 600万元。

4.20×0年度预售房款29 700万元,实际交纳的土地增值税1 039.5万元已在20×0年度税前扣除。

5.税金及附加中土地增值税1 225万元,增值税附加税费361.92万元。

6.销售费用中,广告费支出490万元,业务宣传费210万元,其他费用见附表A104000期间费用明细表。

7.管理费用中,业务招待费支出99万元,其他费用见附表A104000期间费用明细表。

8.20×1年计入成本费用的工资总额为695万元,均为合理支出,其中安置残疾人员工资15万元;职工福利费和职工教育经费按实际发生额计提,据实列支;工会经费按工资总额的2%计提,计提额的40%由税务机关代收。

"应付职工薪酬"科目年初余额72.1万元,本年贷方发生额1 050.4万元,其中:工资695万元,职工福利47万元,职工教育经费12万元,工会经费13.9万元,社会保险费213万元,住房公积金69.5万元;本年借方发生额1 034.06万元,其中:工资687万元,职工福利47万元,职工教育经费12万元,工会经费5.56万元,社会保险费213万元,住房公积金69.5万元。期末余额88.44万元。年初余额、期末余额均为每年12月尚未发放的工资和计提未实际拨缴的工会经费,公司规定,次月10日前发放上月工资。

9.按当地政府规定的范围和标准为职工交纳基本社会保险费197万元,住房公积金69.5万元,商业保险费16万元,商业保险费由公司承担。

10.由于急需资金,于20×1年1月5日向某非金融机构借入流动资金1 200万元,年利率8%,已于20×1年9月5日偿还本息1 264万元。(注:银行同期同类贷款年利率为6%)该利息支出不符合资本化条件,会计核算上按规定计入财务费用。

11. 营业外支出中,车辆交通违章罚款2 000元;向中华慈善总会捐赠120万元,并取得规定票据;通过市教育局向教育事业捐赠800万元,并取得规定票据;向当地书画社提供非广告性质赞助支出5万元;交纳税收滞纳金30万元、罚款30万元。

12. 20×1年度已预缴企业所得税3 200万元。

除上述资料外无其他调整事项,根据上述资料进行东方房地产开发公司20×1年度的所得税汇算。

【分析及纳税调整】

一、房地产开发企业特定业务计算的纳税调整

房地产开发企业特定业务计算的纳税调整额项目,是房地产开发企业所得税汇算的难点和重点。

(一)销售未完工开发产品特定业务计算的纳税调整额

20×1年销售未完工开发产品收到预收账款77 200万元,其中一期多层住宅16 800万元,一期高层住宅27 000万元,一期商业用房5 400万元,二期多层住宅16 000万元,二期高层住宅12 000万元。销售未完工开发产品收到的预售房款,会计上是作为预收账款核算的;而税法上,根据国税发〔2009〕31号第九条"企业销售未完工开发产品取得的收入,应先按预计计税毛利率分季(或月)计算出预计毛利额,计入当期应纳税所得额"。会计与税法之间存在差异,所以应对其进行纳税调整。

(1)销售未完工产品收入为77 200万元。

(2)销售未完工开发产品预计毛利额 = 77 200 × 20% = 15 440(万元)

(3)实际发生的土地增值税 = 71 800 × 3.5% + 5 400 × 4.5% = 2 756(万元)

(4)纳税申报表填列

A105010视同销售和房地产开发企业特定业务纳税调整明细表第23行"1. 销售未完工产品的收入"的"税收金额"填列77 200万元;第24行"2. 销售未完工产品预计毛利额"的"税收金额""纳税调整金额"分别填列15 440万元;第25行"3. 实际发生的税金及附加、土地增值税"的"税收金额""纳税调整金额"分别填列2 756万元。

(二)销售的未完工产品转完工产品特定业务计算的纳税调整额

根据国税发〔2009〕31号第九条"开发产品完工后,企业应及时结算其计税

成本并计算此前销售收入的实际毛利额,同时将其实际毛利额与其对应的预计毛利额之间的差额,计入当年度企业本项目与其他项目合并计算的应纳税所得额"的规定,开发产品完工后需要对其预计毛利额与实际毛利额的差额进行纳税调整。

考虑到有的企业在开发产品完工后一段时间才能把工程决算办理完毕,完工时计算实际毛利额有一定难度,国税发〔2009〕31号要求的是"及时结算"其计税成本并计算此前销售收入的实际毛利额,并没有要求完工时就结算。同时国税发〔2009〕31号第三十五条对"及时"也作了明确规定,即"开发产品完工以后,企业可在完工年度企业所得税汇算清缴前选择确定计税成本核算的终止日,不得滞后。凡已完工开发产品在完工年度未按规定结算计税成本,主管税务机关有权确定或核定其计税成本,据此进行纳税调整,并按《中华人民共和国税收征收管理法》的有关规定对其进行处理"。

销售的未完工产品转完工产品特定业务分为两种情况:一种情况是销售的未完工产品转完工产品符合会计准则的收入确认条件,会计上将其确认为营业收入;另一种情况是销售的未完工产品转完工产品不符合会计准则的收入确认条件,会计上尚未将其确认为营业收入。本例中一期多层住宅属于第一种情况,完工当年会计上确认了营业收入;一期商业用房属于第二种情况,完工当年会计上未确认营业收入。

1. 开发产品完工当年,会计上确认营业收入

开发产品完工当年,会计上确认了营业收入,其利润表的"营业收入"项目中包含预收账款结转的收入,因这部分收入已经按税法规定进行纳税调增,计入应纳税所得额,应当进行纳税调整。

(1)销售未完工产品转完工产品确认的销售收入为35 000万元。

(2)转回的销售未完工产品预计毛利额=35 000×20%=7 000(万元)

(3)转回实际发生的土地增值税=35 000×3.5%=1 225(万元)

(4)营业成本与计税成本差异调整

因在利润表中列示的营业成本是会计成本,税法规定可在税前扣除的成本为计税成本,故需要对营业成本进行纳税调整。

本例中,一期多层住宅会计成本19 600万元,计税成本18 690万元,会计成本与计税成本差异910万元,应调增应纳税所得额910万元。

(5)纳税申报表填列

A105010视同销售和房地产开发企业特定业务纳税调整明细表第27行"1.销

售未完工产品转完工产品确认的销售收入"的"税收金额"填列35 000万元;第28行"2.转回的销售未完工产品预计毛利额"的"税收金额""纳税调整金额"分别填列7 000万元;第29行"3.转回实际发生的营业税金及附加、土地增值税"的"税收金额""纳税调整金额"分别填列1 225万元。

在填列年度纳税申报表时,会计成本与计税成本的差额在纳税申报表的填列,税法中并无明确的规定。本书认为,在A105000纳税调整项目明细表第30行"(十七)其他"填列较为合适。本例中,A105000纳税调整项目明细表第30行"(十七)其他"的"账载金额"填列19 600万元,"税收金额"填列18 690万元,"调增金额"填列910万元。

2. 开发产品完工当年,会计上未确认营业收入

本例中一期商业用房20×1年已实际投入使用,符合完工产品的标准,会计上因未办理竣工验收和会计决算手续,不符合企业会计准则的收入确认条件,没有将其确认为营业收入,利润表中"营业收入"并不含一期商业用房5 400万元收入。但按照税法规定,完工产品应及时结算其计税成本,并对预计毛利额与实际毛利额的差额进行纳税调整。一期商业用房预计毛利额与实际毛利额的差额计算如下:

(1)预计毛利额=5 400×20%=1 080(万元)

(2)实际毛利额=销售收入-计税成本=5 400-2 600=2 800(万元)

(3)预计毛利额与实际毛利额差异1 720万元,应调增应纳税所得额1 720万元。

(4)纳税申报表填列

在填列年度纳税申报表时,实际毛利额与其对应的预计毛利额之间的差额在纳税申报表的填列税法中并无明确的规定。本书认为,实际毛利额与其对应的预计毛利额之间的差额在A105000纳税调整项目明细表第43行"(七)其他"填列较为合适。本例中A105000纳税调整项目明细表第43行"(七)其他"的"调增金额"填列1 720万元。

3. 开发产品完工当年会计上未确认营业收入,会计确认收入年度的纳税调整

假定一期商业用房20×2年会计上确认营业收入5 400万元,确认营业成本2 650万元,结转一期商业应负担的土地增值税243万元(5 400×4.5%)。

在20×2年度企业所得税汇算清缴时,税务上在20×1年度已计算一期商业的计税成本,并对一期商业用房预计毛利额与实际毛利额的差额进行了纳税调整,因此,对于20×2年度利润表中包含的一期商业利润2 507万元(5 400-2 650-243)应进行纳税调减。

开发产品完工当年会计上未确认营业收入,会计确认收入年度的纳税调整额

在纳税申报表的填列,税法中并无明确的规定。本书认为在A105000纳税调整项目明细表第43行"(七)其他"填列较为合适。本例中,在填列20×2年度纳税申报表时,A105000纳税调整项目明细表第43行"(七)其他"的"调减金额"填列2 507万元。

二、收入类纳税调整项目

会计上将国债利息收入50万元计入企业的利润总额,而根据税法规定,企业的国债利息收入为免税收入,两者之间产生差异,需要对免税收入进行纳税调整,调减当期应纳税所得额。

纳税申报表填列:A107010免税、减计收入及加计扣除优惠明细表第2行"(一)国债利息收入免征企业所得税"填列50万元。

三、扣除类调整项目

(一)职工薪酬纳税调整

1. 工资薪金支出

20×1年工资薪金支出695万元,在会计处理中已经作为成本费用在利润总额前扣除;根据税法规定,企业发生的合理的工资薪金支出准予扣除。本例中的工资支出为合理支出,会计与税法不存在差异。但对企业安置残疾人员支付工资15万元,税法在支付给残疾职工工资据实扣除的基础上,按照支付给残疾职工工资的100%加计扣除,需要对其进行纳税调整。

纳税申报表填列:A105050职工薪酬支出及纳税调整明细表第1行"一、工资薪金支出"的"账载金额"填列695万元,"实际发生额"填列687万元,"税收金额"填列695万元。

A107010免税、减计收入及加计扣除优惠明细表第29行"(四)安置残疾人员所支付的工资加计扣除"填列15万元。

2. 职工福利费支出

税法规定,企业发生的职工福利费支出,不超过工资薪金总额14%的部分,准予扣除。职工福利费的扣除限额为97.3万元(695×14%),实际发生47万元,可全额扣除。

纳税申报表填列:A105050职工薪酬支出及纳税调整明细表第3行"二、职工福利费支出"的"账载金额"填列47万元,"实际发生额"填列47万元,"税收金额"填列47万元。

3. 职工教育经费支出

税法规定,除国务院财政、税务主管部门另有规定外,企业发生的职工教育经费支出,不超过工资薪金总额8%的部分准予扣除;超过部分,准予在以后纳税年度结转扣除。职工教育经费的扣除限额为55.6万元(695×8%),实际发生12万元,可全额扣除。

纳税申报表填列:A105050职工薪酬支出及纳税调整明细表第5行"其中:按税收规定比例扣除的职工教育经费"的"账载金额"填列12万元,"实际发生额"填列12万元,"税收金额"填列12万元。

4. 工会经费支出

税法规定,从2010年7月1日起,企业拨缴的职工工会经费,不超过工资薪金总额2%的部分,凭工会组织开具的工会经费收入专用收据在企业所得税税前扣除。自2010年1月1日起,在委托税务机关代收工会经费的地区,企业拨缴的工会经费,也可凭合法、有效的工会经费代收凭据依法在税前扣除。

本例中工会经费计提金额13.9万元,通过税务机关拨缴5.56万元应在税前扣除,计提未实际拨缴8.34万元不允许税前扣除。

纳税申报表填列:A105050职工薪酬支出及纳税调整明细表第7行"四、工会经费支出"的"账载金额"填列13.9万元,"实际发生额"填列5.56万元,"税收金额"填列5.56万元,"纳税调整金额"填列8.34万元。

5. 各类基本社会保障性缴款

税法规定,企业依照国务院有关主管部门或者省级人民政府规定的范围和标准为职工缴纳的基本养老保险费、基本医疗保险费、失业保险费、工伤保险费及生育保险费等基本社会保险费,准予扣除。企业为投资者或者职工支付的商业保险费,不得扣除。会计上据实列支基本社会保险费197万元,不需要进行纳税调整;会计上据实列支商业保险费16万元,需进行纳税调整。

纳税申报表填列:A105050职工薪酬支出及纳税调整明细表第8行"五、各类基本社会保障性缴款"的"账载金额"填列213万元,"实际发生额"填列213万元,"税收金额"填列197万元,"纳税调整金额"填列16万元。

6. 住房公积金

税法规定,企业依照国务院有关主管部门或者省级人民政府规定的范围和标准为职工缴纳的住房公积金准予扣除。会计上据实列支住房公积金69.5万元,不需要进行纳税调整。

纳税申报表填列:A105050职工薪酬支出及纳税调整明细表第9行"六、住房公积金"的"账载金额"填列69.5万元,"实际发生额"填列69.5万元,"税收金额"填列69.5万元。

（二）业务招待费纳税调整

对于企业发生的业务招待费支出99万元,在会计处理中,已经将其作为费用在计算利润总额时扣除;而根据税法规定,企业发生的与生产经营活动有关的业务招待费支出,按照发生额的60%扣除,但最高不得超过当年销售(营业)收入的5‰。因此,税法上准予扣除的招待费,按实际发生的业务招待费的60%与销售(营业)收入的5‰比较,按孰低原则扣除。

(1)确定作为计算基数的当年销售(营业)收入

① 20×1年会计确认收入35 000万元。

② 20×1年年末已销售未完工开发产品取得的收入为55 000万元(27 000 + 16 000 + 12 000)。

③ 20×1年完工,会计未确认收入5 400万元。

④ 减去20×1年确认的收入中已作为以前年度计算基数的销售未完工开发产品取得的收入18 200万元。即：

35 000 + 55 000 + 5 400 - 18 200 = 77 200(万元)

(2)确定业务招待费扣除限额

招待费发生额的60%:99 × 60% = 59.4(万元)

当年销售(营业)收入的5‰:77 200 × 5‰ = 386(万元)

因业务招待费实际发生额的60%为59.4万元,小于当年销售(营业)收入的5‰即386万元,故税法规定的业务招待费的扣除限额为59.4万元。

(3)确定纳税调整额:99 - 59.4 = 39.6(万元)

(4)纳税申报表填列:A105000纳税调整项目明细表第15行"(三)业务招待费支出"的"账载金额"填列99万元,"税收金额"填列59.4万元,"调增金额"填列39.6万元。

（三）广告费、业务宣传费纳税调整

会计上对企业发生的广告费和业务宣传费没有限定条件,可以据实列支。税法规定,企业发生的符合条件的广告费和业务宣传费,除国务院财政、税务主管部门另有规定外,不超过当年销售(营业)收入15%的部分准予扣除;超过部分,准予在以后纳税年度结转扣除。

(1)会计上列支的广告费和业务宣传费:490 + 210 = 700(万元)

(2)税法规定的扣除限额:77 200 × 15% = 11 580(万元)

(3)会计列支金额小于税法扣除限额,不需要进行纳税调整。

(4)纳税申报表填列:A105060广告费和业务宣传费跨年度纳税调整明细表第1行"一、本年支出"第1列"广告费和业务宣传费"填列700万元,第2行"减:不允许扣除的支出"第1列"广告费和业务宣传费"填列0元,第4行"三、本年计算扣除限额的基数"第1列"广告费和业务宣传费"填列77 200万元,第5行"乘:税收规定扣除率"第1列"广告费和业务宣传费"填列15%,第6行"四、本企业计算的扣除限额(4×5)"第1列"广告费和业务宣传费"填列11 580万元。

(四)捐赠支出纳税调整

会计上,企业可以按照国家统一会计制度对实际发生的捐赠支出据实列支;税法规定,企业发生的公益救济性捐赠支出,在年度利润总额12%以内的部分,准予在计算应纳税所得额时扣除;超过年度利润总额12%的部分,准予结转以后3年内在计算应纳税所得额时扣除。

公益性捐赠税前扣除限额为12 814 827.31元(106 790 227.62×12%),会计上计入成本费用的公益救济性捐赠为120万元,准予税前扣除,不进行纳税调整。

纳税申报表填列:A105070捐赠支出及纳税调整明细表第2行"二、全额扣除的公益性捐赠""账载金额"填列800万元,"税收金额"填列800万元;第7行"本年(　　年)""账载金额"填列120万元,"按税收规定计算的扣除限额"填列12 814 827.31元,"税收金额"填列120万元,"纳税调增金额"填列0。

(五)利息支出

税法规定,非金融企业向非金融企业借款的利息支出,不超过按照金融企业同期同类贷款利率计算的数额的部分可以税前扣除,超过部分不得扣除。会计核算上据实列支。本例中会计与税务利息支出的差额,需进行纳税调整。

税务上应确认的计入财务费用中的利息支出为48万元(1 200×6%×8÷12),会计上确认的利息支出64万元,因此应纳税调增16万元。

纳税申报表填列:A105000纳税调整项目明细表第18行"(六)利息支出"的"账载金额"填列64万元,"税收金额"填列48万元,"调增金额"填列16万元。

(六)罚金、罚款和被没收财物的损失

会计上对于罚金、罚款和被没收财物的损失进行据实列支。税法规定,罚金、罚款和被没收财物的损失在计算应纳税所得额时不得扣除。因此,需要对车辆交通违章罚款2 000元、税务部门罚款30万元进行纳税调增。

A105000纳税调整项目明细表第19行"(七)罚金、罚款和被没收财物的损失"的"账载金额"填列30.2万元,"调增金额"填列30.2万元。

(七)税收滞纳金、加收利息

会计上对于税收滞纳金、加收利息进行据实列支。税法规定,税收滞纳金、加收利息在计算应纳税所得额时不得扣除。因此,需要对税收滞纳金30万元进行纳税调增。

A105000纳税调整项目明细表第20行"(八)税收滞纳金、加收利息"的"账载金额"填列 30 万元,"调增金额"填列 30 万元。

(八)赞助支出

会计上对于非广告性的赞助支出进行据实列支。税法规定,赞助支出在计算应纳税所得额时不得扣除。因此,需要对赞助支出 5 万元进行纳税调增。

A105000 纳税调整项目明细表第 21 行"(九)赞助支出"的"账载金额"填列 5 万元,"调增金额"填列 5 万元。

表 8-3　中华人民共和国企业所得税年度纳税申报表(A 类)(A100000)

行次	类别	项目	金额
1	利润总额计算	一、营业收入(填写 A101010/101020/103000)	350 000 000.00
2		减:营业成本(填写 A102010/102020/103000)	196 000 000.00
3		减:税金及附加	17 139 200.00
4		减:销售费用(填写 A104000)	12 750 000.00
5		减:管理费用(填写 A104000)	7 230 000.00
6		减:财务费用(填写 A104000)	738 572.38
7		减:资产减值损失	
8		加:公允价值变动收益	
9		加:投资收益	500 000.00
10		二、营业利润(1-2-3-4-5-6-7+8+9)	116 642 227.62
11		加:营业外收入(填写 A101010/101020/103000)	
12		减:营业外支出(填写 A102010/102020/103000)	9 852 000.00
13		三、利润总额(10+11-12)	106 790 227.62
14	应纳税所得额计算	减:境外所得(填写 A108010)	
15		加:纳税调整增加额(填写 A105000)	96 841 400.00
16		减:纳税调整减少额(填写 A105000)	
17		减:免税、减计收入及加计扣除(填写 A107010)	650 000.00
18		加:境外应税所得抵减境内亏损(填写 A108000)	
19		四、纳税调整后所得(13-14+15-16-17+18)	202 981 627.62
20		减:所得减免(填写 A107020)	
21		减:弥补以前年度亏损(填写 A106000)	
22		减:抵扣应纳税所得额(填写 A107030)	
23		五、应纳税所得额(19-20-21-22)	202 981 627.62

续表

行次	类别	项目	金额
24	应纳税额计算	税率(25%)	
25		六、应纳所得税额(23×24)	50 745 406.91
26		减:减免所得税额(填写 A107040)	
27		减:抵免所得税额(填写 A107050)	
28		七、应纳税额(25-26-27)	50 745 406.91
29		加:境外所得应纳所得税额(填写 A108000)	
30		减:境外所得抵免所得税额(填写 A108000)	
31		八、实际应纳所得税额(28+29-30)	50 745 406.91
32		减:本年累计实际已缴纳的所得税额	32 000 000.00
33		九、本年应补(退)所得税额(31-32)	18 745 406.91
34		其中:总机构分摊本年应补(退)所得税额(填写 A109000)	
35		财政集中分配本年应补(退)所得税额(填写 A109000)	
36		总机构主体生产经营部门分摊本年应补(退)所得税额(填写 A109000)	

表8-4　　　　　　　　　一般企业收入明细表(A101010)

行次	项目	金额
1	一、营业收入(2+9)	350 000 000.00
2	(一)主营业务收入(3+5+6+7+8)	350 000 000.00
3	1.销售商品收入	350 000 000.00
4	其中:非货币性资产交换收入	
5	2.提供劳务收入	
6	3.建造合同收入	
7	4.让渡资产使用权收入	
8	5.其他	
9	(二)其他业务收入(10+12+13+14+15)	

续表

行次	项目	金额
10	1.销售材料收入	
11	其中:非货币性资产交换收入	
12	2.出租固定资产收入	
13	3.出租无形资产收入	
14	4.出租包装物和商品收入	
15	5.其他	
16	二、营业外收入(17+18+19+20+21+22+23+24+25+26)	
17	(一)非流动资产处置利得	
18	(二)非货币性资产交换利得	
19	(三)债务重组利得	
20	(四)政府补助利得	
21	(五)盘盈利得	
22	(六)捐赠利得	
23	(七)罚没利得	
24	(八)确实无法偿付的应付款项	
25	(九)汇兑收益	
26	(十)其他	

表8-5　　　　　　一般企业成本支出明细表(A102010)

行次	项目	金额
1	一、营业成本(2+9)	196 000 000.00
2	(一)主营业务成本(3+5+6+7+8)	196 000 000.00
3	1.销售商品成本	196 000 000.00
4	其中:非货币性资产交换成本	
5	2.提供劳务成本	
6	3.建造合同成本	
7	4.让渡资产使用权成本	

续表

行次	项目	金额
8	5.其他	
9	(二)其他业务成本(10＋12＋13＋14＋15)	
10	1.销售材料成本	
11	其中:非货币性资产交换成本	
12	2.出租固定资产成本	
13	3.出租无形资产成本	
14	4.包装物出租成本	
15	5.其他	
16	二、营业外支出(17＋18＋19＋20＋21＋22＋23＋24＋25＋26)	9 852 000.00
17	(一)非流动资产处置损失	
18	(二)非货币性资产交换损失	
19	(三)债务重组损失	
20	(四)非常损失	
21	(五)捐赠支出	9 200 000.00
22	(六)赞助支出	50 000.00
23	(七)罚没支出	602 000.00
24	(八)坏账损失	
25	(九)无法收回的债券股权投资损失	
26	(十)其他	

表 8-6 期间费用明细表（A104000）

行次	项目	销售费用 1	其中：境外支付 2	管理费用 3	其中：境外支付 4	财务费用 5	其中：境外支付 6
1	一、职工薪酬	4 240 000.00	*	4 745 000.00	*	*	*
2	二、劳务费					*	*
3	三、咨询顾问费		*	150 000.00		*	*
4	四、业务招待费			990 000.00	*	*	*
5	五、广告费和业务宣传费	7 000 000.00	*				
6	六、佣金和手续费		*			*	*
7	七、资产折旧摊销费	19 000.00		75 000.00	*	*	*
8	八、财产损耗、盘亏及毁损损失		*		*	*	*
9	九、办公费	170 000.00	*	600 000.00	*	*	*
10	十、董事会费				*	*	*
11	十一、租赁费		*			*	*
12	十二、诉讼费		*		*	*	*
13	十三、差旅费	108 000.00		220 000.00		*	*
14	十四、保险费					*	*
15	十五、运输、仓储费					*	*

续表

行次	项目	销售费用 1	其中:境外支付 2	管理费用 3	其中:境外支付 4	财务费用 5	其中:境外支付 6
16	十六、修理费	30 000.00		50 000.00		*	*
17	十七、包装费		*		*	*	*
18	十八、技术转让费					*	*
19	十九、研究费用		*		*	*	*
20	二十、各项税费	*	*				
21	二十一、利息收支	*	*	*	*	640 000.00	
22	二十二、汇兑差额	*	*	*	*		
23	二十三、现金折扣	*	*		*		
24	二十四、党组织工作经费						
25	二十五、其他	1 183 000.00		400 000.00		98 572.38	*
26	合计(1+2+3+…25)	12 750 000.00		7 230 000.00		738 572.38	

第八章　企业所得税

·293·

表 8-7 纳税调整项目明细表（A105000）

行次	项目	账载金额 1	税收金额 2	调增金额 3	调减金额 4
1	一、收入类调整项目(2+3+…8+10+11)	*	*		
2	（一）视同销售收入（填写 A105010）	*			*
3	（二）未按权责发生制原则确认的收入（填写 A105020）				
4	（三）投资收益（填写 A105030）	*	*		
5	（四）按权益法核算长期股权投资对初始投资成本调整确认收益		*	*	*
6	（五）交易性金融资产初始投资调整	*	*		
7	（六）公允价值变动净损益	*	*		
8	（七）不征税收入	*	*		
9	其中：专项用途财政性资金（填写 A105040）	*	*		
10	（八）销售折扣、折让和退回				
11	（九）其他				
12	二、扣除类调整项目(13+14+…24+26+27+28+29+30)	*	*	10 551 400.00	
13	（一）视同销售成本（填写 A105010）	*		*	
14	（二）职工薪酬（填写 A105050）	10 504 000.00	10 260 600.00	243 400.00	

续表

行次	项目	账载金额 1	税收金额 2	调增金额 3	调减金额 4
15	(三)业务招待费支出	990 000.00	594 000.00	396 000.00	*
16	(四)广告费和业务宣传费支出(填写A105060)	*	*		
17	(五)捐赠支出(填写A105070)	9 200 000.00	9 200 000.00		
18	(六)利息支出	640 000.00	480 000.00	160 000.00	*
19	(七)罚金、罚款和被没收财物的损失	302 000.00	*	302 000.00	*
20	(八)税收滞纳金、加收利息	300 000.00	*	300 000.00	*
21	(九)赞助支出	50 000.00	*	50 000.00	*
22	(十)与未实现融资收益相关在当期确认的财务费用				*
23	(十一)佣金和手续费支出				*
24	(十二)不征税收入用于支出所形成的费用	*	*		*
25	其中:专项用途财政性资金用于支出所形成的费用(填写A105040)	*	*		*
26	(十三)跨期扣除项目				
27	(十四)与取得收入无关的支出		*		*
28	(十五)境外所得分摊的共同支出		*		*
29	(十六)党组织工作经费				
30	(十七)其他	196 000 000.00	186 900 000.00	9 100 000.00	

续表

行次	项目	账载金额 1	税收金额 2	调增金额 3	调减金额 4
31	三、资产类调整项目(32+33+34+35)	*			
32	(一)资产折旧、摊销(填写A105080)		*		
33	(二)资产减值准备金		*		
34	(三)资产损失(填写A105090)				
35	(四)其他				
36	四、特殊事项调整项目(37+38+…+42)	*	*	86 290 000.00	
37	(一)企业重组及递延纳税事项(填写A105100)	*	*		
38	(二)政策性搬迁(填写A105110)	*			
39	(三)特殊行业准备金(填写A105120)	*			
40	(四)房地产开发企业特定业务计算的纳税调整额(填写A105010)		69 090 000.00	69 090 000.00	
41	(五)有限合伙企业法人合伙方应分得的应纳税所得额	*			
42	(六)发行永续债利息支出	*	*		
43	(七)其他	*	*	17 200 000.00	
44	五、特别纳税调整应税所得	*	*		
45	六、其他	*	*		
46	合计(1+12+31+36+43+44)	*	*	96 841 400.00	

·296·

表8-8 视同销售和房地产开发企业特定业务纳税调整明细表（A105010）

行次	项目	税收金额 1	纳税调整金额 2
1	一、视同销售(营业)收入(2+3+4+5+6+7+8+9+10)		
2	（一）非货币性资产交换视同销售收入		
3	（二）用于市场推广或销售视同销售收入		
4	（三）用于交际应酬视同销售收入		
5	（四）用于职工奖励或福利视同销售收入		
6	（五）用于股息分配视同销售收入		
7	（六）用于对外捐赠视同销售收入		
8	（七）用于对外投资项目视同销售收入		
9	（八）提供劳务视同销售收入		
10	（九）其他		
11	二、视同销售(营业)成本(12+13+14+15+16+17+18+19+20)		
12	（一）非货币性资产交换视同销售成本		
13	（二）用于市场推广或销售视同销售成本		
14	（三）用于交际应酬视同销售成本		
15	（四）用于职工奖励或福利视同销售成本		
16	（五）用于股息分配视同销售成本		

续表

行次	项目	税收金额 1	纳税调整金额 2
17	（六）用于对外捐赠视同销售成本		
18	（七）用于对外投资项目视同销售成本		
19	（八）提供劳务视同销售成本		
20	（九）其他		
21	三、房地产开发企业特定业务计算的纳税调整额（22－26）	69 090 000.00	69 090 000.00
22	（一）房地产企业销售未完工产品开发产品特定业务计算的纳税调整额（24－25）	126 840 000.00	126 840 000.00
23	1.销售未完工产品的收入	772 000 000.00	*
24	2.销售未完工产品预计毛利额	154 400 000.00	154 400 000.00
25	3.实际发生的税金及附加、土地增值税	27 560 000.00	27 560 000.00
26	（二）房地产企业销售的未完工产品转完工产品特定业务计算的纳税调整额（28－29）	57 750 000.00	57 750 000.00
27	1.销售未完工产品转完工产品确认的销售收入	350 000 000.00	*
28	2.转回的销售未完工产品预计毛利额	70 000 000.00	70 000 000.00
29	3.转回实际发生的税金及附加、土地增值税	12 250 000.00	12 250 000.00

表8-9-1 广告费和业务宣传费跨年度纳税调整明细表（A105060）

行次	项目	金额
1	一、本年广告费和业务宣传费支出	7 000 000.00
2	减：不允许扣除的广告费和业务宣传费支出	
3	二、本年符合条件的广告费和业务宣传费支出（1－2）	7 000 000.00
4	三、本年计算广告费和业务宣传费扣除限额的销售（营业）收入	772 000 000.00
5	税收规定扣除率	15%
6	四、本企业计算的广告费和业务宣传费扣除限额（4×5）	115 800 000.00
7	五、本年结转以后年度扣除额（3＞6，本行＝3－6;3≤6,本行＝0）	
8	加：以前年度累计结转扣除额	
9	减：本年扣除的以前年度结转额[3＞6,本行＝0,3≤6,本行＝8或（6－3）孰小值]	
10	六、按照分摊协议归集至其他关联方的广告费和业务宣传费（10≤3或6孰小值）	
11	按照分摊协议从其他关联方归集至本企业的广告费和业务宣传费	
12	七、本年广告费和业务宣传费支出纳税调整金额（3＞6,本行＝2＋3－6＋10－11;3≤6,本行＝2＋10－11－9）	
13	八、累计结转以后年度扣除额（7＋8－9）	

表 8-9-2 捐赠支出纳税调整明细表（A105070）

行次	受赠单位名称	账载金额	公益性捐赠 按税收规定计算的扣除限额	公益性捐赠 税收金额	公益性捐赠 纳税调整金额	非公益性捐赠 纳税调整金额	非公益性捐赠 账载金额
		1	2	3	4	5(2-4)	6	7(5+6)
1	中华慈善总会	1 200 000.00					
2							
3							
4							
5							
6							
7							
8							
9							
10							
11							
12							
13							
14							
15							

表8-11 捐赠支出及纳税调整明细表（A105070）

行次	项目	账载金额 1	以前年度结转可扣除的捐赠额 2	按税收规定计算的扣除限额 3	税收金额 4	纳税调增金额 5	纳税调减金额 6	可结转以后年度扣除的捐赠额 7
1	一、非公益性捐赠		*	*	*		*	*
2	二、全额扣除的公益性捐赠	8 000 000.00	*	*	8 000 000.00		*	*
3	其中：扶贫捐赠		*	*			*	*
4	三、限额扣除的公益性捐赠（5+6+7+8）	1 200 000.00		12 814 827.31	1 200 000.00			*
5	前三年度（ 年）	*	*	*	*	*		
6	前二年度（ 年）	*	*	*	*	*		
7	前一年度（ 年）	*	*	*	*	*		
8	本 年（20×1年）	1 200 000.00	*	12 814 827.31	1 200 000.00		*	
9	合计（1+2+4）	9 200 000.00	*	12 814 827.31	9 200 000.00		*	
附列资料	2015年度至本年发生的公益性扶贫捐赠合计金额	9 200 000.00		*				*

表8-12　企业所得税弥补亏损明细表（A106000）

行次	项目	年度	当年境内所得额	分立转出的亏损额	合并、分立转入的亏损额 可弥补年限5年	合并、分立转入的亏损额 可弥补年限10年	弥补亏损企业类型	当年亏损额	当年待弥补的亏损额	用本年度所得额弥补的以前年度亏损额 使用境内所得弥补	用本年度所得额弥补的以前年度亏损额 使用境外所得弥补	年可结转以后年度弥补的亏损额
			1	2	3	4	5	6	7	8	9	10	11
1	前十年度											
2	前九年度											
3	前八年度											
4	前七年度											
5	前六年度											
6	前五年度											
7	前四年度											
8	前三年度											
9	前二年度											
10	前一年度	20×0年	略			略	略	略	略	略	略	略
11	本年度	20×1年	202 981 627.62				100（一般企业）					
12	可结转以后年度弥补的亏损额合计											

表8-13 免税、减计收入及加计扣除优惠明细表（A107010）

行次	项目	金额
1	一、免税收入（2＋3＋9＋…＋16）	500 000.00
2	（一）国债利息收入免征企业所得税	500 000.00
3	（二）符合条件的居民企业之间的股息、红利等权益性投资收益免征企业所得税（4＋5＋6＋7＋8）	
4	1.一般股息红利等权益性投资收益免征企业所得税（填写A107011）	
5	2.内地居民企业通过沪港通投资且连续持有H股满12个月取得的股息红利所得免征企业所得税（填写A107011）	
6	3.内地居民企业通过深港通投资且连续持有H股满12个月取得的股息红利所得免征企业所得税（填写A107011）	
7	4.居民企业持有创新企业CDR取得的股息红利所得免征企业所得税	
8	5.符合条件的永续债利息收入免征企业所得税（填写A107011）	
9	（三）符合条件的非营利组织的收入免征企业所得税	
10	（四）中国清洁发展机制基金取得的收入免征企业所得税	
11	（五）投资者从证券投资基金分配中取得的收入免征企业所得税	
12	（六）取得的地方政府债券利息收入免征企业所得税	
13	（七）中国保险保障基金有限责任公司取得的保险保障基金等收入免征企业所得税	
14	（八）中国奥委会取得北京冬奥组委支付的收入免征企业所得税	
15	（九）中国残奥委会取得北京冬奥组委分期支付的收入免征企业所得税	
16	（十）其他	

续表

行次	项目	金额
17	二、减计收入（18＋19＋23＋24）	
18	（一）综合利用资源生产产品取得的收入在计算应纳税所得额时减计收入	
19	（二）金融、保险等机构取得的涉农利息、保费减计收入（20＋21＋22）	
20	1. 金融机构取得的涉农贷款利息收入在计算应纳税所得额时减计收入	
21	2. 保险机构取得的涉农保费收入在计算应纳税所得额时减计收入	
22	3. 小额贷款公司取得的农户小额贷款利息收入在计算应纳税所得额时减计收入	
23	（三）取得铁路债券利息收入减半征收企业所得税	
24	（四）其他（24.1＋24.2）	
24.1	1. 取得的社区家庭服务收入在计算应纳税所得额时减计收入	
24.2	2. 其他	
25	三、加计扣除（26＋27＋28＋29＋30）	150 000.00
26	（一）开发新技术、新产品、新工艺发生的研究开发费用加计扣除（填写A107012）	
27	（二）科技型中小企业开发新技术、新产品、新工艺发生的研究开发费用加计扣除（填写A107012）	
28	（三）企业为获得创新性、创意性、突破性的产品进行创意设计活动而发生的相关费用加计扣除	
29	（四）安置残疾人员所支付的工资加计扣除	150 000.00
30	（五）其他	
31	合计（1＋17＋25）	650 000.00

第三节 所得税会计处理实务

根据企业会计准则规定,我国所得税会计采用的是资产负债表债务法,要求房地产开发企业从资产负债表出发,通过比较资产负债表上列示的资产、负债的账面价值与其计税基础,对两者之间的差异分应纳税暂时性差异与可抵扣暂时性差异,确认资产负债表中的"递延所得税负债"与"递延所得税资产",并在此基础上确定每一会计期间利润表中的"所得税费用"。

一、所得税会计的一般程序

采用资产负债表债务法核算所得税的情况下,房地产开发企业一般应于每一资产负债表日进行所得税会计处理。进行所得税会计处理一般应遵循以下程序(见图8-2):

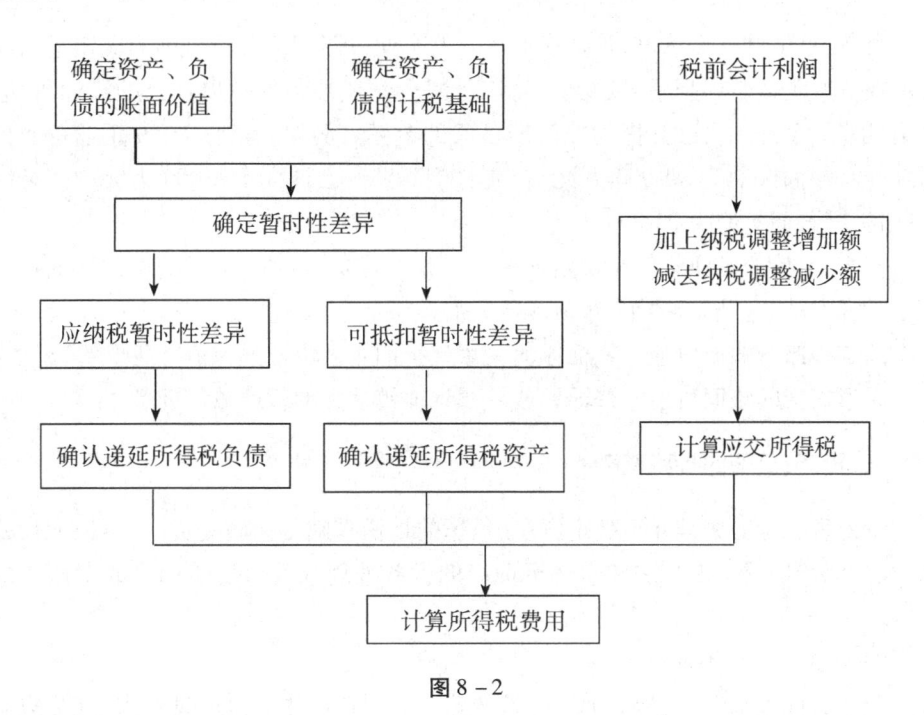

图8-2

1. 按照相关会计准则规定确定资产负债表中除递延所得税资产和递延所得税

负债以外的其他资产和负债项目的账面价值。

2. 按照税收相关法律法规的规定,确定资产负债表中有关资产、负债项目的计税基础。

3. 比较资产、负债的账面价值与其计税基础,对两者之间存在的差异进行分析,除准则中规定的特殊情况外,应区分应纳税暂时性差异与可抵扣暂时性差异,确定资产负债表日递延所得税负债和递延所得税资产的应有金额,并与期初递延所得税资产和递延所得税负债的余额相比,确定当期应予进一步确认的递延所得税资产、递延所得税负债金额或应予转销的金额,作为递延所得税。

4. 就房地产开发企业当期发生的交易或事项,按照相关税法规定计算确定当期应纳税所得额,将应纳税所得额与适用的所得税税率计算的结果确认为当期应交所得税。

5. 确定利润表中的所得税费用。利润表中的所得税费用包括当期所得税(当期应交所得税)和递延所得税两个组成部分。企业在计算确定了当期所得税和递延所得税后,两者之和(或之差)是利润表中的所得税费用。

二、资产、负债的账面价值

资产、负债的账面价值,是指房地产开发企业按照相关会计准则的规定进行核算后在资产负债表中列示的金额。对于计提了减值准备的各项资产的账面价值,是指其账面余额减去已计提的减值准备后的金额。例如,房地产开发企业持有的开发产品账面余额为 30 000 万元,企业对该开发产品计提了 5 000 万元的存货跌价准备,其账面价值为 25 000 万元。

资产、负债的账面价值在初始确认时一般为其取得成本,持有期间的账面价值为实际成本减去折旧或摊销、减值准备后的金额。

固定资产的账面价值 = 账面原值 - 累计折旧 - 固定资产减值准备

无形资产的账面价值 = 账面原值 - 累计摊销 - 无形资产减值准备

三、资产、负债的计税基础

所得税会计的关键在于确定资产、负债的计税基础。在确定资产、负债的计税基础时,应严格遵循税收法规中对于资产的税务处理以及可税前扣除的费用等的规定。

(一)资产的计税基础

资产的计税基础,是指房地产开发企业在收回资产账面价值过程中,计算应纳税所得额时按照税法规定可以自应税经济利益中抵扣的金额,即某一项资产在未来期间计税时按照税法规定可以税前扣除的金额。

资产在初始确认时,其计税基础一般为取得成本,即企业为取得某项资产支付的成本在未来期间准予税前扣除。在资产持有期间,其计税基础是指资产的取得成本减去以前期间按照税法规定已经税前扣除的金额后的余额。如固定资产、无形资产等长期资产在某一资产负债表日的计税基础是指其成本扣除按照税法规定已在以前期间税前扣除的累计折旧额或累计摊销额后的金额。

1. 开发产品

国税发〔2009〕31号第四章对计税成本进行了专门规定,会计成本与计税成本之间可能存在差异,从而造成开发产品的计税基础与账面价值之间存在差异。

2. 投资性房地产

房地产开发企业持有的投资性房地产进行后续计量时,会计准则规定可以采用两种模式:一种是采用成本模式对投资性房地产进行后续计量,其账面价值与计税基础的确定与固定资产、无形资产相同;另一种是在符合规定条件的情况下,可以采用公允价值模式对投资性房地产进行后续计量。采用公允价值模式进行后续计量的投资性房地产,其资产负债表日的账面价值为公允价值。税法规定,企业以公允价值模式计量的投资性房地产,持有期间公允价值的变动不计入应纳税所得额。按照此规定,以公允价值计量的投资性房地产在持有期间市价的波动在计税时不予考虑,投资性房地产在持有期间的计税基础为其取得成本。

【例8-3】20×2年1月1日,东方房地产开发公司与甲公司签订租赁协议,约定将其开发的一栋写字楼于开发完成的同时租赁给甲公司使用。当年6月12日,该写字楼于开发完成的同时开始租赁给甲公司使用。写字楼的造价为800万元。20×2年12月31日,该写字楼的公允价值为900万元。假定税法规定该资产的折旧方法为年限平均法,折旧年限为20年,预计净残值率为5%。

该投资性房地产在20×2年12月31日的账面价值为其公允价值900万元,其计税基础为取得成本扣除按照税法规定允许税前扣除的折旧额后的金额,即其计税基础 = 800 - 800 × (1 - 5%) ÷ 20 ÷ 12 × 6 = 781(万元)。

3. 固定资产

以各种方式取得的固定资产,初始确认时按照会计准则规定确定的入账价值基本上是被税法认可的,即取得时其账面价值一般等于计税基础。

固定资产在持有期间,税法规定的计税基础为固定资产原值减去按税法规定的方法计算的累计折旧。

【例8-4】东方房地产开发公司于20×4年12月20日取得某固定资产,原价为720万元,预计使用年限为8年,会计上采用年限平均法计提折旧,净残值为零。

按照税法规定,其最低使用寿命为10年,采用年限平均法计提的折旧可予税前扣除,净残值为零。20×5年12月31日,企业估计该项固定资产的可收回金额为600万元。

20×5年12月31日,该项固定资产的账面价值为630万元(720-720÷8),大于其可收回金额600万元,应计提30万元(两者之间的差额)的固定资产减值准备。计提减值准备后,该项固定资产的账面价值=630-30=600(万元)。

该项固定资产的计税基础=720-720÷10=648(万元)。

4. 无形资产

除内部研究开发形成的无形资产以外,其他方式取得的无形资产,初始确认时的计税基础一般为按照会计准则规定确定的入账价值。

(1)内部研究开发形成的无形资产,税法规定以开发过程中该资产符合资本化条件后至达到预定用途前发生的支出为计税基础。另外,税法中还规定企业为开发新技术、新产品和新工艺发生的研究开发费用,形成无形资产的,按照无形资产成本的150%摊销。

此外,根据《财政部 税务总局 科技部关于提高研究开发费用税前加计扣除比例的通知》(财税〔2018〕99号),企业开展研发活动中实际发生的研发费用,在2018年1月1日至2020年12月31日期间形成无形资产的,按照无形资产成本的175%在税前摊销。

【例8-5】2018年,东方房地产开发公司当期为开发新技术发生研究开发支出1 750万元,其中研究阶段支出300万元,开发阶段符合资本化条件前发生的支出为200万元,符合资本化条件后至达到预定用途前发生的支出为1 000万元。

东方房地产开发公司当期发生的研究开发支出中,按照会计准则规定应予费用化的金额为500万元,形成无形资产的为1 000万元,即期末所形成无形资产的账面价值为1 000万元。

所形成无形资产在未来期间可予税前扣除的金额为1 750万元(1 000×175%),其计税基础为1 750万元。

(2)无形资产在后续计量时,会计与税收的差异主要在于是否需要摊销及无形资产减值准备的提取。

会计准则规定,应根据无形资产的使用寿命情况,区分为使用寿命有限的无形资产与使用寿命不确定的无形资产。对于使用寿命有限的无形资产,其应摊销金额应当在使用寿命内系统合理摊销;对于使用寿命不确定的无形资产,不要求摊销,但持有期间每年应进行减值测试。税法规定,企业取得的无形资产成本,应在一定期限内摊销。

【例8-6】东方房地产开发公司20×5年1月1日取得某项无形资产,取得成本为1 200万元,取得该项无形资产后,根据各方面情况判断,无法合理预计其使用期限,将其作为使用寿命不确定的无形资产。20×5年12月31日,对该项无形资产进行减值测试表明其未发生减值。企业在计税时,对该项无形资产按照10年的期限摊销,摊销金额允许税前扣除。

20×5年12月31日,该项无形资产的账面价值为1 200万元。

20×5年12月31日,该项无形资产的计税基础 = 1 200 - 1 200÷10 = 1 080(万元)。

5. 其他计提资产减值准备的各项资产

资产计提了减值准备后,其账面价值会随之下降,而税法规定资产在发生实质性损失之前,不允许税前扣除,即其计税基础不会因减值准备的提取而变化,造成在计提资产减值准备以后,资产的账面价值与计税基础之间产生差异。

应收账款计提坏账准备、其他应收款计提坏账准备、开发产品计提存货跌价准备、固定资产在持有期间计提减值准备和使用寿命不确定的无形资产计提无形资产减值准备,但计税时按照税法规定计提的资产减值准备不允许税前扣除,造成账面价值与计税基础的差异。

【例8-7】东方房地产开发公司20×5年12月31日应收账款余额为5 000万元,该公司期末对应收账款计提了400万元的坏账准备。税法规定,不符合国务院财政、税务主管部门规定的各项资产减值准备不允许税前扣除。假定该公司应收账款及坏账准备的期初余额均为0。

20×5年12月31日,应收账款的账面价值 = 5 000 - 400 = 4 600(万元)。

20×5年12月31日,应收账款的计税基础为5 000万元。

(二)负债的计税基础

负债的计税基础,是指负债的账面价值减去未来期间计算应纳税所得额时按照税法规定可予抵扣的金额。用公式表示为:

负债的计税基础 = 账面价值 - 未来期间按照税法规定可予税前扣除的金额

负债的确认与偿还一般不会影响企业的损益,也不会影响其应纳税所得额,未来期间计算应纳税所得额时按照税法规定可予抵扣的金额为零,计税基础即为账面价值。但是,某些情况下,负债的确认可能会影响企业的损益,进而影响不同期间的应纳税所得额,使得其计税基础与账面价值之间产生差异,如按照会计准则规定确认的某些预计负债。

1. 预收账款

房地产开发企业预收的客户房款,因不符合会计准则规定的收入确认条件,会计上将其确认为负债;而按照税法规定应计入收款当期的应纳税所得额,有关预收账款的计税基础为零,即因其产生时已经计算交纳所得税,未来期间可全额税前扣除。

【例8-8】东方房地产开发公司20×5年10月31日预收账款余额为3 000万元,预收账款已按税法规定计入应纳税所得额计算交纳所得税。

20×5年10月31日,预收账款的账面价值为3 000万元。

20×5年10月31日,预收账款的计税基础=账面价值-未来期间计算应纳税所得额时按税法规定可予抵扣的金额=3 000-3 000=0。

2. 应付职工薪酬

会计准则规定,企业为获得职工提供的服务给予的各种形式的报酬以及其他相关支出均应作为企业的成本费用,在未支付之前确认为负债。税法上对于合理的职工薪酬基本允许税前扣除,但税法中明确规定了税前扣除标准的,按照会计准则规定计入成本费用支出的金额超过规定标准部分,应进行纳税调整。

【例8-9】东方房地产开发公司20×5年12月计入成本费用的职工工资总额为150万元,至20×5年12月31日尚未支付。按照税法规定,当期计入成本费用的150万元工资支出中,可予税前扣除的合理部分为120万元。

该项应付职工薪酬的账面价值为150万元。

该项应付职工薪酬的计税基础=账面价值-未来期间计算应纳税所得额时按照税法规定可予抵扣的金额=150-0=150(万元)。

四、递延所得税资产、递延所得税负债

资产、负债的账面价值与其计税基础不同会产生暂时性差异,暂时性差异根据暂时性差异对未来期间应纳税所得额的影响,分为应纳税暂时性差异和可抵扣暂时性差异。除因资产、负债的账面价值与计税基础不同产生的暂时性差异外,按照税法规定可以结转以后年度的未弥补亏损和税款抵减,也视为可抵扣暂时性差异。

因资产、负债的账面价值与其计税基础不同,产生了在未来收回资产或清偿负债的期间内应纳税所得额增加或减少并导致未来期间应交所得税增加或减少的情况,形成企业的资产或负债。在有关暂时性差异发生当期,符合确认条件的情况下,应当确认相关的递延所得税负债或递延所得税资产。

(一)递延所得税资产、递延所得税负债的确认

资产负债表债务法在所得税的会计核算方面贯彻了资产、负债的界定原则。从资产负债角度考虑,资产的账面价值代表的是某项资产在持有期间及最终处置中为企业带来未来经济利益的总额,而其计税基础代表的是按照税法规定该项资产可以税前扣除的总额。负债产生的暂时性差异实质上是按照税法规定该项负债可以在未来期间税前扣除的金额。

第八章　企业所得税

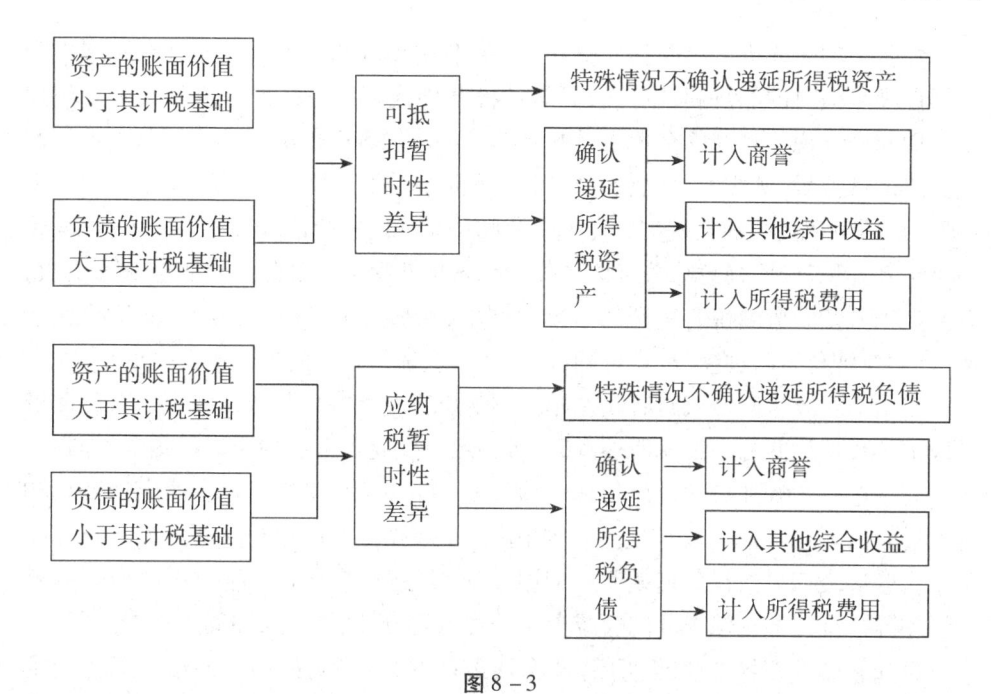

```
资产的账面价值
小于其计税基础  ─┐
                 ├→ 可抵扣暂时性差异 ─→ 特殊情况不确认递延所得资产
负债的账面价值  ─┘                  └→ 确认递延所得税资产 ─→ 计入商誉
大于其计税基础                                              → 计入其他综合收益
                                                            → 计入所得税费用

资产的账面价值
大于其计税基础  ─┐
                 ├→ 应纳税暂时性差异 ─→ 特殊情况不确认递延所得税负债
负债的账面价值  ─┘                  └→ 确认递延所得税负债 ─→ 计入商誉
小于其计税基础                                              → 计入其他综合收益
                                                            → 计入所得税费用
```

图 8-3

1. 资产的账面价值大于其计税基础。资产的账面价值大于其计税基础，该项资产未来期间产生的经济利益不能全部税前抵扣，两者之间的差额会导致企业未来期间应纳税所得额的增加，对企业形成经济利益流出的义务，产生应纳税暂时性差异。例如，一项资产账面价值为 500 万元，计税基础为 375 万元，两者之间的差额会造成未来期间应纳税所得额和应交所得税的增加，符合有关条件的，在其产生当期应确认相关的递延所得税负债。

2. 资产的账面价值小于其计税基础。资产的账面价值小于其计税基础，表明该项资产未来期间产生的经济利益流入低于按照税法规定允许税前扣除的金额，产生可抵减未来期间应纳税所得额的因素，减少未来期间以所得税形式流出企业的经济利益，形成可抵扣暂时性差异。例如，一项资产的账面价值为 500 万元，计税基础为 650 万元，则企业可以在未来期间就该项资产上多扣除 150 万元，未来期间应纳税所得额会减少，应交所得税也会减少，符合有关条件的，应确认为递延所得税资产。

3. 负债的账面价值大于其计税基础。负债的账面价值大于其计税基础，意味着未来期间按照税法规定与负债相关的全部或部分支出可以自未来应税经济利益中扣除，减少未来期间的应纳税所得额和应交所得税。在差异产生当期，符合有关确认条件的，应确认相关的递延所得税资产。

4. 负债的账面价值小于其计税基础。负债的账面价值为企业预计在未来期间清偿该项负债时的经济利益流出,而其计税基础代表的是账面价值扣除税法规定未来期间允许税前扣除的金额之后的差额。负债的账面价值与其计税基础不同产生的时间性差异,实质上是税法规定就该项负债在未来期间可以税前扣除的金额(即与该项负债相关的费用支出在未来期间可予税前扣除的金额)。负债的账面价值小于其计税基础,则意味着就该项负债在未来期间可以税前抵扣的金额为负数,即应在未来期间应纳税所得额的基础上调增,增加应纳税所得额和应交所得税金额,产生应纳税暂时性差异,符合确认条件的,应确认相关的递延所得税负债。

以上1、4产生应纳税暂时性差异。应纳税暂时性差异是指在确定未来收回资产或清偿负债期间的应纳税所得额时,将导致产生应税金额的暂时性差异,即在未来期间会进一步增加应纳税所得额和应交所得税金额,在其产生当期应当确认相关的递延所得税负债。2、3产生可抵扣暂时性差异。可抵扣暂时性差异是指在确定未来收回资产或清偿负债期间的应纳税所得额时,将导致产生可抵扣金额的暂时性差异。该差异在未来期间会减少应纳税所得额,减少未来期间的应交所得税。在可抵扣暂时性差异产生当期,符合确认条件的,应当确认相关的递延所得税资产。

5. 特殊项目产生的递延所得税资产、负债。

(1)未作为资产、负债确认的项目产生的暂时性差异。

某些交易或事项发生以后,因为不符合资产、负债确认条件而未体现为资产负债表中的资产或负债,但按照税法规定能够确定其计税基础的,其账面价值0与计税基础之间的差异也构成暂时性差异。如房地产开发企业发生的符合条件的广告费和业务宣传费支出,除另有规定外,不超过当年销售收入15%的部分,准予扣除;超过部分准予在以后纳税年度结转扣除。该类费用在发生时按照会计准则规定计入当期损益,不形成资产负债表中的资产,但按照税法规定可以确定其计税基础,两者之间的差异也形成暂时性差异。

【例8-10】东方房地产开发公司20×5年开发新项目,当年未实现销售收入,发生广告费支出600万元,发生时已作为销售费用计入当期损益。因当年未实现销售收入,允许当期税前扣除的广告费支出600万元向以后年度结转税前扣除。

该广告费支出因按照会计准则规定在发生时已计入当期损益,不体现为期末资产负债表中的资产,如果将其视为资产,其账面价值为0,计税基础为600万元。

该项资产的账面价值0与其计税基础600万元之间产生了600万元的暂时性差异,该暂时性差异在未来期间可减少企业的应纳税所得额,为可抵扣暂时性差异,符合确认条件时,应确认相关的递延所得税资产。

(2)可抵扣亏损及税款抵减产生的暂时性差异。

按照税法规定可以结转以后年度的未弥补亏损及税款抵减,虽不是因资产、负债的账面价值与计税基础不同产生的,但与可抵扣暂时性差异具有同样的作用,均能够减少未来期间的应纳税所得额,进而减少未来期间的应交所得税,会计处理上视同可抵扣暂时性差异,符合条件的情况下,应确认相关的递延所得税资产。

【例8-11】东方房地产开发公司20×5年因政策性原因发生经营亏损800万元,按照税法规定,该亏损可用于抵减以后连续5个年度的应纳税所得额。该公司预计其于未来5年期间能够产生足够的应纳税所得额弥补该亏损。

该经营亏损不是资产、负债的账面价值与其计税基础不同产生的,但从性质上看可以减少未来期间的应纳税所得额和应交所得税,属于可抵扣暂时性差异。企业预计未来期间能够产生足够的应纳税所得额用于弥补亏损时,应确认相关的递延所得税资产。

(二)不确认递延所得税资产、递延所得税负债的特殊情况

有些情况下,虽然资产、负债的账面价值与其计税基础不同,产生了暂时性差异,但出于各方面考虑,所得税准则中规定不确认相应的递延所得税负债或递延所得税资产。

1. 不确认递延所得税负债的情况

有些情况下,虽然资产、负债的账面价值与其计税基础不同,产生了应纳税暂时性差异,但出于各方面考虑,所得税准则规定不确认相应的递延所得税负债,主要包括:

(1)商誉的初始确认。非同一控制下的企业合并中,企业合并成本大于合并中取得的被购买方可辨认净资产公允价值份额的差额,按照会计准则规定应确认为商誉。因会计与税收的划分标准不同,会计上作为非同一控制下的企业合并,但按照税法规定计税时免税的情况下,商誉的计税基础为0,其账面价值与计税基础形成应纳税暂时性差异,会计准则规定不确认相关的递延所得税负债。

(2)除企业合并以外的其他交易或事项,如果该项交易或事项发生时既不影响会计利润,也不影响应纳税所得额,则产生的资产、负债的初始确认金额与其计税基础不同形成应纳税暂时性差异的,交易或事项发生时不确认相关的递延所得税负债。

该规定主要是考虑到由于交易发生时既不影响会计利润,也不影响应纳税所得额,确认递延所得税负债的直接结果是增加有关资产的账面价值或是降低所确认负债的账面价值,使得资产、负债在初始确认时,违背历史成本原则,影响会计信息的可靠性。

（3）与子公司、联营企业及合营企业投资等相关的应纳税暂时性差异，一般应确认相应的递延所得税负债，但同时满足以下两个条件的除外：一是投资企业能够控制暂时性差异转回的时间；二是该暂时性差异在可预见的未来很可能不会转回。满足上述条件时，投资企业可以运用自身的影响力决定暂时性差异的转回，如果不希望其转回，则在可预见的未来该项暂时性差异即不会转回，从而无须确认相应的递延所得税负债。

2. 不确认递延所得税资产的情况

某些情况下，企业发生的某项交易或事项不属于企业合并，并且交易发生时既不影响会计利润也不影响应纳税所得额，因该项交易中产生的资产、负债的初始确认金额与其计税基础不同产生可抵扣暂时性差异的，所得税准则规定在交易或事项发生时不确认相应的递延所得税资产。其原因同该种情况下不确认递延所得税负债相同，如果确认递延所得税资产，则需调整资产、负债的入账价值，对实际成本进行调整将有违会计核算中的历史成本原则，影响会计信息的可靠性。

（三）递延所得税资产、递延所得税负债的计量

资产负债表日确认递延所得税资产和递延所得税负债时，应当依据税法规定，按照预期收回该资产或清偿该负债期间的适用税率计量。无论暂时性差异转回期间如何，递延所得税资产和递延所得税负债均不要求折现。

在确认递延所得税资产及负债以后，资产负债表日应当对递延所得税资产的账面价值进行复核。如果未来期间很可能无法获得足够的应纳税所得额用以抵扣递延所得税资产产生的利益，应当减记递延所得税资产的账面价值。在很可能获得足够的应纳税所得额时，减记的金额应当转回。

无论是递延所得税资产还是递延所得税负债的计量，均应考虑资产负债表日企业预期收回资产或清偿负债方式对所得税的影响，在计量递延所得税资产和递延所得税负债时，应当采用与收回资产或清偿债务的预期方式相一致的税率和计税基础。例如，企业持有的某项固定资产，一般情况下是为企业的正常生产经营活动提供必要的生产条件，但在某一时点上，企业决定将该固定资产对外出售，实现其经济利益，且假定税法规定长期资产处置时适用的所得税税率与一般情况有所不同，则企业在计量因该资产产生的应纳税暂时性差异或可抵扣暂时性差异的所得税影响时，应考虑该资产带来的经济利益预期实现方式的影响。

（四）适用税率变化对已确认递延所得税资产和递延所得税负债的影响

因税收法规的变化，导致企业在某一会计期间适用的所得税税率发生变化的，企业应对已确认的递延所得税资产和递延所得税负债按照新的税率重新计量。递延所得税资产和递延所得税负债的金额代表的是有关可抵扣暂时性差异或应纳税

暂时性差异于未来期间转回时导致企业应交所得税金额的减少或增加的情况。适用税率变动的情况下,应对原已确认的递延所得税资产和递延所得税负债的金额进行调整。

除直接计入所有者权益的交易或事项产生的递延所得税资产及递延所得税负债,相关的调整金额应计入所有者权益以外,其他情况下产生的调整金额应确认为税率变化当期的所得税费用(或收益)。

五、确定所得税费用

在按照资产负债表债务法核算所得税的情况下,利润表中的所得税费用包括当期所得税和递延所得税两个部分。

(一)当期所得税

当期所得税即当期应交所得税,是指房地产开发企业当期发生的交易和事项按照税法规定计算确定的应缴纳给税务部门的所得税金额,即按照本章第一节企业所得税汇算清缴计算出的当期应交所得税。

(二)递延所得税

递延所得税是指按照所得税准则规定当期应予确认的递延所得税资产和递延所得税负债金额,即递延所得税资产及递延所得税负债当期发生额的综合结果,但不包括计入所有者权益的交易或事项的所得税影响。用公式表示为:

递延所得税=(递延所得税负债的期末余额-递延所得税负债的期初余额)-(递延所得税资产的期末余额-递延所得税资产的期初余额)

房地产开发企业因确认递延所得税资产和递延所得税负债产生的递延所得税,一般应当计入所得税费用,但以下两种情况除外:

一是某项交易或事项按照会计准则规定应计入所有者权益的,由该交易或事项产生的递延所得税资产或递延所得税负债及其变化亦应计入所有者权益,不构成利润表中的递延所得税费用。

【例8-12】东方房地产开发公司与甲公司签订了租赁合同,将其原先自用的一栋写字楼出租给甲公司使用,租赁开始日为20×5年3月31日。20×5年3月31日,该写字楼的账面余额为5 000万元,已计提累计折旧1 000万元,未计提减值准备,公允价值为4 600万元。东方房地产开发公司对该项投资性房地产采用公允价值模式进行后续计量。假定转换前该写字楼的计税基础与账面价值相等,税法规定,该写字楼预计尚可使用年限为15年,采用年限平均法计提折旧,预计净残值为0。20×5年12月31日,该项写字楼的公允价值为4 800万元,公司适用的所得税税率为25%。

20×5年12月31日,投资性房地产的账面价值为4 800万元,计税基础 = (5 000 − 1 000) − (5 000 − 1 000)/15 × 9/12 = 3 800(万元),产生应纳税暂时性差异 = 4 800 − 3 800 = 1 000(万元),应确认递延所得税负债 = 1 000 × 25% = 250(万元)。其中,20×5年3月31日写字楼账面价值(按公允价值计量)为4 600万元,计税基础 = 5 000 − 1 000 = 4 000(万元),产生应纳税暂时性差异 = 4 600 − 4 000 = 600(万元),应确认递延所得税负债 = 600 × 25% = 150(万元),因转换时投资性房地产的公允价值大于原非投资性房地产的账面价值的差额计入其他综合收益,所以递延所得税负债的对应科目也为其他综合收益。会计分录如下:

借:所得税费用　　　　　　　　　　1 000 000
　　其他综合收益　　　　　　　　　1 500 000
　贷:递延所得税负债　　　　　　　　2 500 000

二是企业合并中取得的资产、负债,其账面价值与计税基础不同,应确认相关递延所得税的,该递延所得税的确认影响合并中产生的商誉或是计入当期损益的金额,不影响所得税费用。

(三)所得税费用

计算确定了当期所得税及递延所得税以后,利润表中应予确认的所得税费用为两者之和:

所得税费用 = 当期所得税 + 递延所得税

【例8 − 13】东方房地产开发公司为增值税一般纳税人,采用一般计税方法。20×4年度利润表中利润总额为2 800万元,该公司适用的所得税税率为25%。递延所得税资产及递延所得税负债不存在期初余额。与所得税核算有关的情况如下:

20×4年发生的有关交易和事项中,会计处理与税务处理存在差别的有:

(1)20×4年1月取得一项无形资产的成本为1 200万元,无法合理预计该项无形资产的使用寿命。20×4年年底,对该无形资产进行减值测试,测试表明该无形资产已发生减值,该无形资产的公允价值为1 100万元。税务处理按直线法摊销,摊销年限为10年。

(2)向宋庆龄基金会捐赠现金500万元。

(3)20×4年度预收账款余额为3 815万元,预收账款全部为预收房款,主管税务机关规定企业所得税计税毛利率为15%,土地增值税预征率为1.5%,应交税费(应交土地增值税)余额为 − 52.50万元。

(4)赞助支出200万元。赞助支出,税法不允许税前扣除。

(5)期末对应收账款计提坏账准备180万元。

分析:

(1) 20×4 年度当期应交所得税

应纳税所得额 = 2 800 + (100 - 1200÷10) + (500 - 2 800×12%) + 3 815÷(1+9%)×15% - 52.5 + 200 + 180 = 3 796.5(万元)

应交所得税 = 3 796.5×25% = 949.125(万元)

(2) 20×4 年度递延所得税

递延所得税资产 = 652.5×25% = 163.125(万元)

递延所得税负债 = 20×25% = 5(万元)

递延所得税 = 5 - 163.125 = -158.125(万元)

(3) 利润表中应确认的所得税费用

所得税费用 = 949.125 - 158.125 = 791(万元)

确认所得税费用的会计处理如下:

借:所得税费用　　　　　　　　　　　7 910 000
　　递延所得税资产　　　　　　　　　1 631 250
　贷:应交税费——应交所得税　　　　　9 491 250
　　　递延所得税负债　　　　　　　　　　 50 000

该公司 20×4 年资产负债表相关项目金额及其计税基础如表 8-14 所示:

表 8-14　　　　　　　　　　　　　　　　　　　　　　　　　　　　　　单位:元

项目	账面价值	计税基础	差异	
			应纳税暂时性差异	可抵扣暂时性差异
无形资产	11 000 000	10 800 000	200 000	
应收账款	10 000 000	11 800 000		1 800 000
预计毛利	5 250 000	0		5 250 000
应交税费——土地增值税	-52 5000	0		-52 5000
总计			200 000	6 525 000

第九章 财务报告

房地产开发企业财务报告,是指房地产开发企业对外提供的反映企业某一特定日期的财务状况和某一会计期间的经营成果、现金流量等会计信息的文件,是会计工作的最终产品。正确编制财务报告是房地产开发企业会计工作的一项重要内容。

第一节 财务报告概述

编制财务报告,需要首先明确财务报告的目标,在此基础上明确财务报告的构成和分类以及基本要求。

一、财务报告的目标

在理论界,对财务报告的目标有决策有用观和受托责任观两种观点,我国《企业会计准则——基本准则》把原有的受托责任观扩展为决策有用观和受托责任观两种观点的综合。

房地产开发企业财务报告的目标,是向财务报告使用者提供与房地产开发企业财务状况、经营成果和现金流量等有关的会计信息,反映企业管理层受托责任履行情况,有助于使用者作出经济决策。财务报告使用者包括投资者、债权人、政府及其有关部门和社会公众等。

二、财务报告的构成和分类

财务报告包括财务报表及其他应当在财务报告中披露的相关信息和资料。

财务报表是对企业财务状况、经营成果和现金流量的结构性表述。房地产开发企业财务报表至少应当包括下列组成部分:(1)资产负债表;(2)利润表;(3)现金流量表;(4)所有者权益(或股东权益,下同)变动表;(5)附注。财务报表的这些组成部分具有同等的重要程度。

$$\underbrace{财务报告 = \overbrace{会计报表 + 附注}^{财务报表}}_{确认} + \underbrace{其他相关信息和资料}_{披露}$$

图 9-1

财务报表可以按照不同的标准进行分类:(1)按财务报表编报期间的不同,可以分为中期财务报表和年度财务报表。中期财务报表是以短于一个完整会计年度的报告期间为基础编制的财务报表,包括月报、季报和半年报等。(2)按财务报表编报主体的不同,可以分为个别财务报表和合并财务报表。个别财务报表是由企业在自身会计核算基础上对账簿记录进行加工而编制的财务报表,它主要用以反映企业自身的财务状况、经营成果和现金流量的情况。合并财务报表是以母公司和子公司组成的企业集团为会计主体,根据母公司和所属子公司的财务报表,由母公司编制的综合反映企业集团财务状况、经营成果和现金流量的财务报表。

三、编制财务报告的基本要求

(一)遵循各项会计准则进行确认和计量

企业应当根据实际发生的交易和事项,遵循各项具体会计准则的规定进行确认和计量,并在此基础上编制财务报表。企业应当在附注中就遵循企业会计准则编制财务报表作出声明,只有遵循了企业会计准则的所有规定时,财务报表才能被称为"遵循了企业会计准则"。同时,企业不应以附注披露代替确认和计量,不恰当的确认和计量不能通过充分披露来纠正。

此外,如果按照各项会计准则规定披露的信息不足以让报表使用者了解特定交易或事项对企业财务状况、经营成果和现金流量的影响,企业还应当披露其他必要信息。

(二)列报基础

持续经营是会计的基础前提,也是会计确认、计量及编制财务报表的基础。在编制财务报表的过程中,企业管理层应当利用所有可获得信息来评价企业自报告期末起至少12个月的持续经营能力。评价时需要考虑宏观政策风险,市场经营风险,企业目前或长期的盈利能力、偿债能力、财务弹性以及企业管理层改变经营政策的意向等因素。评价结果表明对持续经营能力产生重大怀疑的,企业应当在附注中披露导致对持续经营能力产生重大怀疑的因素以及企业拟采取的改善措施。

企业如有近期获利经营的历史且有财务资源支持,则通常表明以持续经营为基础编制财务报表是合理的。

非持续经营是企业在极端情况下出现的一种情况。非持续经营往往取决于企业所处的环境以及企业管理部门的判断。一般而言,企业存在以下情况之一的,通常表明企业处于非持续经营状态:(1)企业已在当期进行清算或停止营业;(2)企业已经正式决定在下一个会计期间进行清算或停止营业;(3)企业已确定在当期或下一个会计期间没有其他可供选择的方案而将被迫进行清算或停止营业。企业处于非持续经营状态时,应当采用其他基础编制财务报表。比如破产企业的资产应当采用可变现净值计量、负债应当按照其预计的结算金额计量等。在非持续经营情况下,企业应当在附注中声明财务报表未以持续经营为基础列报,披露未以持续经营为基础的原因以及财务报表的编制基础。

(三)权责发生制

除现金流量表按照收付实现制原则编制外,企业应当按照权责发生制原则编制财务报表。

(四)列报的一致性

可比性是会计信息质量的一项重要要求,目的是使同一企业不同期间和同一期间不同企业的财务报表相互可比。为此,财务报表项目的列报应当在各个会计期间保持一致,不得随意变更。这一要求不只针对财务报表中的项目名称,还包括财务报表项目的分类、排列顺序等方面。

在以下规定的特殊情况下,财务报表项目的列报是可以改变的:(1)会计准则要求改变财务报表项目的列报;(2)企业经营业务的性质发生重大变化或对企业经营影响较大的交易或事项发生后,变更财务报表项目的列报能够提供更可靠、更相关的会计信息。

(五)重要性和项目列报

关于项目在财务报表中是单独列报还是合并列报,应当依据重要性原则来判断。在合理预期下,财务报表某项目的省略或错报会影响使用者据此作出经济决策的,该项目具有重要性。企业在进行重要性判断时,应当根据企业所处的具体环境,从项目的性质和金额两方面予以判断,且对各项目重要性的判断标准一经确定,不得随意变更。判断项目性质的重要性,应当考虑该项目在性质上是否属于企业日常活动,是否显著影响企业的财务状况、经营成果和现金流量等因素;判断项目金额的重要性,应当考虑该项目金额占资产总额、负债总额、所有者权益总额、营业收入总额、营业成本总额、净利润、综合收益总额等直接相关项目金额的比重或所属报表单列项目金额的比重。具体而言:

1.性质或功能不同的项目,一般应当在财务报表中单独列报,但是不具有重要性的项目可以合并列报。比如存货和固定资产在性质上和功能上都有本质差别,必须分别在资产负债表上单独列报。

2.性质或功能类似的项目,其所属类别具有重要性的,应当按其类别在财务报表中单独列报。比如原材料、低值易耗品等项目在性质上类似,均通过生产过程形成企业的产品存货,因此可以合并列报,合并之后的类别统称为"存货",进行单独列报。

3.项目单独列报的原则不仅适用于报表,还适用于附注。某些项目的重要性程度不足以在资产负债表、利润表、现金流量表或所有者权益变动表中单独列示,但是对附注而言却具有重要性,在这种情况下应当在附注中单独披露。

4.无论是《企业会计准则第 30 号——财务报表列报》规定单独列报的项目,还是其他具体会计准则规定单独列报的项目,企业都应当予以单独列报。

(六)财务报表项目金额间的相互抵销

财务报表应当以总额列报,财务报表中的资产项目和负债项目的金额、收入项目和费用项目的金额、直接计入当期利润的利得项目和损失项目的金额不得相互抵销,即不得以净额列报,但企业会计准则另有规定的除外。比如,企业欠客户的应付款不得与客户欠本企业的应收款相抵销,如果相抵销就掩盖了交易的实质。

下列三种情况不属于抵销,可以净额列示:(1)一组类似交易形成的利得和损失应当以净额列示,但具有重要性的除外。(2)资产或负债项目按扣除备抵项目后的净额列示,不属于抵销。对资产计提减值准备,表明资产的价值确实已经发生减损,按扣除减值准备后的净额列示,才反映了资产当时的真实价值。(3)非日常活动产生的利得和损失,以同一交易形成的收益扣减相关费用后的净额列示更能反映交易实质的,不属于抵销。非日常活动并非企业主要的业务,非日常活动产生的损益以收益扣减费用后的净额列示,更有利于报表使用者理解。

(七)比较信息的列报

企业当期财务报表的列报,至少应当提供所有列报项目上一可比会计期间的比较数据,以及与理解当期财务报表相关的说明,目的是向报表使用者提供对比数据,提高信息在会计期间的可比性,以反映企业财务状况、经营成果和现金流量的发展趋势,提高报表使用者的判断与决策能力。列报比较信息的这一要求适用于财务报表的所有组成部分,即既适用于四张报表,也适用于附注。

财务报表的列报项目发生变更的,应当至少对可比期间的数据按照当期的列报要求进行调整,并在附注中披露调整的原因和性质,以及调整的各项目金额。对可比数据进行调整不切实可行的,应当在附注中披露不能调整的原因。

不切实可行是指企业在作出所有合理努力后仍然无法采用某项会计准则规定。

(八)财务报表表首的列报要求

财务报表一般分为表首、正表两部分,其中,在表首部分企业应当提供下列基本信息:(1)编报企业的名称,如企业名称在所属当期发生了变更的,还应明确标明;(2)对资产负债表而言,须披露资产负债表日,而对利润表、现金流量表和所有者权益变动表而言,须披露报表涵盖的会计期间;(3)人民币金额单位;(4)财务报表是合并财务报表的,应当予以标明。

(九)报告期间

企业至少应当按年编制财务报表。年度财务报表涵盖的期间短于一年的,应当披露年度财务报表的涵盖期间、短于一年的原因以及报表数据不具可比性的事实。

第二节 资产负债表

资产负债表是指反映企业在某一特定日期财务状况的会计报表。它反映企业在某一特定日期所拥有或控制的经济资源、所承担的现时义务和所有者对净资产的要求权。

一、资产负债表的内容

资产负债表,可以提供企业某一日期的资产总额及其结构,表明企业拥有或控制的资源及其分布情况,报表使用者可以一目了然地从资产负债表上了解企业在某一特定日期所拥有的资产总量及其结构;可以提供企业某一日期的负债总额及其结构,表明企业未来需要用多少资产或劳务清偿债务以及清偿时间;可以反映所有者所拥有的权益,反映企业资本保值、增值的情况以及对负债的保障程度。此外,资产负债表还可以提供进行财务分析的基本资料,如将流动资产与流动负债进行比较,计算出流动比率,将速动资产与流动负债进行比较,计算出速动比率等,这些比率可以反映企业的变现能力、偿债能力和资金周转能力,从而有助于报表使用者作出经济决策。

二、资产负债表的结构

我国的资产负债表采用账户式结构,报表分为左、右两方:左方列示资产各项目,反映全部资产的分布及存在形态;右方列示负债和所有者权益各项目,反映全部负债和所有者权益的内容及构成情况。资产负债表左右两方平衡,资产总计等于负债和所有者权益总计,即"资产=负债+所有者权益"。此外,为了使报表使用者通过比较不同时点资产负债表的数据掌握企业财务状况的变动情况及发展趋势,企业需要提供比较资产负债表,资产负债表各项目再分为"上年年末余额"和"期末余额"两栏分别填列。资产负债表的具体格式如表9-1所示。

三、资产负债表的填列方法

资产负债表"上年年末余额"栏通常根据上年年末有关项目的期末余额填列,

且与上年年末资产负债表"期末余额"栏相一致。如果企业发生了会计政策变更、前期差错更正,应当对"上年年末余额"栏中的有关项目进行相应调整。如果上年度资产负债表规定的项目名称和内容与本年度的不一致,应当对上年年末资产负债表相关项目的名称和数字按照本年度的规定进行调整,填入"上年年末余额"栏。

资产负债表"期末余额"栏一般应根据资产、负债和所有者权益类科目的期末余额填列。

1. 根据总账科目余额填列。资产负债表中的有些项目,可直接根据有关总账科目的余额填列,如"交易性金融资产""短期借款""应付票据""应交税费"等项目;有些项目则应当根据几个总账科目的期末余额计算填列,如"货币资金"项目,应当根据"库存现金""银行存款""其他货币资金"三个总账科目期末余额的合计数填列。

2. 根据明细账科目余额计算填列。如"预收款项"项目,需要根据"应收账款"和"预收账款"两个科目所属的相关明细科目的期末贷方余额计算填列。

3. 根据总账科目和明细账科目余额分析计算填列。如"长期借款"项目,需要根据"长期借款"总账科目余额扣除"长期借款"科目所属的明细科目中将在一年内到期且企业不能自主地将清偿义务展期的长期借款后的金额填列。

4. 根据有关科目余额减去其备抵科目余额后的净额填列。如"固定资产"项目,应当根据"固定资产"科目的期末余额,减去"累计折旧"和"固定资产减值准备"科目的期末余额后的金额,以及"固定资产清理"科目的期末余额填列。

5. 综合运用上述填列方法分析填列。如资产负债表中的"存货"项目,需要根据"原材料""开发产品""开发成本""周转房"等总账科目期末余额的分析汇总数再减去"存货跌价准备"等科目余额后的净额填列。

四、资产负债表编制举例

【例9-1】20×4年12月31日的资产负债表(上年年末余额略)及20×5年12月31日的科目余额表分别见表9-1和表9-2。假设20×5年度除其他应收款计提坏账准备存在应纳税暂时性差异和预收账款存在可抵扣暂时性差异外,其他资产和负债项目的账面价值均等于其计税基础。假定东方房地产开发公司未来很可能获得足够的应纳税所得额用来抵扣可抵扣暂时性差异,适用的所得税税率为25%。

表 9-1　　　　　　　　　　　资产负债表　　　　　　　　　会企 01 表

编制单位:东方房地产开发公司　　20×4 年 12 月 31 日　　　　单位:元

资产	期末余额	上年年末余额（略）	负债和所有者权益（或股东权益）	期末余额	上年年末余额（略）
流动资产:			流动负债:		
货币资金	4 200 000.00		短期借款	28 000 000.00	
以公允价值计量且其变动计入当期损益的金融资产			以公允价值计量且其变动计入当期损益的金融负债		
衍生金融资产			衍生金融负债		
应收票据			应付票据		
应收账款			应付账款	4 500 000.00	
预付款项	28 300 000.00		预收款项	130 000 000.00	
其他应收款	25 000 000.00		应付职工薪酬	200 000.00	
存货	265 125 000.00		应交税费	5 500 000.00	
持有待售资产			其他应付款	18 700 000.00	
一年内到期的非流动资产			持有待售负债		
其他流动资产			一年内到期的非流动负债		
流动资产合计	322 625 000.00		其他流动负债		
非流动资产:			流动负债合计	186 900 000.00	
可供出售金融资产			非流动负债:		
持有至到期投资			长期借款	57 000 000.00	
长期应收款			应付债券		
长期股权投资			其中:优先股		
投资性房地产			永续债		
固定资产	800 000.00		长期应付款		

·324·

续表

资产	期末余额	上年年末余额（略）	负债和所有者权益（或股东权益）	期末余额	上年年末余额（略）
在建工程			预计负债		
生产性生物资产			递延收益		
油气资产			递延所得税负债		
无形资产	100 000.00		其他非流动负债		
开发支出			非流动负债合计	57 000 000.00	
商誉			负债合计	243 900 000.00	
长期待摊费用			所有者权益（或股东权益）：		
递延所得税资产	5 375 000.00		实收资本（或股本）	100 000 000.00	
其他非流动资产			其他权益工具		
非流动资产合计	6 275 000.00		其中:优先股		
			永续债		
			资本公积		
			减:库存股		
			其他综合收益		
			专项储备		
			盈余公积		
			未分配利润	-15 000 000.00	
			所有者权益（或股东权益）合计	85 000 000.00	
资产总计	328 900 000.00		负债和所有者权益（或股东权益）总计	328 900 000.00	

表 9-2　　　　　　　　　　　科目余额表　　　　　　　　　　单位:元

科目名称	借方余额	科目名称	贷方余额
库存现金	210 000.00	短期借款	20 000 000.00
银行存款	2 470 000.00	应付账款	5 100 000.00
其他货币资金	920 000.00	预收账款	160 000 000.00
预付账款	36 200 000.00	应付职工薪酬	300 000.00
其他应收款	12 400 000.00	应交税费	6 350 000.00
坏账准备	-400 000.00	其他应付款	43 650 000.00
开发成本	120 000 000.00	长期借款	60 000 000.00
开发产品	155 460 000.00		
库存商品	84 100 000.00	实收资本	100 000 000.00
低值易耗品	600 000.00	盈余公积	2 366 000.00
固定资产	1 200 000.00	未分配利润	21 294 000.00
累计折旧	-280 000.00		
无形资产	140 000.00		
累计摊销	-60 000.00		
递延所得税资产	6 100 000.00		
合计	419 060 000.00	合计	419 060 000.00

根据上述资料,编制东方房地产开发公司20×5年12月31日的资产负债表,如表9-3所示:

表 9-3　　　　　　　　　　资产负债表　　　　　　　　　　会企01表

编制单位:东方房地产开发公司　　　20×5年12月31日　　　　　　　单位:元

资产	期末余额	上年年末余额	负债和所有者权益（或股东权益）	期末余额	上年年末余额
流动资产:			流动负债:		
货币资金	3 600 000.00	4 200 000.00	短期借款	20 000 000.00	28 000 000.00
以公允价值计量且其变动计入当期损益的金融资产			以公允价值计量且其变动计入当期损益的金融负债		

续表

资产	期末余额	上年年末余额	负债和所有者权益（或股东权益）	期末余额	上年年末余额
衍生金融资产			衍生金融负债		
应收票据			应付票据		
应收账款			应付账款	5 100 000.00	4 500 000.00
预付款项	36 200 000.00	28 300 000.00	预收款项	160 000 000.00	130 000 000.00
其他应收款	12 000 000.00	25 000 000.00	应付职工薪酬	300 000.00	200 000.00
存货	360 160 000.00	265 125 000.00	应交税费	6 350 000.00	5 500 000.00
持有待售资产			其他应付款	43 650 000.00	18 700 000.00
一年内到期的非流动资产			持有待售负债		
其他流动资产			一年内到期的非流动负债		
流动资产合计	411 960 000.00	322 625 000.00	其他流动负债		
非流动资产：			流动负债合计	235 400 000.00	186 900 000.00
可供出售金融资产			非流动负债：		
持有至到期投资			长期借款	60 000 000.00	57 000 000.00
长期应收款			应付债券		
长期股权投资			其中：优先股		
投资性房地产			永续债		
固定资产	920 000.00	800 000.00	长期应付款		
在建工程			预计负债		
生产性生物资产			递延收益		
油气资产			递延所得税负债		
无形资产	80 000.00	100 000.00	其他非流动负债		
开发支出			非流动负债合计	60 000 000.00	57 000 000.00
商誉			负债合计	295 400 000.00	243 900 000.00
长期待摊费用			所有者权益（或股东权益）：		

续表

资产	期末余额	上年年末余额	负债和所有者权益（或股东权益）	期末余额	上年年末余额
递延所得税资产	6 100 000.00	5 375 000.00	实收资本（或股本）	100 000 000.00	100 000 000.00
其他非流动资产			其他权益工具		
非流动资产合计	7 100 000.00	6 275 000.00	其中：优先股		
			永续债		
			资本公积		
			减：库存股		
			其他综合收益		
			专项储备		
			盈余公积	2 366 000.00	
			未分配利润	21 294 000.00	-15 000 000.00
			所有者权益（或股东权益）合计	123 660 000.00	85 000 000.00
资产总计	419 060 000.00	328 900 000.00	负债和所有者权益（或股东权益）总计	419 060 000.00	328 900 000.00

第三节 利润表

利润表是反映企业在一定会计期间经营成果的会计报表。利润表的列报必须充分反映企业经营业绩的主要来源和构成，有助于报表使用者判断净利润的质量及其风险，有助于报表使用者预测净利润的可持续性，从而作出正确的决策。

一、利润表的内容

通过利润表，可以反映企业一定会计期间的收入实现情况，如实现的营业收入有多少、实现的投资收益有多少，以及实现的营业外收入有多少等；可以反映企业一定会计期间的费用耗费情况，如耗费的营业成本有多少，税金及附加有多少，销售费用、管理费用、财务费用各有多少等；可以反映企业生产经营活动的成果，即净利润的实现情况,据以判断资本保值、增值等情况。将利润表中的信息与资产负债表中的信息相结合,还可以提供进行财务分析的基本资料,如将赊销收入净额与应收账款平均余额进行比较,计算出应收账款周转率;将销货成本与存货平均余额进行比较,计算出存货周转率;将净利润与资产总额进行比较,计算出资产收益率等。这些比率可以反映企业资金周转情况以及企业的盈利能力和水平,便于报表使用者判断企业未来的发展趋势,作出正确的经济决策。

二、利润表的结构

常见的利润表结构主要有单步式和多步式两种。在我国,企业利润表采用的基本上是多步式结构,即通过对当期的收入、费用、支出项目按性质加以归类,按利润形成的主要环节列示一些中间性利润指标,分步计算当期净损益,以便于报表使用者理解企业经营成果的不同来源。企业在利润表中应当将费用按照功能分类,分为从事经营业务发生的成本、管理费用、销售费用和财务费用等,以有助于报表使用者了解费用发生的活动领域。与此同时,为了有助于报表使用者预测企业未来现金流量,对于费用的列报还应当在附注中披露按照性质分类的利润表补充资料,比如分为耗用的原材料、职工薪酬费用、折旧费、摊销费等。

利润表主要反映以下几方面的内容:(1)营业收入,由主营业务收入和其他业务收入组成。(2)营业利润,营业收入减去营业成本(主营业务成本和其他业务成本)、税金及附加、销售费用、管理费用、财务费用、资产减值损失,加上公允价值变动收益、投资收益、资产处置收益、其他收益,即为营业利润。(3)利润总额,营业利润加上营业外收入,减去营业外支出,即为利润总额。(4)净利润,利润总额减去所得税费用,即为净利润。(5)其他综合收益,具体分为"以后不能重分类进损益的其他综合收益项目"和"以后重分类进损益的其他综合收益项目"两类,并以扣除相关所得税影响后的净额列报。(6)综合收益总额,净利润加上其他综合收益税后净额即为综合收益总额。(7)每股收益,包括基本每股收益和稀释每股收益两项指标。

其中,其他综合收益,是指企业根据会计准则规定未在当期损益中确认的各项利得和损失。其他综合收益分为下列两类:①以后会计期间不能重分类进损益的其他综合收益项目,主要包括重新计量设定受益计划净负债或净资产导致的变动、按照权益法核算的在被投资单位以后会计期间不能重分类进损益的其他综合收益中所享有的份额等;②以后会计期间在满足规定条件时将重分类进损益的其他综合收益项目,主要包括按照权益法核算的在被投资单位以后会计期间在满足规定条件时将重分类进损益的其他综合收益中所享有的份额、可供出售金融资产公允价值变动形成的利得或损失、持有至到期投资重分类为可供出售金融资产形成的利得或损失、现金流量套期工具产生的利得或损失中属于有效套期的部分、外币财务报表折算差额等。

此外,为了使报表使用者通过比较不同期间利润的实现情况,判断企业经营成果的未来发展趋势,企业需要提供比较利润表,利润表还需要就各项目再分为"本期金额"和"上期金额"两栏分别填列。利润表具体格式见表9-5。

三、利润表的填列方法

利润表"上期金额"栏应根据上年该期利润表"本期金额"栏内所列数字填列。如果上年该期利润表规定的各个项目的名称和内容同本期的不相一致,应对上年该期利润表各项目的名称和数字按本期的规定进行调整,填入利润表"上期金额"栏内。

利润表"本期金额"栏一般应根据损益类科目和所有者权益类有关科目的发生额分析填列。

四、利润表编制举例

【例9-2】东方房地产开发公司20×5年度有关损益类科目本年累计发生净额如表9-4所示:

表9-4　　东方房地产开发公司损益类科目20×5年度累计发生净额　　单位:元

科目名称	借方发生额	贷方发生额
主营业务收入		202 000 000.00
主营业务成本	131 070 000.00	
税金及附加	8 420 000.00	
销售费用	7 600 000.00	
管理费用	4 200 000.00	
财务费用	23 890.00	3 890.00
资产减值损失	-1 600 000.00	
营业外支出	50 000.00	
所得税费用	13 580 000.00	

根据上述资料,编制东方房地产开发公司20×5年度利润表(上期金额略),如表9-5所示:

表 9-5　　　　　　　　　　　　　利润表　　　　　　　　　　　　会企 02 表
编制单位:东方房地产开发公司　　　　20×5 年度　　　　　　　　　　单位:元

项目	本期金额	上期金额(略)
一、营业收入	202 000 000.00	
减:营业成本	131 070 000.00	
税金及附加	8 420 000.00	
销售费用	7 600 000.00	
管理费用	4 200 000.00	
研发费用		
财务费用	20 000.00	
其中:利息费用	23 890.00	
利息收入	-3 890.00	
加:其他收益		
投资收益(损失以"-"号填列)		
其中:对联营企业和合营企业的投资收益		
公允价值变动收益(损失以"-"号填列)		
资产减值损失(损失以"-"号填列)	1 600 000.00	
资产处置收益(损失以"-"号填列)		
二、营业利润(亏损以"-"号填列)	52 290 000.00	
加:营业外收入		
减:营业外支出	50 000.00	
三、利润总额(亏损总额以"-"号填列)	52 240 000.00	
减:所得税费用	13 580 000.00	
四、净利润(净亏损以"-"号填列)	38 660 000.00	
(一)持续经营净利润(净亏损以"-"号填列)	38 660 000.00	
(二)终止经营净利润(净亏损以"-"号填列)		
五、其他综合收益的税后净额		
(一)不能重分类进损益的其他综合收益		
1.重新计量设定受益计划变动额		
2.权益法下不能转损益的其他综合收益		
……		

续表

项目	本期金额	上期金额(略)
(二)将重分类进损益的其他综合收益		
1.权益法下可转损益的其他综合收益		
2.可供出售金融资产公允价值变动损益		
3.持有至到期投资重分类为可供出售金融资产损益		
4.现金流量套期损益的有效部分		
5.外币财务报表折算差额		
……		
六、综合收益总额	38 660 000.00	
七、每股收益:		
(一)基本每股收益		
(二)稀释每股收益		

第四节 现金流量表

现金流量表是指反映企业在一定会计期间现金和现金等价物流入和流出的报表。从编制原则上看,现金流量表按照收付实现制原则编制,将权责发生制下的盈利信息调整为收付实现制下的现金流量信息,便于信息使用者了解企业净利润的质量。

一、现金流量表的内容

从内容上看,现金流量表被划分为经营活动、投资活动和筹资活动三个部分,每类活动又分为各具体项目,这些项目从不同角度反映企业业务活动的现金流入与流出,弥补了资产负债表和利润表提供信息的不足。通过现金流量表,报表使用者能够了解现金流量的影响因素,评价企业的支付能力、偿债能力和周转能力,预测企业未来现金流量,为其决策提供有力的依据。

二、现金流量表的结构

在现金流量表中,现金及现金等价物被视为一个整体,企业现金形式的转换不会产生现金的流入和流出。例如,企业从银行提取现金,是企业现金存放形式的转换,现金并未流出企业,不产生现金流量。同样,现金与现金等价物之间的转换也不产生现金流量,如企业用现金购买三个月到期的国库券。根据企业业务活动的性质和现金流量的来源,现金流量表在结构上将企业一定期间产生的现金流量分为三类:经营活动产生的现金流量、投资活动产生的现金流量和筹资活动产生的现金流量。现金流量表的具体格式见表9-6。

三、现金流量表的填列方法

(一)经营活动产生的现金流量

经营活动是指企业投资活动和筹资活动以外的所有交易和事项。各类企业由于行业特点不同,对经营活动的认定存在一定差异。对于房地产开发企业而言,经营活动主要包括销售房屋、接受劳务、支付开发建设费和支付税费等。

经营活动产生的现金流量,企业应当采用直接法列示。直接法是指通过现金收入和现金支出的主要类别列示经营活动的现金流量。

(二)投资活动产生的现金流量

投资活动是指企业长期资产的购建和不包括在现金等价物范围内的投资及其处置活动。长期资产是指固定资产、无形资产、在建工程等持有期限在一年或一个营业周期以上的资产。这里所讲的投资活动,既包括实物资产投资,也包括金融资产投资。这里之所以将"包括在现金等价物范围内的投资"排除在外,是因为已经将包括在现金等价物范围内的投资视同现金。

(三)筹资活动产生的现金流量

筹资活动是指导致企业资本及债务规模和构成发生变化的活动。这里所说的资本,既包括实收资本(股本),也包括资本溢价(股本溢价);这里所说的债务,指对外举借的债务,包括向银行的借款、发行的债券等。通常情况下,应付账款、应付票据等商业应付款属于经营活动产生的债务,不属于筹资活动产生的债务。

此外,对于企业日常活动之外不经常发生的特殊项目,如自然灾害损失、保险赔款和捐赠等,应当根据其性质,分别归并到相关类别中单独反映。比如,对于自然灾害损失和保险赔款,如果能够确指属于流动资产损失,应当列入经营活动产生的现金流量;属于固定资产损失,应当列入投资活动产生的现金流量。

(四)汇率变动对现金及现金等价物的影响

编制现金流量表时,应当将企业外币现金流量以及境外子公司的现金流量折算成记账本位币。外币现金流量以及境外子公司的现金流量,应当采用现金流量发生日的即期汇率或按照系统合理的方法确定的、与现金流量发生日即期汇率近似的汇率折算。汇率变动对现金的影响额应当作为调整项目,在现金流量表中单独列报。

企业外币现金流量及境外子公司的现金流量折算成记账本位币时,所采用的是现金流量发生日的即期汇率或按照系统合理的方法确定的、与现金流量发生日即期汇率近似的汇率,而现金流量表"现金及现金等价物净增加额"项目中外币现金净增加额是按资产负债表日的即期汇率折算的,这两者的差额即为汇率变动对现金及现金等价物的影响。

在编制现金流量表时,对当期发生的外币业务,也可不必逐笔计算汇率变动对现金及现金等价物的影响,可以通过现金流量表补充资料中"现金及现金等价物净增加额"数额与现金流量表中"经营活动产生的现金流量净额"、"投资活动产生的现金流量净额"及"筹资活动产生的现金流量净额"三项之和比较,其差额即为"汇率变动对现金及现金等价物的影响"。

(五)现金流量表补充资料

除现金流量表反映的信息外,企业还应当在附注中披露将净利润调节为经营活动现金流量、不涉及现金收支的重大投资和筹资活动、现金及现金等价物的构成等信息。

1. 将净利润调节为经营活动现金流量

现金流量表采用直接法反映经营活动产生的现金流量,同时企业还应采用间接法反映经营活动产生的现金流量。间接法是指以本期净利润为起点,通过调整不涉及现金的收入、费用、营业外收支以及经营性应收应付项目等的增减变动,调整不属于经营活动的现金收支项目,计算并列报经营活动产生的现金流量的方法。在我国,现金流量表补充资料应采用间接法反映经营活动产生的现金流量情况,以对现金流量表中采用直接法反映的经营活动现金流量进行核对和补充说明。

采用间接法列报经营活动产生的现金流量时,需要对四大类项目进行调整:(1)实际没有支付现金的费用;(2)实际没有收到现金的收益;(3)不属于经营活动的损益;(4)经营性应收应付项目的增减变动。

2. 不涉及现金收支的重大投资和筹资活动

不涉及现金收支的重大投资和筹资活动,反映企业一定期间内影响资产或负债但不形成该期间现金收支的所有投资和筹资活动的信息。这些投资和筹资活动虽然不涉及当期现金收支,但影响企业财务状况或在未来可能影响企业现金流量。主要包括:(1)债务转为资本,反映企业本期转为资本的债务金额;(2)一年内到期的可转换公司债券,反映企业一年内到期的可转换公司债券的本息;(3)融资租入固定资产,反映企业本期融资租入的固定资产。

3. 现金及现金等价物的构成

企业应当在附注中披露与现金及现金等价物有关的下列信息:(1)现金及现金

等价物的构成及其在资产负债表中的相应金额;(2)企业持有但不能由母公司或集团内其他子公司使用的大额现金及现金等价物金额。企业持有现金及现金等价物但不能被集团使用的情形下,例如国外经营的子公司,由于受当地外汇管制或其他立法的限制,其持有的现金及现金等价物不能由母公司或集团内其他子公司正常使用。

四、现金流量表的编制方法及程序

(一)直接法和间接法

编制现金流量表时,列报经营活动产生的现金流量的方法有两种:一种是直接法,另一种是间接法。在直接法下,一般是以利润表中的营业收入为起算点,调节与经营活动有关的项目的增减变动,然后计算出经营活动产生的现金流量。在间接法下,将净利润调节为经营活动现金流量,实际上就是将按权责发生制原则确定的净利润调整为现金净流入,并剔除投资活动和筹资活动对现金流量的影响。

采用直接法编报的现金流量表,便于分析企业经营活动产生的现金流量的来源和用途,预测企业现金流量的未来前景;采用间接法编报的现金流量表,便于将净利润与经营活动产生的现金流量净额进行比较,了解净利润与经营活动产生的现金流量差异的产生原因,从现金流量的角度分析净利润的质量。所以,我国企业会计准则规定企业应当采用直接法编报现金流量表,同时要求在附注中提供以净利润为基础调节到经营活动现金流量的信息。

(二)工作底稿法、T型账户法和分析填列法

在具体编制现金流量表时,可以采用工作底稿法或T型账户法,也可以根据有关科目记录分析填列。

1. 工作底稿法

采用工作底稿法编制现金流量表,是以工作底稿为手段,以资产负债表和利润表数据为基础,对每一项目进行分析并编制调整分录,从而编制现金流量表。工作底稿法的程序是:

第一步,将资产负债表的期初数和期末数过入工作底稿的期初数栏和期末数栏。

第二步,对当期业务进行分析并编制调整分录。编制调整分录时,要以利润表项目为基础,从"营业收入"开始,结合资产负债表项目逐一进行分析。在调整分录中,有关现金和现金等价物的事项,并不直接借记或贷记"库存现金",而是分别计入"经营活动产生的现金流量""投资活动产生的现金流量""筹资活动产生的现金流量"有关项目,借记表示现金流入,贷记表示现金流出。

第三步，将调整分录过入工作底稿中的相应部分。

第四步，核对调整分录，借方、贷方合计数均已经相等，资产负债表项目期初数加减调整分录中的借贷金额以后，也等于期末数。

第五步，根据工作底稿中的现金流量表的项目部分编制正式的现金流量表。

2. T型账户法

采用T型账户法编制现金流量表，是以T型账户为手段，以资产负债表和利润表数据为基础，对每一项目进行分析并编制调整分录，从而编制现金流量表。T型账户法的程序是：

第一步，为所有的非现金项目（包括资产负债表项目和利润表项目）分别开设T型账户，并将各自的本期变动数过入各账户。如果项目的期末数大于期初数，则将差额过入和项目余额相同的方向；反之，则过入相反的方向。

第二步，开设一个大的"现金及现金等价物"T型账户，每边分为经营活动、投资活动和筹资活动三个部分，左边记现金流入，右边记现金流出。与其他账户一样，过入本期变动数。

第三步，以利润表项目为基础，结合资产负债表分析每一个非现金项目的增减变动，并据此编制调整分录。

第四步，将调整分录过入各T型账户，并进行核对，各账户借贷相抵后的余额与原先过入的本期变动数应当一致。

第五步，根据大的"现金及现金等价物"T型账户编制正式的现金流量表。

3. 分析填列法

分析填列法是直接根据资产负债表、利润表和有关会计科目明细账的记录，分析计算出现金流量表各项目的金额，并据以编制现金流量表的一种方法。

五、现金流量表编制举例

【例9-3】沿用【例9-1】和【例9-2】的资料，东方房地产开发公司为一般纳税人，增值税适用一般计税方法。其他相关资料如下：

1. 20×5年度利润表有关项目的明细资料如下：

（1）管理费用的组成：职工薪酬60万元，无形资产摊销2万元，折旧费3万元，支付的其他费用355万元。

（2）销售费用的组成：已支付，含职工薪酬100万元。

（3）财务费用的组成：利润表中财务费用2万元为日常经营活动中银行手续费支出，贷款利息全部资本化计入开发成本。

（4）资产减值损失的组成：本年冲回坏账准备160万元，上年年末坏账准备余额为200万元。

(5)营业外支出的组成:营业外支出为日常罚款支出,全部付现。

2. 20×5 年 12 月 31 日,资产负债表有关项目的明细资料如下:

(1)存货的组成:开发成本中含本年贷款利息资本化支出 520 万元,开发间接费用中列支已全部支付的职工薪酬 30 万元。

(2)应交税费期末余额 635 万元,其中增值税 34 万元,其他税费 601 万元;应交税费年初余额 550 万元,其中增值税 63 万元,其他税费 487 万元。本期增值税销项税额为 2 622 万元,进项税额为 1 955 万元,已交增值税为 696 万元。

(3)本期用现金购买固定资产 15 万元,固定资产为管理用固定资产。

(4)本期用现金偿还借款 3 000 万元,借入借款 2 500 万元。

根据以上资料,采用分析填列法,编制东方房地产开发公司 20×5 年度的现金流量表。

1. 东方房地产开发公司 20×5 年度现金流量表各项目金额,分析确定如下:

(1)销售商品、提供劳务收到的现金

= 营业收入 + 应交税费(应交增值税——销项税额) + (预收账款期末余额 - 预收账款年初余额)

= 20 200 + 2 622 + (16 000 - 13 000)

= 25 822(万元)

(2)收到的其他与经营活动有关的现金

= (其他应付款期末余额 - 其他应付款年初余额) + (其他应收款年初余额 - 其他应收款期末余额) - 当年计提坏账准备

= (4 365 - 1 870) + (2 500 - 1 200) - (- 160)

= 3 955(万元)

(3)购买商品、接受劳务支付的现金

= 营业成本 + 应交税费(应交增值税——进项税额) + (存货期末余额 - 资本化利息支出 - 存货年初余额) + (应付账款年初余额 - 应付账款期末余额) + (预付账款期末余额 - 预付账款年初余额) - 当期列入开发间接费用的职工薪酬

= 13 107 + 1 955 + (36 016 - 520 - 26 512.5) + (450 - 510) + (3 620 - 2 830) - 30

= 24 745.5(万元)

(4)支付给职工以及为职工支付的现金

= 开发间接费用、管理费用、销售费用中职工薪酬 + (应付职工薪酬年初余额 - 应付职工薪酬期末余额)

= 30 + 60 + 100 + (20 - 30)

= 180(万元)

(5)支付的各项税费

＝当期所得税费用＋(递延所得税资产期末余额－递延所得税资产年初余额)＋税金及附加＋(应交其他税费年初余额－应交其他税费期末余额)＋本期交纳增值税

＝1 358＋(610－537.5)＋842＋(487－601)＋696

＝2 854.5(万元)

房地产开发企业本期交纳增值税依据"应交税费——未交增值税""应交税费——预交增值税""应交税费——应交增值税(已交税金)"科目分析填列。

(6)支付的其他与经营活动有关的现金

＝其他管理费用＋其他销售费用＋财务费用＋营业外支出

＝355＋(760－100)＋2＋5

＝1 022(万元)

(7)购建固定资产支付的现金＝用现金购买的固定资产＝15(万元)

(8)取得借款收到的现金＝2 500(万元)

(9)偿还债务支付的现金＝3 000(万元)

(10)偿付利息支付的现金＝520(万元)

2.将净利润调节为经营活动现金流量各项目计算分析如下：

(1)坏账准备＝－160(万元)

(2)固定资产折旧＝3(万元)

(3)无形资产摊销＝2(万元)

(4)递延所得税资产增加＝610－537.5＝72.5(万元)

(5)存货的增加＝(36 016－520)－26 512.5＝8 983.5(万元)

(6)经营性应收项目的减少

＝(2 830－3 620)＋(2 500＋200－1 200－40)

＝670(万元)

(7)经营性应付项目的增加

＝(510－450)＋(16 000－13 000)＋(30－20)＋(635－550)＋(4 365－1 870)＝5 650(万元)

3.根据上述数据,编制现金流量表(见表9－6)及其补充资料(见表9－7),上期金额略。

表 9-6　　　　　　　　　　　　　现金流量表　　　　　　　　　　　　会企 03 表
编制单位:东方房地产开发公司　　　　20×5 年度　　　　　　　　　　　单位:元

项目	本期金额	上期金额(略)
一、经营活动产生的现金流量:		
销售商品、提供劳务收到的现金	258 220 000.00	
收到的税费返还		
收到其他与经营活动有关的现金	39 550 000.00	
经营活动现金流入小计	297 770 000.00	
购买商品、接受劳务支付的现金	247 455 000.00	
支付给职工以及为职工支付的现金	1 800 000.00	
支付的各项税费	28 545 000.00	
支付其他与经营活动有关的现金	10 220 000.00	
经营活动现金流出小计	288 020 000.00	
经营活动产生的现金流量净额	9 750 000.00	
二、投资活动产生的现金流量:		
收回投资收到的现金		
取得投资收益收到的现金		
处置固定资产、无形资产和其他长期资产收回的现金净额		
处置子公司及其他营业单位收到的现金净额		
收到其他与投资活动有关的现金		
投资活动现金流入小计		
购建固定资产、无形资产和其他长期资产支付的现金	150 000.00	
投资支付的现金		
取得子公司及其他营业单位支付的现金净额		
支付其他与投资活动有关的现金		
投资活动现金流出小计	150 000.00	
投资活动产生的现金流量净额	-150 000.00	
三、筹资活动产生的现金流量:		
吸收投资收到的现金		
取得借款收到的现金	25 000 000.00	

续表

项目	本期金额	上期金额(略)
收到其他与筹资活动有关的现金		
筹资活动现金流入小计	25 000 000.00	
偿还债务支付的现金	30 000 000.00	
分配股利、利润或偿付利息支付的现金	5 200 000.00	
支付其他与筹资活动有关的现金		
筹资活动现金流出小计	35 200 000.00	
筹资活动产生的现金流量净额	-10 200 000.00	
四、汇率变动对现金及现金等价物的影响		
五、现金及现金等价物净增加额	-600 000.00	
加:期初现金及现金等价物余额	4 200 000.00	
六、期末现金及现金等价物余额	3 600 000.00	

表9-7　　　　　　　　　现金流量表补充资料　　　　　　　　　单位:元

补充资料	本期金额	上期金额(略)
1.将净利润调节为经营活动现金流量:		
净利润	38 660 000.00	
加:资产减值准备	-1 600 000.00	
固定资产折旧、油气资产折耗、生产性生物资产折旧	30 000.00	
无形资产摊销	20 000.00	
长期待摊费用摊销		
处置固定资产、无形资产和其他长期资产的损失(收益以"-"号填列)		
固定资产报废损失(收益以"-"号填列)		
公允价值变动损失(收益以"-"号填列)		
财务费用(收益以"-"号填列)		
投资损失(收益以"-"号填列)		
递延所得税资产减少(增加以"-"号填列)	-725 000.00	
递延所得税负债增加(减少以"-"号填列)		

续表

补充资料	本期金额	上期金额(略)
存货的减少(增加以"-"号填列)	-89 835 000.00	
经营性应收项目的减少(增加以"-"号填列)	6 700 000.00	
经营性应付项目的增加(减少以"-"号填列)	56 500 000.00	
其他		
经营活动产生的现金流量净额	9 750 000.00	
2.不涉及现金收支的重大投资和筹资活动：		
债务转为资本		
一年内到期的可转换公司债券		
融资租入固定资产		
3.现金及现金等价物净变动情况：		
现金的期末余额	3 600 000.00	
减:现金的期初余额	4 200 000.00	
加:现金等价物的期末余额		
减:现金等价物的期初余额		
现金及现金等价物净增加额	-600 000.00	

第五节 所有者(或股东)权益变动表

所有者权益变动表是指反映构成所有者权益各组成部分当期增减变动情况的报表。

一、所有者权益变动表的内容

所有者权益变动表应当全面反映一定时期所有者权益变动的情况，不仅包括所有者权益总量的增减变动，还包括所有者权益增减变动的重要结构性信息，特别是要反映直接计入所有者权益的利得和损失,让报表使用者准确理解所有者权益增减变动的根源。

在所有者权益变动表中,综合收益和与所有者(或股东,下同)的资本交易导致的所有者权益的变动,应当分别列示。企业至少应当单独列示反映下列信息的项目:(1)综合收益总额;(2)会计政策变更和前期差错更正的累积影响金额;(3)所有者投入资本和向所有者分配利润等;(4)按照规定提取的盈余公积;(5)所有者权益各组成部分的期初和期末余额及其调节情况。

二、所有者权益变动表的结构

为了清楚地表明构成所有者权益的各组成部分当期的增减变动情况,所有者权益变动表应当以矩阵的形式列示:一方面,列示导致所有者权益变动的交易或事项,改变了以往仅仅按照所有者权益的各组成部分反映所有者权益变动情况,而是从所有者权益变动的根源对一定时期所有者权益变动情况进行全面反映;另一方面,按照所有者权益各组成部分(包括实收资本、资本公积、其他综合收益、盈余公积、未分配利润和库存股)及其总额列示交易或事项对所有者权益的影响。此外,企业还需要提供比较所有者权益变动表,所有者权益变动表还需要就各项目再分为"本年金额"和"上年金额"两栏分别填列。所有者权益变动表的具体格式如表9-8所示。

三、所有者权益变动表的填列方法

所有者权益变动表"上年金额"栏内各项数字,应根据上年度所有者权益变动表"本年金额"栏内所列数字填列。如果上年度所有者权益变动表规定的各个项目的名称和内容同本年度的不相一致,应对上年度所有者权益变动表各项目的名称和数字按本年度的规定进行调整,填入所有者权益变动表"上年金额"栏内。

所有者权益变动表"本年金额"栏内各项数字一般应根据"实收资本(或股本)""资本公积""库存股""其他综合收益""盈余公积""利润分配""以前年度损益调整"等科目及其明细科目的发生额分析填列。

四、所有者权益变动表编制举例

【例9-4】沿用【例9-1】、【例9-2】和【例9-3】的资料,东方房地产开发公司其他相关资料为:提取盈余公积236.6万元,无影响所有者权益变动的其他事项。

根据上述资料,东方房地产开发公司编制20×5年度的所有者权益变动表,如表9-8所示(上年金额略)。

表9-8

所有者权益变动表

编制单位：东方房地产开发公司　　　　20×5年度　　　　会企04表　单位：元

项目	本年金额										上年金额(略)
	实收资本(或股本)	其他权益工具		资本公积	减：库存股	其他综合收益	专项储备	盈余公积	未分配利润	所有者权益合计	
		优先股	永续债 其他								
一、上年年末余额	100 000 000.00								-15 000 000.00	85 000 000.00	
加：会计政策变更											
前期差错更正											
其他											
二、本年年初余额	100 000 000.00								-15 000 000.00	85 000 000.00	
三、本年增减变动金额(减少以"-"号填列)									38 660 000.00	38 660 000.00	
（一）综合收益总额											
（二）所有者投入或减少资本											
1.所有者投入的普通股											
2.其他权益工具持有人投入资本											
3.股份支付对所有者权益的影响											
4.其他											

· 343 ·

项目	本年金额									上年金额(略)
	实收资本(或股本)	其他权益工具 || 资本公积	减:库存股	其他综合收益	专项储备	盈余公积	未分配利润	所有者权益合计	
		优先股 永续债 其他 ||							
(三)利润分配							2 360 000.00	-2 360 000.00	—	
1.提取盈余公积										
2.对所有者(或股东)的分配										
3.其他										
(四)所有者权益内部结转										
1.资本公积转增资本(或股本)										
2.盈余公积转增资本(或股本)										
3.盈余公积弥补亏损										
4.设定受益计划变动额结转留存收益										
5.其他										
四、本年年末余额	100 000 000.00						2 360 000.00	21 294 000.00	123 660 000.00	

第六节 财务报表附注

附注是财务报表不可或缺的组成部分,是对在资产负债表、利润表、现金流量表和所有者权益变动表等报表中列示项目的文字描述或明细资料,以及对未能在这些报表中列示项目等的说明。

财务报表中的数字是经过分类与汇总后的结果,是对企业发生的经济业务的高度简化和浓缩的数字,如果没有形成这些数字所使用的会计政策、理解这些数字所必需的披露,财务报表就不可能充分发挥效用。因此,财务报表附注与资产负债表、利润表、现金流量表和所有者权益变动表等报表具有同等的重要性,是财务报告的重要组成部分。报表使用者要了解企业的财务状况、经营成果和现金流量,应当全面阅读附注。

一、附注披露的基本要求

1. 附注披露的信息应是定量、定性信息的结合,从而能从量和质两个角度对企业经济事项完整地进行反映,也才能满足报表使用者的决策需求。

2. 附注应当按照一定的结构进行系统合理的排列和分类,有顺序地披露信息。由于附注的内容繁多,因此更应按逻辑顺序排列,分类披露,条理清晰,具有一定的组织结构,以便于报表使用者理解和掌握,也能更好地实现财务报表的可比性。

3. 附注应当披露财务报表的编制基础,相关信息应当与资产负债表、利润表、现金流量表和所有者权益变动表等报表中列示的项目相互参照,以有助于报表使用者将关联的信息联系起来,由此从整体上更好地理解财务报表。

二、附注披露的内容

房地产开发企业应按照企业会计准则及其应用指南的要求编制和披露附注。从事房地产开发业务的上市公司(包括专营房地产业务公司及兼营房地产业务公司)应当按照《公开发行证券的公司信息披露编报规则第15号——财务报告的一般规定》(2014年修订)和《公开发行证券的公司信息披露编报规则第11号——从事房地产开发业务的公司财务报表附注特别规定》的要求,编制和披露财务报表附注,企业编制和披露附注时应遵循重要性原则。

根据以上规定,房地产开发企业附注一般应当按照下列顺序至少披露以下内容:

（一）企业的基本情况

1. 企业注册地、组织形式和总部地址。

2. 企业的业务性质和主要经营活动。

3. 母公司以及集团最终母公司的名称。

4. 财务报告的批准报出者和财务报告批准报出日，或者以签字人及其签字日期为准。

5. 营业期限有限的企业，还应当披露有关其营业期限的信息。

（二）财务报表的编制基础

（三）遵循企业会计准则的声明

房地产开发企业应当声明编制的财务报表符合企业会计准则的要求，真实、完整地反映了企业的财务状况、经营成果和现金流量等有关信息，以此明确企业编制财务报表所依据的制度基础。

如果企业编制的财务报表只是部分地遵循了企业会计准则，则附注中不得作出这种表述。

（四）重要会计政策和会计估计

重要会计政策的说明，包括财务报表项目的计量基础和在运用会计政策过程中所作的重要判断等。重要会计估计的说明，包括可能导致下一个会计期间内资产、负债账面价值重大调整的会计估计的确定依据等。

企业应当披露采用的重要会计政策和会计估计，并结合企业的具体实际披露其重要会计政策的确定依据和财务报表项目的计量基础，及其会计估计所采用的关键假设和不确定因素。

房地产开发企业应根据相关规定，结合公司实际披露报告期内采用的重要会计政策和会计估计：

1. 会计期间。

2. 营业周期。

房地产开发企业主要业务为开发用于出售及出租的房地产产品，其营业周期通常为从购买土地起到建成开发产品并出售或出租且收回现金或现金等价物为止的期间。该营业周期通常大于12个月。

3. 记账本位币。

4. 同一控制下和非同一控制下企业合并的会计处理方法。

5. 合并财务报表的编制方法。对合作开发项目编制合并报表时采用的方法。

6. 编制现金流量表时现金及现金等价物的确定标准。

7. 发生外币交易时折算汇率的确定方法，在资产负债表日对外币货币性项目采用的折算方法,汇兑损益的处理方法以及外币报表折算的会计处理方法。

8. 金融工具的分类、确认依据和计量方法,金融资产转移的确认依据和计量方法,金融负债终止确认条件,金融资产和金融负债的公允价值确定方法,金融资产减值的测试方法及会计处理方法。

9. 应收款项坏账准备的确认标准和计提方法。

10. 存货的分类及其依据,开发用土地、公共配套设施费用的核算方法,出租开发产品、周转房的摊销方法,对不同类别存货(如库存设备、开发成本、开发产品、出租开发产品和周转房等)计提跌价准备的比例及依据。

11. 共同控制、重大影响的判断标准,长期股权投资的初始投资成本确定、后续计量及损益确认方法。

12. 投资性房地产的计量模式。采用成本模式的,披露各类投资性房地产的折旧或摊销方法;采用公允价值模式的,披露选择公允价值计量的依据。

13. 固定资产的确认条件、公司根据自身实际情况确定的分类、折旧方法,各类固定资产的折旧年限、估计残值率和年折旧率。融资租入固定资产的认定依据、计价和折旧方法。

14. 在建工程结转为固定资产的标准和时点。

15. 借款费用资本化的确认原则,资本化期间、暂停资本化期间、借款费用资本化率以及资本化金额的计算方法。

为房地产开发项目借入资金所发生的利息及有关费用的会计处理方法。

16. 无形资产的计价方法。使用寿命有限的无形资产,应披露其使用寿命估计情况;使用寿命不确定的无形资产,应披露其使用寿命不确定的判断依据以及对其使用寿命进行复核的程序。

结合公司内部研究开发项目特点,披露划分研究阶段和开发阶段的具体标准,以及开发阶段支出资本化的具体条件。

17. 长期股权投资、采用成本模式计量的投资性房地产、固定资产、在建工程、无形资产、商誉等长期资产的减值测试方法及会计处理方法。

18. 长期待摊费用的性质、摊销方法及摊销年限。

19. 职工薪酬的分类及会计处理方法。

20. 维修基金的核算方法。

21. 质量保证金的核算方法。

22. 预计负债的确认标准和各类预计负债的计量方法。

23. 股份支付计划的会计处理方法,包括修改或终止股份支付计划的相关会计处理。

24. 各类型业务收入的确认原则及方法。

房地产销售收入的确认原则及方法,应根据行业特点确定具体的确认标准。对采用分期收款方式销售、出售自用房屋、代建房屋和工程业务,应单独披露有关收入确认方法:出租物业收入的确认原则及方法、建筑施工收入的确认原则及方法、物业管理收入的确认原则及方法、其他业务收入的确认原则及方法。

25. 递延所得税资产和递延所得税负债的确认依据。

26. 经营租赁和融资租赁的会计处理方法。

27. 其他重要的会计政策和会计估计,包括但不限于:终止经营的确认标准、会计处理方法,采用套期会计的依据、会计处理方法,与回购公司股份相关的会计处理方法,资产证券化业务的会计处理方法等。

(五)会计政策和会计估计变更以及差错更正的说明

本期发生重要会计政策和会计估计变更的,公司应充分披露变更的内容和原因、受重要影响的报表项目名称和金额、相关审批程序,以及会计估计变更开始适用的时点。

(六)报表重要项目的说明

房地产开发企业对报表重要项目的说明,应当按照资产负债表、利润表、现金流量表、所有者权益变动表及其项目列示的顺序,采用文字和数字描述相结合的方式进行披露。报表重要项目的明细金额合计,应当与报表项目金额相衔接。具体的报表项目应按以下要求进行注释:

1. 货币资金

按库存现金、银行存款和其他货币资金等分类列示货币资金期初余额、期末余额。披露因抵押、质押或冻结等对使用有限制的款项,以及存放在境外的款项总额。公司应单独披露存放在境外且资金汇回受到限制的款项。

2. 应收票据

分类列示应收票据期初余额、期末余额。

列示期末已质押的应收票据金额。区分终止确认和未终止确认列示已背书或贴现但在资产负债表日尚未到期的应收票据金额。列示出票人未履约而将票据转应收账款的金额。

3. 应收款项

区分单项金额重大并单独计提坏账准备的应收款项、单项金额不重大但单独计提坏账准备的应收款项,列示各类应收款项期初余额、期末余额分别占应收款项期初余额合计数、期末余额合计数的比例,以及对应各类应收款项的坏账准备期初余额、期末余额和计提比例。

对应收款项应说明以下事项:

（1）单项金额重大并单独计提坏账准备的应收款项,应逐项披露应收款项期末余额、坏账准备期末余额、坏账准备计提比例及其理由。

（2）本期计提、收回或转回的坏账准备金额。本期坏账准备收回或转回金额重要的,应披露转回原因、收回方式、确定原坏账准备计提比例的依据及其合理性。

（3）本期实际核销的应收款项金额。对于其中重要的应收款项,应逐项披露款项性质、核销原因、履行的核销程序及核销金额。实际核销的款项由关联交易产生的,应单独披露。

（4）按欠款方集中度汇总或分别披露期末余额前五名的应收账款的期末余额及占应收账款期末余额合计数的比例,以及相应计提的坏账准备期末余额。

（5）按款项性质列示其他应收款期初、期末账面余额。按欠款方归集的期末余额前五名的其他应收款,应分别披露欠款方名称、期末余额及占其他应收款期末余额合计数的比例、款项的性质、对应的账龄、坏账准备期末余额。

4.预付款项

按账龄区间列示预付款项期初余额、期末余额及各账龄区间预付款项余额占预付款项余额合计数的比例。账龄超过一年且金额重要的预付款项,应说明未及时结算的原因。

按预付对象集中度汇总或分别披露期末余额前五名的预付款项的期末余额及占预付款项期末余额合计数的比例。

5.应收利息

分类列示应收利息期初余额、期末余额。对于重要的逾期应收利息,应按借款单位披露应收利息的期末余额、逾期时间和逾期原因、是否发生减值的判断。

6.应收股利

按被投资单位或投资项目列示应收股利期初余额、期末余额。对于重要的账龄超过一年的应收股利,应披露未收回的原因和对相关款项是否发生减值的判断。

7.存货

按存货类别列示存货期初余额、期末余额,以及对应的跌价准备的期初余额、期末余额及本期计提、转回或转销金额。披露确定可变现净值的具体依据及本期转回或转销存货跌价准备的原因。披露存货期末余额中含有的借款费用资本化金额。

（1）按性质(如库存设备、开发成本、开发产品、分期收款开发产品、出租开发产品和周转房等)分类列示存货余额。

（2）按下列格式分项目披露"开发成本"。

表 9-9

项目名称	开工时间	预计竣工时间	预计总投资	期初余额	期末余额
合计					

注：对尚未开发的土地，应披露预计开工时间。

（3）按下列格式分项目披露"开发产品"。

表 9-10

项目名称	竣工时间	期初余额	本期增加	本期减少	期末余额
合计					

（4）按下列格式分项目披露"分期收款开发产品""出租开发产品""周转房"。

表 9-11

项目名称	期初余额	本期增加	本期减少	期末余额
合计				

（5）应按下列格式披露存货跌价准备金计提情况。对于开发中项目，可以合并列示；对"停工""烂尾""空置"项目，如果不计提或计提跌价比例较低，应详细说明理由。

表 9-12

项目名称	期初余额	本期增加	本期减少	期末余额	备注
合计					

8. 持有至到期投资

分类列示持有至到期投资期初余额、期末余额。对于重要的持有至到期投资，应分别列示其面值、票面利率、实际利率、到期日。本期存在重分类的，应披露重分类的原因和具体情况。

9. 长期股权投资

按被投资单位披露长期股权投资的期初余额、本期增减变动情况、期末余额、减值情况。

10. 投资性房地产

采用成本模式计量的投资性房地产，分类列示其账面原值、累计折旧、减值准备累计金额以及账面价值的期初余额、期末余额和本期增减变动情况。

采用公允价值模式计量的投资性房地产，分类列示期初余额、期末余额和本期增减变动情况。

公司应披露未办妥产权证书的投资性房地产账面价值及原因。

11. 固定资产

分类列示固定资产的账面原值、累计折旧、减值准备累计金额以及账面价值的期初余额、期末余额和本期增减变动情况。

公司应披露本期在建工程完工转入固定资产的情况，期末暂时闲置固定资产的账面原值、累计折旧、减值准备累计金额以及账面价值，期末未办妥产权证书的固定资产账面价值及原因。

通过融资租赁租入的固定资产应披露各类租入资产的期末账面原值、累计折旧、减值准备累计金额以及账面价值。通过经营租赁租出的固定资产应披露各类租出资产的期末账面价值。

12. 无形资产

分类披露无形资产账面原值、累计摊销、减值准备累计金额以及账面价值的期初余额、期末余额和本期增减变动情况。披露期末无形资产中通过公司内部研发形成的无形资产占无形资产余额的比例。

公司应披露未办妥产权证书的土地使用权账面价值及原因。

13. 开发支出

分项披露开发支出期初余额、期末余额和本期增减变动情况，并披露资本化开始时点、资本化的具体依据、截至期末的研发进度等。

14. 商誉

按被投资单位或项目列示产生商誉的事项，对应商誉的期初余额、期末余额和本期增减变动情况，以及减值准备的期初余额、期末余额和本期增减变动情况。披露商誉减值测试过程、参数及商誉减值损失的确认方法。

15. 长期待摊费用

分类列示长期待摊费用的期初余额、期末余额和本期增减变动情况。

16. 递延所得税资产和递延所得税负债

按暂时性差异的类别列示未经抵销的递延所得税资产或递延所得税负债期初余额、期末余额，以及相应的暂时性差异金额。

以抵销后净额列示的，还应披露递延所得税资产和递延所得税负债期初、期末互抵金额及抵销后期初余额、期末余额。

存在未确认为递延所得税资产的可抵扣暂时性差异和可抵扣亏损的，应列示期初余额、期末余额及可抵扣亏损到期年度。

17. 短期借款

按借款条件分类列示短期借款期初余额、期末余额。汇总披露逾期借款(包括从长期借款转入的)的期末余额。对于重要的逾期借款,还应按借款单位列示借款期末余额、借款利率、逾期时间、逾期利率。

18. 应付票据

分类列示应付票据期初余额、期末余额,以及到期未付的应付票据期末余额的汇总金额。

19. 应付账款

披露应付账款期初余额、期末余额。账龄超过一年的重要应付账款应披露未偿还的原因。

20. 预收款项

披露预收款项期初余额、期末余额。账龄超过一年的重要预收款项应披露未结转的原因。对预售房产收款,还应按下列格式分项目披露。

表 9-13

项目名称	期初余额	期末余额	预计竣工时间	预售比例
合计				

21. 其他应付款

披露其他应付款期初余额、期末余额。账龄超过一年的重要其他应付款应披露未偿还的原因。

22. 应付职工薪酬

按薪酬类别列示应付职工薪酬期初余额、本期增加金额、本期减少金额及期末余额。

23. 应交税费

按税种列示应交税费期初余额、期末余额。

24. 应付利息

分类列示应付利息期初余额、期末余额。对于重要的逾期未付利息,应披露逾期金额及原因。

25. 应付股利

分项披露应付股利期初余额、期末余额。对于重要的超过一年未支付的应付股利,应披露未支付原因。

26. 一年内到期的非流动负债

分项列示一年内到期的非流动负债期初余额、期末余额。

27. 长期借款

按借款条件分类列示长期借款期初余额、期末余额及利率区间。

28. 应付债券

分项列示应付债券期初余额、期末余额。按应付债券名称(不包括划分为金融负债的优先股、永续债等其他金融工具),分别列示其面值、发行日期、债券期限、发行金额、期初余额、期末余额和本期增减变动情况。披露可转换公司债券的转股条件、转股时间。

公司发行其他金融工具并划分为金融负债的,应分项披露其基本情况、期初余额、期末余额和本期增减变动情况,以及划分至金融负债的依据。

存在短期应付债券的,公司应在其他流动负债中参照本款进行披露。

29. 长期应付职工薪酬

分类列示长期应付职工薪酬期初余额、期末余额。存在设定受益计划的,公司应说明设定受益计划的内容及相关风险,在财务报表中确认的期初余额、期末余额及本期各类增减变动金额,设定受益计划对公司未来现金流量的金额、时间和不确定性的影响,以及义务现值所依赖的重要精算假设和有关敏感性分析的结果。

30. 预计负债

分类列示预计负债期初余额、期末余额以及形成原因。重要的预计负债,应披露相关重要假设、估计。

31. 实收资本(或股本)

列示实收资本(或股本)期初余额、期末余额和本期各类增减变动金额。存在库存股的,应列示期初余额、期末余额、本期增减变动情况和变动原因。

32. 资本公积

分类列示资本公积期初余额、期末余额、本期增减变动情况和变动原因。

33. 盈余公积

分类列示盈余公积期初余额、期末余额、本期增减变动情况和变动原因。

34. 未分配利润

列示未分配利润期初余额、期末余额和本期各类增减变动金额。对期初未分配利润进行调整的,应披露调整前、调整后金额,各项调整原因及金额。

35. 营业收入及成本

按主营业务收入和其他业务收入分别列示营业收入、营业成本本期发生额、上期发生额。

主营业务收入应分项目披露报告期内各期间金额。经营业务涉及不同行业和地区时,应按行业和地区披露收入、营业利润、资产的分部资料。行业可以按照房地产、施工、物业管理、商业等分类;地区可以按照境内、境外披露,对经营环境存在差异的省、直辖市，也应分别披露。

　　36. 税金及附加

　　按主营业务税金及附加项目列示各项税金及附加本期发生额、上期发生额。

　　37. 期间费用

　　按费用性质列示管理费用、销售费用及财务费用本期发生额、上期发生额。

　　38. 公允价值变动收益

　　按产生公允价值变动收益的来源分类列示本期发生额、上期发生额。

　　39. 投资收益

　　分类列示投资收益本期发生额、上期发生额。

　　40. 资产减值损失

　　按照资产减值损失项目分别列示资产减值损失本期发生额、上期发生额。

　　41. 营业外收入和支出

　　分项列示营业外收入和营业外支出本期发生额、上期发生额。

　　42. 所得税费用

　　披露所得税费用的相关信息，包括按税法及相关规定计算的当期企业所得税费用，递延所得税费用本期发生额、上期发生额，以及本期会计利润与所得税费用的调整过程。

　　43. 其他综合收益

　　按以后不能重分类进损益的其他综合收益和以后将重分类进损益的其他综合收益，分类列示本期其他综合收益的税前金额、所得税金额及税后金额，以及前期计入其他综合收益当期转出计入当期损益的金额。

　　44. 现金流量表

　　（1）分项列示收到或支付的其他与经营活动、投资活动、筹资活动有关的现金性质、本期发生额、上期发生额。

　　（2）将净利润调节为经营活动现金流量的信息，本期支付或收到的取得或处置子公司的现金净额，本期及上期现金及现金等价物的构成情况。

　　45. 所有者权益变动表

　　披露所有者权益变动表中对上年年末余额进行调整的"其他"项目的性质及调整金额。

　　（七）或有和承诺事项、资产负债表日后非调整事项、关联方关系及其交易等需要说明的事项

　　1. 或有事项

　　房地产开发企业应当按照《企业会计准则第 13 号——或有事项》的相关规定披露资产负债表日存在的重要或有事项。公司没有重要或有事项的，也应说明。

房地产开发企业为商品房承购人向银行提供抵押贷款担保的,应披露尚未结清的担保金额,并说明风险程度。

2. 资产负债表日后事项

房地产开发企业应当按照《企业会计准则第29号——资产负债表日后事项》的相关规定进行披露。

(1)公司应披露资产负债表日后存在的股票和债券的发行、重要的对外投资、重要的债务重组、自然灾害导致的资产损失以及外汇汇率发生重要变动等非调整事项,分析其对财务状况、经营成果的影响。无法作出量化分析的,应说明原因。

(2)公司应披露资产负债表日后利润分配情况,包括拟分配的利润或股利、经审议批准宣告发放的利润或股利金额等。

(3)在资产负债表日后发生重要销售退回的,公司应披露相关情况及对报表的影响。

3. 关联方及关联交易

公司应按照企业会计准则及中国证监会有关规定中界定的关联方,披露关联方情况。

按照购销商品、提供和接受劳务、关联托管、关联承包、关联租赁、关联担保、关联资金拆借、关联方资产转让、债务重组、关键管理人员薪酬、关联方承诺等关联交易类型,分别披露各类关联交易的金额。披露应收、应付关联方款项情况,以及未结算应收项目的坏账准备计提情况。

(八)有助于财务报表使用者评价企业管理资本的目标、政策及程序的信息

三、财务报表附注披露举例

从事房地产开发业务的上市公司在每年的年度报告中都有财务报表附注,可以通过登录深圳证券交易所的网站(http://www.szse.cn)或者上海证券交易所的网站(http://www.sse.com.cn)查询,本书在此不再赘述。

下面以万科企业股份有限公司(SZ000002)为例,说明查询财务报表附注的具体步骤:

第一步,登录深圳证券交易所网站(http://www.szse.cn);

第二步,选择"信息披露",点击"上市公司信息""上市公司公告";

第三步,在"公告查询"处录入证券代码"000002"或简称"万科A",选择公告类型和发布时间,公告类型选择"年度报告",在年度报告中可查到财务报表附注。

附录:房地产相关法律法规

1.《企业产品成本核算制度(试行)》(2013年8月16日财会〔2013〕17号)
2.《国民经济行业分类》(GB/T4754-2017)
3.《中华人民共和国公司法》(2013年12月28日中华人民共和国主席令第8号)
4.《中华人民共和国土地管理法》(2004年8月28日中华人民共和国主席令第28号)
5.《中华人民共和国土地管理法实施条例》(1998年12月27日中华人民共和国国务院令第256号发布,根据2014年8月15日《国务院关于修改部分行政法规的决定》修订)
6.《闲置土地处置办法》(2012年6月1日中华人民共和国国土资源部令第53号)
7.《招标拍卖挂牌出让国有建设用地使用权规定》(2007年9月28日中华人民共和国国土资源部令第39号)
8.《中华人民共和国城镇国有土地使用权出让和转让暂行条例》(1990年5月19日中华人民共和国国务院令第55号)
9.《中华人民共和国城市房地产管理法》(1994年7月5日中华人民共和国主席令第29号,根据2009年8月27日第十一届全国人民代表大会常务委员会第十次会议《全国人民代表大会常务委员会关于修改部分法律的决定》第二次修正)
10.《城市房地产开发经营管理条例》(1998年7月20日中华人民共和国国务院令第248号发布,根据2011年1月8日《国务院关于废止和修改部分行政法规的决定》修订)
11.《商品房销售管理办法》(2001年4月4日中华人民共和国建设部令第88号)
12.《城市商品房预售管理办法》(2004年7月20日中华人民共和国建设部令第131号)
13.《中华人民共和国建筑法》(2011年4月22日中华人民共和国主席令第46号)
14.《中华人民共和国印花税暂行条例》(1988年8月6日中华人民共和国国务院令第11号发布,根据2011年1月8日《国务院关于废止和修改部分行政法规的决定》修订)
15.《中华人民共和国印花税暂行条例施行细则》(1988年9月29日财税字〔1988〕255号)

16.《财政部 国家税务总局关于印花税若干政策的通知》(财税〔2006〕162号)

17.《中华人民共和国契税暂行条例》(1997年7月7日中华人民共和国国务院令第224号)

18.《中华人民共和国契税暂行条例细则》(1997年10月28日财法字〔1997〕52号)

19.《国家税务总局关于改变国有土地使用权出让方式征收契税的批复》(2008年7月11日国税函〔2008〕662号)

20.《财政部 国家税务总局关于土地使用权转让契税计税依据的批复》(2007年12月11日财税〔2007〕162号)

21.《财政部 国家税务总局关于企业改制过程中以国家作价出资(入股)方式转移国有土地使用权有关契税问题的通知》(2008年10月22日财税字〔2008〕129号)

22.《财政部 国家税务总局关于契税征收中几个问题的批复》(1998年5月29日财税〔1998〕96号)

23.《中华人民共和国耕地占用税法》(2018年12月29日中华人民共和国主席令第18号)

24.《中华人民共和国耕地占用税法实施办法》(2019年8月29日财政部公告2019年第81号)

25.《中华人民共和国城镇土地使用税暂行条例》(2006年12月31日中华人民共和国国务院令第483号)

26.《国家税务总局关于公布全文失效废止和部分条款废止的税收规范性文件目录的公告》(2016年5月29日国家税务总局公告2016年第34号)

27.《财政部 国家税务总局关于房产税 城镇土地使用税有关政策的通知》(2006年12月25日财税〔2006〕186号)

28.《财政部 国家税务总局关于房产税 城镇土地使用税有关问题的通知》(2008年12月18日财税〔2008〕152号)

29.《财政部 国家税务总局关于促进公共租赁住房发展有关税收优惠政策的通知》(2014年8月11日财税〔2014〕52号)

30.《中华人民共和国土地增值税暂行条例》(1993年12月13日中华人民共和国国务院令第138号,根据2011年1月8日《国务院关于废止和修改部分行政法规的决定》修订)

31.《中华人民共和国土地增值税暂行条例实施细则》(1995年1月27日财法字〔1995〕006号)

32.《国家税务总局关于房地产开发企业土地增值税清算管理有关问题的通知》(2006年12月28日国税发〔2006〕187号)

33.《土地增值税清算管理规程》(2009年5月12日国税发〔2009〕91号)

34.《中华人民共和国企业所得税法》(2007年3月16日中华人民共和国主席令第63号)

35.《中华人民共和国企业所得税实施条例》(2007年12月6日中华人民共和国国务院令第512号)

36.《国家税务总局关于企业工资薪金及职工福利费扣除问题的通知》(2009年1月4日国税函〔2009〕3号)

37.《房地产开发经营业务企业所得税处理办法》(2009年3月6日国税发〔2009〕31号)

38.《国家税务总局关于企业所得税执行中若干税务处理问题的通知》(2009年4月21日国税函〔2009〕202号)

39.《财政部 国家税务总局关于企业资产损失税前扣除政策的通知》(2009年4月16日财税〔2009〕57号)

40.《国家税务总局关于印发〈企业所得税汇缴清缴管理办法〉的通知》(2009年4月16日国税发〔2009〕79号)

41.《关于公布若干废止和失效的会计准则制度类规范性文件目录的通知》(2015年2月16日财会〔2015〕3号)

42.《公司注册资本登记管理规定》(2014年2月20日国家工商行政管理总局令第64号)

43.《住房和城乡建设部关于修改〈房地产开发企业资质管理规定〉等部门规章的决定》(2015年5月4日中华人民共和国住房和城乡建设部令第24号)

44.《中华人民共和国税收征收管理法》(2015年4月24日中华人民共和国主席令第23号)

45.《中华人民共和国税收征收管理法实施细则》(2002年9月7日中华人民共和国国务院令第362号)

46.《关于修改〈税务登记管理办法〉的决定》(2014年12月27日国家税务总局令第36号)

47.《国家税务总局关于落实"三证合一"登记制度改革的通知》(2015年9月10日税总函〔2015〕482号)

48.《关于对权利许可证照如何贴花问题的复函》(1991年1月8日国税地函〔1991〕2号)

49.《关于全面推开营业税改征增值税试点的通知》(2016年3月23日财税〔2016〕36号)

50.《国家税务总局关于调整增值税一般纳税人管理有关事项的公告》(2015年3月30日国家税务总局公告2015年第18号)

51.《关于发布〈国有建设用地使用权出让合同〉示范文本的通知》(2008年4

月29日国土资发〔2008〕86号）

52.《关于加强房地产用地供应和监管有关问题的通知》（2010年3月8日国土资发〔2010〕34号）

53.《节约集约利用土地规定》（2014年5月22日中华人民共和国国土资源部令第61号）

54.《关于加强城市建设用地审查报批工作有关问题的通知》（2003年9月4日国土资发〔2003〕345号）

55.《关于促进节约集约用地的通知》（2008年1月3日国发〔2008〕3号）

56.《关于进一步加强房地产用地和建设管理调控的通知》（2010年9月21日国土资发〔2010〕151号）

57.《国土资源部 国家发展和改革委员会关于发布实施〈限制用地项目目录（2012年本）〉和〈禁止用地项目目录（2012年本）〉的通知》（2012年5月23日国土资发〔2012〕98号）

58.《国家税务总局关于明确国有土地使用权出让契税计税依据的批复》（2009年10月27日国税函〔2009〕603号）

59.《财政部 国家税务总局关于国有土地使用权出让等有关契税问题的通知》（2004年8月3日财税〔2004〕134号）

60.《财政部 国家税务总局关于房屋附属设施有关契税政策的批复》（2004年7月23日财税〔2004〕126号）

61.《财政部 国家税务总局关于进一步支持企业事业单位改制重组有关契税政策的通知》（2015年3月31日财税〔2015〕37号）

62.《国家税务总局关于无效产权转移征收契税的批复》（2008年5月20日国税函〔2008〕438号）

63.《财政部 国家税务总局关于社会力量办学契税政策问题的通知》（2001年9月8日财税〔2001〕156号）

64.《财政部 国家税务总局关于教育税收政策的通知》（财税〔2004〕39号）

65.《国家税务总局关于通过招拍挂方式取得土地缴纳城镇土地使用税问题的公告》（2014年12月31日国家税务总局公告2014年第74号）

66.《关于土地使用税若干具体问题的解释和暂行规定》（1998年10月24日国税地字〔1988〕第15号）

67.《财政部 国家税务总局关于棚户区改造有关税收政策的通知》（2013年12月2日财税〔2013〕101号）

68.《财政部 国家税务总局关于支持公共租赁住房建设和运营有关税收优惠政策的通知》（2010年9月27日财税〔2010〕88号）

69.《关于房地产开发企业开发用地征收城镇土地使用税有关问题的通知》

(2005年12月7日京地税地〔2005〕550号)

70.《国家税务局关于印发〈关于土地使用税若干具体问题的补充规定〉的通知》(1989年12月21日国税地字〔1989〕第140号)

71.《财政部 国家税务总局关于安置残疾人就业单位城镇土地使用税等政策的通知》(2010年12月21日财税〔2010〕121号)

72.《财政部 国家税务总局关于房产税城镇土地使用税有关问题的通知》(2009年11月12日财税〔2009〕128号)

73.《国家税务总局关于通过招拍挂方式取得土地缴纳城镇土地使用税问题的公告》(2014年12月31日国家税务总局公告2014年第74号)

74.《建筑工程施工许可管理办法》(2014年6月25日中华人民共和国住房和城乡建设部令第18号)

75.《中华人民共和国城乡规划法》(2007年10月28日中华人民共和国主席令第74号)

76.《房屋建筑和市政基础设施工程竣工验收备案管理办法》(2009年10月19日中华人民共和国住房和城乡建设部令第2号)

77.《房地产开发企业销售自行开发的房地产项目增值税征收管理暂行办法》(2016年3月31日国家税务总局公告2016年第18号)

78.《城市房地产转让管理规定》(1995年8月7日中华人民共和国建设部令第45号发布,根据2001年8月15日《建设部关于修改〈城市房地产转让管理规定〉的决定》中华人民共和国建设部令第96号修正)

79.《住房和城乡建设部关于进一步加强房地产市场监管完善商品住房预售制度有关问题的通知》(2010年4月13日建房〔2010〕53号)

80.《国家税务总局关于未办理土地使用权证转让土地有关税收问题的批复》(2007年6月14日国税函〔2007〕645号)

81.《国家税务总局关于以转让股权名义转让房地产行为征收土地增值税问题的批复》(2000年9月5日国税函〔2000〕687号)

82.《国家税务总局关于土地增值税清算有关问题的通知》(2010年5月19日国税函〔2010〕220号)

83.《财政部 国家税务总局关于土地增值税一些具体问题规定的通知》(1995年5月25日财税字〔1995〕48号)

84.《财政部 国家税务总局关于土地增值税普通标准住宅有关政策的通知》(2006年10月20日财税〔2006〕141号)

85.《国务院办公厅转发建设部等部门关于做好稳定住房价格工作意见的通知》(2005年5月9日国办发〔2005〕26号)

86.《财政部 国家税务总局关于营改增后契税 房产税 土地增值税 个人所得

税计税依据问题的通知》(2016年4月25日财税〔2016〕43号)

87.《关于全面整顿住房建设收费取消部分收费项目的通知》(2001年4月16日计价格〔2001〕585号文)

88.《国家税务总局关于企业国债投资业务企业所得税处理问题的公告》(2011年6月22日国家税务总局公告2011年第36号)

89.《关于地方政府债券利息免征所得税问题的通知》(2013年1月16日财税〔2013〕5号)

90.《关于地方政府债券利息所得免征所得税问题的通知》(2011年8月26日财税〔2011〕76号)

91.《国家税务总局关于确认企业所得税收入若干问题的通知》(2008年10月30日国税函〔2008〕875号)

92.《国家税务总局关于企业所得税应纳税所得额若干税务处理问题的公告》(2012年4月24日国家税务总局公告2012年第15号)

93.《国家税务总局关于工会经费企业所得税税前扣除凭据问题的公告》(2010年11月9日国家税务总局公告2010年第24号)

94.《国家税务总局关于税务机关代收工会经费企业所得税税前扣除凭据问题的公告》(2011年5月11日国家税务总局公告2011年第30号)

95.《国家税务总局关于企业所得税若干问题的公告》(2011年6月9日国家税务总局公告2011年第34号)

96.《财政部 国家税务总局关于企业关联方利息支出税前扣除标准有关税收政策问题的通知》(2008年9月23日财税〔2008〕121号)

97.《国家税务总局关于企业向自然人借款的利息支出企业所得税税前扣除问题的通知》(2009年12月31日国税函〔2009〕777号)

98.《财政部 国家税务总局关于补充养老保险费 补充医疗保险费有关企业所得税政策问题的通知》(2009年6月2日财税〔2009〕27号)

99.《国家税务总局关于雇主为雇员承担全年一次性奖金部分税款有关个人所得税计算方法问题的公告》(2011年4月28日国家税务总局公告2011年第28号)

100.《财政部 国家税务总局关于完善固定资产加速折旧企业所得税政策的通知》(2014年10月20日财税〔2014〕75号)

101.《国家税务总局关于企业所得税应纳税所得额若干问题的公告》(2014年5月23日国家税务总局公告2014年第29号)

102.《国家税务总局关于发布〈企业资产损失所得税税前扣除管理办法〉的公告》(2011年3月31日国家税务总局公告2011年第25号)

103.《财政部 国家税务总局关于进一步明确全面推开营改增试点有关再保险不动产租赁和非学历教育等政策的通知》(2016年6月18日财税〔2016〕68号)

104.《国家税务总局关于修订土地增值税纳税申报表的通知》(2016年7月7日税总函〔2016〕309号)

105.《国家税务总局关于营改增试点若干征管问题的公告》(2016年8月18日国家税务总局公告2016年第53号)

106.《国家税务总局关于营改增后土地增值税若干征管规定的公告》(2016年11月10日国家税务总局公告2016年第70号)

107.《国家税务总局关于按照纳税信用等级对增值税发票使用实行分类管理有关事项的公告》(2016年11月17日国家税务总局公告2016年第71号)

108.《财政部关于印发〈增值税会计处理规定〉的通知》(2016年12月3日财会〔2016〕22号)

109.《国家税务总局关于企业所得税有关问题的公告》(2016年12月9日国家税务总局公告2016年第80号)

110.《国家税务总局关于房地产开发企业土地增值税清算涉及企业所得税退税有关问题的公告》(2016年12月9日国家税务总局公告2016年第81号)

111.《财政部 国家税务总局关于明确金融 房地产开发 教育辅助服务等增值税政策的通知》(2016年12月21日财税〔2016〕140号)

112.《国家税务总局关于土地价款扣除时间等增值税征管问题的公告》(2016年12月24日国家税务总局公告2016年第86号)

113.《国家税务总局关于发布〈纳税人提供不动产经营租赁服务增值税征收管理暂行办法〉的公告》(2016年3月31日国家税务总局公告2016年第16号)

114.《国家税务总局关于进一步明确营改增有关征管问题的公告》(2017年4月20日国家税务总局公告2017年第11号)

115.《财政部 国家税务总局关于简并增值税税率有关政策的通知》(2017年4月28日财税〔2017〕37号)

116.《国家税务总局关于纳税信用评价有关事项的公告》(2018年2月1日国家税务总局公告2018年第8号)

117.《财政部 税务总局关于继续支持企业 事业单位改制重组有关契税政策的通知》(2018年3月2日财税〔2018〕17号)

118.《财政部 税务总局关于调整增值税税率的通知》(2018年4月4日财税〔2018〕32号)

119.《国家税务总局关于调整增值税纳税申报有关事项的公告》(2018年4月19日国家税务总局公告2018年第17号)

120.《财政部 税务总局关于企业职工教育经费税前扣除政策的通知》(2018年5月7日财税〔2018〕51号)

121.《国家税务总局关于设备 器具扣除有关企业所得税政策执行问题的公告》(2018年8月23日国家税务总局公告2018年第46号)

122.《国家税务总局关于发布〈中华人民共和国企业所得税月(季)度预缴纳税申报表(A类,2018年版)〉等报表的公告》(2018年5月17日国家税务总局公告2018年第26号)

123.《国家税务总局关于发布〈企业所得税税前扣除凭证管理办法〉的公告》(2018年6月6日国家税务总局公告2018年第28号)

124.《财政部关于修订印发2018年度一般企业财务报表格式的通知》(2018年6月15日财会〔2018〕15号)

125.《财政部 税务总局 科技部关于企业委托境外研究开发费用税前加计扣除有关政策问题的通知》(2018年6月25日财税〔2018〕64号)

126.《财政部 税务总局 科技部关于提高研究开发费用税前加计扣除比例的通知》(2018年9月20日财税〔2018〕99号)

127.《财政部 税务总局关于对营业账簿减免印花税的通知》(2018年5月3日财税〔2018〕50号)

128.《增值税一般纳税人登记管理办法》(2017年12月29日国家税务总局令第43号)

129.《财政部 税务总局关于继续支持企业事业单位改制重组有关契税政策的通知》(2018年3月2日财税〔2018〕17号)

130.《国家统计局办公室关于印发〈2017国民经济行业分类注释〉(网络版)的通知》(2018年9月29日国统办设管字〔2018〕93号)

131.《国家税务总局关于修订〈中华人民共和国企业所得税年度纳税申报表(A类,2017年版)〉部分表单样式及填报说明的公告》(2018年12月17日国家税务总局公告2018年第57号)

132.《关于修订印发2019年度一般企业财务报表格式的通知》(2019年4月30日财会〔2019〕6号)

133.《国家税务总局关于修订企业所得税年度纳税申报表有关问题的公告》(2019年12月9日国家税务总局公告2019年第41号)

134.《国家税务总局关于取消增值税扣税凭证认证确认期限等增值税征管问题的公告》(2019年12月31日国家税务总局公告2019年第45号)

135.《交通运输部 财政部 国家税务总局 国家档案局关于收费公路通行费电子票据开具汇总等有关事项的公告》(2020年4月27日交通运输部 财政部 国家税务总局 国家档案局公告2020年第24号)

参考文献

王晓敏,2008.电梯安装业务的纳税筹划案例解析[J].财会月刊(8).
王晓敏,2008.企业所得税月度预缴纳税申报新规解读[J].财会月刊(6).
王晓敏,2008.商品房定价应考虑土地增值税政策[J].财务与会计(10).
王晓敏,2008.土地使用权作价的税收筹划[J].财务与会计(4).
王晓敏,2009.从年报看万科的风险管理[J].时代经贸(9).
王晓敏,2009.万科的收入确认之争引发的会计职业判断思考[J].财务与会计(11).
王晓敏,2011.利用税收优惠政策进行垫资让利决策[J].财务与会计(9).
王晓敏,2012.房地产开发企业所得税预缴申报表解析[J].财务与会计(4).
王晓敏,2012.基于内部交易的土地增值税筹划缘何失败?[J].财会月刊(11).
王晓敏,2014.工程建设项目招标活动中的内部控制制度设计[J].新会计(3).
王晓敏,2014.建设工程付款内部审计之关键点[J].财会月刊(2).
王晓敏,2015.全额累进税率税务筹划[J].财会通讯(6).
王晓敏,和丽,2007.变卖地为卖股权的税收筹划方案缘何失败?[J].财务与会计(9).
王晓敏,李曙亮,2005.用现金还是用土地使用权出资?[J].财务与会计(1).
中华人民共和国财政部,2015.企业会计准则[M].上海:立信会计出版社.
中华人民共和国财政部,2015.企业会计准则——应用指南[M].上海:立信会计出版社.